Die Rechtsverhältnisse

der

Öffentlichen Anleihen.

Von

Dr. iur. G. S. Freund,
Geheimem Regierungsrat.

Berlin 1907.
J. Guttentag, Verlagsbuchhandlung,
G. m. b. H.

Herrn Landgerichtsrat

Dr. Johann Lazarus

in Greifswald

in Freundschaft

gewidmet.

Vorwort.

Mein Buch verdankt seine Entstehung den folgenden Erwägungen. Einzelne der das Gebiet der öffentlichen Anleihen berührenden Rechtsfragen finden sich zwar bereits in juristischen und volkswirtschaftlichen Werken, insbesondere auch in Monographieen erörtert, aber ein Werk, das die Rechtsverhältnisse der öffentlichen Anleihen zusammenfassend behandelt, existiert bisher weder in der deutschen noch in der ausländischen Literatur. Mein Hauptziel war darauf gerichtet, denjenigen Kreisen die sich praktisch mit dem Anleihewesen zu befassen haben, insbesondere den Kaufleuten, einen Einblick in die hauptsächlichsten Rechtsfragen zu geben, gleichzeitig aber auch den Juristen den Zusammenhang der Rechtsfragen mit den volkswirtschaftlichen und technischen Fragen des Anleihewesens vor Augen zu führen. Wenn daher auch die Erörterung der Rechtsfragen im Vordergrund stand, so ist doch, namentlich soweit dies zur Erreichung des vorstehenden Zweckes erforderlich war, auch auf die Behandlung der einschlägigen wirtschaftlichen und finanziellen Fragen Wert gelegt worden. Ich glaube, auf Interesse für mein Buch auch in kaufmännischen Kreisen um so mehr rechnen zu können, als in den letzten Auflagen des bekannten Buches von Saling die Erörterung der rechtlichen Seite des Börsenwesens, die für den Kaufmann von besonderem Werte ist, gegenüber den früheren Auflagen stark zurückgetreten ist.

Die einheitliche und zusammenfassende Behandlung der Rechtsverhältnisse der verschiedenen Arten der öffentlichen

Anleihen erschien durch den Umstand gerechtfertigt, daß ihnen allen der gleiche rechtliche und wirtschaftliche Charakter zu eigen ist, und daß die technischen und rechtlichen Formen, in denen sich das Anleihegeschäft in seinen einzelnen Stadien vollzieht, für alle Arten der öffentlichen Anleihen gleich sind.

In dem Schlußkapitel findet sich eine ausführlichere Erörterung über den Staatsbankerott und die zur Sicherung der Staatsgläubiger erforderlichen Maßnahmen, unter Berücksichtigung der auf der II. Haager Friedenskonferenz gemachten Vorschläge. Sie durfte in einem Buch über das Recht der öffentlichen Anleihen nicht fehlen. Denn diese Fragen beherrschen nicht nur das Interesse in der Gegenwart, sondern werden voraussichtlich in der Zukunft, als wichtiger Gegenstand internationaler Vereinbarungen, eine noch bedeutungsvollere Rolle spielen.

Berlin, August 1907.

Dr. Freund.

Inhaltsverzeichnis.

Seite

Kapitel XV.

Kapitel XVI.

Kapitel XVII.

Kapitel XVIII.

Druckfehlerverzeichnis und Berichtigungen.

S. 12 Zeile 4 ist das Wort „frühen“ zu streichen.

S. 18 Zeile 22 ist an Stelle „(England, Holland, Frankreich)“: „(insbesondere Holland)“ zu setzen.

S. 138 Zeile 20 ist an Stelle „Rückzahlung“: „Rückgabe“ zu setzen.

Kapitel I.

Bedeutung und Wesen der öffentlichen Anleihen. Der rechtliche Begriff des öffentlichen Kredits und der öffentlichen Anleihe.

Die öffentliche Anleihe ist eine der modernen Konzentrationsformen des Kapitals. Ihre Zweckbestimmung ist es, viele kleine untätige Kapitalien zu großen Kapitalmassen zu vereinigen und sie denjenigen Stellen — dem Staat, öffentlichen und privaten Korporationen und Gesellschaften, ja selbst Einzelpersonen — zuzuführen, an denen die gewaltige Geldmassen erfordernden Aufgaben des Staatslebens, der Volkswirtschaft, des weltwirtschaftlichen Verkehrs gelöst werden können. Sie wirkt wie ein großes Pumpwerk, welches das Geld aus allen Teilen der Volkswirtschaft herausholt und in einem großen Reservoir vereinigt.

Im Haushalt der meisten modernen Staaten sind die öffentlichen Anleihen für die außerordentlichen Bedürfnisse, für die modernen kostspieligen Kriege, für die „finanzielle Mobilmachung“ der Friedenszeiten, für die große Zahl verkehrspolitischer und anderer kultureller Aufgaben, für die Durchführung weltpolitischer Aufgaben völlig unentbehrlich.

Auch die Städte und sonstigen Kommunen haben in Deutschland und anderen Ländern, wie in England, in den letzten Jahrzehnten in steigendem Maße von der Emission öffentlicher Anleihen Gebrauch gemacht; mit ihnen verschaffen sie sich die Mittel zur Erfüllung ihrer sozialen und wirtschaftlichen Aufgaben, nicht zum wenigsten auch zur Durchführung des Prinzips der Kommunalisierung d. h. zur Errichtung und zum Erwerb solcher Unternehmungen, die früher privaten Betrieben anheimgegeben waren. Große Unternehmungen im Gebiete der Industrie und des Handels, Aktiengesellschaften, Großindustrielle, Verkehrsunternehmnngen wie Eisenbahngesellschaften, deren geschäftliche Natur die Festlegung großer Kapitalien für längere Zeit erfordert, begegnen den an sie herantretenden Kapitalansprüchen durch Aufnahme öffentlicher Anleihen. Die Hypothekenbanken und sonstigen Bodenkreditinstitute bekommen den größten Teil der zur Erfüllung ihrer Geschäftszwecke, zur Gewährung hypothekarischer Darlehen erforderlichen Mittel durch Aufnahme von Anleihen in der Form der Pfandbriefemissionen in die Hand. Endlich geschieht das Ausleihen heimischer Kapitalien an die Volkswirtschaften des Auslands, an deren Unternehmungen und zumal an deren Staatsbedarf, in weitem Maße im Wege der Beteiligung an ausländischen öffentlichen Anleihen.

Gegenüber den sonstigen Formen der Kapitalskonzentration setzt die öffentliche Anleihe die Begründung eines Schuldverhältnisses, den Abschluß von Schuldverträgen zwischen dem Geldsucher und dem kapitalanlegenden Publikum voraus.

Mittels des öffentlichen Kredits, also auf dem Wege des Vertragsrechts ohne Zwang und ohne die „Illusion, daß eine andere Erwägung als die des wirtschaftlichen Vorteils die Geldgeber bestimme, Kapitalien herzugeben" (Lotz), wird das eigene Interesse der Geldgeber für die Anleihezwecke in Bewegung gesetzt. Erreicht wird das Ziel der Aufbringung der Kapitalmassen dadurch, daß das für die Zwecke der Anleihe aufzunehmende Kapital in viele kleine unter sich fungible Anteile gleicher Größe und gleicher rechtlicher Natur zerlegt wird, durch deren Erwerb der einzelne Gläubiger eine Schuldforderung gegen den Emittenten der Anleihe erlangt. In der ökonomischen Zweckbestimmung wie in der zu ihrer Durchführung erforderlichen Kapitalsassoziation gleicht die öffentliche Anleihe der Aktiengesellschaftsform. Auch sonst finden sich zwischen beiden wichtige Berührungspunkte. So sind im Interesse der Gewährleistung der Dauer der Kapitalsanlage die Anteile — Aktien wie Obligationen — unkündbar, der Einzelne kann seine Kapitalbeteiligung nicht durch Herausziehen des Kapitals, sondern lediglich durch Verwertung seines Anteils lösen. Auch in der Art der Verbriefung in Inhaberpapieren, in der im Interesse der Verwertbarkeit bestehenden Fungibilität und Negoziabilität, in der durch die entwickelte Technik des Bank- und Börsenwesens geschaffenen Art ihrer Unterbringung und ihres Vertriebs im Publikum gleichen sie sich. Dennoch besteht ein tiefgreifender nationalökonomischer und juristischer Unterschied zwischen der Aktiengesellschaftsform und der öffentlichen Anleihe. Der Aktionär ist Unternehmer, Teilnehmer an der Gesellschaft, während es sich bei der Anleihe um ein Kreditgeschäft zwischen dem Gläubiger und dem Kapitalbedürftigen handelt. Es ist juristisch und nationalökonomisch in gleicher Weise verfehlt, wie dies mitunter auch von hervorragender nationalökonomischer Seite geschehen ist, die Aktie wirtschaftlich als eine Art der Kreditgewährung anzusehen.[1])

Von der Emission des Staatspapiergeldes, welche finanziell der Aufnahme eines unverzinslichen Anlehns gleichsteht, unterscheidet sich die öffentliche Anleihe dadurch, daß bei ihr ein Schuldversprechen vorhanden ist, das bei dem ersteren völlig fehlt.[2])

Der Erfüllung der finanziellen und kredittechnischen Funktion der öffentlichen Anleihe stellen sich vor allem drei Schwierigkeiten entgegen, deren Überwindung dem modernen Rechts- und Wirtschaftsverkehr durch eine vollendete Ausbildung der Technik des Emissionsgeschäfts gelungen ist. Es sind dies einmal die Ermittlung der bereitstehenden Kapitalien, sodann die technische Unmöglichkeit, mit jedem Geldgeber einen besonderen Kontrakt zu schließen, endlich die Unfähigkeit oder der mangelnde Wille der meisten Kapitalisten, ihre Kapitalien auf lange Zeit festzulegen.[3]) Für die Zusammenführung von Angebot und Nachfrage dient in vollkommener Weise der Weg der öffentlichen Subskription. An die Stelle des Abschlusses individueller Kontrakte tritt die Emission von Teilschuldverschreibungen auf Grund eines die gleichen Vertragsbestimmungen

---

[1]) So A. Wagner in Schönberg, Handbuch der politischen Ökonomie I S. 399; dagegen mit Recht v. Zimmermann, Teilschuldverschreibungen S. 4, Sattler, Effektenbanken S. 3ff.

[2]) Vgl. Goldschmidt, Handbuch des Handelsrechts Bd. I S. 1193ff. v. Schey, Obligationsverhältnisse des österreichischen allg. Privatrechts I S. 179 Note 9.

[3]) Vgl. v. Zimmermann a. a. O. S. 9ff.

für alle Teilgläubiger enthaltenden Prospektes. Der Widerwille der Kapitalisten gegen eine langjährige Festlegung ihrer Kapitalien ist durch die Mobilisierung der Beziehungen der Anlehnsgläubiger zu dem Schuldner, durch die Schaffung fungibler die Anlehnsforderungen verkörpernder Schuldtitel überwunden. Mit der erleichterten Umsatzmöglichkeit verbinden diese die Gewähr der größtmöglichen Sicherung der Rechte der Erwerber gegenüber dem Anlehnsschuldner und gewähren damit gleichzeitig die Möglichkeit eines weiten Marktes.

Eine Darstellung der Rechtsverhältnisse der öffentlichen Anleihen, wie sie in der vorliegenden Arbeit beabsichtigt ist, setzt zunächst eine Definition des Begriffs „öffentliche Anleihe" voraus. Zu diesem Zwecke ist auf den Begriff des „öffentlichen Kredits" zurückzugehen, da die öffentliche Anleihe eine Unterart des letzteren bildet. Es ist aber selbstverständlich, daß nur eine solche Definition der öffentlichen Anleihe brauchbar ist, welche die historisch-ökonomische Entwicklung des öffentlichen Anleihewesens, seine Technik und seine Rechtsformen, wie sie in Vorstehendem bereits kurz skizziert sind, berücksichtigt.

Von zahlreichen Nationalökonomen wird als das entscheidende Merkmal des „öffentlichen Kredits" gegenüber dem privaten Kredit lediglich das Verhältnis des Schuldners zu den gegen ihn verfügbaren Zwangsmitteln angesehen. Öffentlicher Kredit liegt nach dieser Ansicht dort vor, wo von den drei Voraussetzungen jedes Kredits — dem Vertrauen in das Zahlenkönnen, in das Zahlenwollen und in das Zahlenmüssen des Schuldners — die dritte nicht vorhanden ist. Da dem Gläubiger gegenüber dem Staate als Schuldner regelmäßig die Zwangsmittel versagen, so gilt nach dieser Ansicht als öffentlicher Kredit lediglich der Kredit des Staates.[1])

Ebenfalls von einer Identifizierung des öffentlichen Kredits mit dem Staatskredit geht eine weitere Ansicht aus. Sie würdigt zwar auch das Fehlen der Zwangsmittel gegenüber dem Staatsschuldner, rückt jedoch die Bedeutung des öffentlichen Rechtsgefühls und der wirtschaftlichen Einsicht, also moralischer und politischer Faktoren als Ersatz des gericht-

[1]) Vgl. z. B. Ehrenberg, Zeitalter der Fugger I S. 18.

lichen Zwangs zur Erfüllung, in den Vordergrund. Öffentlicher Kredit ist hiernach derjenige, bei dem der Staat nicht bloß „der Hort der Rechtsordnung, sondern selber Empfänger des Darlehns ist“.[1]) Die Zuversicht in das unbedingte Worthalten und in die Dauerhaftigkeit der Zwangsgewalt, die durch die Entwicklung des öffentlichen Kredits in den modernen Staaten in den letzten beiden Jahrhunderten errungen und bestätigt worden ist, sie ist es, welche nach dieser Ansicht den öffentlichen Kredit gegenüber dem privaten Kredit charakterisiert. Ihr Vorhandensein führe dazu, den öffentlichen Kredit ganz anderen Bestimmungsgründen zu unterwerfen als den privaten Kredit, dergestalt daß die dem privaten Kredit anhaftenden Erwägungen und Berechnungen über Sicherheit, Höhe der bereits vorhandenen Verschuldung, Unterlagen, Unterpfänder bei ihm geradezu ausgeschaltet würden.[2])

Diese Definitionen des öffentlichen Kredits sind indessen für das Gebiet der öffentlichen Anleihe nicht brauchbar. Denn einmal sind sie zu weit, da sonst auch solche Schulden, welche der Staat in den gewöhnlichen Formen des Privatlebens aufnimmt (vermittels Wechseln, Bankvorschüssen u. dgl.), unter den Begriff des öffentlichen Kredits fallen würden. Andererseits sind sie aber viel zu eng. Indem sie „Staatskredit“ und „Öffentlichen Kredit“ identifizieren, legen sie in einseitiger Weise auf die Person des Kreditnehmers Gewicht. Der Begriff „Öffentliche Anleihe“ ist aber nach seiner historischen und nationalökonomischen wie rechtlichen Gestaltung nicht auf Anlehen des Staates oder juristischer Personen des öffentlichen Rechts beschränkt, vielmehr bestimmt er sich nach der Art der

---

[1]) Gustav Cohn, System der Nationalökonomie II S. 671.

[2]) Vgl. Gustav Cohn im Bankarchiv V. Jahrg. 1905 Nr. 3. Zum Belege des obigen Satzes weist er auf die Tatsache hin, daß der deutsche Reichskredit und der preußische Staatskredit von der Börse gleich gewertet werden, trotzdem dem Deutschen Reich bei einer Schuld von $3\frac{1}{2}$ Milliarden Mk. und einer notwendigen Verzinsung von 114 Mill. Mk. nur ein werbendes Kapital von kaum 1 Milliarde Mk. mit einer Reineinnahme von 84 Mill. Mk. zur Verfügung stehe, während in Preußen einer Staatsschuld von 7 Milliarden Mk. mit einer notwendigen Verzinsung von 242 Mill. Mk. ein werbendes Kapital in Höhe von ca. 11 Milliarden Mk. mit einem Reinertrag von 543 Mill. Mk. (1904) gegenüberstehe.

für die Kapitalsbeschaffung im Wege der Kreditgewährung gewählten Rechtsformen und Technik.

Diese Entwicklung findet denn auch ihren Ausdruck in einer anderen Definition des öffentlichen Kredits. Im Gegensatz zum privaten Kredit erklärt sie denjenigen Kredit für öffentlichen Kredit, welcher vornehmlich durch die Vermittlung der Fonds- und Effektenbörsen aufgenommen wird, bei dem also eine Begebung „öffentlicher Wertpapiere" stattfindet.[1]) Bei dieser Definition wird das die öffentliche Anleihe im Gegensatz zum privaten Kredit besonders charakterisierende Moment, die Heranziehung einer unbestimmten Vielheit von Personen zur Kreditgewährung im Wege der Begebung von Wertpapieren, besonders in den Vordergrund gerückt. Das an sich für die wirtschaftliche Entwicklung und Bedeutung des Anleihewesens wichtige Moment der Vermittlung der Fonds- und Effektenbörsen als der Märkte für die Anleihetitel ist indessen zu Unrecht in die Definition aufgenommen. Denn für den juristischen Vorgang der Anlehnsaufnahme ist dieses Merkmal bedeutungslos. Sodann aber bildet, wie später darzulegen sein wird, die Zulassung zum Börsenhandel, namentlich nach der neuesten Entwicklung, keineswegs eine notwendige Voraussetzung für das Zustandekommen einer Emission.

Die öffentliche Anleihe ist hiernach zu definieren als ein solches Anlehn, welches in der Regel auf ein öffentliches Ausschreiben hin bei einer unbestimmten Vielheit von Personen in der Weise nachgesucht wird, daß die Anlehnssumme von vielen unter gleichen Bedingungen anteilsweise geleistet wird.[2])

Nicht erforderlich ist, wie bereits hervorgehoben, für den Begriff der „öffentlichen" Anleihe, daß sie lediglich vom Staate aufgenommen wird. Auch andere öffentliche und private Korporationen, Provinzen, Kreise, Städte, kirchliche Verbände, Aktiengesellschaften, sonstige private Gesellschaften, ja selbst Privatpersonen, Firmen nehmen öffentliche Anleihen auf, indem

---

[1]) Vgl. A. Wagner, im Handbuch der politischen Ökonomie I S. 384 (3. Aufl.).

[2]) Vgl. Goldschmidt, System des Handelsrechts 4. Aufl. S. 199.

sie sich der ursprünglich bei den Staatsanleihen ausgebildeten Einrichtungen und Rechtsformen bedienen. Auf der anderen Seite ist, wie ebenfalls bereits hervorgehoben, auch, wenn der Staat Schulden macht, der Begriff der öffentlichen Anleihe auf diejenigen Fälle beschränkt, in denen sich das Eingehen der Schuld in den oben angegebenen Formen vollzieht. Macht der Staat in den gewöhnlichen Formen des Privatlebens, durch Aufnahme von Wechseln, Bankvorschüssen usw. Schulden, so können diese nicht als öffentliche Anleihe bezeichnet werden, unterliegen auch nicht den Rechtssätzen der letzteren.

Als Anleihen gelten z. B. hiernach nicht die sog. Anerkenntnisse d. h. Schuldurkunden, welche vom deutschen Reichsfiskus als Vergütung für Kriegsleistungen auf Grund des deutschen Kriegsleistungsgesetzes (§ 20 Abs. 2) erteilt werden. Denn, wenn gleich es sich natürlich auch hier um Kreditoperationen handelt, fehlt es an dem oben hervorgehobenen Merkmal der anteilsweisen Aufbringung einer Geldsumme von vielen unter gleichen Bedingungen.[1] Ebensowenig stellen die von dem Deutschen Reich den deutschen Schutzgebieten — z. B. dem südwestafrikanischen Schutzgebiet auf Grund des Ges. v. 16. März 1907 (RGBl. S. 73) — zum Bau von Eisenbahnen gewährten Beträge Anleihen der Schutzgebiete dar. Vielmehr handelt es sich um zivilrechtliche Darlehen, die nach einem bestimmten vom Reichskanzler aufzustellenden Tilgungsplan allmählich zurückzuzahlen sind.

Dagegen ist es im allgemeinen für dem Begriff der öffentlichen Anleihe wesentlich, daß eine Emission von Forderungspapieren — Teilobligationen, Teilschuldverschreibungen — stattfindet, in denen die Forderungsrechte der einzelnen Gläubiger verbrieft sind. Nur, wenn eine solche Emission stattfindet, kann von einer einheitlichen Anleiheschuld gesprochen werden. Ein Anlehn, bei dem lediglich die Aufforderung zur Beteiligung öffentlich erfolgt, aber eine Emission von Schuldverschreibungen nicht stattfindet, kann als „öffentliches Anlehn" regelmäßig nicht angesehen werden. Indessen sind doch auch hier Ausnahmen möglich. So behalten die Schuldaufnahmen der Staaten und öffent-

[1] Unzutreffend bezeichnet G. Meyer (Verwaltungsrecht II S. 274) jede Kreditoperation des Staates als „Anleihe".

lichrechtlichen Korporationen auch dann den Charakter öffentlicher Anleihen, wenn eine Ausgabe von Partialschuldtiteln nicht stattfindet, sondern die Anteile auf den Namen der Gläubiger in ein Schuldbuch eingetragen werden.

Eine zusammenfassende Regelung des gesamten für alle Arten der öffentlichen Anleihen geltenden Rechtes ist bisher weder durch die deutsche noch durch eine ausländische Gesetzgebung erfolgt. Sie würde, wenn auch nicht mit unüberwindlichen, so doch mit großen Schwierigkeiten verknüpft sein, denn außer den für alle Arten von Anleihen geltenden gemeinsamen Rechtssätzen gibt es noch zahlreiche Rechtsvorschriften, die nur spezielle Arten der öffentlichen Anleihen betreffen. Bei den Anleihen der Staaten nehmen außer den privatrechtlichen Regeln die verfassungsrechtlichen Grundsätze eine wichtige Stellung ein; aueh völkerrechtliche Normen werden hier von wesentlicher Bedeutung.

So unterliegen ferner die Anleihen der Korporationen öffentlichen Rechtes anderen rechtlichen Voraussetzungen hinsichtlich ihrer Aufnahme wie die Anleihen der privaten Korporationen und Gesellschaften. Bei den Anleihen der letzteren gelten wiederum Besonderheiten, je nachdem es sich um industrielle Gesellschaften, Eisenbahngesellschaften einerseits und Hypothekenbanken andererseits handelt.

Für einzelne Arten der öffentlichen Anleihen sind bereits jetzt in den Gesetzgebungen des Inlandes und Auslandes Sondervorschriften ergangen. So sind zahlreiche für die deutschen Reichsanleihen geltende Rechtsätze in der Reichsschuldenordnung v. 19. März 1900 (Reichsgesetzblatt S. 129) zusammengefaßt und für alle nach Erlaß dieses Gesetzes zur Ausgabe gelangenden Anleihen für anwendbar erklärt worden. Für eine Vertretung der Gläubiger bei Anleihen von Privatpersonen und privaten juristischen Personen trifft das Reichsgesetz v. 4. Dzbr. 1899, die gemeinsamen Rechte der Besitzer von Schuldverschreibungen betreffend, Vorkehrung. Einzelne Vorschriften über die im Wege der Emission von Pfandbriefen erfolgenden Anleihen der Hypothekenbanken enthält das Hypothekenbankengesetz v. 13. Juli 1899. Nicht wenige wichtige Rechtsvorschriften, welche sämtliche Arten der öffentlichen Anleihen betreffen, sind nunmehr durch die Reichsgesetzgebung

(BGB. und HGB.) geregelt, insbesondere hinsichtlich der Schuldverschreibungen auf den Inhaber, der Bestellung einer Hypothek für Forderungen aus indossablen und auf den Inhaber gestellten Schuldverschreibungen, hinsichtlich kaufmännischer an Order lautender Verpflichtungsscheine. Ferner sind im Börsengesetz Bestimmungen über die Zulassung von Wertpapieren zum Börsenhandel und über die Haftung aus Prospekten über zum Börsenhandel zugelassene Wertpapiere getroffen, welche auch für die öffentlichen Anleihen gelten. Im übrigen kommen, worauf später noch im einzelnen einzugehen ist, als Rechtsquellen für das Recht der öffentlichen Anleihen das allgemeine bürgerliche Recht, das Handelsrecht und bei den Anleihen des Staates und der öffentlichrechtlichen Korporationen außerdem das Staats- und Völkerrecht in Betracht.

Die Gesetzgebungen mehrerer Auslandsstaaten, vor allem das italienische Handelsgesetzbuch, enthalten eine ziemlich eingehende Regelung des Rechtes der von den Aktiengesellschaften und Aktienkommanditgesellschaften aufgenommenen Anleihen. In anderen Ländern, wie in Frankreich und Belgien, sind Gesetzentwürfe zur Regelung des Rechtes der von den Handelsgesellschaften ausgegebenen Schuldverschreibungen und ihrer Inhaber ausgearbeitet worden. Auch in der deutschen Literatur — insbesondere von Riesser — wird bereits seit Jahren das Verlangen nach einer umfassenden und erschöpfenden Gesamtkodifikation der Rechtsverhältnisse der Obligationen d. h. der von Gesellschaften und Privatpersonen aufgenommenen Anleihen erhoben. Bei dem erheblichen Umfang des Obligationenumlaufes im Deutschen Reich und bei der wirtschaftlichen Bedeutung dieser Anleihen ist eine solche gesetzliche Kodifikation dieses wichtigen Zweiges der öffentlichen Anleihen in der Tat ein dringendes Bedürfnis. [1])

Für das Gebiet der Staatsanleihen, die häufig die rechtlichen Beziehungen verschiedener Völker berühren und regelmäßig über das Reichsgebiet eines einzelnen Staates weit hinübergreifen, ist die Schaffung einer internationalen Gesetzgebung im Wege

[1]) Riesser, (Zur Kritik der Gesetzentwürfe betreffend das Hypothekenbankwesen und die gemeinsamen Rechte der Besitzer von Schuldverschreibungen (Stuttgart 1898) S. 11—13) hat diejenigen Punkte zusammengestellt, auf welche sich eine solche gesetzliche Regelung insbesondere zu erstrecken haben würde.

völkerrechtlicher Abmachungen in der Art, wie sie bereits für verschiedene Spezialgebiete in beschränktem Maße bestehen (Weltpostverein, Eisenbahngemeinschaft, Urheberschutz, gewerblicher Rechtsschutz), in hohem Maße erstrebenswert. Eine solche Gesetzgebung hätte sich nicht nur mit der Aufstellung der für Staatsanleihen in Betracht kommenden Rechtssätze zu befassen, sondern auch zur Vermeidung von Völkerstreitigkeiten die im Falle der Vertragsverletzungen anwendbaren Maßregeln festzustelllen. Das Nähere hierüber ist später im einzelnen zu erörtern.

Der Umstand, daß die verschiedenen Arten der öffentlichen Anleihen nach gewissen Richtungen hin ihr Sonderrecht beanspruchen, läßt es manchem vielleicht gewagt erscheinen, daß die vorliegende Arbeit es unternimmt, die Rechtsverhältnisse der sämtlichen öffentlichen Anleihen gemeinsam zu behandeln.

Indessen treten diese Bedenken völlig zurück angesichts der Tatsache, daß allen Arten der öffentlichen Anleihen nicht nur der gleiche Rechtscharakter eigen ist, sondern daß auch die Rechtsformen, in denen sich das Anleihegeschäft in seinen einzelnen Stadien von der Anlehnsaufnahme und der Emission an bis zu seiner Abwicklung vollzieht, die gleichen sind. Die kommenden Kapitel werden nicht bloß diese bei allen öffentlichen Anleihen gleichen Rechtsformen in ihren wichtigsten Arten behandeln, sondern sie werden auch den für einzelne Arten von Anleihen geltenden Sonderheiten nach Möglichkeit Rechnung tragen. Obgleich der Bearbeitung in erster Linie die deutschen Rechtsverhältnisse zugrunde gelegt werden, so wird doch bei wichtigen Fragen das ausländische Recht berücksichtigt werden, namentlich soweit ein Vergleich mit ihm von Bedeutung für die Erkenntnis oder für die Weiterbildung des in Deutschland geltenden Rechtes ist oder werden kann. Eine erschöpfende Behandlung des ausländischen Rechtes verbietet sich schon mit Rücksicht auf den beabsichtigten Umfang der vorliegenden Arbeit.

Kapitel II.

Zur Geschichte und Entwicklung der öffentlichen Anleihen.

Die Geschichte der öffentlichen Anleihen insbesondere der Staatsanlehen, welche als die frühesten öffentlichen Anlehen anzusehen sind, war bis vor kurzem verhältnismäßig noch wenig erforscht. Noch Goldschmidt weist in seiner Geschichte des Handelsrechts [1]) darauf hin, daß die wichtige Geschichte der Staatsanlehen, bisher nicht genügend juristisch untersucht sei. Erst in neuester Zeit ist es auf Grund der Forschungen in den mittelalterlichen Archiven, speziell der italienischen Staaten und Städte, gelungen, das Dunkel zum Teil zu lichten, das auf der Entstehung der öffentlichen Anleihen ruhte. Ihre Entstehungsgeschichte zeigt, daß ihr Ursprung nicht an das zivilrechtliche Darlehnsgeschäft anknüpft, sondern auf die Zwangsanleihe, also eine öffentliche Steuer in Verbindung mit einem Abgabenkauf, d. h. einem Rentenkauf, zurückführt. Wenn diese Tatsache auch nicht von ausschlaggebender Bedeutung für die Beurteilung der rechtlichen Natur des modernen Anleihe- und Emissionsgeschäfts ist, so fällt sie doch für die Meinung derer ins Gewicht, die das letztere nicht für ein Darlehn, sondern für einen Kauf-Verkauf ansehen, wie später noch näher zu erörtern ist. Aus den in neuester Zeit durchforschten mittelalterlichen Quellen, speziell den Urkunden der Stadt Genua, ergibt sich ferner, daß zahlreiche Rechtsinstitutionen, die man noch vor kurzem als

---

[1]) Bd. I S. 163 Note 65. Vgl. auch A. Wagner in Schönberg, Handbuch der pol. Ökonomie III S. 578.

Schöpfungen der Entwicklung des modernen Anleihewesens anzusehen pflegte, sich bereits völlig ausgebildet oder mindestens in starken Ansätzen in den finanztechnischen Gebilden des frühen Mittelalters vertreten finden. Hierzu sind insbesondere die Amortisation der Anleihen im Wege der Auslosung, die Einrichtung von Staats- und Stadtschuldbüchern, die Gesamtvertretung der Anlehnsgläubiger durch Treuhänder zu zählen.[1] Im folgenden soll lediglich ein kurzer historischer Beitrag zu der Entwicklung des modernen Anleihewesens gegeben werden, da eine ausführlichere Darstellung über den Rahmen dieses Buches hinausgehen würde.

Ansätze zu einer Beteiligung einer größeren Anzahl von Personen an der Aufbringung eines Anlehns finden sich bereits früh. Schon zur Zeit der Kreuzzüge hatten italienische Bankiers Fürsten und Königen große Darlehen und Vorschüsse, und nicht allein auf deren persönlichen Kredit hin, vermittelt, z. T. auf deren Generalkreditbriefe mit unbestimmten Adressaten.[2] Seit Beginn des dreizehnten Jahrhunderts treten in Italien domizilierte, insbesondere römische, genuesische und florentinische Geldhändler, in häufigen Fällen als Kreditgeber des deutschen hohen Klerus, speziell der westdeutschen Erzbischöfe auf, die diese Schulden meist beim Antritt ihres Amtes zur Deckung der Kosten der päpstlichen Bestätigung und zur Regelung der Schulden ihrer Vorgänger eingingen. Indessen kann man hier von öffentlichen Anlehen im eigentlichen Sinne nicht sprechen, da an ihrer Aufbringung ein unbestimmter Kreis von Personen nicht beteiligt war.

Die Entstehung und erste Entwicklung der öffentlichen Anlehen ist auf die italienischen Stadtgemeinden des späteren Mittelalters, vor allem Venedig und Genua zurückzuführen. Die durch Kriege (pecunia nervus belli!) wie durch anderweitige wirtschaftliche Bedürfnisse hervorgerufenen Ausgaben, die durch außerordentliche Umlagen nicht gedeckt werden konnten, machten hier früh die Aufnahme großer Anlehen unter

---

[1]) Vgl. insbesondere die interessante Abhandlung von Kohler, Staatsschuldbuch, Staatsschuldentilgung und Treuhänderschaft in Genua im Jahre 1303, im Archiv für bürgerliches Recht 1906 (Bd. XXIX) S. 241—266.

[2]) Vgl. Goldschmidt, Universalgeschichte des Handelsrechts I S. 762 Note 65.

Beteiligung aller oder vieler Bürger, bisweilen auch Fremder, notwendig. Aus zwei Quellen entwickelte sich, wie insbesondere durch neuere Forschungen in der Geschichte des Genuesischen Finanzwesens festgestellt worden ist,[1]) in den italienischen Stadtgemeinden das öffentliche Anlehn, aus dem Zwangsanlehn in Verbindung mit dem „Abgabenkauf" (compera). Da der freiwillige Kredit bei der außerordentlichen Steigerung des Bedarfs nicht ausreichte und gegen direkte Steuern ein lebhafter Widerwille bestand, griff man in Genua wie in Venedig, Florenz und anderen Staaten zu Zwangsanlehen. Die Steuer wurde so als Anleihe von den Bürgern erhoben; da eine baldige Rückzahlung regelmäßig nicht gelang, wurden den Gläubigern gewisse „verkaufte", in Wahrheit verpachtete Einkünfte zur Deckung der Verzinsung und Rückzahlung überwiesen. Von diesem „Abgabenkauf" hieß, insbesondere in Genua, das Anlehngeschäft sowie der Anlehnfonds selbst „compera" und die Anlehnsanteile loca comperarum. In den einzelnen Städten, z. B. in Genua, gab es zahlreiche comperae, die regelmäßig nach den ihnen überwiesenen Abgaben (comperae salis, vini) oder nach dem Anlaß der Anlehnsaufnahme (compera Corsicae, Venetorum pacis) oder nach Heiligen (compera S. Pauli) genannt wurden. Die einer compera angehörenden Gläubiger waren zu einer Art von Gläubigerverband verbunden und besaßen — wenn auch nicht in Venedig und Florenz, so doch schon früh in Genua — eine feste selbständige Organisation mit einer Vertretung nach außen. Frühzeitig bereits, in Genua zuerst 1257, wurden verschiedene comperae zu einer stehenden Schuld vereinigt, später, im Jahre 1407, gelang es daselbst den größten Teil der zu einer erheblichen Zahl angewachsenen comperae zu den comperae S. Georgii zu konsolidieren, denen eine feste Verzinsung von 7 % gewährt wurde, wobei eine Konvertierung des Zinsfußes der höher verzinslichen comperae auf den Zinsfuß von 7 % vorgenommen wurde und die den früheren comperae verpfändeten Einkünfte der konsolidierten Schuld belassen wurden. Die Staatsgläubiger, deren Schuldsummen (loca), wie es bei den früheren comperae bereits üblich

---

[1]) Sieveking, Genueser Finanzwesen mit besonderer Berücksichtigung der Casa di S. Giorgio I. II 1899. Vgl. auch Goldschmidt, a. a. O. I S. 291 ff.

gewesen war, in Bücher eingetragen waren, welche nach den acht Quartieren der Stadt Genua geordnet waren, besaßen in den Protektoren und dem Konsil der Teilhaber der Anleihe eine feste, die Interessen der Staatsgläubiger bezweckende Organisation. Die Staatsanleihe hatte den Charakter eines Kaufes (compera) einer Rente, welche in dem Rechte aufging, aus den den Gläubigern verpfändeten Einkünften die ihrem Anteil an der Schuld entsprechende Verzinsung zu beziehen, während das — in häufigen Fällen zwangsweise gegebene — Anlehn sich als Kaufsumme der Rente darstellte. Auf diesem Wege wurde auch vermieden, daß die Zinsen der Staatsanlehen dem kanonischen Wucherverbote unterliegen konnten.[1]) Die Gläubiger sollten eine feste Verzinsung erhalten; wenn jedoch die ihnen überwiesenen Einkünfte zur Verzinsung nicht ausreichten, so fielen sie mit dem Restbetrage aus, während das Mehr der Einkünfte der Kommune zufiel und zur Schuldtilgung Verwendung fand.[2]) Den Gläubigern stand wie bei den modernen Anleihen, ein Kündigungsrecht gegen den Staat nicht zu, der Staat war an eine Verpflichtung, die Anleihe zu bestimmter Zeit zurückzuzahlen, nicht gebunden, während er jedoch jederzeit, wenn es ihm beliebte, die Gläubiger auszahlen durfte.[3])

Die Anteile der Staatsschuld (loca) waren vererblich und veräußerlich, die Übertragung geschah durch Umschreibung; der Handel mit der Rente wurde schon früh zu einem selbständigen Geschäftszweige, der der Spekulation mit allen Mißständen der letzteren unterlag.[4])

---

[1]) Vgl. Ehrenberg, Zeitalter der Fugger Bd. I S. 31 ff. Sieveking a. a. O. II S. 22.

[2]) Auf den rechtlichen Charakter der organisierten Staatsgläubigervereinigungen, insbesondere der Casa S. Giorgii ist hier nicht einzugehen. Richtiger sind sie jedenfalls mit K. Lehmann, Recht der Aktiengesellschaften S. 283 und Sieveking a. a. O. I S. 21 Note 2 als gesetzliche Mehrheitsverbände nach Art der Konkursgläubiger und der namentlich in der jüngsten Zeit üblichen Verbände der europäischen Gläubiger exotischer Staaten, und nicht mit Goldschmidt, Universalgeschichte des Handelsrechts S. 296 als Gesellschaft, insbesondere Aktiengesellschaft — trotz der tatsächlich nach dem Ertrage der überwiesenen Einkünfte wechselnden Dividenden — aufzufassen.

[3]) Sieveking a. a. O. S. 22.

[4]) Sieveking a. a. O. S 30.

In ähnlicher Weise wie in den Städten Italiens vollzog sich die Entwicklung des öffentlichen Kredits in den deutschen Städten.[1]) Auch hier wurden die Schulden durch die Unregelmäßigkeit in den ständigen Einnahmen, durch die Unbeliebtheit der direkten und indirekten Steuern sowie durch größere Geldbedürfnisse für Kriegszüge, Bauten, Gesandtschaften usw. hervorgerufen. Außerdem dienten aber auch die städtischen Anleihen in weiterem Umfange dem Anlagebedürfnis zahlreicher Wohlhabender, die froh waren, an Stelle der Anlagen ihrer Kapitalien in Grundbesitz, eine Unterbringung in den meist reichlichen Zinsgenuß gewährenden Anleihen der Stadt zu erlangen.[2]) Die Formen, in welchen die Schulden aufgenommen wurden, waren zumeist der Verkauf von Zinsrenten, bei welchen sich der Schuldner das Recht vorbehielt, nach einer gewissen Zeit die Rente zurückzukaufen, oder der Verkauf von Leibrenten, bei welchen der Schuldner in der jährlichen Rente zugleich eine Quote des Kapitalbetrages zurückzahlte und mit dem Tode des Gläubigers die Schuld getilgt war. Diese Renten waren ursprünglich auf Immobilien fundiert, später auf Steuern. Allmählich kam die Anweisung auf bestimmte Einkünfte mehr und mehr in Fortfall, an ihre Stelle trat die primäre Haftung der Stadt und aller ihrer Bürger für die Schulden der Stadt. In diesen Zeiten des noch unentwickelten öffentlichen Kredits, in welchen dem Träger der öffentlichen Gewalt häufig das Bewußtsein von der Notwendigkeit der Vertragstreue fehlte, bildete diese solidarische Haftung der sämtlichen Bürger der Stadt ein wichtiges Ausgleichmittel für den Gläubiger gegenüber dem Fehlen des notwendigen Zwangsmittels zur Durchsetzung des gebrochenen Rechtes innerhalb des Herrschaftsgebietes des Schuldners.

Dieser Jahrhunderte hindurch bestehende Rechtszustand fand seinen Ausdruck noch in der Rechtstheorie der späteren Zeiten, so bei Hugo Grotius (de jure belli ac pacis lib. III cap. II unter II no. 1, lib. III cap. XIII unter I no. 2). Grotius spricht sich für die Haftpflicht der Bürger des Staates für die

---

[1]) Vgl. dazu Gustav Cohn, Finanzwissenschaft S. 671, Dr. Bruno Kuske, Das Schuldenwesen der deutschen Städte im Mittelalter 1904 (Ergänzungsheft XII zur Zeitschrift für die gesamte Staatswissenschaft).

[2]) Vgl. Gustav Cohn a. a. O. S. 676. Stieda, Städtische Finanzen im Mittelalter in Jahrb. für Nationalök. u. Statistik 1899 S. 47.

Schulden des Staates aus, indem er den Rechtsgrund für das Prinzip der Haftpflicht in einer Art von Bürgschaft findet, eine Konstruktion, die natürlich deswegen verfehlt ist, weil eine Bürgschaft sowohl im Zivilrecht wie im internationalen Recht eine ausdrückliche Verpflichtung erfordert.[1])

Der Anlaß dafür, daß auch in Deutschland die Rentenschuld als Art der Verschuldung der Städte gewählt wurde, lag ebenfalls in der kanonischen Wucherlehre; denn während die Kirche bekanntlich das Zinsnehmen verurteilte und das verzinsliche Darlehn als Wucher ansah, konnte sie dem Rentenkauf nichts anhaben, da dieser überhaupt nicht als Kreditgeschäft angesehen wurde. Ein fernerer Grund für die Wahl der Form des Rentenkaufes lag aber auch darin, daß die Rentenzahlung bequem die Gelegenheit zur Zinsreduktion bot, wovon schon früh in den Städten Gebrauch gemacht wurde.

Auch die Verbriefung, welche von jeher im Mittelalter in Deutschland eine große Rolle spielte, da sie der mittels Bürgen und Pfändern erzielten Sicherung gleichgestellt wurde, fand auf dem Gebiete der öffentlichen Schuldforderungen der Städte frühzeitig Eingang. Über die Rentenkäufe wurden Rentenbriefe ausgestellt. Die Übertragung der Renten war ursprünglich unter Ausstellung eines neuen Rentenbriefes bei eventueller Rentenübertragung, demnächst ohne Erneuerung des Briefes gestattet. Auf diese Weise nahmen die Rentenbriefe bereits früh (in den Braunschweigischen Herzogtümern z. B. in der zweiten Hälfte des 14. Jahrhunderts) den Charakter von Orderbriefen an.[2]) Die Renten waren in öffentliche Register eingetragen, wobei für Leibrenten und ewige Renten mitunter besondere Register angelegt waren.[3])

Im Gegensatz zu dem städtischen Kredit, der bereits im Mittelalter auf einer entwickelteren Stufe des Verkehrs stand, kann von einem staatlichen oder territorialen Kredit im Mittelalter noch nicht gesprochen werden. Höchstens nur, soweit als er in dem privaten Kredit der Fürsten und Territorialherren aufging, zeigt er die primitiven Anfänge der Entwicklung. Ab-

[1]) Vgl. Meili, Internationales Zivil- und Handelsrecht 1902 Bd. II S. 60, 61.

[2]) Kostanecki, Der öffentliche Kredit im Mittelalter S. 92, 124, 125.

[3]) Kostanecki a. a. O. S. 93.

gesehen von den Zwangsanlehen, die seitens der Fürsten von denjenigen erhoben wurden, die auf ihren Schutz angewiesen waren oder von ihnen abhängig waren, spielten „schwebende Anleihen", die meist enorme Zinsen kosteten und nach Art privater Schuldverhältnisse mit beiderseitigem Kündigungsrecht eingegangen wurden, im Haushalt der Fürsten die Hauptrolle. Bei freiwilligen Abgaben waren regelmäßig außer hohen Zinsen Sicherstellungen, insbesondere durch Bürgschaft oder Pfand, speziell durch Verpfändung bestimmter Staatsgüter und Einkünfte zu gewähren. Sie erschienen schon deswegen erforderlich, weil beim Tode des Fürsten sein Nachfolger keineswegs ohne weiteres verpflichtet war, die Schulden des Vorgängers zu übernehmen.[1]) Beiden Teilen, dem Inhaber der Staatsgewalt wie den Gläubigern, stand regelmäßig ein Kündigungsrecht zu. Fundierte Anleihen hatten am Ende des Mittelalters für die Fürsten noch wenig Bedeutung; wo sie solche aufnahmen, mußten sie sich regelmäßig der Vermittlung ihrer Stände oder einzelner Städte bedienen, welche die Anleihen für die Fürsten abschlossen, während diese sich ihnen gegenüber zur Rentenzahlung verpflichteten.[2]) Hieraus entstanden in den besser verwalteten Staaten allmählich besondere Staatsschuldenbehörden, welche nur vom Parlament genehmigte Schulden auf sich nahmen, und an welche die früheren persönlichen Schulden der Fürsten und einzelner Staatskassen in der Form einer einheitlichen Staatsschuld übergingen.[3])

Es ist ohne weiteres ersichtlich, daß in dem Maße, wie die Anleihen zu organischen Bestandteilen der modernen Staatswirtschaft wurden, das Kündigungsrecht der Gläubiger für die Fürsten und den Staat zu einer unerträglichen Fessel sich gestaltete, ja unter Umständen den Bestand des Staates gefährden konnte. Denn die Gläubiger machten natürlich nur in kritischen Zeiten davon Gebrauch und benutzten es in Verbindung mit den ihnen eingeräumten Pfandrechten als Pressions-

---

[1]) Ehrenberg, Zeitalter der Fugger I S. 21. Noch in der zweiten Hälfte des 18. Jahrhunderts waren sich die Juristen nicht einig darüber, ob ein Fürst die Schulden seines Vorgängers zu zahlen habe.

[2]) Ehrenberg a. a. O. S. 30. Schmoller, Grundriß der allg. Volkswirtschaftslehre II S. 190.

[3]) Schmoller, Grundriß II S. 190.

mittel zur Erzielung wucherischer Vorteile von Fürsten und Staaten. Mit der wachsenden Ordnung des Finanzwesens und der Zunahme des allgemeinen Rechtsgefühls und der wirtschaftlichen Einsicht wurde allmählich auf den Schuldner auch beim öffentlichen Kredit ein Druck geübt, seinen Verpflichtungen, auch wenn es an einem Zwang dazu fehlte, gerecht zu werden. Damit aber entfiel für die Gläubiger die Notwendigkeit, sich die Rückzahlung versichern zu lassen; das Kündigungsrecht des Gläubigers wurde erst beschränkt, dann ganz beseitigt, während der Staat sich das Kündigungsrecht vorbehielt, um die Zinsen herabsetzen zu können. An die Stelle der kurzterminierten Renten, an die Stelle der Leibrenten traten, zuerst in England seit Beginn des 18. Jahrhunderts, langterminierte Renten (z. B. 99jährige).[1]

Die Beseitigung des Kündigungsrechts der Gläubiger würde indessen eine erhebliche Einschränkung des Kredits der Staaten zur Folge gehabt haben, wenn es nicht gelungen wäre, einen Ausweg im Interesse der Gläubiger zu finden, um die dauernde Festlegung einer Wertsumme in der Anleihe, die für den Geldgeber der Wegfall des Kündigungsrechts bewirkt hätte, zu verhindern. Dieser Ausweg fand sich darin, daß seitens einer Reihe von Staaten (England, Holland, Frankreich), unter Anlehnung an das früher von den italienischen Städten Venedig, Genua, Florenz gegebene, oben dar gestellte Vorbild, an Stelle der privaten Schuldverschreibungen auf mechanischem Wege hergestellte Schuldurkunden ausgegeben wurden, welche auf runde (größere oder kleinere) Summen lauteten, regelmäßig auf den Inhaber gestellt und mit meist jährlichen, ebenfalls auf den Inhaber lautenden Zinskupons versehen waren. Das Kündigungsrecht wurde also durch die Möglichkeit einer leichten Veräußerung der Schuldforderungen seitens der Gläubiger, ersetzt, indem durch Vereinfachung der Umlaufsformen und (regelmäßig) durch Sicherung des redlichen Erwerbers der Umlauf der Schuldurkunden erleichtert wurde. Die erste Entwicklung der modernen Schuldverschreibungen fand sich wohl in den englischen exchequer bills, die zuerst am Ende des 17. Jahrhunderts und zwar als vorläufige Zahlungsmittel, emittiert wurden, dann aber zu

---

[1] Gustav Cohn, System der Nationalökonomie II S. 687.

ständigen Anleiheschuldverschreibungen umgebildet wurden. Sie waren verzinslich und indossierbar und waren in Bücher mit countreparts der Briefe eingetragen. Der Ursprung des Verkehrs mit öffentlichen Schuldverschreibungen, der vielfach erst in die Zeit der Krisen des 18. Jahrhunderts gesetzt wird,[1]) ist also in eine frühere Zeit zu verlegen, die wichtigsten modernen Formen fanden sich bereits im 17. Jahrhundert.[2])

Am Ende des 17. Jahrhunderts begann sich bereits an den niederländischen und englischen Börsen, neben dem Handel in den Aktien speziell der zahlreich gegründeten überseeischen Aktienkompagnien, ein reger Handel in Staatsfonds herauszubilden. Ein Fondskurszettel für Amsterdam aus dem Jahre 1747 zählte schon 25 verschiedene Sorten inländischer Staats- und Provinzialobligationen auf.

In Deutschland ist Kursachsen dasjenige Land, in dem zuerst die öffentlichen Anleihen in der Form der Ausgabe von Inhaberpapieren, welche mit Kupons ausgestattet waren, aufkam. Die kursächsischen Steuerkreditkassenscheine von 1763 haben sonach als erste moderne Anleihe in Deutschland zu gelten.[3]) In einigen Staaten, so in Frankreich, England und Holland, haben Anleihen in der Form der Ausgabe von Inhaberpapieren mit Zinskupons nur schwer und langsam Aufnahme gefunden. Vielmehr bestand daselbst lange Zeit ausschließlich das sog. Inskriptionssystem,[4]) d. h. die Anteile der Staatsschuld wurden auf den Namen des Gläubigers in ein Staatsschuldbuch (Grand Livre, Great Ledger) eingetragen und im Falle des Besitzwechsels auf den neuen Erwerber umgeschrieben. In Frankreich gibt es erst seit 1831 Inhaberpapiere mit Kupons über Anteile der Staatsschulden, daneben besteht noch für einen erheblichen Teil der Staatsschuld das alte Inskriptionssystem fort, bei dem die Gläubiger lediglich einen Auszug über die erfolgte Eintragung erhalten. In England, das für das Staatsschuldbuch Preußens und des Deutschen Reiches vorbildlich geworden ist, gab er bis 1863 bei der Staatsschuld keinerlei besondere Verbriefungen, vielmehr lediglich Eintragungen (stocks)

---

[1]) So Gönner, Staatsschulden S. 1.

[2]) Kostanecki, Der öffentliche Kredit im Mittelalter S. 120.

[3]) Ehrenberg a. a. O. Bd. II S. 299.

[4]) Saling, Börsenpapiere I S. 12 (9. Aufl.).

in die von der Bank von England geführten Bücher.[1]) Seitdem werden anstatt dessen auch Inhaberpapiere (auf Wunsch auch Namenpapiere) über die Anteile an der Staatsschuld ausgestellt.

Mit der steigenden Kapitalsbildung und der wachsenden Reichtumvermehrung wurden die Staatsanleihen in den meisten Ländern ein wesentlicher Bestandteil der modernen Finanzwirtschaft. Zwei mächtige Faktoren des modernen Wirtschaftlebens haben den Siegeszug der modernen Anleihe gefördert. Einmal die Entstehung leistungsfähiger Börsen, insbesondere seit dem ersten Viertel des 19. Jahrhunderts. Das stete Vorhandensein eines breiten Marktes für die Schuldtitel, die Notierung ihres Kurses an der Börse bewirkten, daß das Publikum Vertrauen zu ihrer Verzinsung hatte und sie als die sicherste Kapitalsanlage ansah. Sodann die Entwicklung der modernen Großbanken, welche sich von Anbeginn an in Deutschland der Pflege des Anleihegeschäftes gewidmet haben.

In Frankreich beläuft sich die Staatsschuld gegenwärtig auf über 30 Milliarden Francs. Die konsolidierte Schuld des Deutschen Reiches beträgt nach der Denkschrift vom 13. Novbr. 1906 nom. 3803,50 Mill. Mk., während sie noch im Jahre 1887 nur 486,20 Mill. Mk., im Jahre 1893 1740,84 Mill. Mk. betrug. Die preußische Staatsschuld beläuft sich nach dem Etat für 1907/1908 auf 7764 Mill. Mk. Die Staatsschuld Bayerns betrug 1906 1890,37 Mill. Mk., Württembergs 559,3 Mill. Mk., Badens 447 Mill. Mk., Sachsens 920,89 Mill. Mk., Hamburgs 532,82 Mill. Mk., Hessens 385,95 Mill. Mk.

Im Anschlusse an den öffentlichen Kredit der Staaten und unter Benutzung und Nachbildung der für diesen eingeführten Einrichtungen und Formen gingen auch andere öffentliche Korporationen (Städte, Gemeinden, Provinzen), — namentlich seit Beginn des 19. Jahrhunderts in immer steigendem Maße — zwecks Befriedigung ihrer Kreditbedürfnisse zur Aufnahme von Anleihen im Wege der Ausgabe von Obligationen über. Namentlich in der neuesten Zeit haben die Städte, vor allem in England und Deutschland, in erheblichstem Maße von der Aufnahme von Anleihen Gebrauch gemacht. Der große wirtschaftliche Aufschwung Deutschlands in den jüngsten Zeiten

[1]) Vgl. Saling a. a. O. 13, 14.

ist zum großen Teil gerade den Aufwendungen zu danken, die seitens der Städte für ihre Hebung gemacht worden sind. Die Mittel hierfür haben sie sich zum größten Teil im Wege der Emission von Anleihen verschafft. Allein an der Berliner Börse werden zur Zeit 346 Anleihen von 132 deutschen Städten neben Anleihen von zehn preußischen Provinzen und vier preußischen Kreisen notiert. In den Zeitraum von 1901—1906 haben die deutschen Städte und Provinzen den ungeheueren Betrag von 2170 Mill. Mk. neuer Titel an den Markt gebracht; dies ist fast ebensoviel, wie die Emissionen in deutschen Staatsfonds in diesem Zeitraum betragen.

Gleichzeitig mit den öffentlichen Korporationen begannen auch private Korporationen langfristigen Kredit im Wege der Ausgabe von Obligationen sich nutzbar zu machen. Zuerst wurden die Vorteile des Anleihekredits der Landwirtschaft erschlossen; in Deutschland war es Friedrich der Große, der als der erste durch Gründung der — auf öffentlich rechtlicher Grundlage beruhenden — sogenannten „Landschaften" in den 60er und 70er Jahren des 18. Jahrhunderts diesen Gedanken zur Durchführung brachte. Die Gründung der ersten privaten Hypothekenbanken fällt in Deutschland in die 20er und 30er Jahre des 19. Jahrhunderts; im Laufe des Jahrhunderts, in dem sich die Gründung einer sehr großen Anzahl von Hypothekenbanken vollzog, hat das Hypothekenbank- und Pfandbriefwesen seine große finanzielle und volkswirtschaftliche Bedeutung erlangt. Im Jahre 1866 existierten Pfandbriefe der deutschen Hypothekenbanken in der Höhe von 2099,3 Mill. Mk., 1899 von 6241 Mill. Mk., Ende 1906 — bei 39 Hypothekenbanken — von 8800 Mill. Mk.

Neben diesen im Vorstehenden erwähnten öffentlichen Anleihen stellen die Obligationsanleihen von Eisenbahngesellschaften, industriellen Gesellschaften und großen Privatfirmen die erheblichsten Anforderungen an den Kapitalmarkt. In Frankreich und England entfällt der weitaus größte Teil der von allen Gesellschaften aufgenommenen Anleihen auf die Eisenbahngesellschaften (in Frankreich $^4/_5$ mit mehr als 17 Milliarden Francs Obligationen), während in Deutschland, wo die Eisenbahnen zum größten Teil im Staatsbetrieb sind, diese Art der Anleihen fast ganz ausscheidet. Dafür haben in Deutschland die Anleihen der industriellen Gesellschaften, welche bis die 70er Jahre des 19. Jahrhunderts sehr selten waren, seit dieser Zeit infolge der gewaltigen Fortentwicklung der Industrie als Mittel der Kreditbeschaffung eine außerordentliche Zunahme erfahren.[1]) Sie haben sich namentlich in Hochkonjunkturperioden gewaltig vermehrt. Während bis 1894 in Deutschland rund etwa eine Milliarde Mk. Industrieobligationen in Umlauf waren, wurden von 1894—1906 weit über 1 1/2 Milliarde Mk. emittiert. Um nur die Zahlen der letzten Hochkonjunkturperiode anzuführen, betrugen die Emissionen

1904	202 Mill. Mk.
1905	332 „ „
1906	257 „ „

Neben der Befriedigung der inländischen Kreditbedürfnisse spielt in den letzten Jahrzehnten in den wohlhabenden Ländern, zu denen auch Deutschland gehört, das Ausleihen heimischer Kapitalien an das Ausland, insbesondere an die ausländischen Staaten und Kommunen, eine wichtige volkswirtschaftliche Rolle. Die Anlegung inländischen Kapitals in ausländischen Wertpapieren, insbesondere im Wege der Übernahme fremder Anleihen, bildet ein wichtiges Glied der internationalen Kapitalbeziehungen, wie sie in den gegenwärtigen Zeiten des Weltverkehrs für jede auf der Höhe befindliche Volkswirtschaft schlechterdings unentbehrlich ist. Ohne auf die Gründe hierfür an dieser Stelle im einzelnen eingehen zu können,[2]) soll nur hervorgehoben werden, daß Deutschland im Interesse seiner „finanziellen Mobilmachung" geeigneter in Gold zahlbarer ausländischer Wertpapiere als notwendiger Ausgleichungsmittel gegen die Zurückziehung ausländischer Guthaben aus dem Inlande namentlich im Kriegsfalle, dringend bedarf. Zudem braucht ein Staat wie Deutschland, der zu industriellen Zwecken wichtige Rohprodukte aus dem Auslande zu beziehen genötigt ist und auch auf den Import von Nahrungsmitteln aus dem Ausland angewiesen ist, zur Deckung des Passivsaldos seiner

---

[1]) Näheres über Industrieobligationen vgl. Kap. III S. 31 ff.

[2]) Vgl. insbesondere Riesser, Zur Entwicklungsgeschichte der deutschen Großbanken mit besonderer Rücksicht auf die Konzentrationsbestrebungen (2. Aufl. 1906) S. 119 ff.

Handelsbilanz ausländische Werte, mit deren Zinsen oder Dividenden und mit deren Kapital bei Fälligkeit er das Ausland bezahlen kann. Endlich gilt das Goethesche Wort von dem „Mann mit zugeknöpften Taschen, dem keiner was zu lieb tut" mehr als irgendwo anders hinsichtlich der internationalen politischen Beziehungen; die Gewinnung von politischem Einfluß und von Beschäftigung für unsere Industrie im Auslande hängt nicht zuletzt von der Gewährung von Anleihen an das Ausland ab. Was den Umfang der Beteiligung Deutschlands an ausländischen Anleihen betrifft, so ist es zurzeit unmöglich, eine bestimmte Angabe zu machen, selbst soweit es sich um die nach Deutschland eingeführten Wertpapiere handelt. Die im Reichsmarineamt im Jahre 1905 ausgearbeitete Denkschrift über die Steigerung der deutschen Seeinteressen im letzten Jahrzehnt gibt den gesamten deutschen Besitz an ausländischen Werten auf mindestens 16 Milliarden Mk. mit Erträgen von 800 Millionen Mark an (bei einer Gesamtanlage in Deutschland von ca. 80 Milliarden Mk. in Börsenwerten). Selbst wenn man diese auf der deutschen Emissionsstatistik in Verbindung mit den Ergebnissen des jährlichen Effektenstempels beruhende Schätzung für richtig erachten will, so fehlt es doch an der Möglichkeit der genaueren Berechnung, wieviel von den angegebenen Beträgen auf festverzinsliche Werte, also Anleihen entfällt, da die Stempelerträge bisher nur in Gesamtziffern und nicht getrennt für Inlands- und Auslandswerte und für Aktien und festverzinsliche Werte bekannt gemacht wurden. Erst wenn das letztere der Fall sein wird, werden genauere Schätzungen hierüber angängig sein. [1])

Zum Schlusse sollen noch, um einen Maßstab für die gewaltigen Summen zu geben, welche im Wege der öffentlichen Anleihen in Deutschland überhaupt aufgebracht werden, die Anleiheemissionen der letzten sechs Jahre 1901—1906, also für eine Periode des wirtschaftlichen Niederganges mit darauffolgender Hochkonjunktur, im Gesamtbetrage hier angegeben werden: [2])

---

[1]) Wie aus einer jüngst vom preußischen Handelsminister an die Ältesten der Kaufmannschaft von Berlin gerichteten Anfrage zu schließen ist, scheint eine solche Maßnahme an der maßgebenden Stelle erwogen zu werden. Vgl. Frankf. Zeitung v. 29. März 1907 Nr. 88.

[2]) Die Zahlen der ausländischen Effekten sind nach den reduzierten An-

Deutsche Staatsfonds	Mk. 2790 Mill.
Ausländische Staatsfonds	Mk. 1419 „
Städte und Provinzen	Mk. 2174 „
Inl. Hypoth.-Bank-Obligationen	Mk. 2466 „
Ausl. Hypoth.-Bank-Obligationen	Mk. 78 „
Sonstige Obligationen	Mk. 1698 „
Festverzinsliche Werte	Mk. 10625 Mill.

Also in sechs Jahren öffentliche Anleihen in Deutschland im Gesamtbetrage von mehr als 10 $^1/_2$ Milliarden Mk., denen in dem gleichen Zeitraum eine Ausgabe von Aktien im Betrage von nur 2892 Millionen Mk. gegenübersteht.

---

sätzen übernommen, die von der Frankf. Zeitung aus den zum Börsenhandel zugelassenen, natürlich viel zu hohen Beträgen schätzungsweise ermittelt wurden.

Kapitel III.

Arten der öffentlichen Anleihen.

Von den zahlreichen üblichen Einteilungen der öffentlichen Anleihen, die sich in nationalökonomischen und juristischen Schriften finden, soll im folgenden nur diejenige nach der Person der Anleiheschuldner behandelt werden. Auf die übrigen Arten der Einteilung — in solche mit bestehender oder nicht bestehender Tilgungsverpflichtung, in verzinsliche und nichtverzinsliche, in Anleihen des Personal- oder Realkredits usw. — soll, um Wiederholungen zu vermeiden, lediglich an den einschlägigen Stellen eingegangen werden.

1. Staatsschulden.

Die zwei Hauptarten, welche fast jeder moderne Staat aufzuweisen hat, sind die **schwebenden** und die **fundierten** Schulden.[1]) Die ersteren, — sog. Schatzanweisungen (in Preußen, Bayern, dem Deutschen Reiche) Partialhypothekaranweisungen (in Österreich), Exchequer Bills oder Schatzkammerscheine (in England), Bons du Trésor (in Frankreich) — dienen regelmäßig nur zur Deckung eines vorübergehenden Geldbedarfs zwecks Antizipation von ordentlichen oder außerordentlichen Einnahmen, ferner zur Erleichterung der Emission von fundierten Anleihen, deren Ertrag erst nach und nach verbraucht wird, oder für die der Markt zurzeit des Geldbedarfs aus irgend

---

[1]) Die Einteilung der Staatsschulden in Finanzschulden und Verwaltungsschulden ist hauptsächlich vom staatsrechtlichen und finanzwissenschaftlichen Standpunkte von Bedeutung; sie kann hier übergangen werden.

welchen Gründen nicht aufnahmefähig ist.[1]) Sie sind in kurzer Zeit seitens des Staatsschuldners tilgbar, die Gläubiger empfangen regelmäßig keine Zinsen, sondern ziehen sich wie beim Wechsel, einen Diskont ab. Diesen schwebenden Schulden stehen die dauernden oder fundierten gegenüber. Unter fundierten Schulden verstand man in früherer Zeit solche, für deren Tilgung bestimmte Einnahmen oder Neueinnahmen im Etat vorgesehen waren. Wurden derartige Anleihen verschmolzen oder gleichmäßig ausgestattet, so hießen sie „Consolidated" oder „Consols" (dette non exigible ou consolidée). Gegenwärtig werden alle diejenigen Staatsschulden „fundiert" genannt, die auf lange Dauer bestehen. Diese sind regelmäßig verzinslich und unter Ausschluß des Kündigungsrechts des Gläubigers aufgenommen. Sie zerfallen in Anleihen mit Tilgungspflicht des Schuldners oder ohne solche. Die ersteren sind entweder gleichzeitig oder allmählich zu tilgende, bei den allmählich zu tilgenden liegt die Wahl des Zeitpunktes und der Tilgungssumme entweder in der Willkür des Schuldners oder ist im voraus planmäßig bestimmt. Bei den Anleihen ohne Tilgungspflicht (Rentenschulden) wahrt sich zwar der Schuldner regelmäßig das Recht, die Rückzahlung zu leisten, übernimmt aber keine Verpflichtung hierzu. Das Nähere hierüber wird später bei der Frage der Rückzahlung der Anleihen ausgeführt werden.

Im Deutschen Reich erfolgt die Aufnahme der Anleihen in den beiden Formen, der der Schatzanweisungen mit fester Umlaufszeit und der der verzinslichen Schuldverschreibungen ohne bestimmten Fälligkeitstermin; lediglich diese letztere Form wird indessen nach dem Sprachgebrauch der Reichsgesetzgebung, speziell der Reichsschuldenordnung, als „Reichsanleihe" bezeichnet (vgl. Reichsschuldenordnung § 1). „Anleihen", bei denen der Zeitpunkt der Rückzahlung im voraus bestimmt ist oder bei denen eine planmäßige Tilgung stattfindet, gibt es nach gesetzlicher Bestimmung im Deutschen Reiche nicht (Reichs-

[1]) Saling, Börsenpapiere I S. 8ff. In allen neueren Anleihegesetzen des Deutschen Reiches und der Bundesstaaten findet sich daher die Bestimmung, daß die Finanzverwaltung den Anleihebetrag einstweilen durch Schatzanweisungen aufbringen darf; auch wird die Finanzverwaltung des Reichs und der Bundesstaaten regelmäßig in jedem Etatgesetz zur vorübergehenden Ausgabe von Schatzanweisungen ermächtigt.

schuldenordnung § 5). Für die Ausgabe der Schatzanweisungen wie der eigentlichen Anleihen ist die gesetzliche Ermächtigung des Reichskanzlers erforderlich.

Während aber früher in Deutschland regelmäßig unverzinsliche Schatzanweisungen mit kurzer Umlaufszeit ausgegeben wurden, wurde zuerst im Jahre 1900 zur Beschaffung des Geldes der deutschen Chinaexpedition mit der Ausgabe von 80 Millionen 4 % erst nach 4 bzw. 5 Jahren rückzahlbarer Schatzanweisungen vorgegangen, die auf den amerikanischen Markt begeben wurden, indessen sehr rasch nach Deutschland zurückströmten. Im Jahre 1904 erfolgte eine neue Emission zu 3 ½ % verzinslicher, erst nach einer längeren Reihe von Jahren rückzahlbarer Schatzanweisungen. Im Jahre 1907 endlich wurden 400 Millionen 4 % Schatzanweisungen mit fünfjähriger Umlaufszeit je zur Hälfte für das Reich und für Preußen begeben. Die Begebung derartiger festverzinslicher Schatzanweisungen mit längerer Umlaufszeit an Stelle fundierter Anleihen zur Deckung des staatlichen Geldbedarfs erfolgt regelmäßig in den Zeiten gespannter Geldverhältnisse, namentlich im Falle einer internationalen Geldklemme. Sie sind im allgemeinen leichter beim Publikum unterzubringen als die Titel fundierter Anleihen und finden auch im Auslande besseren Absatz als die ersteren, wodurch, namentlich bei schwierigen internationalen Geldmarktlagen, unter Umständen ein günstiger Einfluß auf die heimische Zahlungsbilanz und auf die Begebung der Wechselkurse hervorgerufen wird. Außerdem ist, da in solchen Zeiten Geld nur zu höheren Zinsen zu erhalten ist, die Rücksicht auf den Markt der bisherigen fundierten Anleihen maßgebend, die natürlich durch die Notwendigkeit der Begebung einer höher verzinslichen fundierten Anleihe erheblich im Kurse gedrückt werden würden.

Es ist ohne weiteres ersichtlich, daß es sich bei dieser Art verzinslicher, erst nach einer längeren Reihe von Jahren rückzahlbarer Schatzanweisungen nicht um Schatzanweisungen im eigentlichen Sinne handelt, da sie nicht zur Beschaffung eines vorübergehenden Geldbedarfs bestimmt sind. Vielmehr sind es Anleihen mit bestimmten Rückzahlungsterminen nach Art der in der Schweiz, in England und den Vereinigten Staaten üblichen Bonds, die nur deswegen nicht als Anleihen, sondern als Schatzanweisungen bezeichnet wurden, weil nach der gesetzlichen Terminologie, wie erwähnt, unter Reichsanleihe lediglich Schuldverschreibungen ohne bestimmten Fälligkeitstermin verstanden wurden und ein dem Ausdruck Bond entsprechender deutscher Ausdruck fehlt.[1])

In Kap. II ist von der finanziellen Beteiligung an auswärtigen Anleihen seitens wohlhabender Staaten und von der volkswirtschaftlichen Bedeutung solche Beteiligungen gesprochen worden. Hiermit im Zusammenhang steht die Scheidung der Anleihen in **innere** und **äussere** Anleihen. Eine innere Anleihe ist eine solche, die von einer im eigenen Lande des borgenden Staates erfolgten Emission herrührt. Die Nationalität der Zeichner oder der späteren Inhaber spielt dabei keine Rolle. Eine äußere Anleihe ist eine solche, bei der die Emission ganz oder teilweise an ausländischen Plätzen erfolgt. Die äußeren Anleihen sind durchweg höher verzinslich als die einheimischen, werden regelmäßig mit Kapital und Zins im Auslande zahlbar gemacht und auch sonst dem Geschmack des Kapitalistenpublikums daselbst angepaßt. Verschieden davon ist die nachträgliche Einführung der im Inlande aufgenommenen Staatsanleihen an auswärtigen Börsenplätzen.[2]) Sie geschieht zwecks Erweiterung ihres Marktes und kann mit oder ohne Zutun des schuldnerischen Staates erfolgen. Beispiele sind die Notierung deutscher Reichsanleihen an der Londoner Börse seit September 1894, die Notierung englischer Konsols in Paris.

Eine andere Auffassung unterscheidet zwischen formell und reell inneren und formell und reell äußeren Anleihen. Als formell innere und äußere Anleihen gelten die eben bezeichneten Anleihen, während für die Unterscheidung in reell innere und äußere Anleihen maßgebend ist, ob die Staatsschuldscheine Inländern oder Ausländern gehören. Eine ursprünglich formell innere Anleihe kann also durch Erwerb der Schuldscheine von seiten der Ausländer zu einer reell äußeren werden, eine formell äußere Anleihe kann durch Erwerb der Schuldscheine von seiten der Inländer die Natur einer reell inneren Anleihe annehmen.[3])

---

[1]) Vgl. auch Plutus, Wochenschrift herausgegeben v. Georg Bernhard I 1904 S. 219, 795; Saling, Börsenpapiere I (10. Aufl. 1905) S. 9, 10.

[2]) Vgl. Lacombe in Conrads Jahrb. Bd. 20 (1900) S. 784.

[3]) Vgl. A. Wagner, Finanzwissenschaft I § 70; Roscher, National-

Die Scheidung zwischen inneren und äußeren Anleihen im ersteren Sinne, nämlich nach dem Orte der Emission ohne Rücksicht auf die Nationalität der Gläubiger, findet in der Finanzwirtschaft zahlreicher Staaten praktisch dadurch ihren Ausdruck, daß die Staaten nicht selten die Berechtigung für sich in Anspruch nehmen, ihre inneren Anleihen durch die eigene Gesetzgebung zu ordnen, ohne Unterschied ob die Schuldtitel Einheimischen oder Fremden gehören. Hierbei wird vorausgesetzt, daß die letzteren dadurch, daß sie derartige Werte erwerben, in bezug auf diese sich der gegenwärtigen und zukünftigen Gesetzgebung des schuldnerischen Staates unterwerfen. In wieweit diese Auffassung vom rechtlichen Standpunkte zu billigen ist, wird später erörtert werden.

Hinsichtlich der Staatsanleihen unterscheidet man noch zwischen freiwilligen und Zwangsanleihen. Die letzteren sind ihrer Entstehung nach Besteuerungsmaßregeln, indem der Staat seine Angehörigen zur Kapitalshingabe gegen Aushändigung von Schuldverschreibungen zwingt. Sie stehen aber im übrigen ihrer Wirkung und Verwaltung nach den sonstigen Anleihen gleich.

2. Provinzial- und Kommunalanleihen.

Auch andere öffentliche Körperschaften, Provinzen, Kreise, Gemeinden verschaffen sich, wie schon in Kap. II erwähnt, im Wege öffentlicher Anleihen Kredit. Die Provinzen und Kreise verwenden die Anleihen insbesondere zu Hilfskassenzwecken, Wegebauten, Kanalbauten, Förderung von Kleinbahnen, die von den Kommunen aufgenommenen Anleihen dienen teils für gemeinnützige Anlagen, wie Schulen, Krankenhäuser, Straßen, teils sind sie für Anlagen von produktivem Charakter, wie Kanalisation, Wasserleitung, Straßenbeleuchtung, Straßenbahnen bestimmt.[1])

In welchem Umfange deutsche Städte und Gemeinden von der Aufnahme öffentlicher Anleihen Gebrauch machen, erhellt

---

ökonomie 4, 2 (5. Aufl. 1901 S. 235 Note 1), Handwörterbuch der Staatswissenschaften Bd. VI Art. Staatsschulden S. 957.

[1]) Vgl. Saling, Börsenpapiere I S. 19 ff.; Kähler, Die preußischen Kommunalanleihen mit besonderer Rücksicht auf eine Zentralisation des Kommunalkredits 1897. Über die öffentlichrechtlichen Voraussetzungen der Aufnahme von Kommunalanleihen soll erst später gehandelt werden; vgl. Kap. XI.

— abgesehen von den bereits früher (Kap. II) gemachten Angaben — aus der Tatsache, daß nicht weniger als 222 Städtepapiere zur Zeit an den deutschen Börsen gehandelt werden.[1]) Dabei ist indessen zu bemerken, daß die öffentliche Anleihe als Kreditform in erster Linie nur für größere Kommunen in Betracht kommt, während für kleinere Kommunen andere Kreditformen, wie Darlehen bei privaten Sparkassen, provinzialen Hilfskassen, Hypothekenbanken, Alters- und Invaliditätsversicherungsanstalten eine überwiegende Bedeutung haben.[2]) Der Grund hierfür ist einmal darin zu suchen, daß die Kosten der Emission bei kleineren Anleihen insbesondere für Herstellung von Schuldverschreibungen und Prospekten, Provisionen an Banken usw. unverhältnismäßig hoch ausfallen und einen desto größeren Prozentsatz des Anleihebetrages verschlingen, je kleiner dieser ist. Sodann aber erhalten die kleineren und mittleren Kommunen auch dann, wenn ihre Kreditwürdigkeit außer Zweifel ist, viel schwerer und zu viel ungünstigeren Bedingungen Anleihekredit durch Vermittlung der Banken als die größeren Kommunen.

Die Folge der weitgehenden Dezentralisation des kommunalen Anleihekredits ist eine bereits seit langem sehr beklagte Desorganisation desselben in Deutschland, die sich namentlich in den Zeiten der Geldteuerung lebhaft fühlbar macht. Von dieser werden in erster Linie die Städte selbst schwer betroffen, da es diesen nur unter großen Opfern möglich ist, sich in solchen Zeiten Anleihekredit zu verschaffen; aber auch die Besitzer von städtischen Obligationen leiden unter diesen Verhältnissen, da die letzteren alsdann nur schwer und unter großen Kursverlusten verkäuflich sind. Endlich und nicht zum wenigsten übt diese Desorganisation des städtischen Anleihemarktes auch ihre nachteilige Wirkung auf die allgemeine Finanzlage und das staatliche Anleihewesen aus. Auf die Mittel und Wege zu einer Organisation des kommunalen Anleihekredits kann hier nicht näher eingegangen werden; es genügt hier, zu sagen, daß die

---

[1]) Außerdem werden Anleihen von 19 ausländischen Kommunen an der Berliner Börse gehandelt.

[2]) Vgl. Jastrow, Der städtische Anleihemarkt und seine Organisation in Deutschland, in Conrad, Jahrbücher für Nationalökonomie und Statistik III. Folge 20 Bd. 1900 S. 294, 295, 314ff.

Hilfe nur vom Staate kommen kann, der sich die Mittel zur Gewährung von Anleihen an die Städte durch Errichtung staatlicher Sparkassen verschaffen muß.[1])

3. Industrieobligationen.

Industrielle Unternehmungen sind häufig in der Lage, außer dem kursfälligen Kredit, den jeder Kaufmann benötigt, einen langfristigen Anleihekredit in erheblichen Beträgen in Anspruch nehmen zu müssen. Er bietet ihnen, im Gegensatz zu dem gewöhnlichen Bankierdarlehen, den besonderen Vorteil, daß er seitens der Gläubiger unkündbar und erst nach einer längeren Reihe von Jahren rückzahlbar ist. Die Gründe für dieses Kreditbedürfnis können verschiedener Natur sein. Unternehmungen mit gutem Kredit und guter Rentabilität verschaffen sich durch Ausnutzung ihres Kredits häufig billigeres Kapital als dies durch Ausgabe neuer Aktien geschehen könnte; sie vermeiden es auf diese Weise gleichzeitig, ihren bisherigen Unternehmergewinn zu verkleinern, da es ihnen regelmäßig gelingt, den relativ niedrigen Anlehnszins mit ihren höheren Dividenden zu überschreiten. Die Aufnahme einer Anleihe dient ihnen häufig auch als Mittel, ihr in großen immobilen Werten festgelegtes Kapital zu mobilisieren. Auch in sonstigen Fällen, wo es sich darum handelt, festgelegte Werte, die nicht emittiert werden dürfen oder sollen, zu mobilisieren, erfolgt die Aufnahme einer Anleihe.[2])

Die Aufnahme solcher Anleihen erfolgt durch bedeutende Fabrikanten wie auch Gesellschaften, namentlich Aktiengesellschaften, Kommanditgesellschaften auf Aktien, Gewerkschaften, Kolonialgesellschaften, aber auch Gesellschaften mit beschränkter Haftung. Die von Aktiengesellschaften emittierten Schuldverschreibungen werden häufig Prioritätsobligationen genannt.

Allerdings haben nicht alle Gesellschaften in gleichem Maße die Fähigkeit, sich auf diesem Wege Kredit zu verschaffen.

---

[1]) In einem während des Drucks dieser Arbeit erschienenen Aufsatz in den Jahrb. für Nationalökonomie und Statistik (1907) tritt Zahn für eine allgemeine Neuorganisation des kommunalen Kredits durch Zentralisierung desselben vermittels einer zu errichtenden Städtebank ein.

[2]) Vgl. v. Zimmermann, Teilschuldverschreibungen S. 10, 11, Frankf. Zeitung v. 24. und 25. Aug. 1904 Nor. 235 und 236 „Industrie-Obligationen". Vgl. auch oben S. 21.

Vielmehr schwankt sie nach den verschiedenen Branchen und nach der Eigenart der Betriebe. Große Gesellschaften sind auch vor kleineren wesentlich begünstigt; denn einmal finden die Obligationen der ersteren leichter beim Publikum Aufnahme als die der letzteren, sodann aber ist auch bei Obligationen die Zulassung zum Börsenhandel davon abhängig, daß die Gesamtsumme der Stücke für die drei deutschen Hauptbörsen eine Million Mark, für die übrigen 500000 Mk. beträgt. Also nur solchen Gesellschaften, die derartig hohe Anleihen aufnehmen können, steht die Börse als Kapitalmarkt für ihre Werte offen, während kleineren Gesellschaften, die die Börse und damit die größere Negoziabilität ihrer Werte entbehren müssen, überhaupt nur seltener und schwieriger die Aufnahme einer Anleihe gelingen wird. [1])

Die Ausgabe von Schuldverschreibungen seitens industrieller Unternehmungen ist im wesentlichen, wie bereits in Kap. II erwähnt, ein Produkt der jüngsten wirtschaftlichen Entwicklung. Bis zum Jahre 1873 war die Zahl der industriellen Obligationen eine sehr geringe. Der Berliner Kurszettel von 1873 führt die Partialobligationen nur einer einzigen industriellen Gesellschaft (der Preußischen Bergwerks- und Hüttengesellschaft) auf. [2]) Vorbildlich für die späteren Emissionen von industriellen Obligationen ist eine Anleihe der Firma Fried. Krupp in Essen aus dem Jahre 1874 sowohl hinsichtlich der Form als der Art der Sicherstellung mittels Kautionshypothek geworden.

Sämtliche Partialobligationen dieser Anleihe wurden an die Order der Generaldirektion der preußischen Seehandlungssozietät, welche Mitübernehmerin der Anleihe war, gestellt und mit ihrem Blankogiro versehen in den Verkehr gebracht. Seitdem ist die Form von Inhaberschuldverschreibungen fast niemals für diese Anleihen in Betracht gekommen; denn für die Ausgabe von Inhaberschuldverschreibungen wäre auf Grund

---

[1]) Vgl. Passow, Die wirtschaftliche Bedeutung und Organisation der Aktiengesellschaft (Jena 1907) S. 115, 116.

[2]) Vgl. Veit Simon, Die namenlosen Zinsscheine der Orderpapiere S. 4 ff. — Nach Fleck in Monatsschrift f. Handelsrecht u. Bankwesen 1902 S. 24 ist die industrielle Teilschuldverschreibung eine Erfindung des Cellenser Bankers Horstmann, die erste Anleihe aus dem Anfang der 30er Jahre des 19. Jahrh. eine v. Altensche.

der in den meisten deutschen Staaten bestehenden Gesetzgebungen (vgl. preuß. Ges. vom 17. Juni 1833 § 1 und 5) die staatliche Genehmigung erforderlich gewesen, und die Erteilung einer solchen Genehmigung wäre nur schwer zu erlangen gewesen, weil sie eine Prüfung der Bonität der Unternehmung voraussetzte, zu welcher die Regierung nur schwer in der Lage war.[1]) An Stelle dessen erlangte die Ausgabe von Schuldverschreibungen an Order gemäß § 363 HGB., welche durch Blankoindossamente übertragbar sind, seitens der Aktiengesellschaften und sonstiger industrieller Gesellschaften allgemeine Geltung und Anerkennung. Für deren Ausgabe war weder nach früher geltendem Rechte die staatliche Genehmigung erfordert, noch ist dies nach dem Rechte des BGB. der Fall. Neben dieser erleichterten Art der Ausgabe gewährleistet diese Rechtsform die gleiche Leichtigkeit des Umlaufs wie die Inhaberschuldverschreibung. Sie bietet noch den weiteren Vorteil, daß das bei der Emission der Anleihe tätige Bankhaus, an dessen Order die Schuldverschreibungen regelmäßig gestellt werden, mit der Vertretung der späteren Erwerber der Schuldverschreibungen betraut werden kann; dies war namentlich im Falle der Gewährung einer Sicherheit durch Bestellung einer Hypothek oder Grundschuld nach früherem, speziell preußischem Rechte für die Obligationen von besonderer Wichtigkeit.[2])

Die industriellen Schuldverschreibungen erfreuen sich einer stetig steigenden Beliebtheit bei dem Anlage suchenden Publikum, einmal wegen ihrer gegenüber sonstigen Anlagewerten (Staatspapieren, Pfandbriefen usw.) regelmäßig höheren Verzinsung[3]) und der Vorteile, die sie bei Rückzahlungen bieten, sodann wegen der üblichen Sicherstellung der Anleihen durch Hypotheken oder Grundschulden. Diese Vorliebe des Publikums ist im allgemeinen auch begründet, wenngleich der Kapitalist beim

---

[1]) Vgl. Saling a. a. O. S. 57, 58. In einigen Ausnahmefällen hat die preuß. Regierung (z. B. 1870 und 1874 dem Georg-Marien-Bergwerks u. Hüttenverein) ein Privileg zur Ausgabe von Schuldverschreibungen auf Inhaber erteilt.

[2]) Näheres darüber Kap. XV.

[3]) Nicht nur ihr Nominalzins, sondern auch ihr Realzins ist wesentlich höher als der unserer Staatsanleihen; z. B. schwankten die 4% Obligationen des Norddeutschen Lloyd v. 1883—1900 zwischen 98—103, 4 ½% Laurahütte v. 1883—1895 zwischen 100, 70—105; vgl. Kimmich, Die Ursachen des niedrigen Kurstandes deutscher Staatsanleihen S. 67.

Erwerb solcher Schuldverschreibungen natürlich nicht außer acht lassen darf, daß das dem Unternehmen aus einer Anleihe zufließende Kapital Unternehmerkapital wird, und daß der Schuldverschreibungsgläubiger zwar nicht, wie der Aktionär, Unternehmer wird, indessen bis zu einem gewissen Maße an dem Risiko des Unternehmers beteiligt wird.[1])

Wie bereits (Kap. II) erwähnt, haben die Anleihen der Industriegesellschaften in den letzten Jahren eine außerordentliche Zunahme erfahren. Namentlich während der letzten Hochkonjunktur ist in Deutschland eine so starke Vermehrung derselben eingetreten, daß sich bereits Stimmen erhoben haben, die eine gesetzliche Eindämmung ihrer Ausgabe, insbesondere mit Rücksicht auf die mitunter geringe Sicherheit, die sie den Gläubiger gewähren, und mit Rücksicht auf die Konkurrenz, die sie den Staatsanleihen und sonstigen mündelsicheren Papieren bereiten, mit Lebhaftigkeit fordern.[2])

Anleihen von Banken und finanziellen Trustgesellschaften.

Ihrem eigentlichen Charakter nach gehört die Aufnahme von Anleihen zu den passiven Bankiergeschäften und würde daher in den Rahmen der von der modernen Effekten- und Kreditbanken zu betreibenden Geschäfte fallen. Aus diesem Gesichtspunkt nennt A. Wagner[3]) die Ausgabe von Teilschuldverschreibungen das dritte Hauptgeschäft der modernen Kreditbanken neben dem Depositengeschäft und dem Banknotengeschäft, indem er darin eine Erweiterung des Depositengeschäfts zwecks Beschaffung des Geldes auf längere Zeit erblickt. In der Tat bildete denn auch die Ausgabe von langterminlichen verzinslichen Obligationen einen der Hauptprogrammpunkte des im Jahre 1852 in Frankreich gegründeten Crédit mobilier, der bekanntlich für die modernen Effekten- und

[1]) Während der letzten Wirtschaftskrisis haben denn auch die Partialobligationäre bei einer Reihe von industriellen Unternehmungen nicht unerhebliche Verluste erlitten; erinnert sei an Kummer, Helios, Terlinden, Nagel-Karlsruhe, Allgemeine deutsche und schlesische Kleinbahn.

[2]) Vgl. Plutus (herausgeg. v. Bernhard) IV. Jahrg. 1907 S. 153; Näheres unten Kap. XI.

[3]) In Schönberg, Handbuch der pol. Ökonomie I 436.

Kreditbanken in Deutschland nach vielen Richtungen vorbildlich wurde. Unter dem Einfluß der Organisation und der Ziele dieses Unternehmens nahm auch die im Jahre 1853 begründete Bank für Handel und Industrie die Idee der Obligationenausgabe in ihr Programm auf.[1]) Indessen scheiterte dieses Projekt beim Crédit mobilier im wesentlichen an dem Widerstand der Regierung, die bei der Unsicherheit der für die Obligationen in Betracht kommenden Deckung in Aktien und sonstigen spekulativen Objekten der Gesellschaft die Genehmigung zur Emission versagte.[2])

Auch bei den deutschen Kreditbanken ist die Idee der Anleiheaufnahme — „glücklicherweise", wie Riesser im Hinblick auf die Darmstädter Bank bemerkt — niemals bis heute verwirklicht worden. Ausschlaggebend hierfür war der oben berührte Gesichtspunkt der mangelnden Sicherheit der Obligationen, die hinsichtlich ihrer Deckung auf Objekte von häufig schwankendem Werte angewiesen sein würden, und unter Umständen — bei einer weniger solide geleiteten Bank — eine große Gefahr für das Anlage suchende Publikum bei Vermögensverfall des Unternehmens darstellen würden.[3])

In größerem Maßstabe erfolgt die Aufnahme von Anleihen im Inlande und im Auslande durch sog. finanzielle Trustgesellschaften, welche als Tochtergesellschaften von Emissionsbanken gegründet werden.

Die Gründung solcher Trustgesellschaften erfolgt häufig zu dem Zwecke, damit sie die Anteile von Unternehmungen, welche überhaupt nicht zu öffentlichen Emissionen gelangen können oder sollen, oder gemäß § 39 des Börsengesetzes noch nicht

---

[1]) Vgl. Riesser, Zur Entwicklungsgesch. der deutschen Großbanken (2. Aufl.) S 44.

[2]) Die auf Mitte September bzw. 5. Oktbr. 1855 bereits angekündigte Obligationenemission von 240000 Obligationen à 500 Frcs. wurde 9 Tage vor der Subskription verhindert, Riesser a. a. O. S. 42 Note 1.

[3]) Im Auslande, insbesondere in der Schweiz, machen die Effektenbanken häufig in erheblichem Umfange von der Obligationenausgabe Gebrauch, wobei ihr Umlauf bei einzelnen, namentlich kleineren Banken, nicht selten in einem wenig angemessenen Verhältnis zu den eigenen Mitteln der Bank steht, vgl. Frankf. Zeitung v. 18. Juni 1905 Nr. 167 „Bankobligationen in der Schweiz". Doch handelt es sich hierbei nicht eigentlich um „Anleihen" in streng juristischem Sinne, wie weiter unten noch auszuführen, vgl. S. 40.

emissionsreif sind, übernehmen. Diese Anteile dienen alsdann als Grundlage für die Emission von Obligationen. Namentlich für die Elektrizitätsindustrie, die Kleinbahnen, die Eisenbahnbanken und andere Unternehmungen hat dieses System eine besondere Bedeutung erlangt.[1])

Da die Sicherheit der ausgegebenen Obligationen und ihrer Verzinsung von dem Wert der Unternehmungen, deren Aktien übernommen sind, abhängt, so erhellt, daß bei mangelnder Rentabilität der letzteren unter Umständen sogar die Verzinsung der Obligationen der Trustgesellschaften gefährdet werden kann, wie dies bei Gelegenheit der letzten Wirtschaftkrise mehrfach geschah.

Eisenbahnanleihen.

Unter den öffentlichen Anleihen hatten in Deutschland neben den Anleihen der Staaten und Kommunen die der Eisenbahngesellschaften seit der Mitte des 19. Jahrhunderts die weitaus größte Bedeutung. In erster Linie waren es deutsche Eisenbahnobligationen, sodann aber österreichische, ungarische, italienische und russische, die durch Vermittlung der deutschen Banken dem deutschen Kapitalmarkt seit der Mitte des 19. Jahrhunderts zugeführt wurden.[2]) Seitdem fast sämtliche Hauptbahnen Deutschlands in Staatsbesitz übergegangen sind und die von den Eisenbahngesellschaften aufgenommen Anleihen den Charakter von Staatsanleihen angenommen haben, beschränkt sich das Interesse des Kapitalisten im wesentlichen auf die Anleihen der deutschen Sekundär- und Kleinbahnen und auf die ausländischen Eisenbahnanleihen. Die Anteile der Eisenbahnanleihen wurden in früherer Zeit häufig Prioritätsobligationen genannt, ohne daß ihnen indessen ein prioritätisches Recht vor den übrigen Gläubigern der Eisenbahngesellschaften zustand.

---

[1]) Riesser, Zur Entwicklungsgeschichte der deutschen Großbanken S. 255, 256; Jörgens, Finanzielle Trustgesellschaften; Saling a. a. O. S. 80. Erinnert sei an den anläßlich der Hiberniaaffäre im J. 1904 gegründeten sog. „Trotztrust" Herne G. m. b. H., der die von den Gegnern der Verstaatlichung des Unternehmens erworbenen Anteile übernahm und dafür eine Obligationsanleihe in Höhe von 30 Mill. Mk. ausgab.

[2]) Vgl. Riesser a. a. O. S. 49 ff., welcher eine interessante Zusammenstellung der von einzelnen Großbanken seit ihrem Entstehen emittierten Eisenbahnanleihen gibt.

Die Einräumung eines derartigen Vorrechtes war in Deutschland zudem gesetzlich ausgeschlossen, da die Verpfändung eines Bahnunternehmens als eines Ganzen rechtlich unmöglich war und die Bestellung einer Hypothek für Inhaberschuldverschreibungen in zahlreichen deutschen Staaten gesetzlich unzulässig war.[1]) Seit dem im Jahre 1895 erfolgten Erlaß des Gesetzes betr. das Pfandrecht an Privateisenbahnen und Kleinbahnen und die Zwangsvollstreckung in dieselben, welches in Anlehnung an die österreichische und schweizerische Gesetzgebung erging, besteht in Preußen, wenn eine Bahnpfandschuld in Teilschuldverschreibungen auf den Inhaber zerfällt, die rechtliche Möglichkeit der Bestellung einer dinglichen Sicherheit an der „Bahneinheit" für dieselben durch Eintragung im Bahngrundbuch.

Das BGB., welches die Eintragung einer Hypothek in Form einer Sicherungshypothek für Forderungen aus Inhaberpapieren eingeführt hat, hat übrigens die landesgesetzlichen Bestimmungen über Teilschuldverschreibungen auf Inhaber mit Bahnpfandrecht ausdrücklich aufrecht erhalten (EG. zum BGB. Art. 112, preuß. Ges. über Bahneinheiten, in der Fassung v. 1902 § 18).

Anleihen von öffentlichen Pfandbriefanstalten und Hypothekenbanken.

Zu den öffentlichen Anleihen gehören auch die seitens der öffentlichen Pfandbriefgenossenschaften und Pfandbriefanstalten und die seitens der privaten Hypothekenbanken erfolgenden Emissionen von Schuldverschreibungen (Pfandbriefen). Ein ganz ähnlicher Vorgang, wie er zu den modernen Anleihen der Staaten und Kommunen geführt hat, hat auch die Schaffung des Pfandbriefs herbeigeführt. Er soll dazu dienen, dem geldbedürftigen Grund- und Hausbesitzer Mittel zu schaffen, deren Gewährung nicht einer so kurzen Dauer unterliegt, wie regelmäßig die gewöhnliche Hypothek. Er soll ferner den Kreis

[1]) Die Bestellung einer Hypothek für Schuldverschreibungen auf den Inhaber war nach preußischem und mecklenburgischem Recht unzulässig, ebenso nach französischem und badischem Recht, dagegen wurde sie für zulässig gehalten nach bayrischem, sächsischem, württembergischen und österreichischem Recht; vgl. Gierke, Deutsches Privatrecht II S. 158 Nr. 18.

der geldgebenden Personen ausdehnen und zwar dadurch, daß er eine größere Kreditwürdigkeit erlangt als die Einzelhypothek und durch seine Negoziabilität und seine Zerteilung mehr Leuten die Erwerbung ermöglicht.[1]) Demnach ist auch die Pfandbriefanleihe in ihrer Entstehung und in ihren rechtlichen Schicksalen an ähnliche Rechtsformen gebunden wie die sonstigen öffentlichen Anleihen.

Die Körperschaft (Landschaft, Kreditanstalt) wird ebenso wie die Hypothekenbank durch die Emission der Pfandbriefe zur Schuldnerin der Käufer der Pfandbriefe, die einen Gegenstand des börsenmäßigen Verkehrs bilden. Allerdings besteht für die Landschaften und die ihnen gleichstehenden Kreditvereine zum Teil ein Sonderrecht, das auch gegenüber dem neuen bürgerlichen Recht in Kraft geblieben ist.[2])

Für die Pfandbriefe der Hypothekenbanken sind im Hypothekenbankgesetze v. 13. Juli 1899 Bestimmungen für die Voraussetzungen ihrer Ausgabe aufgestellt worden, auf welche noch weiter unten ausführlicher einzugehen sein wird.

---

[1]) Vgl. Sombart, Die deutsche Volkswirtschaft im 19. Jahrh. S. 221.

[2]) Vgl. EG. zum BGB. Art. 167, GrdbO. § 83, EG. zum ZwVG. § 2 (vgl. Preuß. AG. zur GrdbO. Art. 21, AG. zum ZwVG. Art. 12, 34; Gierke a. a. O. S. 951.

Kapitel IV.

Die öffentliche Anleihe als Gesamtschuld. Vertragsmäßige und gesetzliche Organisation der Obligationäre, Bestellung eines Vertreters für sie. Das Gesetz betreffend die gemeinsamen Rechte der Besitzer von Schuldverschreibungen.

Wie in Kap. I dargelegt, besteht das Wesen der öffentlichen Anleihe darin, daß die Anlehnssumme auf dem Wege der Emission von Teilschuldverschreibungen von vielen anteilig unter gleichen Bedingungen aufgebracht wird. Es muß also durch die Art der Begebung und durch den Inhalt der Schuldverschreibungen in die Erscheinung treten, daß diese zusammengehören und eine Gesamtschuld bilden, die in eine größere Zahl von Anteilen zerlegt ist. Fehlt dieses Merkmal der Zusammengehörigkeit, so kann von einer öffentlichen Anleihe im rechtlichen und technischen Sinne nicht gesprochen werden.

Wesentlich ist also in erster Linie, daß die Ausgabe der Schuldverschreibungen seitens des Erborgers nach einem einheitlichen Beschluß und in einem von vornherein wenigstens annähernd begrenzten Umfang erfolgt. Den Voraussetzungen der öffentlichen Anleihe wird eine Emission von Schuldverschreibungen nicht gerecht, die willkürlich in verschiedener Höhe ohne inneren Zusammenhang untereinander ausgegeben werden, selbst wenn sie ihren Besitzern gleiche Rechte gewähren sollten.

Eine öffentliche Anleihe würde hiernach eine größere Anzahl von Bescheinigungen über Depositen nicht bilden, die in variabler zufälliger Höhe nach den jeweiligen Hinterlegungen des Publikums seitens einer Bank ausgegeben werden.[1])

Ebensowenig können die von den Schweizer Banken ausgegebenen Obligationen, die ganz willkürlich, soweit das Publikum sich dafür heranziehen läßt, emittiert werden, selbst unter der Voraussetzung eines gleichen Zinsfußes und gleichen Verfalltermins als Anleihe gelten.

Nicht dagegen ist erforderlich, daß sämtliche zu der Anleihe gehörigen Schuldverschreibungen durch einen gemeinschaftlichen Rechtsakt begründet werden, und daß ihre Emission zu dem gleichen Zeitpunkt erfolgt.[2]) Im Verkehr ist es nicht selten, daß Teilemissionen derselben Anleihe zu verschiedenen Zeiten erfolgen, oder daß eine nachträgliche Erweiterung einer bestehenden Anleihe durch Emission von Schuldverschreibungen unter gleichen Bedingungen stattfindet. Namentlich bei Landschaften und Hypothekenbanken finden sich häufig nicht geschlossene Emissionen von Pfandbriefen, die Emissionen erfolgen nach und nach in Teilbeträgen der Gesamtanleihen, und zwar je nach Zunahme des unterlagsfähigen Hypothekenstands. Das Vorliegen eines einheitlichen Anlehns ist trotzdem unbedenklich anzunehmen.

Ebenso finden sich bei Staatsanlehen nicht selten Fälle, wo keine öffentliche Subskription erfolgt, vielmehr die Stücke der Anleihe erst nach und nach in den Verkehr gebracht werden. So, wenn der Verkauf der Obligationen und Renten auf eigene Rechnung des Anlehnsschuldners durch Agenten, Makler oder durch Vermittlung einer Bank allmählich an der Börse stattfindet.[3]) Auch hier handelt es sich um Beteiligung einer größeren Zahl von Personen an einer nach Umfang und

---

[1]) Vgl. v. Zimmermann a. a. O. S. 43.

[2]) Anläßlich der Kommississionsberatung des Gesetzes betr. die gemeinsamen Rechte der Besitzer von Teilschuldverschreibungen war von einer Seite beantragt worden, daß das Gesetz sich nur auf Schuldverschreibungen erstrecken solle, die durch einen gemeinsamen Rechtsakt gegründet seinen; dieser Vorschlag fand aus den obigen Erwägungen nicht die Billigung der Kommission; vgl. Kommissionsbericht S. 2.

[3]) Vgl. Roscher, Nationalökonomie 5. Aufl. S. 298 Note 2. So ist z. B. zu verschiedenen Malen die Begebung der deutschen Reichsanleihen durch Vermittlung der Reichsbank mittels freihändigen Verkaufs an der Börse bewirkt worden. Näheres darüber später Kap. VIII.

Art von vornherein feststehenden Anleihe unter gleichen Bedingungen.

Der Inhalt der Schuldverschreibungen bringt stets zur Erscheinung, daß sie anteilige Rechte an einem Anlehn verkörpern; sie haben den gleichen Wortlaut und enthalten einen Hinweis auf ihre Zusammengehörigkeit; die einzelnen Stücke empfangen, wie die Aktien, Nummern oder Buchstaben und Nummern.[1]) Nicht erforderlich ist es dagegen, daß die Anteile ausdrücklich als Teilschuldverschreibungen bezeichnet werden, wovon z. B. auch das deutsche Gesetz betr. die gemeinsamen Rechte der Besitzer von Schuldverschreibungen absieht, während das österreichische Kuratorengesetz vom 24. April 1874 sich dieses Ausdruckes bedient.

Eine ausdrückliche gesetzliche Bestimmung, daß das Anlehn, wenn es in Teilschuldverschreibungen zerfällt, eine Gesamtschuld oder einheitliche Forderung bildet, findet sich in Deutschland nicht. Bei der Beratung des deutschen Gesetzes betr. die gemeinsamen Rechte der Besitzer von Schuldverschreibungen ist die Aufnahme einer Vorschrift, daß die Teilschuldverschreibungen Teile einer Gesamtschuld sein müssen, als Voraussetzung für die Anwendung des Gesetzes abgelehnt worden. Maßgebend hierfür war die Befürchtung, daß alsdann solche Fälle, in denen Emissionen unter gleichen Bedingungen zu verschiedenen Zeiten aufgenommen würden, nicht unter das Gesetz fallen würden, ein Bedenken, das indessen unberechtigt ist, wie sich aus der obigen Darlegung ergibt. Dagegen finden sich in auswärtigen Gesetzen entsprechende Vorschriften z. B. in dem Schweizer Bundesgesetz über die Verpfändung und Liquidation der Eisenbahnen v. 24. Juni 1874 Art. 15, wo es heißt: „Jedes Anlehn, auch wenn es in Partialobligationen zerfällt, bleibt eine einheitliche Forderung“.[2])

---

[1]) Es ergibt sich dies an sich aus dem Wesen der Sache, findet sich aber z. B. ausdrücklich vorgeschrieben im belgischen Gesetzentwurf betr. die Schuldverschreibungen und die Rechte der Inhaber der von Handelsgesellschaften ausgegebenen Schuldverschreibungen Art. 140.

[2]) In früherer Zeit verfuhr man mit der Bezeichnung „Partialobligation“ skrupulöser, indem oft nur die Schuldurkunden desjenigen Anlehns so benannt wurden, über das eine Generalobligation zur Verdeutlichung der Einheitlichkeit der Schuld ausgestellt war (Urteil Stadtgericht Frankfurt a. M. 17. Novbr. 1868

Wie früher dargelegt, folgt schon aus dem Wesen der öffentlichen Anleihe und der technischen Unmöglichkeit, mit jedem einzelnen der Schuldverschreibungsinhaber einen besonderen individuellen Kontrakt abzuschließen, daß die Teilschuldverschreibungen den gleichen Vertragsbestimmungen unterstehen, also Rechte von gleichem Inhalt verkörpern müssen. Als eine direkte Forderung der Gerechtigkeit und des praktischen Bedürfnisses erscheint aber dieser Grundsatz in denjenigen Fällen, in welchen nach vertraglichen Abmachungen oder nach gesetzlicher Vorschrift eine gemeinsame Beschlußfassung der Schuldverschreibungsinhaber und eine Bindung der Minorität durch die Majorität in wichtigen ihre Interessen berührenden Fragen vorgesehen ist. Denn die Interessen der Schuldverschreibungsinhaber, die sich in einer verschiedenen rechtlichen Stellung befinden, sind mitunter durchaus verschieden, ja direkt entgegengesetzt. Sodann aber würden die verschiedenen Gruppen der Obligationäre durch den gleichen Beschluß in völlig verschiedener Weise berührt werden.[1]) In welchen Punkten notwendigerweise eine Übereinstimmung des rechtlichen Inhalts herrschen muß, in welchen eine Abweichung hinsichtlich einzelner Gruppen ohne Bedeutung ist, kann im einzelnen Falle zweifelhaft werden. Gleiche Rechte sind jedenfalls als erforderlich anzusehen in Ansehung der Bestimmungen über die Rückzahlung, die Verzinsung und die eingeräumten Sicherheiten. Werden seitens eines Erborgers bezüglich der Zeit für die Rückzahlung verschiedene Bedingungen für einzelne Gruppen von Schuldverschreibungen festgesetzt, werden z. B. neben Schuldverschreibungen, die einer planmäßigen Verlosung unterliegen, solche Verschreibungen ausgegeben, die von dem Schuldner beliebig gekündigt werden können, so kann von einer einzigen Anleihe nicht mehr gesprochen werden, vielmehr beschränkt sich die Zusammengehörigkeit auf die derselben Gruppe angehörigen Schuldverschreibungen; es liegen unter Umständen alsdann soviele Anleihen vor, wie ungleich beschaffene Gruppen vor-

---

bei Goldschmidt, Zeitschr. f. Handelsrecht Bd. 15 S. 594; Freund, Vorzeitige Rückzahlung und einseitige Konversion von verzinslichen Anlehn (Berlin 1888) S. 8.

[1]) Vgl. Kommissionsbericht zum Gesetz betr. die gemeinsamen Rechte der Besitzer von Schuldverschreibungen S. 5.

handen sind.[1]) — Demgemäß bestimmt das deutsche Schuldverschreibungsgesetz (§ 1) als Voraussetzung seiner Anwendung, daß die Schuldverschreibungen nach dem Verhältnisse ihrer Nennwerte den Gläubigern gleiche Rechte gewähren müssen. Das österreichische Gesetz vom 27. Dezbr. 1905 betreffend fundierte Bankschuldverschreibungen (Reichsgesetzblatt für die im Reichsrat vertretenen Königreiche und Länder 85 Stück vom 28. Dezbr. 1905) ordnet ebenfalls an, daß, wenn seitens einer Bank verschiedene Arten von Schuldverschreibungen unter Hinweis auf eine vorzugsweise Deckung ausgegeben werden, für jede Art die Kautionsbestellung, zwecks vorzugsweiser Befriedigung aus derselben, getrennt zu erfolgen hat. — Der belgische Gesetzentwurf betreffend die Schuldverschreibungen bestimmt in § 1: „Alle Schuldverschreibungen derselben Emission genießen die gleichen Rechte und sind mit den gleichen Lasten beschwert."

Wie dargelegt, ergibt sich aus dem einheitlichen Begebungsakt der Anleihe, aus der Festsetzung einheitlicher Vertragsbedingungen, namentlich hinsichtlich der Rückzahlung der Schuldverschreibungen, endlich aus dem Inhalt der Urkunden selbst der enge geschäftliche Zusammenhang, in dem die Partialisten der Anleihe stehen. Auch dem Willen der Gläubiger selbst entspricht es, nicht isolierte Verträge mit dem Kreditaufnehmer abzuschließen, vielmehr lediglich sich an einem Gesamtschuldverhältnis zu beteiligen. „Man leiht nicht," sagt Thaller,[2]) „gesondert für sich 500 Frcs., sondern man beteiligt sich an der Gesamtheit der Zeichnungen, welche sich auf eine Million belaufen. Man würde kaum 500 Frcs. leihen, wenn man nicht auf das Rücksicht nehme, was die anderen tun." Insofern ist es verfehlt, wenn von einzelnen Seiten jedes Genossenschaftsverhältnis zwischen den einzelnen Obligationsbesitzern geleugnet wird und den Teilnehmern an einer Anleihe dieselbe Stellung angewiesen wird, in der etwa die Käufer der Teile eines parzellierten Grundstücks sich be-

[1]) Gierke a. a. O. II S. 130, Kommissionsbericht zum Schuldverschreibungsgesetz S. 13.

[2]) „Construction du droit des obligataires sur la notion d'une société qui existerait entre eux" in den Annales du Droit commercial 1894 S. 70. Holdheim in der Monatsschrift f. HR. und BW. V S. 102.

finden, die sämtlich evinziert werden und deshalb ihren Verkäufer in Anspruch nehmen.[1]) Vielmehr liegt in dem Verhältnis der Anteilseigner zueinander und zu dem Erborger, in der tatsächlich bestehenden Interessengemeinschaft der ersteren gegenüber dem Schuldner, die Grundlage auch für eine weitgehende Interessengemeinschaft rechtlicher Art. Die Obligationäre müssen die rechtliche Möglichkeit haben, gemeinsam dem Schuldner gegenüber aufzutreten und ihre Interessen handelnd gegen ihn gemeinsam zu vertreten; denn die einzelnen Inhaber von Obligationen sind häufig dadurch, daß sie zerstreut sind und sich in weiter Ferne von ihm befinden, in die Unmöglichkeit versetzt, wirksam ihre Interessen zu verteidigen, überdies lohnt der geringe Betrag der einzelnen Obligationen für viele nicht die Spesen und die Mühen eines persönlichen Vorgehens.[2])

Eine wirksame Interessenvertretung der Teilgläubiger läßt sich nur auf dem Wege einer Organisation der Partialisten erreichen, welche eine gemeinsame Vertretung der letzteren dem Schuldner gegenüber vorsieht und unter Umständen, soweit es das gemeinsame Bedürfnis erheischt, die Minorität an die Beschlüsse der Majorität bindet. An einer solchen Organisation haben aber nicht nur die Partialisten, sondern in gleicher Weise auch der Schuldner ein lebhaftes Interesse. Wichtige Fälle können eintreten, in welchen für ihn die dringende Notwendigkeit besteht, mit seinen Gläubigern zu verhandeln, so, wenn seine wirtschaftliche Existenz von einer Stundung oder einem vorübergehenden Nachlaß seiner Verbindlichkeiten abhängt. Die Verhandlung mit den einzelnen Gläubigern, ganz abgesehen davon, daß ihre Ermittlung schwierig, ja mitunter unmöglich ist, wird ihn selten zum Ziele führen, während die Verhandlung mit einer Organisation der Gläubiger für ihn um vieles aussichtsvoller ist.[3])

Eine derartige Organisation der Partialisten kann vertragsmäßig geschaffen werden und zwar entweder bei der Emission der Anleihe oder während des Bestehens derselben. Eine Beschränkung des Willens des einzelnen Partialisten durch den

---

[1]) So Georg Cohn in Endemann, Handbuch des Handelsrechts Bd. III S. 875.

[2]) Vgl. Vivante, Diritto commerciale I S. 541.

[3]) Vgl. v. Zimmermann a. a. O. S. 35 ff.

Willen der Gesamtheit bei Ausübung seiner Rechte oder doch gewisser Rechte, eine Beugung des Willens der Minorität unter den Willen der Majorität ist indessen vertragsmäßig nur dann möglich, wenn sie bei Aufnahme der Anleihe seitens des Anleiheschuldners mittels besonderer Festsetzungen in den Emissionsbedingungen bedungen ist. Hierher gehört auch der Fall, daß bei Emission der Anleihe ein gemeinsamer Vertreter zur Wahrnehmung der Rechte der jeweiligen Inhaber der Teilschuldverschreibungen bestellt wird, der mit Wirkung für und gegen jeden späteren Inhaber alle Verfügungen, insbesondere über eine bestellte Sicherheit zu treffen, die Inhaber bei der Geltendmachung derselben zu vertreten, insbesondere alle aus den Teilschuldverschreibungen sich ergebenden Rechte geltend zu machen hat. Hierbei kann insbesondere auch bestimmt werden, daß den jeweiligen Inhabern der Teilschuldverschreibungen das Recht zur selbständigen Geltendmachung ihrer Rechte nicht zustehen soll.[1])

Der Vertreter übt die Rechte der Gläubiger im eigenen Namen, aber für Rechnung der Gläubiger und in deren Vertretung aus; als solcher hat er auch eventuell die Klage gegen den Anlehensschuldner zu erheben. Als Vertreter wird in Deutschland regelmäßig das Bankhaus, welches die Anleihe übernommen hat, und auf dessen Namen auch im Falle der Ausgabe von an Order lautenden Teilschuldverschreibungen die durch Indossament übertragbaren Teilschuldverschreibungen ausgestellt werden, bestellt.[2]) Im Auslande — z. B. in den Vereinigten Staaten von Amerika bei der Ausgabe von durch Pfandrecht gesicherten Eisenbahnanleihen, den Mortgagebonds — wird eine größere Garantie für eine unparteiische Handhabung der Rechte und Pflichten des Vertreters dadurch erzielt, daß eine besondere Instanz, der Trustee oder die Trustcompagnie

[1]) Nach § 1189 BGB. kann bei Bestellung einer Hypothek zugunsteu der Inhaber von Schuldverschreibungen auf Order oder Inhaber ein ins Grundbuch einzutragender Vertreter mit der Befugnis bestellt werden, mit Wirkung für und gegen jeden späteren Gläubiger bestimmte Verfügungen über die Hypothek zu treffen und die Gläubiger bei der Geltendmachung der Hypothek zu vertreten. Näheres s. Kap. XV.

[2]) Regelmäßig wird auch diese Bank im Falle der Bestellung einer Hypothek als Vertreterin der jeweiligen Inhaber der Teilschuldverschreibungen ins Grundbuch eingetragen (vgl. Kap. XV.)

(unter Staatsaufsicht stehende Depositenbank) als Vertreter der Bondsbesitzer zwischen den Anlehensschuldner und das für diesen emittierende Bankhaus eingeschoben wird. [1])

Ist bei der Emission der Anleihe die Schaffung einer Organisation der Partialisten in dem vorstehend erörterten Sinne, insbesondere die Bestellung eines Vertragsvertreters verabsäumt worden, so erscheint ihre nachträgliche Begründung nur dann angängig, wenn es dem Anlehnsschuldner gelingt, mit sämtlichen Partialisten eine dahingehende Vereinbarung zu treffen. Bei der großen Zahl der vorhandenen Partialisten ist dies praktisch so gut wie ausgeschlossen. Dem Anlehensschuldner bleibt daher für die Schaffung einer nachträglichen derartigen Organisation nur der Weg der Konversion der Anleihe übrig, der ihm indessen nur gegeben ist, sofern ihm das Recht zu jederzeitiger Kündigung des Anlehens zusteht.

Ist in den Anleihebedingungen eine die Rechte der Gesamtgläubiger wahrnehmende Vertretung vorgesehen, so folgt hieraus noch nicht ohne weiteres eine Beschränkung der Rechte des einzelnen, insbesondere das Recht der Majorität, auf Gläubigerrechte mit bindender Kraft für die Minorität zu verzichten. Vielmehr ist in jedem einzelnen solchen Falle zu untersuchen, ob eine Beschränkung in diesem Sinne beabsichtigt war. Weder Handelsgebrauch noch Präsumtion sprechen dafür, daß eine solche Unterordnung des Einzelwillens unter den Gesamtwillen von selbst eintritt. [2]) —

Alle derartigen vertragsmäßigen Organisationen der Teilgläubiger erweisen sich indessen als unzureichend. In der Unterordnung des Willens des einzelnen unter den Willen der Gesamtheit liegt eine wesentliche Beschränkung des dem einzelnen zustehenden Gläubigerrechts; viele werden von der Zeichnung oder Erwerbung einer Obligation Abstand nehmen, die mit solchen Bedingungen belastet ist. Der Schuldner, der seine Anleihe rasch und günstig unterbringen will, muß also bei ihrer Begebung Klauseln dieser Art vermeiden. Demnach fällt der Gesetzgebung die Aufgabe zu, eine

---

[1]) Näheres hierüber zu sagen, würde zu weit führen; vgl. Holdheim, Mortgage und Mortgagebonds, in Monatsschrift für HR. u. BW. 1894 S. 349 ff.

[2]) So Reichsger. ZivS. XXII, 67; Staub's Kommentar zum HGB. (bearbeitet v. Könige, Stranz, Pinner) 8. Aufl. § 185 Anm. 10.

rechtliche Organisation und einen gemeinsamen Schutz der Schuldverschreibungsbesitzer zu schaffen. In dieser Beziehung besteht in der Gesetzgebung Europas ein in Bildung begriffenes Recht, das bereits in einer Reihe von Staaten teils allgemein teils für bestimmte Arten von Schuldverschreibungen die der Gesamtheit der Obligationäre zustehenden Rechte regelt.[1])

Nur in beschränktem Umfange, nämlich in der Richtung einer allgemeinen Sicherstellung sämtlicher Partialisten hat Österreich als eines der ersten europäischen Länder den Anforderungen der Praxis durch das sogenannte Kuratorengesetz vom 24. April 1874 zu entsprechen gesucht. Nach diesem Gesetz soll den Besitzern von Teilschuldverschreibungen, welche auf den Inhaber lauten oder durch Indossament übertragbar sind, vom Gericht ein gemeinsamer Kurator bestellt werden sowohl im Falle des Konkurses des Schuldners als auch außerhalb des Konkurses, wenn entweder die Rechte der Besitzer wegen des Mangels einer gemeinsamen Vertretung gefährdet oder die Rechte eines anderen in ihrem Gange gehemmt werden. Die Rechte und Pflichten des Kurators werden durch den ihm vom Gerichte gegebenen Auftrag begrenzt. In Angelegenheiten, welche gemeinsame Rechte der Besitzer von Teilschuldverschreibungen betreffen, können die einzelnen Besitzer ihre Rechte nicht geltend machen.

Obwohl dieses Gesetz zum Schutze der Gläubiger gegen die Schuldner geschaffen war, so hat sich doch in der Praxis gezeigt, daß seine Bestimmungen in zahlreichen wichtigen Fällen zu einer bedenklichen Bevormundung, ja nicht selten zu einer direkten Benachteiligung der Gläubiger auch in wohlbegründeten Ansprüchen derselben führten. Denn sowohl den einzelnen Anlehensgläubigern wie der Gesamtheit ist die Möglichkeit eines klageweisen Vorgehens gegen den Schuldner auf Grund des Gesetzes entzogen, vielmehr ist hierzu nur der Kurator befugt, der aber an die vorgängige Genehmigung des Gerichtes gebunden ist. Hieraus kann sich — wie z. B. in dem später zu besprechenden Verlosungskonflikte der 5 % Prag-Duxer

---

[1]) Eine Zusammenstellung der in Betracht kommenden ausländischen Gesetze und Gesetzentwürfe findet sich in dem Anhang zu dem Entwurf eines deutschen Gesetzes betr. die gemeinsamen Rechte der Besitzer von Schuldverschreibungen.

Prioritäten im Jahre 1898 — die unerträgliche Konsequenz ergeben, daß der Kurator und eine besonders berufene Versammlung der Obligationäre fast einmütig das Vorgehen des Schuldners als eine schwere Benachteiligung der Gläubiger bekämpfen, daß aber die Beschreitung des Rechtswegs ihnen durch die Kuratelbehörde trotzdem versperrt wird.[1]) Die mit dem österreichischen Kuratorengesetz in diesen und ähnlichen Fällen gemachten Erfahrungen haben dazu geführt, daß in dem deutschen Gesetz betr. die gemeinsamen Rechte der Besitzer von Schuldverschreibungen mit dem System der obrigkeitlichen Bevormundung gebrochen wurde.

In Deutschland waren bereits vor Erlaß des Reichsgesetzes betr. die gemeinsamen Rechte der Besitzer von Schuldverschreibungen in mehreren Bundesstaaten eine Reihe von Vorschriften für solche Fälle getroffen worden, in denen für die Gesamtheit der verbrieften Forderungen eine und dieselbe Sicherheit bestellt ist, so in Bayern (Gesetz betr. einige Bestimmungen über Inhaberpapiere v. 18. März 1896) und in Braunschweig (Gesetz betr. die Hypotheken für die auf den Inhaber lautenden Schuldverschreibungen und Verpflichtungsscheine v. 30. März 1881), welche, ähnlich wie das Bürgerliche Gesetzbuch, für den Fall, daß zugunsten der Besitzer von Schuldverschreibungen eine Hypothek bestellt ist, die gemeinsame Vertretung der Gläubiger regeln, sowie die Berufung von Versammlungen derselben und die Fassung von Beschlüssen in diesen Versammlungen ordnen. In Preußen hat das Gesetz betr. das Pfandrecht an Privateisenbahnen und Kleinbahnen und die Zwangsvollstreckung in dieselben vom 19. Aug. 1895 den Besitzern von Schuldverschreibungen einer Eisenbahn, denen ein Pfandrecht an der Bahn bestellt ist, eine Organisation gegeben und den Beschlüssen ihrer Versammlungen in weiterem Umfange verbindliche Kraft verliehen.[2])

Das Reichsgesetz betr. die gemeinsamen Rechte der Besitzer von Teilschuldverschreibungen v. 4. Dezbr. 1899 erblickt, im Gegensatz zu dem österr. Kuratoren-

[1]) Vgl. Marek, Der Verlosungskonflikt der Besitzer von 5 % Prioritätsobligationen der K. K. priv. Prag.-Duxer Eisenbahn in Österr. Juristischen Blättern XXVIII 1899 S. 533 ff., 593 ff., 605 ff.

[2]) Vgl. oben Kap. III S. 37.

gesetz, seine Aufgabe nicht in der bloßen, in bestimmten Fällen eintretenden, vormundschaftlichen Fürsorge für die Besitzer der Schuldverschreibungen, vielmehr sieht es eine Organisation derselben zu einem gesetzlichen Gläubigerverband vor, dessen Beschlüsse, unter den zum Schutze des einzelnen notwendigen Bedingungen und Einschränkungen, für alle Besitzer der Schuldverschreibungen verbindlich sind. Der Verband ist indessen, im Gegensatz zu dem belgischen Gesetzentwurf betr. die Schuldverschreibungen und die Rechte der Inhaber der von Handelsgesellschaften ausgegebenen Schuldverschreibungen (Art. 147 ff.) nicht zu einem „Syndikat" der Obligationäre, zu einer juristischen Person ausgestaltet worden.[1]) Ebensowenig ist er als Gesellschaft, etwa im Sinne von BGB. §§ 705 ff. aufzufassen.

Beschlüsse der Gläubigerversammlungen, welche in legaler Weise gefaßt werden, haben verbindliche Kraft für alle Gläubiger. Die Beschlüsse werden teils durch einfache Mehrheit, teils nur durch eine qualifizierte Mehrheit gefaßt; die letztere ist namentlich zu Beschlüssen erforderlich, durch die Rechte der Gläubiger aufgegeben oder beschränkt werden. Die Berufung der Gläubigerversammlungen erfolgt durch den Schuldner. Indessen ist der letztere zur Berufung verpflichtet, wenn sie von Gtäubigern von $^1/_{20}$ der umlaufenden Schuldverschreibungen oder vom bestellten Vertreter der Gläubiger verlangt wird. Äußerstenfalls kann das Amtsgericht die Antragsteller zur Berufung der Versammlung ermächtigen. Eine Aufgabe oder Beschränkung von Rechten der Gläubiger, insbesondere Ermäßigung des Zinsfußes, Bewilligung einer Stundung, teilweise oder gänzliche Aufgabe eines Pfandrechts, Einräumung eines Vorrechts an andere Gläubiger usw. kann nur in Notfällen d. h. zur Abwendung

[1]) Vgl. Holdheim, Monatsschrift für HR. und BW. Bd. 5 S. 103. Die Begründung zu dem belgischen Gesetzentwurf (Holdheim a. a. O. S. 265 ff.) hebt ausdrücklich hervor, daß die an der Anleihe beteiligten Obligationäre eine juristische Person bilden. Die letzteren sind nach Art einer Handelsgesellschaft organisiert. Die Grundlage bildet die allgemeine Versammlung der Obligationäre, an der Spitze steht die vollziehende Gewalt, gebildet aus einem oder drei Mitgliedern, die von der Generalversammlung ernannt werden. Das Syndikat bildet also neben der Handelsgesellschaft, der die Anleihe gewährt wird, eine zweite Gesellschaft, deren Zweck in der Ausführung des Anleihevertrages besteht.

einer Zahlungseinstellung oder des Konkurses und nur mit qualifizierter Mehrheit beschlossen werden.[1]) Durch einfachen Mehrheitsbeschluß kann die Bestellung eines Vertreters erfolgen, wobei zugleich der Umfang seiner Befugnisse bestimmt werden muß (§ 14 Abs. 1 Ges.).

Zu einem Verzicht auf Rechte der Gläubiger oder zu einer Beschränkung dieser Rechte ist der Vertreter nur im Falle besonderer Ermächtigung durch die Gläubigerversammlung befugt, wozu es eines qualifizierten Beschlusses bedarf.[2]) Ein solcher Beschluß ist auch dann erforderlich, wenn der Vertreter zur Geltendmachung von Rechten der Gläubiger ermächtigt ist und dabei die Befugnis der einzelnen Gläubiger zur selbständigen Geltendmachung ausgeschlossen sein soll (§ 14 Abs. 2 Ges.). Als Vertreter kann auch eine Gesellschaft z. B. eine Treuhandgesellschaft bestellt werden, wie dies in den letzten Jahren mehrfach mit Erfolg geschehen ist.

Das Gesetz schränkt indessen den Kreis der für diese Organisation in Betracht kommenden Schuldverschreibungen nach verschiedenen Richtungen auf das erheblichste ein. Erstens müssen die Nennwerte der ausgegebenen Schuldverschreibungen 300000 Mk. und ihre Stückzahl mindestens 300 betragen. Sodann ist bestimmt, daß die Vorschriften des Gesetzes keine Anwendung auf Schuldverschreibungen des Reiches, eines Bundesstaates oder einer Körperschaft des öffentlichen Rechtes (wie Gemeinden, weiterer Kommunalverbände, anderer öffentlicher Körperschaften z. B. auf öffentlicher Grundlage errichteter Kreditanstalten, Rentenbanken usw.) finden sollen. Das Gesetz bleibt also auf Schuldverschreibungen beschränkt,

---

[1]) Hiergegen wird in der Praxis nicht selten verstoßen, so wenn den Obligationären Beschlüsse zugemutet werden, die in der Sache auf eine gänzliche Beseitigung der Verzinsung oder eine vollständige Unterlassung der Tilgung hinauslaufen, vgl. z. B. den bei Saling (10. Aufl. 1905) S. 64 aufgeführten Fall der Obligationäre der Helios Elektrizitätsgesellschaft zu Köln.

[2]) Neben diesen gesetzlichen Vertreter kann auch ein Vertragsvertreter, welcher laut vertragsmäßiger Abmachung bei Ausgabe der Schuldverschreibungen bestellt wird, und, wenn die Schuldverschreibungen hypothekarisch sichergestellt werden, ein Grundbuchvertreter (BGB. § 1189) bestellt sein (vgl. oben Kap. IV und unten Kap. XV). Alle 3 Funktionen können in einer Hand vereinigt sein.

die von Privatunternehmungen ausgegeben sind. Indessen können die Landesgesetze diese Vorschriften auch auf Körperschaften des öffentlichen Rechtes ausdehnen. Ob der von der „Begründung" des Gesetzentwurfs angegebene Grund für diese Ausnahme, nämlich daß hier eine rechtliche Organisation der Obligationäre entbehrlich sei, überzeugend ist, ist zum mindesten, soweit es sich um Körperschaften des öffentlichen Rechtes handelt, sehr zweifelhaft. Auch bei diesen lassen sich Fälle denken, in denen eine Organisation und eine Gesamtvertretung der Besitzer solcher Schuldverschreibungen oder Pfandbriefe sehr wünschenswert und im Interesse des Schuldners sogar dringend notwendig ist.[1])

Gemäß § 1 des Gesetzes muß schließlich der Aussteller der Schuldverschreibungen seinen Wohnsitz oder seine gewerbliche Niederlassung im Inlande haben, für das Gesetz kommen also nur inländische Schuldverschreibungen in Betracht. Bei den Schuldverschreibungen ausländischer Staaten und industrieller Gesellschaften des Auslandes ist eine Organisation und gemeinsame Vertretung der inländischen Obligationsinhaber also ausgeschlossen, es sei denn, daß sie bei Emission der Anleihe in den Anleihebedingungen vorgesehen worden ist, oder daß sie nachträglich in die Wege geleitet wird. Diese Ausnahmebestimmung des Gesetzes erscheint in hohem Maße bedauerlich. Selbstverständlich treffen alle diejenigen Gründe, welche für die Organisation der Obligationäre inländischer Anleihen gelten, ebenso und noch in verstärktem Maße bei ausländischen Anleihen zu. Nur durch Einheitlichkeit des Handelns und Willens der Gesamtheit der Obligationäre, der gegenüber der Widerstand einer Minderheit zurücktreten muß, werden einem ausländischen Anleiheschuldner gegenüber, wenn dieser in Vermögensverfall gerät oder sich böswilligerweise seiner Verpflichtung entzieht, Erfolge zu erzielen sein. Allerdings wäre die Frage des Zusammenschlusses der ausländischen Gläubiger öffentlicher Anleihen ebenso wie andere Fragen des Anleiherechtes in erster Linie dazu angetan, im Wege einer

---

[1]) Vgl. Riesser, Zur Kritik der Gesetzentwürfe betr. das Hypothekenbankwesen und die gemeinsamen Rechte der Besitzer von Schuldverschreibungen S. 67.

internationalen Gesetzgebung geregelt zu werden, zumal bei zahlreichen Anleihen die Obligationsinhaber verschiedenen Ländern angehören. Da sich der Verwirklichung einer internationalen Gesetzgebung auf absehbare Zeiten noch Schwierigkeiten entgegenstellen, erschiene es jedenfalls erforderlich, daß jedes einzelne der interessierten Länder durch seine eigene Gesetzgebung den Schutz der in Frage kommenden Interessen seiner Untertanenen sicherte.[1] Die für den gesetzlichen Ausschluß der ausländischen Schuldverschreibungen geltend gemachten Gründe der Motive des deutschen Schuldverschreibungsgesetzes können keineswegs für stichhaltig angesehen werden. In erster Linie führen sie an, daß das Rechtsverhältnis, das durch ausländische Wertpapiere begründet wird, nicht oder doch nicht in seiner Gesamtheit den inländischen Gesetzen und Maßnahmen unterliege, oder daß Beschlüsse, die von inländischen Besitzern solcher Papiere auf Grund einer deutschen Rechtsvorschrift herbeigeführt werden könnten, im Auslande, wo regelmäßig ihre Wirkung sich zu äußern hätte, nicht auf Anerkennung zu rechnen hätten. Selbst wenn man aber davon ausgeht, daß die Beurteilung der Anlehnsverträge prinzipiell dem Domizilrechte, dem der Schuldner untersteht, unterliegt, so ist doch in zahlreichen und den wichtigsten Fällen ein besonderer Erfüllungsort und zwar der Wohnsitz des Gläubigers, mit dem an diesem Orte geltenden Rechte als vereinbart anzusehen.[2] In allen diesen Fällen würden hiernach die Bestimmungen des deutschen Schuldverschreibungsgesetzes, wenn diese sich auch auf ausländische Anleihen bezögen, Anwendung zu finden haben. Sollten aber selbst die von inländischen Obligationsbesitzern auf Grund deutscher Rechtsvorschriften gefaßten Beschlüsse im Ausland nicht auf Anerkennung zu rechnen haben, so würde doch schon die Tatsache, daß die Masse der deutschen Obligationsbesitzer als geschlossene, durch Vertreter handelnd auftretende Einheit dem Schuldner gegenübersteht, ihre Wirkung auf diesen nicht verfehlen und den von ihnen unternommenen Schritten den nötigen Nachdruck verleihen. Überdies besteht, wie später noch dar-

[1]) Näheres darüber vgl. Kap. XXIII.

[2]) Vgl. Kap. VI.

zulegen [1]), selbst wenn die ausländischen Gerichte den von den inländischen Gläubigern rechtmäßig gefaßten Beschlüssen die Anerkennung versagen würden, die rechtliche Möglichkeit, daß die deutschen Gerichte als Fora der Widerklage oder des Vermögens (ZPO. §§ 23, 33) mit der Entscheidung befaßt und den Bestimmungen des deutschen Rechts alsdann zur Wirksamkeit verhelfen würden. Daß nicht selten ein dringendes wirtschaftliches und politisches Bedürfnis für den Zusammenschluß der Gläubiger ausländischer Anleihen, — und zwar nicht nur in Fällen, wo diese von fremden Staaten und Gemeinden, sondern auch in Fällen, wo sie von Handels- und industriellen Gesellschaften (z. B. Eisenbahngesellschaften) emittiert sind —, besteht, zeigen die aus der Initiative der Gläubiger bzw. der emittierenden deutschen Bankhäuser bereits mehrfach zum Schutze der inländischen Obligationsinhaber entstandenen Schutzvereinigungen, über welche weiter unten noch mehr zu sagen ist. [2]) —

Übrigens ist nach einer wichtigen Richtung hin die Notwendigkeit eines Zusammenschlusses und eines gemeinsamen Auftretens der Gläubiger bereits durch die Börsenenquetekommission ganz allgemein anerkannt worden. Diese erachtete es nämlich für wünschenswert, daß wenn, — wie dies nachträglich im Börsengesetz geschehen ist, — eine gesetzliche Regelung der Verantwortlichkeit der Emittenten erfolge, zugleich durch Reichsgesetz die Grundlage für ein g e m e i n s a m e s Auftreten der angeblich Verletzten geschaffen werde. „Auf diese Weise würde einerseits der einzelne Geschädigte vermöge der durch das Gesetz gewährten Organisierung der Gesamtheit in dieser den geeigneten Rückhalt zur nachdrücklichen Geltendmachung der Rechte finden, während andererseits auch für die Emittenten eine besondere Garantie erwüchse, daß nur auf flagrante Verletzung von Gläubigerinteressen hin ein Anspruch erhoben werde.“ [3]) Ein Unterschied zwischen in- und ausländischen Anleihen, zwischen Anleihen von Staaten, Gemeinden und Erwerbs-

---

[1]) Vgl. unten Kap. XXII.

[2]) Vgl. Kap. XXIII.

[3]) Vgl. Bericht und Beschlüsse der Börsenenquetekommission (Berlin, Carl Heymann) 1894, S. 107.

gesellschaften wurde hierbei von der Börsenenquetekommission nicht gemacht. Leider erachtete es diese aber als außerhalb ihrer Aufgabe liegend, in dieser Richtung eingehendere Vorschläge zu machen, und auch das Börsengesetz sah bei der Regelung der Verantwortlichkeit der Emittenten von der Aufnahme entsprechender Bestimmungen ab.

Kapitel V.

Die öffentliche Anleihe ein Rechtsgeschäft des Privatrechts. Verschiedenheit in der rechtlichen Stellung des Staates als Anlehnsschuldners gegenüber seinen Untertanen als Anlehnsgläubigern und gegenüber auswärtigen Gläubigern.

Die Behandlung der einzelnen Rechtsfragen der öffentlichen Anleihen setzt zunächst eine Stellungnahme zu der Frage voraus, welchem Rechtsgebiet die öffentliche Anleihe angehört, insbesondere ob sie überhaupt dem Privatrecht untersteht. Wäre dies zu verneinen, so hätte bei Beurteilung anlehensrechtlicher Fragen jedwede Anwendung von Rechtssätzen des Privatrechts zu unterbleiben, insoweit ihre Geltung nicht durch ein besonderes Gesetz oder durch freiwillige Unterwerfung des Anlehnsschuldners unter sie bei Gelegenheit der Anlehnsaufnahme gerechtfertigt würde.

Bei sämtlichen öffentlichen Anleihen, mag der Anlehnsschuldner der Staat, eine sonstige öffentliche Korporation, eine private Korporation oder eine Einzelperson sein, handelt es sich um Rechtsgeschäfte privatrechtlichen Charakters.[1]) Zu Unrecht wird dies von einzelnen Seiten für den Fall, daß die Anlehnsaufnahme von seiten des Staates erfolgt, in Abrede gestellt. Man ist soweit gegangen, der Verpflichtung des Staates den eigentlichen Vertragscharakter abzusprechen. Nament-

---

[1]) Bei Staatsanlehen gelten außerdem Grundsätze des öffentlichen Rechts, worauf noch später näher einzugehen ist.

lich der Grieche Politis hat sich zu dem Satze verstiegen, daß die Staatsanleihe weder eine zivilrechtliche noch eine natürliche Schuld, sondern eine Schuld ganz besonderer Art, eine Ehrenverpflichtung sei.[1])

Andere ausländische Schriftsteller, wie Berr[2]) und M. Milanowitsch[3]), haben eine rechtliche Bindung des Staates bei der Aufnahme von Anleihen ebenfalls in Abrede gestellt, der letztere mit den Worten: „Les États souverains ne relèvent que de Dieu et de leur épée; ils sont leur propres juges et décèdent seuls, jusqu'à quel point leur intérêts et leur honneur exigent l'exécution des engagements signés.“ Auch in Deutschland ist mitunter die Ansicht vertreten worden, daß es lediglich in das Belieben des Staates gestellt sei, ob er seinen Verpflichtungen aus der Aufnahme einer Anleihe nachkommen wolle oder nicht. So meint schon Gönner[4]), es liege allerdings eine Privatrechtssache vor, aber es handele sich auch um eine Staatssache, und jeder Staatsgläubiger mache im voraus hiernach seine Rechnung. Andere, wie Zorn[5]), haben die Behauptung aufgestellt, daß die Zinszahlung von Staatsanleihen nicht dem Privatrecht angehöre, vielmehr lediglich in Ausübung von Staatshoheitsrechten erfolge, also ein Akt der Staatssouveränität sei. v. Bar[6]) will den Staaten bezüglich der von ihnen kontrahierten Schulden gewissermaßen ein beneficium competentiae in weitestem Umfange zugestehen, da sich die Staaten zuerst selbst erhalten müßten und die Bezahlung der Schulden nur in zweiter Linie stände. —

---

[1]) N. E. Politis, Les emprunts d'État en droit international (Paris 1898) S. 280—283: „Le contrat ne saurait avoir une autre sanction que le discrédit et le déshonneur de l'État, qui ne remplit pas ses engagements.“

[2]) Berr, Études sur les obligations émies par les sociétés, les communes, les départements (Paris 1880) S. 235.

[3]) M. Milanowitsch, Les traités de garantie au XIX siècle S. 394. Der Grieche Kebedgy behauptet, die Hingabe von Geldern an auswärtige Staaten stelle ein Spekulationsgeschäft oder eine mehr oder weniger aleatorische Operation dar (Journal de droit international XXI 1894 S. 504 ff.). Rechtlich ist dies natürlich völlig verfehlt, wenn es auch in der Praxis leider häufig zutrifft.

[4]) Von Staatsschulden 1826 S. 196, 197.

[5]) „Der Rechtsschutz der Staatsgläubiger gegenüber fremden Staaten“ im Bankarchiv VI Nr. 9 vom 1. Febr. 1907.

[6]) Theorie und Praxis des internationalen Privatrechts II S. 663.

Die hier wiedergegebenen Auffassungen verkennen das Wesen der seitens der Staaten eingegangenen Anlehnsverpflichtungen. Bei der Aufnahme der Anleihe übernimmt der Staat ebenso wie jeder borgende Privatmann vermögensrechtliche Verpflichtungen privatrechtlicher Natur gegen seine Gläubiger. Welchen Wert hätten die schuldnerischen Verpflichtungen für die letzteren, und welcher Gläubiger würde sich darauf einlassen, sein Geld einem Staate zu Anleihezwecken zur Verfügung zu stellen, wenn die Erfüllung der Verpflichtungen von der Willkür des Schuldners abhängig sein würde? Vielmehr hat grundsätzlich der Gläubiger wie gegen jeden Anleiheschuldner so auch gegen den Staat die aus dem allgemeinen Privatrecht erwachsenden Befugnisse, sofern sie nicht, wie z. B. das Recht der Kündigung von seiten des Gläubigers oder das Klagerecht, durch die interne Gesetzgebung oder völkerrechtliche Grundsätze ausgeschlossen sind. Unzulässig ist es, aus dem regelmäßigen Fehlen der Möglichkeit eines klageweisen Vorgehens und einer Exekution gegen Staaten, welche ihren Verpflichtungen nicht nachkommen, Schlußfolgerungen auf die Natur des Rechtsverhältnisses selbst zu ziehen. Die Frage nach der Art der Verpflichtung hat mit der Frage nach der Art ihrer zwangsweisen Durchführung rechtlich nichts zu tun.

Die Aufnahme der Anleihe ist also stets, auch wenn der Schuldner der Staat ist, ein Rechtsgeschäft des Privatrechts. Die Anleihe kommt nicht durch einen einseitigen Willensakt des Staates, auch nicht etwa durch ein Gesetz oder im Wege des Gesetzes, sondern durch ein privatrechtliches Geschäft des Fiskus mit dritten Personen zustande.[1]) Die Anleihe ist kein Akt der Souveränität, sondern eine Privathandlung, bei der der Staat nicht kraft seiner Autorität wie bei der Einziehung einer Steuer vorgeht, vielmehr wie ein Privatmann Verträge schließt.

---

[1]) Vgl. Laband, Deutsches Staatsrecht IV 1901 S. 368, 369. In diesem Sinne, also im Gegensatz zu einem Gesetzgebungsakt, ist die Aufnahme der Anleihe als ein Verwaltungsakt des Staates zu bezeichnen, nicht etwa in dem Sinne, daß dem Staate das Recht der willkürlichen Disposition, der Umwandlung des vereinbarten Verwaltungsaktes ohne Zustimmung der Gegenkontrahenten zusteht, wie die französische Jurisprudenz und auch deutsche Schriftsteller, z. B. Plutus, Krit. Wochenschr. für Volkswirtschaft 1906 S. 289, mitunter annehmen.

Wenn es in Art. 73 der deutschen Reichsverfassung heißt: „In Fällen eines außerordentlichen Bedürfnisses kann im Wege der Reichsgesetzgebung die Aufnahme einer Anleihe zu Lasten des Reiches erfolgen", so ist diese Fassung, wie Laband mit Recht bemerkt, inkorrekt. Denn nicht im Wege der Gesetzgebung erfolgt die Aufnahme der Anleihe, vielmehr wird damit lediglich ausgedrückt, daß zum Abschluß des zivilrechtlichen Rechtsgeschäftes der Anlehnsaufnahme seitens des Reichsfiskus die im Wege der Gesetzgebung zu erteilende Zustimmung des Bundesrats und des Reichstags erforderlich ist.

Gewissermaßen eine Verwahrung gegen derartige Auffassungen von dem Wesen der Staatsschuld, wie sie insbesondere seitens griechischer Schriftsteller geäußert worden sind, bilden die Bestimmungen, die sich in den Verfassungen einzelner Staaten als Garantie für die Staatsschulden finden.[1])

So enthält die Niederländische Verfassung in Art. 176 folgenden Satz:

De verbindtenissen van den Staat jegens zijne schuldeischers worden gewaarborgd. De schuld wordt jaarlijks in overweging genomen ter bevordering der belangen van de schuldeischers van den Staat.

Spanien ordnet in seiner Konstitution an: Die öffentliche Schuld wird unter die besondere Obsorge der Nation gestellt.[2])

Handelt es sich nun auch in allen Fällen der Anlehnsaufnahme um einen privatrechtlichen Vertrag, so ist doch dieses Vertragsverhältnis bei Staatsanlehen wesentlich verschieden zu beurteilen in dem Falle, daß die Gläubiger Untertanen des schuldnerischen Staates und in dem Falle, daß sie Ausländer sind. Der inländische Gläubiger und der im Inlande wohnende Ausländer, der ihm rechtlich gleichsteht, untersteht dem Rechte des schuldnerischen Staates. Er erwirbt zwar als vertragschließender Teil gegen Übernahme besonderer Verpflichtungen vertragsmäßige Rechte gegen den schuldnerischen Staat. Aber gleichzeitig, als Untertan der Gesetzgebungsgewalt des Staates, ist er der rechtlichen Möglichkeit ausgesetzt, daß

[1]) Vgl. auch Meili, Das internationale Zivil- und Handelsrecht (1902) II. Bd. S. 61, 62.

[2]) Art. 133 des Verfassungsentwurfs von Frankreich 1848 besagte: „La constitution garantit la dette publique."

ihm der Staat mittels der gesetzgebenden Gewalt das wieder entzieht, was er ihm vertragsmäßig schuldet.[1]) Von einem Rechtsbruch gegenüber dem inländischen Gläubiger kann also, wenn der Staat kraft seines Gesetzgebungsrechts die Rechtsnormen ändert und hierdurch den Inhalt der Forderungsrechte modifiziert, keinesfalls gesprochen werden, wenngleich darin natürlich eine Härte gegenüber den Gläubigern liegen kann.[2])

Anders ist das Rechts- und Vertragsverhältnis des die Anleihe aufnehmenden Staates zu den auswärtigen Gläubigern zu beurteilen. Zwischen diesen und dem kontrahierenden Staat besteht, abgesehen von den vertragsmäßig begründeten Rechten und Verpflichtungen, kein rechtliches Verhältnis. An seinen vertragsmäßig übernommenen Verpflichtungen kann der Staat auf keine Weise, also auch nicht im Wege der Gesetzgebung, irgend eine Änderung vornehmen. Denn der Ausländer untersteht nicht dem Rechte des vertragschließenden Staates, vielmehr steht er dem letzteren als völlig gleichberechtigter und gleichgestellter Kontrahent gegenüber. Das Verhältnis zwischen dem schuldnerischen Staat und den auswärtigen Gläubigern ist kein anderes, wie wenn ein Staat einen privatrechtlichen Vertrag mit einem anderen Staat schließt z. B. Frankreich gegen Bezahlung einer bestimmten Summe Geldes von dem Deutschen Reiche ein Grundstück erwirbt, oder das Deutsche Reich ein Kohlenbergwerk von der englischen Regierung pachtet.[3])

Es handelt sich zwar ebensowenig, wie bei solchen Verträgen zwischen Staaten, im vorliegenden Falle um völkerrecht-

---

[1]) Pflug, Staatsbankerott und internationales Recht S. 12; Collas, Der Staatsbankerott und seine Abwicklung S. 9; W. Kaufmann, Das internationale Recht der ägyptischen Staatsschuld S. 13 ff.

[2]) Anders und unrichtig Roscher, Volkswirtschaft (5. Aufl.) 4, 2 § 133 Note 2[a] S. 277, 278, der eine Änderung des Vertragsverhältnisses seitens des Staates auch gegenüber dem inländischen Gläubiger für einen Vertragsbruch ansieht.

[3]) Mit Recht führt Lorimer, Institute of the law of nations I S. 447, 448 aus: States are jurally bound to cooperate with each other in vindicating international honesty by the liquidation of debts, whether incurred by one State to another or by a State to the citizens of another State. The fact, that individuals speculate in foreign funds merely with a view to their private gain, is no reason why the States which borrow from them, should be permitted to lower the tone of international morality by swindling them with impunity.

liche Verträge; denn der Inhalt der Berechtigungen und Verpflichtungen macht nicht die Ausübung von Hoheitsrechten aus,[1]) und das Völkerrecht enthält nach der herrschenden Rechtsanschauung nur die Normen für die Ordnung der Verhältnisse der Staaten untereinander, nicht aber für die Ordnung der Verhältnisse der Staaten zu den Angehörigen anderer Staaten. Wohl aber handelt es sich um Rechtsverhältnisse, die den völkerrechtlichen Verträgen gleichgeachtet werden müssen oder ihnen ähnlich sind. In der Tat, welcher Unterschied besteht darin, ob das Deutsche Reich oder der Deutsche in Person dem Auslande Geld borgt? Der letztere unterwirft sich, ebensowenig wie der Staat, dem er angehört, durch das Eingehen des speziellen Rechtsverhältnisses der fremden Staatsgewalt, sonach erscheint es ausgeschlossen, daß die nach der Errichtung des Rechtsgeschäftes erlassenen Gesetze des fremden Staates auf ihn Anwendung finden. Ebensowenig kann es an der juristischen Eigenart der in Frage stehenden Rechtsverhältnisse etwas ändern, daß der schuldnerische Staat nur vor seinen eigenen Gerichten Recht zu nehmen hat und daß regelmäßig die Gerichte des Auslandes nach völkerrechtlichen Grundsätzen gegen den schuldnerischen Staat nicht zuständig sind. Insofern steht die Sache hier ebenso wie bei den oben bereits berührten Verpflichtungen, die der Staat als Fiskus gegenüber einem anderen Staat aus Käufen, Pachtungen usw. übernommen hat, bei denen der schuldnerische Staat ebenfalls nur von seinen eignen Gerichten verklagt werden kann.[2]) Gleich wie bei völkerrechtlichen Verträgen ist also der schuldnerische Staat seinen auswärtigen Gläubigern gegenüber gebunden, und es steht ihm ebensowenig wie bei völkerrechtlichen Verträgen das Recht zu, seine Verpflichtungen durch die einheimische Gesetzgebung abzuändern oder sonst willkürlich zu modifizieren[3]) z. B. durch Auferlegung einer Couponssteuer oder Entziehung eines für die Anleihe bestellten Pfandes.[4])

---

[1]) v. Liszt, Völkerrecht 3. Aufl. 1904 S. 158, 159; Bluntschli, Das moderne Völkerrecht § 442 Anm. 1 S. 249; Pflug a. a. O. S. 42.

[2]) v. Liszt a. a. O. S. 159.

[3]) Anders und unrichtig v. Bar, Theorie und Praxis des intern. PrivR. Bd. II S. 663.

[4]) Pflug a. a. O. S. 42, 43 erkennt das Obige an, erklärt es aber für

Eine Verletzung der vom Fiskus übernommenen schuldnerischen Verpflichtungen bildet nach geltender Rechtsauffassung zwar **kein** völkerrechtliches Delikt, wohl aber wird, wenn auch nicht allgemein, so doch von gewichtiger Seite in Theorie und Praxis des Völkerrechts anerkannt, daß Verletzung der Gläubigerrechte durch den ausländischen Staat dem Staat, dem die Gläubiger als Staatsangehörige angehören, unter Umständen den Anlaß geben kann, zu ihren Gunsten kraft seines Schutzrechtes einzuschreiten.[1])

---

wünschenwert, daß die auswärtigen Staatsanleihen in bezug auf die Möglichkeit der Durchführung der auf ihnen beruhenden Ansprüche Privater sowie in bezug auf die Möglichkeit einer Exekution gegenüber dem Schuldner formell dem dem Völkerrecht unterstellt werden.

[1]) v. Liszt a. a. O. S. 159 u. 105; Collas a. a. O. S. 51 ff.; Politis a. a. O. S. 217 ff.; Lacombe bei Conrad, Jahrbücher für Nationalök. und Statistik Bd. 20 (1900) S. 791 ff. Das Nähere gehört in den Abschnitt vom Staatsbankerott, s. unten Kap. XXIII.

Kapitel VI.

Das örtliche Recht der öffentlichen Anleihe. Ausdrückliche und stillschweigende Vereinbarung eines Erfüllungsortes.

Wie früher dargelegt, sind Frankreich, England und Deutschland infolge des in diesen Ländern stetig wachsenden Kapitalreichtums die Anlehnsgläubiger zahlreicher Länder, und zwar nicht nur von ausländischen Staaten, sondern auch von ausländischen Städten und Privatgesellschaften geworden. Bei der großen Bedeutung, welche die zahlreichen ausländischen Anlehnstitel für den Effektenmarkt der genannten Gläubigerländer haben, ist von besonderer Wichtigkeit die Frage, nach welchem Rechte die aus Anleihen entspringenden Rechtsverhältnisse zu beurteilen sind, wenn Gläubiger und Schuldner einem verschiedenen Rechte unterstehen. Hinsichtlich der rechtlichen Beziehungen zwischen dem Anlehnsschuldner und seinen Gläubigern entscheidet, entsprechend den bei obligatorischen Verträgen geltenden Grundsätzen des internationalen Privatrechts, in erster Linie die Selbstbestimmung der Parteien, in zweiter Linie der Erfüllungsort der Obligation über das anzuwendende Recht. Als Erfüllungsort ist der Wohnsitz bzw. der Sitz des Schuldners zur Zeit der Eingehung des Vertragsverhältnisses anzusehen (BGB. § 269 Abs. 1).[1])

[1]) Vgl. Dernburg, Das bürgerl. Recht Bd. I § 40 S. 103; Meili, Das intern. Zivil- und Handelsrecht II S. 57; v. Bar, Intern. PrivR., in Holtzendorffs Enzyklopädie II S. 27. In der Entsch. v. 12. Okt. 1905 wirft das Reichsgericht neuerdings die Frage auf, ob nicht richtiger statt des Rechtes des Er-

Diese Grundsätze gelten auch für die Anleihen von Staaten, grundsätzlich unterstehen diese also dem Rechte des schuldnerischen Staates zur Zeit der Eingehung der Obligation, sofern nicht ein besonderer Erfüllungsort im Ausland bei Aufnahme der Anleihe vereinbart worden ist. In diesem letzteren Falle findet das Recht des Erfüllungsortes auf das Rechtsverhältnis zwischen dem Staate und seinen Gläubigern Anwendung.

Aus dem Prinzip, daß sich das Rechtsverhältnis nach dem Rechte des Schuldners richtet, folgt aber keineswegs, daß damit dem Staate die Befugnis eingeräumt ist, nachträglich einseitig Kürzungen oder Schmälerungen der Rechte der auswärtigen Gläubiger, etwa durch Erhebung einer Kuponssteuer, vorzunehmen. Vielmehr ist lediglich das Recht maßgebend, das zur Zeit der Eingehung des Rechtsgeschäfts besteht.[1])

Von zwei verschiedenen Gesichtspunkten aus wird in der Litteratur und zwar von beachtenswerter Seite bei der Beurteilung des örtlichen Rechtes der Staatsanleihen gegen das Prinzip, daß die Obligation nach dem Rechte des Erfüllungsortes sich richte, Front gemacht. Einmal wird geleugnet,[2]) daß ein Staat, der im Gebiet eines anderen Staates in Privatrechtsverhältnisse eintrete, also z. B. eine im Ausland zahlbare Anleihe emittiere, dem materiellen Rechte dieses Staates unterstehe. Der Staat, der im fremden Staatsgebiet in Rechtsverhältnisse eintrete, lebe vielmehr auch hier nach eigenem Rechte, nicht nach fremdem Rechte, sofern er nicht selbst das Rechtsverhältnis unter fremdes Recht stelle. Gehe er mit Ausländern im Auslande Verträge ein, die im Auslande zu erfüllen seien, so werde er freilich vielfach genötigt sein, das Vertragsverhältnis aus-

---

füllungsortes das Personalstatut des Schuldners zur Zeit des Vertragsschlusses als das regelmäßig anzuwendende anzusehen sei, und ob als Personalstatut auf dem Boden des BGB. das Recht des Wohnorts oder das des Heimatsstaates zu gelten habe, beantwortet aber leider die Frage nicht (vgl. Jurist. Wochenschr. 1905 S. 713, 714). Gegen die Anwendung des Heimatsrechts des Schuldners Dernburg a. a. O.

[1]) Die Frage, ob der Staat von seinen auswärtigen Gläubigern eine Kuponssteuer erheben darf, ist sehr bestritten. Näheres darüber s. unten Kap. XXI.

[2]) Löning, Die Gerichtsbarkeit über fremde Staaten und Souveräne in der Festgabe der juristischen Fakultät der Univers. Halle S. 256, 257.

drücklich oder stillschweigend unter das Landesrecht zu stellen, da für den Ausländer das Recht des Landes gelte und nur nach dessen Normen für ihn Verbindlichkeiten begründet werden könnten. Diese Auffassung findet aber weder im modernen Völkerrecht noch im geltenden Privatrecht eine Stütze. Sie wird auch weder den Bedürfnissen des Verkehrs noch dem Willen der die Anleihe kontrahierenden Parteien gerecht. Bei der Wahl des im Rechtsgebiet der Gläubiger gelegenen Erfüllungsortes geht die Absicht der Parteien gerade dahin, die Einwirkung der Gesetzgebung des Heimatsstaates des Schuldners auf das Rechtsverhältnis auszuschließen, um die Kapitalisten dadurch zur Beteiligung an der Anleihe geneigter zu machen.[1]) Für den Gläubiger soll, außer der Bequemlichkeit, die Zinsen und eventuell den Schuldbetrag in seinem Heimatsstaate einziehen zu können, auch die Sicherheit geschaffen werden, daß er hinsichtlich der Geltung des Rechtsverhältnisses dem Machtbereich des schuldnerischen Staates entzogen ist. Unerheblich ist es dabei, daß der letztere, abgesehen von besonderen Fällen, kraft seiner Exterritorialität nicht der Gerichtsbarkeit des Staates, dem die Gläubiger angehören, untersteht,[2]) da die Beurteilung des Rechtsverhältnisses hierdurch nicht beeinflußt werden kann.

Von anderer Seite wird geltend gemacht, daß Privatpersonen, die mit einem fremden Staat kontrahieren, sich durch stillschweigende Willenserklärung den Gesetzen dieses Staates unterwerfen[3]), ebenso wie sie sich damit auch der inländischen Gerichtsbarkeit unterstellten. So führt ein Urteil des Tribunal civ. de la Seine von 1875 aus[4]): „En droit, il est de principe que toute personne privée, qui traite avec un État, se soumet par le seul fait de l'engagement qu'elle contracte, aux lois et à la jurisdiction de cet État. Ce principe dérive de l'indépendance réciproque des Gouvernements qui ne pourraient être

---

[1]) Vgl. RG. Ziv.S. XXII S. 28.

[2]) Näheres unten Kap. XXII.

[3]) Vgl. Gabba im Journal de droit international privé XVI S. 533. Französ. Kassationshof 22. Jan. 1849 bei Dalloz 1849 1, 5. So auch v. Bar a. a. O. II S. 663.

[4]) Abgedruckt im Journal de droit intern. privé III S. 271, 272; vgl. auch Meili, Intern. Zivil- und Handelsrecht II S. 62 (1902).

soumis contre leur gré aux lois et à la jurisdiction d'un gouvernement étranger, sans que les droits inhérents à leur autorité souveraine ne fussent mis en péril."

Auch diese Ansicht ist unzutreffend. Soweit ein besonderer Erfüllungsort nicht ausdrücklich oder stillschweigend vereinbart ist, findet allerdings, wie oben ausgeführt, das zur Zeit der Anlehnsaufnahme bestehende Recht des schuldnerischen Staates Anwendung, indessen kraft allgemeiner Rechtsgrundsätze, nicht kraft der besonderen Natur des vorliegenden Rechtsverhältnisses. Eine weiterreichende Geltung des Rechtes des Staatsschuldners kann weder durch ein allgemeines Rechtsprinzip, das tatsächlich nicht existiert und das daher in dem angeführten französischen Erkenntnis zu Unrecht ins Gefecht geführt wird, noch durch eine „stillschweigende Willenserklärung" der Parteien gerechtfertigt werden. Gerade mit der Annahme der stillschweigenden Willenserklärung wird, wie in sonstigen Fällen, so auch hier arger Mißbrauch getrieben. Den Ausgangspunkt für diese irrtümliche Annahme bildet, wie die Ausführungen des französischen Erkenntnisses zeigen, die Auffassung, daß der Staat, der eine Anleihe aufnimmt, als Souverän handle und als solcher den Gläubigern gegenübertrete. Dies ist völlig irrig und bereits oben (Kap. V) eingehend widerlegt worden. Denn der Staat vollzieht ebensowenig mit der Anlehnsaufnahme wie mit einem Kaufvertrag einen politischen Akt, vielmehr schließt er einen privatrechtlichen Vertrag; er wendet sich dabei an Kapitalisten, die keineswegs von ihm abhängig sind, vielmehr ihm als völlig gleichberechtigt gegenüberstehen.[1]) Daß der Staat wegen der von ihm übernommenen Verpflichtungen nicht der Gerichtsgewalt eines fremden Staates unterworfen werden kann, weil dies mit seiner Souveränität nach völkerrechtlichen Grundsätzen unvereinbar sein würde, trifft allerdings zu; hieraus können aber keine weitergehenden Schlüsse auf das für das Vertragsverhältnis geltende Recht hergeleitet werden.

Wie oben bereits erwähnt, kann bei Aufnahme der Anleihe ein besonderer vertraglicher Erfüllungsort, und daraus folgend, das Recht dieses Ortes als maßgebend für das Rechtsverhältnis, insbesondere für den Umfang der obli-

[1]) Oben Kap. V.

gatorischen Leistung vereinbart werden. Diese Vereinbarung kann ausdrücklich oder stillschweigend erfolgen.[1]) Sie ist insbesondere dann anzunehmen, wenn auf Grund der Emissionsbedingungen die Zahlung von Kapital und Zinsen in verschiedenen Währungen vorgesehen ist, wenn besondere Zahlstellen für die Kupons und die Rückzahlung des Kapitals errichtet sind, sowie dann, wenn in den Schuldverschreibungen verschiedene Währungen angegeben sind.[2])

Der Zweck, der mit der Festsetzung dieser Bedingungen verfolgt wird, ist ohne weiteres ersichtlich. Je bequemer den Erwerbern der Papiere die Erhebung der Zinsen und Schuldbeträge gemacht wird, desto leichter findet der Emittent Abnehmer für seine Papiere.[3]) Es entspricht nun dem zweifellosen Willen der Parteien, daß als Entgelt für diese Erleichterung der Unterbringung der Anleihe die Unterwerfung des Schuldners unter das auswärtige Recht erfolgt. Hiergegen spricht auch nicht, daß bei Angabe verschiedener Währungen oder bei der Festsetzung von Zahlstellen, die in verschiedenen Ländern gelegen sind, die Anleihe nicht einem einheitlichen Rechte, sondern verschiedenen Rechten untersteht.[4])

Die Richtigkeit dieser Sätze ist mehrfach, insbesondere in den bekannten österreichischen Kuponsprozessen von den österreichischen Gerichten bestritten worden. Die

---

[1]) In dem schon erwähnten Urteil des Tribunal civil de la Seine von 1875 heißt es: A la vérité il lui (à l'État) est loisible d'accepter la loi de son co-contractant ou de créer par la convention une loi particulière destinée spécialement à régir le contract; mais si, par la convention, il s'est placé sous une loi spéciale, cette loi l'oblige seule et il peut en réclamer l'exécution en France.

[2]) Nach § 3 der Ausführungsbestimmungen des deutschen Bundesrats vom 11. Dezbr. 1896 zu § 42 des Börsengesetzes dürfen ausländische Wertpapiere nur dann zum deutschen Börsenhandel zugelassen werden, wenn die Stücke und Kupons auf deutsche Währung oder gleichzeitig auf diese und eine andere Währung lauten, und wenn die Zinsen sowie die verlosten und gekündigten Stücke an einem deutschen Börsenplatze zahlbar sind und die Aushändigung der neuen Zinsbogen daselbst kostenfrei erfolgt.

[3]) Saling, Börse und Börsengeschäfte I S. 155 (10. Aufl. 1905).

[4]) Der gleichen Ansicht Mitteis, Zur Frage der Zwangskonversion der 6 % Donau-Dampfschiff-Prioritäten, in der Neuen Freien Presse v. 16. Jan. 1897 Nr. 11638.

Schuldverschreibungen bzw. die Zinskupons der in Frage kommenden österreichischen Eisenbahngesellschaften lauteten alternativ auf Gulden ö. W. in Silber oder (gleich) so und so viel Taler (Francs, Pfund Sterling), z. B. „Zinsenkupon über 5 fl. ö. W. in Silbermünzen oder 3 Tlr. 10 Gr. in Tlr.W. . . . zahlbar . . . in Wien . . . oder im Ausland bei den vom Verwaltungsrat bekannt zu gebenden Bankhäusern." [1]) Hier entstand, nachdem in Deutschland eine Umwandlung des Währungssystems durch Übergang von der Silberwährung zur Goldwährung stattgefunden hatte, die Frage, ob die österreichischen Gesellschaften gehalten seien, den von dem deutschen Münzgesetz als maßgebend festgesetzten Kurswert von Silber zu Gold anzuerkennen und danach Zahlung zu leisten. Mit Recht ist seitens der deutschen obersten Gerichte im Gegensatz zu den österreichischen Gerichten angenommen worden, daß die Angabe der Valuten in den Obligationen und Zinskupons nicht bloß im Sinne einer Erläuterung beigesetzt, sondern daß nach dem Zweck der ganzen Anlehnsoperation die Einräumung eines Wahlrechts hinsichtlich der Erfüllung für den Gläubiger darunter zu verstehen sei. Da nun hinsichtlich der Zahlungsvaluta das Münzrecht des Erfüllungsortes entscheidend ist, so ergab sich die Verpflichtung für den österreichischen Schuldner, sich bei der Zahlung der Umrechnungsnorm des deutschen Münzgesetzes zu unterwerfen. [2]) Der hauptsächlichste Einwand der österreichischen Gerichte, daß bei Festsetzung alternativer Erfüllungsorte unmöglich der Wert der Schuldsumme für die beiden verschieden berechnet werden könne, greift eben deshalb nicht durch, weil dem Gläubiger vertragsmäßig das Recht, in welcher Währung Zahlung zu leisten sei, eingeräumt worden war.

---

[1]) Vgl. v. Schey, Obligationsverhältnisse des österreichischen Privatrechts I S. 127 Note 96.

[2]) ROHG. XXIII 205 ff.; XXV 41 ff.; RG. ZivS. XIV 154 ff.; XIX 47 ff.; Goldschmidt, System des Handelsrechts S. 158, 159; v. Schey a. a. O. S. 127 ff.; Meili, Intern. Zivil- und Handelsrecht II S. 58.

Kapitel VII.

Die rechtliche Natur der Anlehnsaufnahme. Sie ist Kauf-Verkauf, nicht Darlehn. Rechtliche Folgerungen hieraus.

Wie in Kapitel V dargelegt ist, ist die Aufnahme einer öffentlichen Anleihe ein Rechtsgeschäft des Privatrechts. Es bleibt nunmehr zu untersuchen, welcher Art dieses Rechtsgeschäft ist. Diese Frage ist, namentlich in den letzten Jahren, von zahlreichen Schriftstellern erörtert worden.

Zwei entgegenstehende Meinungen sind hauptsächlich vertreten worden; die einen erblicken in der Aufnahme einer Anleihe ein größeres Darlehn, welches sich nur dadurch von dem gewöhnlichen zivilrechtlichen Darlehnsgeschäft unterscheidet, daß es von einer Mehrheit von Personen anteilsweise aufgebracht wird, und daß den Darleihern von dem Erborger Urkunden über Teilobligationen auf Namen oder Inhaber ausgehändigt werden. Die andere Ansicht erblickt in der Anlehnsaufnahme einen Verkauf oder eine sonstige entgeltliche Übertragung der Anlehnstitel (Rententitel oder Partialobligationen) bzw. der in ihnen verkörperten Forderungen. Nur bei den sog. untilgbaren Anleihen, bei denen — entsprechend dem germanischen Rentenkauf — der Erborger sich nur zur Zahlung einer Rente, nicht zur Zurückzahlung des Kapitals verpflichtet, wollen auch die Vertreter der erstgenannten Ansicht einen Verkauf und zwar der Rentenforderungen bzw. der sie beurkundenden Rententitel erblicken. Vertreter der Darlehnstheorie sind in erster Linie Goldschmidt[1]), Gareis[2]), Laband[3]) und Brunner[4]). Auch in der auswärtigen Literatur und Gerichtspraxis, namentlich der italienischen und französischen, hat diese Theorie eine Reihe von Anhängern gefunden, so namentlich von Italienern Vivante[5]), Vidari[6]), die bei Vivante zitierten Entscheidungen der Gerichtshöfe Florenz, Mailand, Turin, von Franzosen namentlich Lyon-Caën et Renaud[7]) und Wahl[8]). Goldschmidt, der Hauptverfechter dieser Ansicht[9]), hat übrigens schließlich seinen Standpunkt nicht mehr vollständig aufrechterhalten, vielmehr den Anhängern der Verkaufstheorie zugestanden, daß ihre Ansicht für die Fälle zu verteidigen sei, wo entweder die Schuldverschreibung den Schuldgrund unterdrücke (abstrakt sei) oder doch die Schuldverschreibung eine solche Skripturrechtsurkunde sei, durch welche die Skripturobligation erzeugt werde. Die Theorie, daß bei der Anlehnsaufnahme ein Verkauf oder eine entgeltliche Übertragung der Anlehnspapiere bzw. der in ihnen verkörperten Forderungen stattfinde, zählt — allerdings mit Modifikationen in Einzelheiten — zahlreiche Anhänger, so von älteren Kuntze[10]), Endemann[11]), Georg Cohn[12]), das Reichsoberhandelsgericht[13]), von neueren Dernburg[14]),

---

[1]) System des Handelsrechts (4. Aufl.) S. 202.

[2]) Das deutsche Handelsrecht S. 600 ff., 674.

[3]) Staatsrecht des Deutschen Reichs IV S. 372.

[4]) in Endemann, Handb. des Handelsrechts II S. 151, 201.

[5]) Trattato di diritto commerciale Bd. I S. 524, ders. in Monitore dei Tribunali 1890 S. 421.

[6]) Corso di dir. commerciale II Nr. 894.

[7]) Traité de droit commerc. (1892 2. Aufl.) Nr. 562, 570.

[8]) Traité théorique et pratique des titres au porteur Nr. 350.

[9]) Vgl. a. a. O. S. 202. Auch der Verfasser dieser Arbeit stand früher auf diesem Standpunkt (vgl. Vorzeitige Rückzahlung und eins. Konversion von verzinslichen Anlehen, Berlin 1888 S. 7—12).

[10]) Inhaberpapiere S. 553.

[11]) Lehrbuch des Handelsrechts S. 664 Nr. 5.

[12]) in Endemann, Handb. des Handelsrechts Bd. III S. 865, 867.

[13]) XX 248.

[14]) Bürgerl. Recht Bd. II 2 S. 338.

Cosack[1], v. Schey[2], Meili[3], Kahlke[4], das Reichsgericht[5].

Nimmt man in diesem Streit der Meinungen Stellung, so spricht gegen die Auffassung der Anlehnsaufnahme als eines Darlehns zunächst die nunmehr klargestellte historische Entwicklung der öffentlichen Anleihen. Wie in Kapitel II näher dargelegt ist, hat das moderne Anleihegeschäft historisch nicht an das zivilrechtliche Darlehn, sondern an den Abgabenkauf angeschlossen.

Sodann aber wird diejenige Auffassung, welche die Darlehnskonstruktion für die moderne im Wege der Emission von Order- oder Inhaberpapieren stattfindende Anleihe vertritt, weder dem regelmäßigen Willen der Beteiligten gerecht, noch berücksichtigt sie hinreichend die Technik des Anleihegeschäftes mit ihren rechtlichen Formen und den daraus sich ergebenden rechtlichen Konsequenzen, sie verlangt auch künstliche Unterscheidungen mit Rücksicht auf die juristische Gestaltung der verschiedenen Anleihearten, die weder durch das Wesen der letzteren noch durch den Willen der daran Beteiligten gerechtfertigt werden.

Bei Begebung von Renten, bei der eine Verpflichtung zur Rückzahlung des Kapitals auf seiten des Schuldners nicht besteht, liegt ein Darlehn jedenfalls nicht vor. Denn es fehlt hier an dem wesentlichen Begriffsmerkmal des Darlehns, der Verpflichtung zur Rückzahlung des Kapitals.

Würde ferner in der Anlehnsaufnahme der Abschluß eines Darlehnsvertrages liegen, so würde, da das Darlehn Realvertrag ist, Entstehungsgrund der Darlehnsobligation also die Hingabe des Kapitals bildet, der Anlehnsvertrag erst durch Zahlung der Valuta zustande kommen. Dies entspricht aber keineswegs dem Willen der Beteiligten für den regelmäßigen und wichtigsten Fall der Anlehnsaufnahme, nämlich der Begebung vermittels Subskription. Hier soll nach dem Willen

---

[1]) Lehrbuch des Handelsrechts S. 339.

[2]) Obligationsverhältnisse des österr. allg. PrivR. I S. 178—181.

[3]) Das internationale Zivil- und Handelsrecht 1902 II. Bd. S. 59.

[4]) Über die rechtl. Natur der öffentl. Anleihe und des Anleiheemissionsgeschäfts (Diss.) 1897 Kiel.

[5]) ZivS. XXVIII 29—31, LVI 297—301.

der Parteien mit der Mitteilung von der Zuteilung der gezeichneten Papieren der Vertrag abgeschlossen sein, der Anlehnsschuldner will auf Grund dieser Zeichnung einen bestimmten Geldbetrag erhalten, und dafür eine in einem Papier verkörperte Forderung gegen sich begründen, der Anlehnsgläubiger will zu gleicher Zeit gegen Zahlung eines bestimmten Betrages eine Forderung erwerben.

Daß tatsächlich der Vertrag auch nicht re d. h. durch Zahlung der Valuta, sondern schon auf Grund der Parteiabmachung zustande kommt, ergibt die allgemein für zulässig gehaltene Möglichkeit der Kompensation des seitens des Zeichners zu zahlenden Betrages gegen eine Forderung an den Anlehnsschuldner, welche beim Darlehn begrifflich ausgeschlossen ist.[1])

Auch erscheint es keineswegs ausgeschlossen, daß seitens des Emittenten die Anlehnstitel in Zahlung gegeben, verschenkt, gegen andere Wertpapiere oder Wertgegenstände der Gläubiger, wie Grundstücke, Fabriken, Eisenbahnen, eingetauscht werden. Dies schließt gleichfalls begrifflich die Annahme eines Darlehns aus; denn das letztere kommt lediglich re zustande.

Aus diesem Grunde muß man sich auch gegen die Annahme eines Verkaufs von Darlehnsforderungen erklären. Denn auch bei dieser Konstruktion fehlt eben das für das Vorliegen eines Darlehns begriffliche Moment der Zahlung der Darlehnsvaluta.[2]) Der von dem Erwerber des Anlehnstitel gezahlte Betrag soll eben nicht als Darlehnsvaluta gelten, sondern als Entgelt für den Erwerb der Forderung von bestimmter Höhe, welche unabhängig ist von der gezahlten Valuta. Die letztere kann höher oder niedriger sein als die zu erwerbende Forderung, je nachdem die Anlehnstitel über oder unter pari emittiert werden. Der Anlehnsschuldner kann sich auch verpflichten mehr zurückzuzahlen als den Nominalbetrag. Alles widerspricht der Annahme eines Darlehns, wo — abgesehen von besonderen Nebenabreden [3]) — tantundem zu restituieren ist.[4])

---

[1]) So hat bei den Eisenbahnverstaatlichungen der preußische Staat den Eisenbahnaktionären preußische Anleihescheine gegeben, und die Aktionäre haben hierauf, statt Valuta zu zahlen, ihnen Anteil an dem für die Bahn gezahlten Kaufpreise verrechnet; vgl. Cosack a. a. O. S. 339.

[2]) Vgl. Kahlke a. a. O. S. 15, 16.

[3]) Cosack a. a. O. S. 339 unter 3.

[4]) Vgl. Rehm, Die Bilanzen der Aktiengesellschaften S. 212. Anders

Ist beim Darlehn verabredet, daß der Empfänger dem Darleiher mehr zurückzuerstatten hat, als er empfangen hat, so hat das Mehr die Natur von Zinsen. Auf diesen Mehrbetrag müssen daher die Vorschriften über die Zinsen z. B. hinsichtlich der Verjährung zur Anwendung kommen.[1]) Auch diese Rechtsfolge widerstreitet dem Wesen des Anleihegeschäftes; was die Teilgläubiger bei der Rückzahlung des Anleihekapitals über den von ihnen eingezahlten Kapitalbetrag erhalten, gehört nach dem Willen der Parteien zu der versprochenen Schuldsumme bzw. bildet einen Zuschlag zu dieser, keineswegs hat es den Charakter von Zinsen und unterliegt daher auch nicht den für diese geltenden Bestimmungen.

Die Annahme eines Darlehns setzt sich aber überhaupt in Widerspruch zu der Technik des modernen Anleiheemissionsgeschäftes, welches sich regelmäßig auf dem Wege der Ausgabe von Inhaberpapieren bzw. Orderpapieren vollzieht.[2]) Die letzteren sind keine Schuldurkunden über ein gewährtes Darlehen[3]), vielmehr solche Skripturrechtsurkunden, durch welche die Skripturobligation erzeugt wird.

Die Anleiheemission vollzieht sich nun in der Art, daß die Darleiher diese Skripturrechtstitel und damit die in ihnen verkörperten Forderungen durch Zeichnung und Einzahlung der Valuta erwerben. Wie bereits oben ausgeführt, können die emittierten Anlehnstitel von den Emittenten auch geschenkt, zum Pfande, an Zahlungsstatt gegeben werden. Alles dieses zeigt, daß die Anleiheemission ihrer modernen Technik nach auf dem Wege des Kaufs oder sonstigen Erwerbs der Anlehnspapiere sich vollzieht. Der Erwerber gibt nicht, wie der Darlehnsgeber eine Summe, damit ihm der Anlehnsnehmer die gleiche Summe zurückzahle. Der gezahlte Betrag dient zum

---

Stern, Die Schuldverschreibungsgläubiger im Konkurse der Hypothekenbank S. 3; Dernburg, Bürgerl. Recht Bd. II 2 S. 208 § 235.

[1]) Vgl. Goldmann-Lilienthal, Das bürgerl. Gesetzbuch I (2. Aufl.) 1903 § 166 Ziff. 4 S. 609.

[2]) Vgl. ROHG. XX, 248 ff. RG. ZivS. XXVIII, 30; Kahlke, loc. cit. S. 14 ff.

[3]) So noch Savigny, Obligationenrecht Bd. II S. 117, neuerdings zu Unrecht für die Schuldtitel der rückzahlbaren Staatsschuld behauptet von Körner, Die Konversion öffentl. Schulden, Wien 1893 S. 11.

[4]) Vgl. Bruno Mayer, Die Emission von Wertpapieren, Wien 1900 S. 41 ff.

Erwerb einer Forderung von bestimmter Höhe, welche unabhängig ist von der gezahlten Valuta.

Aus diesen Gründen erscheint auch völlig verfehlt die mitunter in der ausländischen Literatur, so von Wahl vertretene Ansicht, nach welcher die Anleihemission in zwei Rechtsakte zerfällt, einmal in den vorausgehenden Vertrag „la convention antérieure ou concomitante" wie emprunt, donation, société und sodann in die Ausstellung der Wertpapiere als Erfüllung dieses Vertrages, „une sorte de datio in solutum on de tradition faite en exécution". Denn Gegenstand des Vertrages bilden eben die Wertpapiere resp. die in ihnen verkörperte Forderung.

Noch aus einem anderen Gesichtspunkt spricht die Technik des modernen Anleihegeschäftes gegen die Annahme eines Darlehns. Wie später noch näher auszuführen, erscheint es zwar nicht ausgeschlossen, daß Staaten, Selbstverwaltungskörper, industrielle Gesellschaften, die Anleihen aufnehmen wollen, dies unter Umständen ohne Mitwirkung von Bankiers oder Banken durch direkte Effektenbegebung bewirken. Regelmäßig tritt indessen ein Bankier oder eine Bank als Negotiant der Anleihe zwischen den Anleihesucher und das Publikum zwecks Unterbringung der Rententitel bzw. Schuldverschreibungen. Da der Bankier, auch dann, wenn er nur Anlehnskommissionär ist, dem unmittelbaren Abnehmer der Anlehnspapiere als Verkäufer haftet und selbst alle Rechte aus den von ihm abgeschlossenen Verkäufen von Anlehnspapieren hat, so erscheint jede andere Konstruktion als die, daß die Anlehnsaufnahme sich im Wege des Verkaufs der Anlehnspapiere seitens des Negotianten an das Publikum vollzieht, ausgeschlossen. Die Annahme, daß neben dem vertraglichen Verhältnis zwischen dem Negotianten und dem Zeichner noch ein Darlehnsvertrag zwischen dem letzteren und dem Anleiheschuldner zustande komme, würde geradezu auf eine Fiktion eines solchen hinauslaufen. Gegen die Auffassung aber, daß in diesem Falle das Darlehn seitens des Anleiheschuldners direkt von den Zeichnern aufgenommen werde, spricht, daß alsdann das Auftreten einer Zwischenperson im eigenen Namen geradezu unkonstruierbar wäre.[1]) Nun würde allerdings in den Fällen, in

[1]) Vgl. ROHG. XX S. 253ff.

denen der Bankier die Anleihe von dem Anleiheschuldner fest übernimmt, und sie für eigene Rechnung unterbringt, noch immer die rechtliche Möglichkeit der Hingabe eines von dem Negotianten an den Anlehnsschuldner gewährten Darlehns bestehen.[1]) Diese letztere fällt aber dann fort, wenn der Bankier nur Anlehnskommissionär ist, d. h. für Rechnung des Anleiheschuldners den Vertrieb der Schuldverschreibungen im eigenen Namen übernimmt. Denn in diesem Falle ist auch für die Annahme eines Darlehnsvertrages zwischen ihm und dem Anlehnsschuldner kein Raum. Es erscheint aber überhaupt rechtlich ausgeschlossen, daß die rechtliche Konstruktion der Anleihebegebung eine verschiedene rechtliche Beurteilung erfährt, je nachdem die Anleihe direkt vom Schuldner oder durch Vermittlung von Negotianten begeben wird, ferner je nachdem der Negotiant die Anleihe von dem Kreditsucher fest übernimmt oder Anlehnskommissionär ist. Dies muß aber dazu führen, diejenige Konstruktion der Anleihebegebung zu verwerfen, die für die wichtigsten und häufigsten Arten der Anleihebegebung rechtlich ausgeschlossen ist. —

Bei Zugrundelegung der hier bekämpften Ansicht würde aber überhaupt eine verschiedene rechtliche Behandlung der Begebung solcher Anleihen, bei denen eine Rückzahlungspflicht nicht besteht, und solcher, bei denen sie besteht, notwendig werden, die weder durch den Willen der Parteien noch durch das Wesen dieser Anleihearten gerechtfertigt wird. Denn bei Begebung der ersteren, der Renten, liegt, wie auch von den Anhängern der Darlehnstheorie nicht bestritten wird, kein Darlehn vor, da hier die Verpflichtung zur Rückzahlung des Kapitals nicht besteht. Die Begebung beider Arten von Anleihen vollzieht sich aber in den gleichen rechtlichen Formen, die auf der Technik des modernen Emissionsgeschäftes beruhen, denn Renten wie Prioritätsobligationen sind regelmäßig in Inhaberpapieren verbrieft. Für die Frage, ob seitens eines Staates oder öffentlichen Verbandes die Anleihen mit oder ohne Rückzahlungspflicht (fundierte oder zurückzuzahlende Anleihen) begeben werden, sind lediglich finanzpolitische Gesichtspunkte, insbesondere Rücksichten auf den Kredit des Anlehnsnehmers und die all-

---

[1]) So Goldschmidt, System S. 203.

gemeine wirtschaftliche Lage maßgebend[1]), keineswegs aber sind rechtliche Gesichtspunkte hinsichtlich der Art des abzuschließenden Geschäfts für den Willen der Parteien in dieser Richtung bestimmend.

Die Aufnahme der Anleihe stellt sich also in allen Fällen als Verkauf bzw. entgeltliche Übertragung einer Forderung bzw. eines sie verkörpernden Wertpapieres gegen Zahlung einer bestimmten Summe dar. Dies gilt auch für den Fall, daß die vom Schuldner ausgegebenen Wertpapiere die Angabe der Darlehnscausa enthalten, sich also als Partialobligationen eines Darlehns bezeichnen. Nur ist hier die Forderung, welche in dem Wertpapier verkörpert ist, keine abstrakte[2]), vielmehr sollen nach dem Willen der Parteien bezüglich der Forderung, so namentlich bezüglich ihrer Verzinsung und Rückzahlung, die Grundsätze vom Darlehn Anwendung finden, wie auch sonst verabredet werden kann, daß das aus einem anderen Grunde geschuldete Geld als Darlehn geschuldet werden soll (vgl. BGB. § 607 Abs. 2).

Sind, wie regelmäßig, Inhaberpapiere oder Orderpapiere seitens des Anleiheschuldners ausgegeben, so bestimmt sich nach den Grundsätzen der Skripturobligationen der Inhalt der in den Urkunden verbrieften Rechte lediglich nach Maßgabe des Wortlautes der Verschreibung. Ist also die causa credendi als Schuldgrund angegeben, so ist diese allein für den Inhalt des Rechtes aus der Schuldverschreibung maßgebend. Dennoch liegt auch in diesen Fällen in der Begebung der Anleihetitel kein Darlehnsvertrag. Denn der Grund für die Begebung der Titel kann ein verschiedener sein, wie oben bereits ausgeführt, Kauf, Schenkung, Hingabe an Zahlungsstatt; das Geben der Valuta ist nicht, wie beim Darlehn, die Tatsache, aus der die Obligation entsteht, das Zustandekommen des Vertrages ist nicht abhängig von der Zahlung der Valuta. Die

---

[1]) Vgl. A. Wagner, Ordnung des österr. Staatshaushalts S. 96 ff., 100, 163 ff.

[2]) Zu Unrecht von denjenigen behauptet, die in allen Skripturobligationen, auch wenn die causa genannt ist, Urkunden über abstrakte Forderungen sehen, so Kuntze, Inhaberpapiere S. 473, Unger, Inhaberpapiere S. 47, 99, Becker, Kuponprozesse S. 160. — Vgl. Freund a. a. O. S. 11, v. Schey a. a. O. S. 180 Note 13, Goldschmidt, System S. 161.

letztere bildet vielmehr nur das Entgelt für den Erwerb der Forderung bzw. des sie verkörpernden Titels. Ein Darlehnsvertrag liegt also nicht vor. Die Anlehnsaufnahme stellt sich vielmehr auch in diesem Falle als entgeltliche Übertragung von Forderungen bzw. von Skripturobligationen dar.[1] Indessen bezeichnen diese als die nach dem Willen der Parteien maßgebende causa ihrer Entstehung das Darlehn, und unterliegen daher in ihren Rechtsfolgen den Rechtssätzen des Darlehns, soweit ihr Inhalt hierfür die Möglichkeit gewährt.[2]

Von den Vertretern der Darlehnstheorie wird nun hauptsächlich gegen die hier vertretene Konstruktion der Anleihebegebung geltend gemacht, daß mittels des Kauf-Verkaufvertrages ein bereits bestehender Wertgegenstand gehandelt werde, während im vorliegenden Falle der Schuldtitel vor der Begebung gar keinen Wert habe.[3] Mit Recht ist aber diesem Einwand entgegengehalten worden, daß ein Kaufvertrag auch über solche Sachen geschlossen werden kann, die erst zur Entstehung kommen sollen; zu dieser Art von Verkäufen gehört insbesondere der Verkauf, bei dem der Gegenstand erst durch den Vollzug des Verkaufs entsteht[4], so der Verkauf eines erst zu begründenden Nießbrauchs durch den Verkäufer[5], hierher wird auch die bei der Anleihebegebung regelmäßig stattfindende Veräußerung der Forderungen bzw. Anleihetitel gezählt werden können.

Die vorstehende Konstruktion der Anleihebegebung gilt in gleicher Weise für alle Fälle der Anleiheemission, also für den Fall der Emission durch freihändigen Verkauf der Anleihetitel ebenso wie für die Begebung durch Subskription. Sie trifft auch für den Fall zu, daß dritte Personen bei der Emission mitwirken, nur daß hier die Rechte und Pflichten der Beteiligten

---

[1]) Vgl. v. Schey a. a. O. S. 180, 181.

[2]) Rechtlich verfehlt ist es, von „Kauf der Anleihe", „Übernahme der Anleihe in Verkaufskommission" zu reden, wie dies Sattler, Effektenbanken S. 36 ff. tut. Gekauft werden die Anleihetitel oder die in ihnen verkörperten Forderungen, auch dann, wenn die emittierende Bank auf Grund vertraglicher Abmachungen mit dem Anleiheschuldner für diesen die Anleihetitel fertigen läßt, also sie nicht von ihm geliefert erhält.

[3]) So Vivante, loc. cit. S. 524 Nr. 533.

[4]) Vgl. Kahlke a. a. O. S. 19.

[5]) Vgl. auch BGB. § 419.

verschiedene sind, je nachdem die Emission durch den Bankier im Namen des Anleiheschuldners oder im eigenen Namen des Bankiers erfolgt.[1]) Tritt der Bankier lediglich als Vertreter des Anleiheschuldners oder als Vermittler der Anleihe zwischen Anleiheschuldner und Publikum, als Zeichenstelle, auf, dann ist der Schuldner selbst Verkäufer der Anleihetitel, der Emittent kann weder auf Zahlung des Kaufpreises der Titel klagen, noch auf ihre Aushändigung verklagt werden. Erfolgt indessen die Emission im eigenen Namen des Bankiers, so stehen ihm die Rechte aus dem Verkaufe der Titel zu und er kann selbst als ihr Verkäufer in Anspruch genommen werden, allerdings nicht als Anleiheschuldner, wie später noch weiter darzulegen ist.[2])

Fragen wir nach der Stellungnahme der Gesetzgebungen zu der behandelten Frage, so ergibt sich, daß in einer Reihe ausländischer Gesetze die Emission von Obligationen ausdrücklich als Darlehn bezeichnet worden ist, ohne daß indessen spezielle Rechtsfolgen an diesen Ausspruch geknüpft worden sind, so in italienischen Finanzgesetzen (vgl. Gesetz v. 19. Juli 1870, das die Gemeinden und Provinzen ermächtigt, Darlehen auf Prämien aufzunehmen, wo ausdrücklich gesagt wird, daß das Darlehn in Obligationen besteht; Dekret v. 21. Novbr. 1880 betr. die Regelung der Emission von Obligationeu mit Prämien).[3])

Das österreichische Kuratorengesetz v. 24. April 1874 setzt für seine Anwendung das Vorliegen eines „Darlehns" voraus; § 1 lautet:

„Werden über eine Darlehnsforderung auf Inhaber lautende oder durch Indossament übertragbare Teilschuldverschreibungen ausgegeben, so ist für die jeweiligen Besitzer dieser Teilschuldverschreibungen vom Gerichte ein gemeinsamer Kurator in allen Fällen zu bestellen, in welchen es sich ergibt, daß die Rechte dieser Besitzer wegen des Mangels einer gemeinsamen Vertretung gefährdet oder die Rechte eines anderen in ihrem Gange gehemmt werden."

---

[1]) Vgl. das Nähere unten Kap. VIII.

[2]) Vgl. unten Kap. VIII.

[3]) Vgl. Vivante, Monitore dei Tribunali 22, 423 (Übersetzung ins Deutsche bei Holdheim, Monatschr. f. Handelsrecht Bd. II S. 3 u. 4). Andererseits wird in italienischen Eisenbahngesetzen die Emission von Obligationen durch Gesellschaften als Veräußerung (alienazione) bezeichnet, so Gesetz v. 27. April 1885, vgl. Vivante, Diritto commerciale Bd. I S. 524 Note 239.

Im Gegensatz hierzu bestimmt das deutsche Reichsgesetz betr. die gemeinsamen Rechte der Besitzer von Schuldverschreibungen v. 4. Dezbr. 1899 nichts über das der Ausgabe der Schuldverschreibungen zugrunde liegende Rechtsgeschäft.[1])

Aus der dargelegten Konstruktion der Anleihebegebung ergeben sich außer den bereits erwähnten noch eine Reihe nicht unerheblicher Rechtsfolgen, von denen einzelne in dem Nachfolgenden erörtert werden sollen.

Wie oben erörtert, entsteht der Vertrag zwischen dem Erborger und den Gläubigern nicht erst mit der Zahlung der Valuta, wie beim Darlehn, vielmehr schon mit dem Vertragsschluß, also im Fall der Subskription mit der Mitteilung der Zuteilung seitens des Schuldners oder des emittierenden Bankhauses. Daher erwächst den Gläubigern der Anspruch aus dem Anlehnsvertrage gegen den Schuldner auch dann, wenn die Valuta seitens des Emissionshauses unterschlagen wird und der Schuldner auf diese Weise nicht in ihren Besitz gelangt.

Auf den Verzug des Anlehnsschuldners und des Negotianten bei Aushändigung der Schuldverschreibungen sowie auf den Verzug der Partialisten bei Zahlung der Anlehnsvaluta finden die Regeln vom Verzug der Parteien beim Kauf, also die Bestimmungen des BGB. §§ 286 Abs. 1, 326, 440 Abs. 1, 454 Anwendung[2]). Im Falle schuldhafter Unterlassung der Erfüllung seitens des anderen hat der nicht säumige Teil unter den in BGB. § 326 festgesetzten Modalitäten für die Ausübung das dreifache Wahlrecht: auf Erfüllung nebst Schadensersatz wegen verspäteter Erfüllung auf Schadensersatz wegen Nichterfüllung, endlich auf Rücktritt vom Vertrage.[3])

Auch die Haftpflicht des Anleiheschuldners bzw. des Negotianten der Anleihe für die von ihnen ausgegebenen Schuldtitel bestimmt sich, insoweit nicht die schärferen Bestimmungen

---

[1]) § 1 lautet: „Sind von jemand ... im Inlande Schuldverschreibungen mit im voraus bestimmten Nennwerten ausgestellt" ...

[2]) Goldschmidt, Lucca-Pistoja-Aktienstreit S. 15; Cosack, Lehrbuch des Handelsrechts S. 339 Ziff. 5; Kahlke a. a. O. S. 29; Staub, Kommentar 6. u. 7. Aufl. §§ 373, 374, insbesondere Exkurs zu § 374.

[3]) Der Fall, daß der Begebung der Obligationen ein anderer Rechtstitel, wie Schenkung, zugrunde liegt, scheidet wegen seiner Seltenheit bei der obigen Betrachtung aus.

des Börsengesetzes §§ 43 ff. zu gunsten der Schuldverschreibungsinhaber eingreifen, nach den Grundsätzen des Verkaufs, d. h. der Emittent der Anleihe haftet lediglich für den rechtlichen Bestand der in dem Wertpapier verkörperten Forderung, z. B. dafür, daß bei Schuldverschreibungen auf den Inhaber die erforderliche staatliche Genehmigung zur Ausgabe erteilt ist, nicht aber für die Güte der Forderung (BGB. § 437).[1])

Daher steht der Emittent ohne die Übernahme einer besonderen Garantie nicht dafür ein, daß das Unternehmen, zu dessen Gunsten die Emission der Anleihe stattfindet, frei von solchen Mängeln ist, die den Wert der Obligationen beeinflussen, z. B. für die mangelhafte Beschaffenheit der Grubenfelder und der Hüttenerze. Denn es handelt sich hierbei nicht sowohl um einen Mangel in dem rechtlichen Bestande der Obligationen, vielmehr um einen Mangel in dem tatsächlichen Bestande des Rechtes, welches mit den Papieren verkauft wird, und dessen Träger die Papiere sind.[2])

Die Angaben des Prospektes, auf Grund dessen die Emission erfolgt, gelten als zugesicherte Eigenschaften, die der Emittent als Verkäufer der Anlehnspapiere gemäß BGB. § 459 Abs. 2 zu vertreten hat.[3])

Die Zeichner der Anlehnstitel können ferner die Abnahme der gezeichneten Papiere und die Zahlung der Valuta auch dann nicht verweigern, wenn nach der Zeichnung aber vor der Abnahme der Papiere in den Vermögensverhältnissen des Emittenten eine wesentliche Verschlechterung eingetreten ist, durch die der Anspruch auf Rückerstattung gefährdet wird. Denn der § 610 des BGB. bezieht sich lediglich auf Darlehn und ähnliche Kreditgeschäfte. Die Anlehnsaufnahme stellt sich aber nicht als Darlehnsvertrag, sondern als entgeltliche Übertragung von Forderungen bzw. Skripturobligationen dar, so daß die Anwendung der für die Entstehung des Darlehns geltenden Rechtssätze hier ausgeschlossen ist; ganz abgesehen

---

[1]) Staudinger, Kommentar z. BGB. (2. Aufl. 1906) Bd. II S. 25.

[2]) Urteil des RG. I ZivS. v. 5. Nov. 1904 (Bankarchiv 1905 S. 89). Eine weitere Haftung behauptet Neukamp in Monatschr. f. Handelsrecht u. Bankwesen, Januar 1905.

[3]) Vgl. Dernburg, Das bürgerl. Recht II (3. Aufl. 1906) § 282 S. 384

davon, daß bei den Rentenanleihen ein Anspruch auf Rückerstattung für den Gläubiger überhaupt nicht besteht.[2])

Der Akt, durch den sich jemand zur Emission und Aushändigung von Schuldverschreibungen bestimmten Inhalts an einen oder mehrere Gläubiger gegen Zahlung einer bestimmten Summe verpflichtet, ist nicht als Schuldverschreibung über ein Darlehn zu verstempeln, wie unrichtigerweise das Reichsgericht ZivS. XXXXV 231 angenommen hat. Allerdings ist der Fall möglich, daß sich mit dem erwähnten Geschäft kraft Parteivereinbarung ein Darlehnsvertrag verbindet, und daß daher durch die Urkunde ein Beweismittel für das zu gewährende Darlehn und die Übernahme der Verpflichtung zur Rückzahlung des Darlehns geschaffen werden soll. Dies ist aber keineswegs die Regel und nach den obigen Ausführungen über das Wesen des Anleihegeschäftes als Parteiwille nicht zu unterstellen. Auch ist es nicht daraus zu folgern, daß die Schuldverschreibungen sich als Anteile einer „Anleihe" bezeichnen; denn „Anleihe" ist nicht gleichbedeutend mit Darlehn. Vielmehr wird regelmäßig durch die Urkunde nur das Rechtsverhältnis der Teilschuldverschreibungen geregelt, und es erscheint nicht angängig, aus der Tatsache, daß in der Urkunde Bestimmungen über die Verzinsung und Zurückzahlung der auf die Teilschuldverschreibungen entfallenden Beträge enthalten sind, zu folgern, daß darin implicite die Verpflichtung zur Rückzahlung eines von dem Empfänger der Schuldverschreibungen gewährten Darlehns enthalten ist.

[1]) Anders u. unrichtig Kuhlenbeck in d. Jur. Wochenschrift 1904 S. 402.

Kapitel VIII.

Emission der Anleihen. Ihre Technik. Die verschiedenen Systeme der Emission. Negotiation. Rechtsstellung des Negotianten zu dem Anleiheschuldner und zu dem Zeichner bzw. Erwerber der Anleihetitel. Die im Verlauf des Emissionsgeschäftes zu entrichtenden Stempel.

Emission oder Begebung einer Anleihe ist derjenige Rechtsakt, durch welchen die Titel (Obligationen) einer Anleihe in den Verkehr gebracht und an die Kapitalbesitzer abgesetzt werden. Für die Begebung der Anleihen sind zwei Wege gangbar, einmal die direkte Begebung durch den künftigen Anlehnsschuldner, sodann die indirekte durch Vermittlung von Negotianten; bei beiden Wegen kommen verschiedene Systeme vor, auf die im Folgenden näher einzugehen ist.

1. Direkte Emission.

Sie kann in der Weise geschehen, daß der künftige Anlehnsschuldner selbst oder durch von ihm Beauftragte die Anlehnstitel unter der Hand (freihändig) an das Publikum begibt. Dieses System der Begebung der Anleihe ist das einfachste und ursprünglichste; es erspart den großen Apparat, welcher mit der öffentlichen Aufforderung an das Publikum zur Beteiligung an der Anleihe und mit der oft kostspieligen Vermittlung durch Großkapitalisten verbunden ist, ist aber nur unter gewissen Voraussetzungen anwendbar. Denn erstens ist ein solcher Einzelverkauf nur dann zweckmäßig, wenn die Geldbeschaffung keine Eile hat. Sodann müssen dem Anlehnsschuldner und den von ihm ausgegebenen Papieren besondere Eigenschaften innewohnen, welche einen sicheren Absatz der Titel ermöglichen, auch ohne daß die Notwendigkeit einer Konkurrenz der breiten Öffentlichkeit besteht, oder es müssen sonstige günstige Voraussetzungen für eine größere Nachfrage nach den betreffenden Anlehnstiteln vorhanden sein. So ist vornehmlich aus der besonderen Beliebtheit, deren sich die Pfandbriefe der Hypothekenbanken beim deutschen Publikum als Anlagewerte erfreuen, zu erklären, daß das System des freihändigen Verkaufs den üblichen und möglichen Emissionsmodus für Pfandbriefe in Deutschland bildet. Provinzbankiers und Provinzbanken, aber auch sonstige Vertrauenspersonen des Publikums in der Provinz, angesehene Warenhändler u. dgl. werden von den Hypothekenbanken als Verkaufsvermittler benutzt, wobei sie mit einem Pfandbriefvorrat versehen werden, den sie bis zum endgültigen Verkauf auf Lager (in Konsignation) halten. Freilich tragen die Hypothekenbanken zur Forcierung des Absatzes ihrer Obligationen und zur Erhöhung des Eifers der Verkaufsvermittler durch Zahlung hoher Absatzprovisionen an die letzteren bei, was unter Umständen bedenkliche Folgen haben kann, da der Eifer der Bankiers für den Verkauf der Pfandbriefe die vernünftige Beurteilung und Erwägung der Interessen der Kunden zurückzudrängen imstande ist.

Das vorstehend geschilderte Emissionssystem der Pfandbriefe ist von verschiedenen Seiten nachgeahmt worden, so für die den Pfandbriefen ihrer Art nach sehr nahestehenden Kommunalobligationen der Hypothekenbanken und für Kleinbahnobligationen, es hat indessen, namentlich wegen der Notwendigkeit der Gewährung hoher Zwischengewinne, keinen weiteren Eingang finden können, insbesondere auch nicht für die Obligationen der industriellen Gesellschaften.[1]) Dagegen wird bei Staatsanleihen der freihändige Verkauf als Emissionsmodus mitunter seitens des Erborgers gewählt. Der Staat läßt alsdann seine Obligationen je nach seinem Geldbedarf im Kleinen durch

[1]) Vgl. Kimmich, Die Ursachen des niedrigen Kursstandes deutscher Staatsanleihen 1906 S. 46.

Agenten, Makler oder durch Vermittlung von Banken gegen eine Provision auf Staatsrechnung und zum laufenden Kurse an der Börse verkaufen. Dies geschah z. B. seitens des Deutschen Reiches und Preußens in den achtziger und Anfang der neunziger Jahre des vorigen Jahrhunderts. Indessen sind die mit diesem Begebungssystem herbeigeführten Folgen für die Finanzen des Staates regelmäßig keine günstigen, was sich auch in dem erwähnten Falle gezeigt hat. Denn die Klassierung der so vertriebenen Titel vollzieht sich sehr langsam und häufig unter starkem Kursrückgang. Der Markt wird, wenn nicht eine größere Nachfrage nach Staatspapieren eintritt, wie in Frankreich und England seitens der Sparkassen, infolge der fortwährenden Verkäufe selbst bei kleineren Angeboten weit länger unter Druck gehalten als durch eine größere im Wege der Subskription erfolgende Emission. Gleiche Erfahrungen sind auch in Frankreich mit einem in den siebziger Jahren des vorigen Jahrhunderts angewendeten ähnlichen Begebungssystem gemacht worden, nämlich mit der Begebung der Anleihetitel durch Staatsfinanzagenten. Die Rententitel wurden durch sämtliche trésoriers payeurs généraux verkauft, durch die Steuererheber auf Bestellung beschafft und nach dem jeweiligen Staatsbedarf unter Berücksichtigung der Marktlage abgegeben. Die damals gemachten üblen Erfahrungen hinsichtlich der Entwicklung des Kurses der Anleihen ließen den französischen Staat gleichfalls in der Folgezeit auf dieses Emissionssystem verzichten.[1])

Der gewöhnliche und übliche Weg bei der direkten Emission ist der mittels öffentlicher Subskription. Der künftige Anlehnsschuldner macht die Emissionsbedingungen (leges contractus) im Wege der Veröffentlichung eines Prospektes bekannt und fordert das Publikum zur Zeichnung in Gemäßheit dieser Bedingungen bei den von ihm angegebenen Zeichnungsstellen auf. Die Emissionsbedingungen betreffen Höhe der Anleihe, Zinsfuß, Anmeldefrist, Subskriptionskurs, Tilgung der Anleihe, Zeichnung und Zahlung der gezeichneten Summe. Für den vor der Zulassung zum Börsenhandel erforderlichen Prospekt ist nach gesetzlicher Vorschrift ein bestimmter Inhalt erforderlich (Börsengesetz § 38 Abs. 2, Ausführungsbestimmungen des

---

[1]) Vgl. Kimmich a. a. O. S. 191 Note 2.

Bundesrats v. 11. Dezbr. 1896). Hierauf wird weiter unten (Kap. X) noch näher einzugehen sein.

Der Prospekt ist im Rechtssinne eine Einladung zum Kontrahieren; das Angebot des Kaufes der Anlehnstitel geschieht durch die Zeichnung. Der Zeichner erlangt durch die letztere keinen Anspruch auf die Annahme seines Angebotes. Durch Annahme der in der Zeichnung liegenden Offerte seitens des Emittenten der Anleihe oder, sofern dies in dem Prospekt bestimmt ist, durch die Zeichnungsstellen, wird der, wie früher dargelegt, rechtlich als Kauf zu qualifizierende Vertrag perfekt. Die Zeichnung ist unter Einreichung der vom Emittenten regelmäßig vorgeschriebenen Zeichnungsscheine zu bewirken; schriftliche Form ist für sie wesentlich, ihr Mangel macht die Erklärung nichtig (BGB. § 125).[1]) Angaben des Prospektes gelten als zugesicherte Eigenschaften der verkauften Obligationen. Der Emittent haftet seinen Mitkontrahenten gegenüber als Verkäufer aus dem Gesichtspunkt des dictum promissum gemäß BGB. § 459 Abs. 2.[2]) Weigert der Gläubiger die Abnahme der gezeichneten Obligation, weil ihr nach seiner Behauptung die in dem Prospekt zugesicherten Eigenschaften fehlen, oder verlangt er aus diesem Grunde nach der Abnahme Rückgängigmachung des Vertrages, so hat der Emittent der Anleihe die in dem Prospekte zugesagte Beschaffenheit zu beweisen.[3]) Auf die durch das Börsengesetz dem Emittenten auferlegte verschärfte Haftung aus dem Prospekte wird später (Kap. X) ebenfalls noch näher einzugehen sein.

Die mit der Entgegennahme der Zeichnung beauftragten Zeichnungsstellen sind regelmäßig Bankiers oder Banken, bei Staatsanleihen auch die Staatskassen, sie sind entweder bloße Unterhändler oder Bevollmächtigte des Anleiheemittenten; sie haften als solche dem Zeichner lediglich für Fahrlässigkeit

---

[1]) Anders, unrichtig G. Cohn in Endemann, Handbuch des Handelsrechts Bd. III S. 866.

[2]) Dernburg, Das bürgerliche Recht II (3. Aufl. 1906) § 282 S. 384. RG. ZivS. LVI, 253. Auf die in dieser Entscheidung behandelte Streitfrage, wie weit der Begriff der „Eigenschaft" einer Sache reicht, ob insbesondere der Wert der Sache als Eigenschaft anzusehen sei, soll hier nicht näher eingegangen werden. Vgl. Dernburg a. a. O. Note 3, vgl. auch oben S. 79.

[3]) Staub, Kommentar zum HGB. § 377 Anm. 107.

(BGB. § 823) oder Vollmachtsüberschreitung, nicht aber für die Erfüllung der aus dem Abschluß des Kaufes folgenden Verbindlichkeiten oder für die durch den Prospekt zugesicherten Eigenschaften der Obligationen. [1])

Der Subskriptionspreis bzw. Emissionskurs wird in Prozenten des Nominalwertes festgesetzt, eine Pariemission ist dann möglich, wenn der gewählte Zinsfuß den Geldverhältnissen zur Zeit der Emission entspricht und der Kredit des Anleiheschuldners gut ist, also nicht die Gewährung einer besonderen Risikoprämie erfordert. Anderenfalls muß das Anlehn unter pari begeben werden. Unterpariemissionen pflegen häufig (auch von Staaten) gewählt zu werden, weil die niedrig verzinslichen Papiere wegen der Kurschancen und der Unmöglichkeit von Konversionen den Handel, insbesondere die Spekulation in den Anleihetiteln beleben und den Realzins etwas zu ermäßigen imstande sind. Nicht nur Frankreich und England, sondern in neuerer Zeit — seit 1890 — auch das Deutsche Reich und Preußen haben ihre Anleihen unter pari, zum Teil sehr tief darunter, emittiert. So hat das Deutsche Reich bis 1901 aus der Emission von 1340 Mill. Mark 3 % Reichsanleihe nur 1164430000 Mk., Preußen bis Januar 1902 aus 945 Mill. Anleihe nur 815802000 Mk. erlöst. [2])

Die Zahlungen der gezeichneten Summen werden bei Staatsanleihen mit Rücksicht auf die Größe der aufzubringenden Summen regelmäßig zwecks Schonung der Sparkraft des Publikums und zur Vermeidung einer zu starken Ansprüchnahme des Geldmarktes in Raten eingefordert, die sich über mehrere Monate, nicht selten über Jahre erstrecken (z. B. bei der deutschen und preußischen Schatzscheinemission 1907 40 % bis 3. Mai, 40 %

---

[1]) Vgl. Goldschmidt, System des Handelsrechts S. 203. Eine weitergehende Haftung wollte das ROHG. den Zeichenstellen bei Subskriptionsaufforderungen, welche ohne Hervortreten von Zwischenhändlern namens ausländischer Emittenten erfolgen, auferlegen (Bd. XX S. 248 ff.). Die Frage ist jetzt nicht mehr praktisch, da bei Emission von ausländischen Anleihen jetzt stets Negotiation durch inländische Bankiers oder Bankhäuser erfolgt. Vgl. auch § 37 des Börsengesetzes.

[2]) Die im April 1905 ausgegebenen 300 Mill. Mk. 3 ½ % Reichsanleihe wurden pari (101,20 Subskriptionspreis) emittiert, während die Emission der im J. 1907 ausgegebenen 4 % deutschen Reichs- und preußischen Schatzanweisungen unter pari (99 Subskriptionspreis) erfolgte.

bis 31. Mai, 20 % bis 14. Juni 1907). Die Einzahlungen werden auf Interimsscheinen bestätigt, die erst nach erfolgter Vollzahlung gegen Rückgabe der Interimsscheine in die eigentlichen Obligationen umgetauscht werden. Regelmäßig wird in dem Prospekt festgesetzt, daß ein bestimmter prozentualer Betrag des gezeichneten Nominalkapitals in bar oder in Effekten seitens der Zeichner bei der Zeichnung als Kaution zu hinterlegen ist (in Deutschland bei Staatsanleihen und Anleihen von Gesellschaften fast durchgehend 5 %).

Nicht selten findet eine starke Überzeichnung der Anleihen statt; so wurden z. B. die deutschen Reichsanleihen von 1899, 1901, 1902, 1903 22-, 15 1/2-, 44-, 47fach, die deutschen und preußischen Schatzscheine von 1907 45fach gezeichnet. In diesen Fällen tritt eine Herabsetzung (Reduktion) der Zeichnungen ein, welche regelmäßig dem Ermessen des Emittenten bzw. der Zeichnungsstellen im Prospekt vorbehalten bleibt. Zeichnungen kleiner Beträge, die augenscheinlich zur Kapitalanlage bestimmt sind, werden dabei nach Möglichkeit berücksichtigt. In Frankreich werden bei den Staatsanleihen kleine Subskriptionen bis zu einem bestimmten Minimum für nicht reduzierbar erklärt, während es bei den deutschen Staatsanleihen an einer Festlegung in dieser Richtung fast durchgehend fehlt.[1]) Auch solche Zeichner werden vor allem berücksichtigt, die sich einer Sperrverpflichtung oder einer Schuldbucheintragung unterwerfen, während man spekulative Zeichner (sog. Konzertzeichner), welche die Papiere nur darum zeichnen, um sie möglichst bald mit Gewinn wieder loszuschlagen, im Interesse der Klassierung der Anleihe nach Möglichkeit von der Zuteilung ausschließt.

2. Indirekte Emissionen.

Die vorstehend geschilderte direkte Emission durch den Erborger erspart dem letzteren zwar die kostspielige Vermittlung großer Finanzkräfte, ihr Gelingen, die Unterbringung einer großen Zahl neu geschaffener Wertpapiere setzt indessen eine sorgfältige und genaue Prüfung und Kenntnis des je-

---

[1]) Staatliche Bestimmungen über Minimalzuteilungen bestanden bei den im Wege öffentlicher Subskription emittierten deutschen Reichsanleihen von 1890, 1891, 1892; vgl. Kimmich a. a. O. S. 228.

weiligen Wertpapiermarktes und der bestehenden Geldverhältnisse voraus und erfordert auf diesem Gebiete eine Erfahrung, die denjenigen, welche sich nur gelegentlich an den „Markt" wenden, regelmäßig abgeht. Überdies ist unter Umständen auch eine gewisse „Vorbereitung" des Marktes auf die Neuemission erforderlich, wozu nicht nur entsprechende Ankündigungen und Empfehlungen, sondern unter Umständen auch gewisse Maßnahmen und künstliche Mittel gehören, die den Banken zur Verfügung stehen.

Aus diesem Grunde bedienen sich die Kreditsucher der Mitwirkung der Banken und großen Bankiers bei der Emission ihrer Anleihen, da diesen nicht nur alle diejenigen Kenntnisse, Fähigkeiten und Erfahrungen, welche die berufsmäßige Übernahme derartiger Finanzoperationen mit sich bringt, sondern auch ein das Gelingen der Emission regelmäßig garantierender Emissionskredit zur Seite stehen. Für kreditsuchende Körperschaften, Städte und Kommunalverbände, Gesellschaften und Privatpersonen ist die negoziierende Tätigkeit der Banken bei der Emission ihrer Anleihen aus den angeführten Gründen geradezu ein unumgängliches Erfordernis; hier kommt noch in Betracht, daß das die Anleihe übernehmende Bankhaus häufig als Bankier des Anleihesuchers ihm bereits einen größeren Kredit erteilt hat, zu dessen Deckung die zu emittierenden Obligationen dienen. Bei Staatsanleihen ist der Modus der direkten Emission, also ohne jede Vermittlung, in England und in Frankreich im 19. Jahrhundert häufig, in Deutschland Anfang der 90er Jahre des vorigen Jahrhunderts vorübergehend gewählt worden. Da der Erfolg indessen, namentlich in Deutschland, hinter den gehegten Erwartungen zurückblieb, ist man in der neuesten Zeit hier zu der Vermittlung durch Banken wieder vollständig zurückgekehrt.[1]) Wenn eine Anleihe im Auslande aufgenommen oder eine im Inlande aufgenommene Anleihe zwecks Erweiterung ihres Marktes an ausländischen Börsenplätzen eingeführt werden soll, ist die Emission durch Negotianten für den Erborger nicht zu vermeiden. Auch bei der Durchführung von Konversionen

[1]) In Frankreich wird von Paul Leroy Beaulieu ebenfalls die Ansicht vertreten, daß die Übernahme der Anleihe durch Banken bei weitem der schwerfälligen Subskriptionsanleihe vorzuziehen sei; vgl. Kimmich a. a. O. S. 234.

von Anleihen erfolgt regelmäßig eine Mitwirkung der Banken als Negotianten; hierbei ist es üblich, daß der Anlehnsschuldner, bevor er zur Konvertierung auffordert, mit dem Bankhaus die Übernahme des gesamten Geschäftes vereinbart. Die Mitwirkung der Banken bezieht sich also nicht bloß auf denjenigen Teil der Anleihe, der zur Heimzahlung benötigt wird.

Die Überlassung der Anleihe an Negotianten (einzelne oder Finanzkonsortien) kann auf verschiedenem Wege erfolgen.[1]) Die Anleihe kann an bestimmte Negotianten oder Gruppen von ihnen von vornherein festbegeben oder auf dem Wege der Verdingung (Submission) an den Meistbietenden vergeben werden. In England ist für gewisse Anleihen das sog. Tendersystem üblich, bei welchem der Kreditsuchende die Anleihe ausschreibt und Offerten zu einem von ihm festgesetzten Minimalpreis entgegennimmt; derjenige, der den höchsten Kurs bietet, erhält die Negotiation übertragen.

Die Rechtsstellung des Negotianten zu dem Anleiheschuldner ist eine verschiedene, je nachdem er die Emission für eigne Rechnung übernimmt oder lediglich als Anlehnskommissionär fungiert.

In dem ersteren Falle übernimmt die emittierende Bank von dem Kreditsucher die sämtlichen Anlehnstitel zu einem bestimmten Preis (Übernahmekurs), um sie zu einem höheren Preise (Emissionskurse) weiter an das Publikum zu begeben. Der Negotiant ist in diesem Falle Verkäufer der Anlehnspapiere für eigene Rechnung, der Unterschied zwischen dem Übernahmepreis plus der Kosten, die ihm durch die Emission erwachsen, und dem — regelmäßig von dem Übernehmer selbständig festgesetzten — Verkaufspreis nach Gewinn und Verlust geht auf seine Rechnung. Der Anlehnsschuldner, der von dem übernehmenden Bankhause oder Finanzkonsortium einen festen Preis erhält, braucht sich um den weiteren Absatz der Anleihe also nicht zu kümmern. In dem Fall der Anlehnskommission erfolgt die Emission seitens des Bankhauses oder des Konsortiums für Rechnung des Anlehnsschuldners. Das Risiko

---

[1]) Für das Folgende vgl. Lotz, Die Technik des deutschen Emissionsgeschäfts, Leipzig 1890; Handwörterbuch der Staatswissenschaften, v. Anleihen; Ad. Weber, Depositenbanken und Spekulationsbanken, Leipzig 1902 S. 122 ff.; Georg Cohn in Endemann, Handbuch des Handelsrechts III S. 868 ff.

der Begebung verbleibt hier dem letzteren, den Gewinn des Negotianten bildet lediglich die ihm bewilligte Provision. Zuweilen wird ein Teil der Anleihe von dem Negotianten „fest" übernommen, während ihm bezüglich eines anderen Teils „Optionen" eingeräumt werden. Der Bankier ist berechtigt, aber nicht verpflichtet, die Option auszuüben.

Die Begebung der übernommenen Anlehnstitel kann seitens des Bankhauses freihändig (durch Verkauf außerhalb der Börse bei der Kundschaft oder an der Börse) oder im Wege der Subskription erfolgen, für die hinsichtlich der Art ihrer Durchführung und der sich an sie anknüpfenden Rechtsgrundsätze die früheren Ausführungen gelten. Der regelmäßige und gewöhnliche Fall ist auch hier, daß eine förmliche Subskription erfolgt.[1])

Das Rechtsverhältnis des Negotianten zu den unmittelbaren Abnehmern, den Zeichnern der Anlehnstitel richtet sich nicht danach, ob der Bankier die Anleihe für Rechnung des Kreditsuchers oder für eigene Rechnung übernommen hat, vielmehr ist lediglich die Stellung des Bankiers nach außen maßgebend, wie sie den Zeichnern gegenüber hervorgetreten ist.[2]) Möglich ist, daß der Übernahme der Anleihe durch das Bankhaus oder das Konsortium in dem Prospekt nicht Erwähnung geschieht, der Prospekt und die Aufforderung zur Subskription auch nicht von dem Bankhaus sondern von dem Anleiheschuldner bzw. von einem sonstigen Beauftragten unterzeichnet werden, während das übernehmende Bankhaus lediglich als Zeichenstelle in dem Prospekt

[1]) Der Weg der einfachen Börseneinführung an Stelle der öffentlichen Subskription wird dann gewählt, wenn der einführenden Bank infolge der wachsenden Ausdehnung ihres Filial-Depositenkassen- und Kommanditennetzes das Appellieren an das große Publikum überflüssig erscheint. Der mit diesem Vorgehen verbundene Nachteil für das Publikum besteht insbesondere darin, daß es über den von dem Emissionshaus in Aussicht genommenen Kurs völlig im unklaren bleibt, da der letztere regelmäßig alsdann von dem Bankhaus nicht bekannt gegeben wird. Die Folge hiervon ist, wie sich mehrfach während der letzten Hochkonjunktur gezeigt hat, daß der Übereifer des Publikums bei der Einführung neuer Effekten zu der Ausgabe derselben zu wahren Phantasiepreisen führt, welche den von dem Emissionshaus beabsichtigten Einführungskurs um vieles übersteigen. Gewiß eine Folge, welche gerade auch nicht im Interesse des Emissionskredits der einführenden Bank gelegen ist. — Vgl. Frankf. Zeitung Nr. 208 v. 29. Juli 1905.

[2]) Vgl. Cosack, Lehrbuch des Handelsrechts § 67, 2. ROHG. XVII, 46ff.

bezeichnet ist. In diesem Falle ist das Bankhaus nach außen nur bevollmächtigter Stellvertreter des Anlehnsschuldners, es erlangt gegen die Zeichner keine eigenen Rechte, ist also nicht berechtigt, sie auf Abnahme der gezeichneten Schuldtitel und auf Zahlung des Kaufpreises zu verklagen. Zugleich haftet es den Zeichnern aber auch nicht persönlich aus dem Kaufvertrage, vielmehr steht es, wie eine Zeichenstelle, lediglich für dolus und Vollmachtsüberschreitung ein.[1])

Ist die Emission dagegen im Namen des Negotianten erfolgt, hat er insbesondere den Prospekt oder die Aufforderung zur Zeichnung selbst unterzeichnet, so erlangt er persönlich alle Rechte aus den bei ihm erfolgten Zeichnungen bzw. den freihändigen Verkäufen der Anlehnstitel. Er steht aber auch zugleich den Zeichnern bzw. unmittelbaren Käufern der Titel persönlich als Verkäufer der letzteren ein und ist ihnen für rechtzeitige Verabfolgung, für Echtheit und Gültigkeit der Schuldverschreibungen verantwortlich. Er hat ferner, da der Prospekt die leges contractus des zwischen ihm und den Zeichnern bzw. seinen unmittelbaren Abnehmern zustande gekommenen Vertrages enthält, diesen für die in dem Prospekt enthaltenen unrichtigen Angaben in vollem Umfange aufzukommen. Für die Erfüllung der Anleiheschuld, für die Zahlung der Zinsen und die ev. Zahlung des Anleihekapitals haftet er selbstverständlich nicht, da er ja nicht Anlehnsschuldner ist, die Anlehnstitel nicht selbst ausgestellt hat, sondern lediglich als Verkäufer der letzteren aufgetreten ist.[2])

---

[1]) Diese Rechtsfolge kann für das Publikum allerdings die größten Härten und Nachteile zur Folge haben. Denn erstens ist das große Publikum überhaupt nicht in der Lage, genau zu unterscheiden, ob eine Bank, bei der eine Anleihe aufgelegt wird, nur als Zeichenstelle oder als Negotiant fungiert. Sodann aber beteiligt sich das Publikum, wenn eine erste Bank als Zeichenstelle benannt ist, und wenn namentlich aus früheren Emissionen bekannt ist, daß sie der Bankier des betreffenden Anleiheschuldners ist, bei einer derartigen Anleihe wesentlich auf das Vertrauen hin, das die Bank genießt, sollte sie auch nur als Zeichenstelle bei der neuen Emission bezeichnet sein. Eine Bank, die bei einer von ihr als zweifelhaft erkannten Emission zwar als Negotiant mitwirkt, aber um den Folgen einer etwaigen Haftung zu entgehen, diese ihre Eigenschaft nach außen nicht hervortreten läßt, kann sich zwar rechtlich, aber sicherlich nicht moralisch exkulpieren.

[2]) Siehe oben Kap. VII. Anders, wenn der Negotiant ein Garantie-

Den späteren Erwerbern, also denjenigen, welche die Anteile nicht unmittelbar von ihm, sondern von anderen erworben haben, ist der Negotiant vertraglich überhaupt nicht haftbar, da der Vertrag nur unter den Vertragskontrahenten wirkt, und Vertragskontrahenten des Negotianten nur die Zeichner bzw. die ersten Käufer sind. Lediglich eine außerkontraktliche Haftung des Negotianten wegen Arglist oder Fahrlässigkeit könnte den späteren Erwerbern der Papiere gegenüber in Frage kommen (BGB. § 823).

Die vorstehenden Rechtssätze gelten auch dann, wenn, wie dies regelmäßig bei den Obligationen der industriellen Gesellschaften geschieht, die Obligationen an Order des negotiierenden Bankhauses gestellt sind, von dem sie durch Blankoindossament weiter übertragen werden. Das Bankhaus wird den Indossataren der Teilschuldverschreibungen aus diesen wie aus seinem Indossament keinesfalls haftbar, was nicht selten noch ausdrücklich in den Anlehnsbedingungen ausgesprochen wird. Vielmehr haftet es auch in diesem Falle lediglich den unmittelbaren Abnehmern der Anlehnspapiere als Verkäufer der letzteren.

Eine weitergehende Haftung für unrichtige Angaben gegenüber Dritten aus dem Prospekt ist nach den Bestimmungen des Börsengesetzes bei den zum Börsenhandel zugelassenen Papieren vorgesehen. Hierauf wird in Kapitel X noch näher einzugehen sein.

Geschieht die Mitwirkung des Negotianten bei der Emission in der Weise, daß er die Anleihe im eigenen Namen aufnimmt, die Schuldverschreibungen selbst ausstellt, so ist er persönlich alleiniger Anlehnsschuldner und als solcher für die Erfüllung der Anlehnsschuld selbstverständlich allein haftbar. Der eigentliche Erborger, in dessen Interesse die Anleihe aufgenommen wird, tritt in diesem Falle überhaupt in keine rechtlichen Beziehungen zu den Nehmern der Anlehnspapiere.

Zum Schluß sollen noch die im Laufe des Emissionsgeschäftes auf Grund der deutschen Gesetzgebung erforderlichen Stempel kurz Erwähnung finden.

Zunächst ist, wie bei jeder Emission neugeschaffener Werte, so auch bei der Emission von Titeln einer Anleihe, die für den Handels-

---

versprechen zugunsten des Anlehnsschuldners abgegeben oder sich für ihn verbürgt hat; vgl. G. Cohn bei Endemann a. a. O. III, S. 869 Note 87.

verkehr bestimmt sind (Inhaber-Orderpapieren) der Stückestempel zu entrichten. Befreit von diesem Stempel sind Renten- und Schuldverschreibungen des Deutschen Reiches und der deutschen Bundesstaaten. Für die regelmäßig höher verzinslichen ausländischen Werte besteht, wie in den übrigen Hauptgläubigerländern so auch in Deutschland, ein höherer Stempel als für die inländischen Werte, so daß er für die einheimischen Werte wie eine Art Schutzzoll wirkt.[1]) Die Entrichtung des Stempels hat zwecks Vermeidung gerichtlicher Bestrafung zu erfolgen, bevor die Papiere im Inlande ausgegeben, veräußert, verpfändet werden oder ein anderes Geschäft unter Lebenden damit gemacht oder Zahlung darauf geleistet wird. Ausländische Werte, welche durch ein im Ausland abgeschlossenes Geschäft von einem zur Zeit des Geschäftsabschlusses im Inlande wohnhaften Kontrahenten angeschafft sind und ihm aus dem Ausland übersandt oder von ihm oder einem Vertreter aus dem Ausland abgeholt werden, sind von dem Erwerber binnen 14 Tagen nach der Einbringung der Werte in das Inland zur Verstempelung anzumelden (Reichsstempelgesetz § 2).

Ein weiterer reichsgesetzlicher Stempel innerhalb des Emissionsgeschäftes ist bei Übernahme der Anleihe durch den Negotianten bzw. das Konsortium zu entrichten; denn der Negotiant bzw. das Konsortium erwirbt die Stücke von dem Anleiheschuldner entgeltlich, um sie an das Publikum weiter zu veräußern. Von diesem „Anschaffungsgeschäft" der „Ausreichung an den ersten Erwerber" (Tarif zum Reichsstempelgesetz Nr. 4a) muß der Umsatzstempel entrichtet werden. Ob im Fall der Übernahme durch ein Konsortium der gesamte Stempel von der Syndikatsleitung oder von jedem Hauptbeteiligten für seinen Anteil zu entrichten ist, bestimmt sich nach den zwischen den Beteiligten bestehenden Abmachungen. Befreit von diesem Stempel ist der Vertrag, durch den eine Anleihe des Deutschen Reiches oder eines deutschen Bundesstaates seitens eines Negotianten oder eines Konsortiums über-

---

[1]) Vgl. Kimmich a. a. O. S. 71. Der Stempel für ausländische Staatsschuldverschreibungen beträgt 6 ‰, für sonstige ausländische Schuldverschreibungen (von Korporationen, Gesellschaften, industrielle Unternehmungen) 1 %, während er für inländische Kommunalobligationen sich auf 2 ‰ für inländische Industrieobligationen sich auf 6 ‰ beläuft.

nommen wird (Tarif Nr. 4 „Befreiungen" Ziff. 5). Inwieweit sich weitere Verpflichtungen zur Entrichtung eines Umsatzstempels im Laufe des Bestehens eines Konsortialverhältnisses entwickeln können, wird später darzulegen sein.[1])

Endlich ist bei der Zuteilung der Stücke, welche ein Anschaffungsgeschäft zwischen dem Konsortium bzw. der Bank, welche die Zeichnungen entgegennimmt, und dem Zeichner darstellt, eine dem Umsatzstempel unterworfene Schlußnote auszustellen. Von dem Umsatzstempel befreit sind ebenfalls Zuteilungen der Stücke einer Anleihe des Deutschen Reiches oder eines deutschen Bundesstaates.

---

[1]) Vgl. Kap. IX.

Kapitel IX.

Die Emissionskonsortien. Begriff, Wesen und rechtliche Natur derselben. Stempelpflicht. Unterbeteiligungen.

Die Beteiligung an Emissionsgeschäften durch Negotiierung von Anleihen, das sog. Anleihegeschäft, bildet einen der wichtigsten Geschäftszweige der modernen Großbanken und Großbankiers. Sowohl auf dem Gebiete der Industrie wie auf dem Gebiete der Staatsanleihen hatten die Banken von Anbeginn an gewaltige Kapitalansprüche zu befriedigen. Zu den Bedürfnissen des Inlands sind im Laufe der Zeit die Kapitalansprüche des Auslands, der Staaten und der Industrie getreten, denen sich die Banken aus nationalen Gründen, als Pioniere des deutschen Welthandels und im Interesse der Erweiterung ihrer Unternehmungen nicht entziehen durften. Nicht zum wenigsten hängt die Konzentrations- und Expansionstendenz der Großbanken in den letzten Jahren mit der Ausdehnung dieser Auslandsgeschäfte — Übernahme von Anleihen, Beteiligung an industriellen Unternehmungen des Auslands — zusammen. Über den Umfang der Beteiligung der einzelnen Banken an den Anleiheemissionen sind bestimmte Zahlen allerdings nicht anzugeben, weil die Geschäftsberichte regelmäßig nur die Gesamtsumme der Konsortialgeschäfte ohne Scheidung zwischen den Beteiligungen an Aktien und Obligationen verzeichnen und einzelne Banken, wie die Diskontogesellschaft, Effekten- und Konsortialgeschäfte überhaupt nicht trennen.

Das in Effekten und Konsortien investierte Kapital der neun Berliner Großbanken betrug z. B. nach der Bilanz vom 31. Dezbr. 1906 bei der

			% der Aktiven
Bank für Handel und Industrie	93,97	Mill. Mk.	15,8
Berliner Handelsgesellschaft	74,02	" "	17,7
Kommerz- und Diskontbank	44,32	" "	10,4
Deutsche Bank	117,76	" "	6,5
Diskonto-Gesellschaft	91,25	" "	10,9
Dresdner Kreditbank	106,88	" "	9,9
Mitteldeutsche Bank	11,15	" "	6,5
Nationalbank	41,61	" "	12,2
Schaaffhausenscher Bankverein	94,86	" "	12,8
Sa.	646,13	Mill. Mk.	10,47

Indessen übersteigen die im Emissionsgeschäft erforderten großen Summen, deren namentlich die Staaten bedürfen, die Einzelkräfte selbst der größten Banken. Daher wurden die Banken bereits früh dazu gedrängt, zwecks gemeinsamer Übernahme und Durchführung von Emissionen sich zu vereinigen, Konsortien zu bilden.[1] Ein weiterer Grund für die Bildung von Konsortien besteht in der hierdurch ermöglichten Risikoverteilung und in der Erleichterung der Durchführung der Emissionen.[2] Schon bei inländischen Anleihen — selbst bei Staatsanleihen — besteht die Möglichkeit eines Mißlingens der Emission mit der Folge, daß die Übernehmer auf den übernommenen Werten für längere Zeit „sitzen bleiben" oder überhaupt nicht in die Lage kommen, sie an das Publikum veräußern zu können. So befanden sich im Jahre 1907 zur Zeit der neuen Emission der 400 Millionen 4 % deutscher und preußischer Schatzscheine noch etwa 120 Millionen der übernommenen 3 ½ % Reichsanleihe und preußischen Konsols des Jahres 1906

[1]) Ein Konsortium von Banken zur Übernahme von Engagements (Rhein-Nahe-Obligationen) wurde zuerst 1859 von der Darmstädter Bank gebildet, vgl. Riesser, Zur Entwicklungsgeschichte der deutschen Großbanken S. 64.

[2]) Schon im Jahresbericht der Darmstädter Bank von 1860 S. 18 heißt es hinsichtlich einer Anzahl der von der Bank übernommenen Emissionen „Alle diese Geschäfte wurden im Verein mit anderen Instituten und Bankhäusern, welche zu diesem Zwecke eine Vertragsgesellschaft (Konsortium) gebildet hatten, abgeschlossen . . . Diese Form hat ihre verschiedenen Vorzüge, indem sie das Risiko der einzelnen vermindert und zugleich die Durchführung erleichtert."

unbegeben im Besitze des Übernahmekonsortiums, die bei der Seehandlung lombardiert waren. Noch größer ist das Risiko bei ausländischen Anleihetransaktionen, die, wenn auch häufig recht gewinnbringend, doch zu den Geschäften spekulativer Art gehören, bei denen große Mittel in wenig liquider Art festgelegt oder gar aufs Spiel gesetzt werden. Die durch die Konsortialbildungen ermöglichte Verminderung der Höhe des Anteils und des Risikos an den einzelnen Emissionen setzt jede einzelne Bank in den Stand, sich an zahlreicheren Emissionsgeschäften zu beteiligen und damit auf eine Vergrößerung ihres Gewinns und auf einen Ausgleich etwaiger Verluste auf der einen Seite durch Gewinne auf der anderen Seite bedacht zu sein.

Konsortien, die ursprünglich für ein einzelnes bestimmtes Emissionsgeschäft gebildet waren, haben im Laufe der Zeit Anlaß zu festen und dauernden Gruppenbildungen gegeben, die bei allen späteren Emissionsgeschäften der gleichen Art zusammenoperierten, und deren Mitglieder sich für verpflichtet hielten, von selbständigem Bieten und vor dem Übertritt zu anderen Konsortien abzusehen, bevor sie die Leitung des früheren Konsortiums in Kenntnis gesetzt hatten.[1] Das bekannteste Konsortium dieser Art ist das sog. Preußenkonsortium, das Reichs- und preußische Konsolanleihen übernimmt. Es reicht in seinen Anfängen bis in die fünfziger Jahre des 19. Jahrhunderts und umfaßt, nachdem der Kreis der Konsortialen in den neunziger Jahren größer geworden ist, gegenwärtig die hauptsächlichen Berliner Großbanken und Großbankiers unter Führung der Reichsbank und der preußischen Seehandlung.

Das Wesen des Konsortiums besteht nun darin, die Papiere zu einem bestimmten Preise zu übernehmen und sie nach einem bestimmten Plan und für gemeinschaftliche Rechnung veräußern zu lassen. Würde jeder Konsortiale seinen Anteil an den Stücken nach seinem eigenen Belieben verwerten können, so würde ein massenhaftes unzweckmäßiges Angebot, das den Preis drücken würde, unter Umständen die Folge sein. Deshalb bleibt es regelmäßig entweder dem zum Leiter des Konsortiums bestimmten Bankhause, „der

[1]) Vgl. Riesser a. a. O. S. 165. 166.

führenden Bank", überlassen, selbst die übernommenen Papiere an der Börse zu verkaufen beziehentlich den Verkauf durch von ihm beauftragte Firmen vornehmen zu lassen, oder die Verwertung geschieht zwar durch die Konsortialen, alle oder einzelne von ihnen, indessen für Rechnung des Konsortiums und nach einem gemeinsam festgestellten Plane. Gewöhnlich wird dabei vereinbart, daß der Verkauf nicht unter einem bestimmten Preise (Kurse) erfolgen dürfe. Im Falle des Mißlingens des Verkaufs sind die einzelnen Mitglieder des Konsortiums verpflichtet, den auf ihre Quote entfallenden Anteil an dem vorhandenen Stückebestand selbst zu übernehmen.[1])

In früherer Zeit war es die Regel, daß das Bankhaus, welches als Negotiant die Anleihe übernommen hatte, nachträglich zu seiner Deckung zwecks gemeinsamer Verwertung der übernommenen Stücke ein Konsortium bildete. Dem Erborger stand daher der Leiter des Konsortiums als alleiniger Berechtigter und Verpflichteter gegenüber. Er übernahm die Stücke und führte den Kaufpreis an den Erborger zu dem bestimmten Zeitpunkt ab. Nur bei den großen Anleihen der Staaten bestand von jeher eine Ausnahme, bei diesen bildete sich das Konsortium bereits zwecks Übernahme der Anleihe, oder ein ein für allemal bestehendes Konsortium trat mit dem Erborger durch seinen Leiter oder durch dasjenige Mitglied, an das sich der Kreditsucher gewandt hatte, in Unterhandlungen und vereinbarte auf diesem Wege mit ihm die Übernahme der Anleihe. In neuerer Zeit ist dieses letztere Verfahren auch bei den Anleihen der öffentlichen Korporationen und Gesellschaften immer mehr die Regel geworden; aus den bloßen Konsortien zur Verwertung der Stücke sind Übernahme- und Begebungskonsortien geworden. Das rechtliche Verhältnis des Konsortiums zu dem Erborger kann dabei, je nach den besonderen Abmachungen im einzelnen Falle, verschieden ausgestaltet sein: der Konsortiumsleiter kann von dem Erborger die Stücke gemeinsam für das Konsortium erwerben, indessen

[1]) Vgl. Lotz, Technik des deutschen Emissionsgeschäfts S. 17 ff.; Staubs Kommentar zum Handelsgesetzbuch (herausgeg. von Könige, Stranz, Pinner) 1907 8. Aufl. Exkurs zu § 342 S. 1124 ff.; v. Ziegler, Zur Frage nach der Rechtsnatur der Emissionskonsortien, in der Monatsschrift für Handelsrecht und Bankwesen (gegründet von Holdheim) XVI 1907 S. 25 ff.

dem Erborger gegenüber allein berechtigt und verpflichtet bleiben; es kann aber auch bereits im Anleihevertrag das Quotenverhältnis, in dem die einzelnen Konsortialen an den zu übernehmenden Stücken beteiligt sein sollen, vereinbart und bestimmt werden, daß die Konsortialen ihre Anteile direkt an den Übernehmer, ohne oder mit Solidarhaft der übrigen, zu entrichten haben [1]), so daß die einzelnen Konsortialen in direkte rechtliche Beziehungen zu dem Erborger treten. Es kann ferner in dem Anleihevertrag bestimmt werden, daß die Konsortialen sämtlich oder einzelne von ihnen den Anlehnsprospekt oder die Subskriptionsaufforderung zu unterzeichnen und den Antrag auf Zulassung der Anleihe zum Börsenhandel zu stellen haben. [2]) Die näheren Bestimmungen über die Rechte und Pflichten der einzelnen Konsortialen bleiben indessen in jedem Falle der Regelung durch den besonderen Konsortialvertrag überlassen.

Wie die Beziehungen des Konsortiums und der Konsortialen zu dem Erborger verschieden ausgestaltet sein können, so auch die Beziehungen der Mitglieder des Konsortiums zueinander, wobei die Gestaltung des erstgenannten Verhältnisses naturgemäß auf das letztere einwirkt. Im Zweifel finden die Regeln des BGB. über die Gesellschaft Anwendung, da die Bestimmungen des alten HGB. über die Gelegenheitsgesellschaften, in welche man früher die Konsortien eingereiht hatte, in dem neuen HGB. keine Aufnahme gefunden haben, und eine besondere Regelung des Rechts der Finanzkonsortien weder in dem neuen HGB. noch im BGB. erfolgt ist. Den gemeinsamen Zweck der Gesellschaft bildet die Übernahme und Begebung der Anlehnstitel. Im Zweifel stehen die sämtlichen Konsortialen in einem gemeinsamen Gesellschaftsverhältnis. Die früher in der Praxis der obersten Gerichte vertretene Anffassung, daß jeder der Konsortialen lediglich zu dem Leiter des Konsortiums in einem selbständigen Gesellschaftsverhältnis stehe, daß aber zwischen den Konsortialen jedes rechtliche Band fehle, kann für die moderne Gestaltung des Konsortialvertrages, bei der nicht mehr bloß der Leiter des Konsortiums für die einzelnen Mitglieder tätig wird, sondern regelmäßig auch jedem einzelnen Kon-

---

[1]) Vgl. z. B. den Fall in der Entscheidung des Reichsgerichts v. 3. Juni 1904 bei Gruchot Bd. 48 S. 1039 ff. (Bank-Archiv IV S. 93).

[2]) Vgl. Lotz a. a. O. S. 19.

sortialen wichtige, die Interessen der übrigen berührende Funktionen (Beziehungen zu dem Anlehnsschuldner, Zeichnung des Prospektes, Zuteilung der bei ihm gezeichneten Papiere) zufallen, nicht mehr für zutreffend erachtet werden. [1])

Die Veräußerung der von dem Konsortium übernommenen Stücke erfolgt, wie bereits erwähnt, regelmäßig durch die Leitung des Konsortiums bzw. die von ihm beauftragten Firmen, oder auch durch die Konsortialen (alle oder einzelne von ihnen). In dem Konsortialvertrag werden regelmäßig nähere Bestimmungen über die Leitung des Konsortiums, über die Rechte und Pflichten des Leiters, insbesondere über die Art der den Konsortialen gegenüber erforderlichen Rechnungslegung, über die von den Konsortialen an die Konsortialleitung zu leistenden Einzahlungen und über den Modus der Ausschüttung des Erlöses der von der Konsortialleitung vorgenommenen Verkäufe, über etwaige Kursstützungskäufe für Rechnung des Konsortiums und die Dauer des Konsortiums getroffen.

Entsprechend der im BGB. getroffenen Regelung für die Gesellschaft (BGB. §§ 718, 719, 725 Abs. 2, 738) bildet das aus den Beiträgen der Konsortialen gebildete Vermögen sowie der für das Konsortium erworbene Besitz der übernommenen Stücke ein Sondergut der Konsortialen, an dem ihnen Eigentum zur gesamten Hand zusteht.[2]) Diese Bestimmungen können indessen, da sie dispositiver Natur sind, durch Abmachung der Beteiligten abgeändert werden. Es kann also die Vermögensgemeinschaft unter den Mitgliedern ausgeschlossen sein, so daß überhaupt kein Gesellschaftsvermögen besteht. Vereinbartermaßen kann nämlich den einzelnen Konsortialen ein ihrer Quotenbeteiligung entsprechendes Sondereigentum an der entsprechenden Zahl der sämtlichen Stücke oder auch ein Miteigentum an den sämtlichen Stücken nach Quoten zustehen.[3]) Ob das eine oder das andere der Fall, ist aus den Bestimmungen des Anleihevertrags

---

[1]) Unzutreffend Staub's Kommentar a. a. O. Anm. 1, der sich auf die frühere Praxis des Reichsoberhandelsgerichts und Reichsgerichts (z. B. ROHG. XXII, 382; RG. ZivS. 1, 81) stützt; vgl. aber dagegen RG. ZivS. XXVI, 46 ff. und richtig v. Ziegler a. a. O. S. 28.

[2]) Vgl. RG. ZivS. LVI, 206 ff.

[3]) Vgl. den Fall in der Entsch. des Reichsgerichts v. 3. Juni 1904 bei Gruchot a. a. O. S. 1039.

und des unter den Konsortialen geschlossenen Konsortialvertrags zu entnehmen.[1]) Regelmäßig wird an Stelle eines selbständigen den Gesellschaftern zur Gesamthand zustehenden Gesellschaftsvermögens nur ein Miteigentum der Konsortialen an den Stücken zu bestimmten Teilen dann anzunehmen sein, wenn, wie dies jetzt häufig der Fall, die Konsortialen selbst als Übernehmer der Stücke in dem Anleihevertrag und in dem Konsortialvertrage auftreten, selbst bei der Zeichnung tätig werden und womöglich in ein direktes Vertrags- und Abrechnungsverhältnis zu dem Anlehnssucher treten. Denn es ist hieraus zu schließen, daß eine Vermögensgemeinschaft unter den Teilhabern hinsichtlich der Schuldverschreibungen ausgeschlossen und eine Gemeinschaft, ein Gesellschaftsverhältnis lediglich hinsichtlich derjenigen Operationen begründet werden sollte, durch welche die Schuldverschreibungen beim Publikum untergebracht werden sollten; es entspricht der Absicht der Beteiligten in diesen Fällen sicher nicht, die Obligationen erst aus dem Gesellschaftsvermögen zu erwerben.[2])

Die Frage, wer in dem Konsortialverband rechtlich der Erwerber der Stücke ist, ist namentlich von ausschlaggebender Bedeutung für die Stempelpflicht.

Ein Anschaffungsgeschäft im Sinne der §§ 6, 7 des Reichsstempelgesetzes d. h. ein auf den Erwerb von Eigentum gerichtetes entgeltliches Rechtsgeschäft liegt unzweifelhaft noch nicht in der Bildung eines Konsortiums zwecks Erwerbs und Veräußerung der Anleihetitel, da dieser Vertrag lediglich als Begründung einer bürgerlich-rechtlichen Gesellschaft unter den Konsortialen aufzufassen ist, wohl aber in dem Vertrag des Erborgers mit dem Konsortialen bzw. den beteiligten Bank-

[1]) Im Gegensatz zu der Ansicht des Reichsgerichts behauptet v. Ziegler a. a. O., daß bei den Emissionskonsortien nach der stillschweigend gedachten Absicht der Beteiligten gemäß Herkommen — vgl. Reichsger. ZivS. XXVI 46 ff. — — kein Gesellschaftsvermögen erwerben werden wolle. Der Zweck des Konsortiums habe mit der Eigentumsfrage nichts zu tun. v. Ziegler nimmt also an, daß bei der Übernahme der Papiere durch ein Konsortium dessen Mitglieder bezüglich der Stücke in einer Gemeinschaft nach Bruchteilen und im Miteigentumsverhältnis ständen. Die Ansicht v. Zieglers dürfte in ihrer Allgemeinheit unzutreffend sein, zumal sie mit den Bestimmungen des BGB. nicht vereinbar ist.

[2]) Vgl. Reichsgericht bei Gruchot a. a. O. S. 104 ff.

häusern über die Übernahme der Anleihe.[1]) Der vorstehende Grundsatz steht nunmehr in Literatur und Praxis unbestritten fest.

Bestritten ist dagegen die Frage der Stempelpflicht in folgenden zwei Fällen.[2]) Einmal, wenn ein Konsortiale, wie dies häufig vorkommt, auf Grund eigener Zeichnung Stücke der Anleihe für sich selbst gegen Entgelt erwirbt. Besteht, wie es nach den obigen Ausführungen im Zweifel anzunehmen ist, an den übernommenen Stücken Eigentum zur gesamten Hand, so erwirbt er die den Gegenstand des Geschäftes bildenden Stücke wie jeder Dritte aus dem Vermögen der Gesellschaft; das Geschäft ist also in seiner Totalität stempelpflichtig d. h. es unterliegt dem Anschaffungsstempel, auch insoweit als der Gesellschafter am Gesellschaftsvermögen anteilig berechtigt ist.[3]) Sofern dagegen auf Grund des Anleihe- und des Konsortialvertrages die Stücke von vornherein nicht gemeinschaftliches Vermögen der Gesellschaft geworden sind, vielmehr seitens der Konsortialen Miteigentum an denselben nach dem Verhältnis ihrer Quotenbeteiligung erworben worden ist, ist die Stempelpflicht, insoweit es sich um den der Konsortialbeteiligung entsprechenden Stückebetrag handelt, ausgeschlossen. Denn der Zeichner hat diesen Betrag in Wahrheit bereits durch den früheren stempelpflichtigen Vertrag zwischen dem Erborger und dem Konsortium bzw. den Konsortialen erworben.[4])

Der zweite Fall betrifft die Stempelpflicht bei der quotenmäßigen Verteilung des an Dritte nicht begebbaren Teiles der übernommenen Papiere unter die Konsortialen bei der Auflösung des Konsortiums. Diese Verteilung schließt in keinem Falle ein neues Anschaffungsgeschäft in sich, kann also dem Stempel

---

[1]) Vgl. RG. ZivS. XXVI, 46 ff.; Staub's Kommentar a. a. O. Ziff. 4.

[2]) Es ist bezeichnend, daß gerade in Prozessen der Banken mit dem Reichsfiskus über die Stempelpflicht die Frage der rechtlichen Natur des Konsortiums aufgerollt worden ist, während es unter den beteiligten Bankinstituten trotz der oft divergierenden wichtigen Interessen und der Zweifelhaftigkeit der zu lösenden Fragen niemals zu Differenzen gekommen ist, welche die Gerichte beschäftigt haben. Ein vortreffliches Zeichen für den Korpsgeist und die Tradition der Beteiligten!

[3]) Vgl. RG. ZivS. LVI, 206 ff.

[4]) Dies ist der Fall in der Reichsgerichtsentscheidung vom 3. Juni 1904 bei Gruchot a. a. O.

nicht unterliegen. Auch wenn die von dem Konsortium übernommenen Stücke von vornherein gemeinschaftliches Vermögen der Gesellschaft werden, so stellt sich die Restverteilung dennoch lediglich als eine Übereignung in Erfüllung des ursprünglichen Konsortialvertrages dar, da die Übernahme der bei der Auflösung des Konsortiums auf den Anteil jedes Konsortialen entfallenden restierenden Stücke eine stillschweigende Vertragsbedingung des Konsortialvertrages bildet. Es liegt also kein neues stempelpflichtiges Anschaffungsgeschäft vor, vielmehr beruht die auf den Fall der Konsortiumsauflösung und die Unmöglichkeit anderweitiger Verwertung der Stücke bedingte Anschaffung schon auf dem ursprünglichen Konsortialvertrag.[1])

Verschieden von dem bisher erörterten Fall der Hauptbeteiligung an einem Konsortium ist der Fall der Unterbeteiligung d. h. derjenige Vertrag, den einer der Hauptkonsortialen bezüglich seines Konsortialanteils mit anderen Privaten oder Bankiers schließt.[2]) Die juristische Eigenart der Unterbeteiligung besteht darin, daß der Unterbeteiligte in keinem Rechtsverhältnis zu dem Konsortium, sondern nur zu dem Konsortialen, bei dem er unterbeteiligt ist, steht. Der Inhalt der betreffenden Verträge geht regelmäßig dahin, daß sich der Unterkonsortiale verpflichtet, „unter" dem Konsortialen am Gewinn und Verlust des ihm mitgeteilten Geschäfts sich zu einem bestimmten Prozentsatz zu beteiligen, und daß er sich den für den betreffenden Konsortialen selbst maßgebenden Bedingungen unterwirft.[3]) Den Unterbeteiligten gegenüber ist der Hauptkonsortiale zur Wahrung seiner Rechte gegen den Konsortialleiter verpflichtet, andernfalls der Unterbeteiligte von seinen Verpflichtungen frei wird.[4]) Wird der Unterkonsortialvertrag abgeschlossen, nachdem der Übernahmevertrag zwischen dem Anlehnsschuldner und dem Hauptkonsortium abgeschlossen ist, so ist der Unterkonsortialvertrag als Anschaffungsgeschäft zu verstempeln.[5])

Schließlich bleibt noch zu untersuchen, ob die Tatsache,

---

[1]) Im Resultat stimmt v. Ziegler a. a. O. S. 35 hiermit überein.

[2]) Vgl. RG. ZivS. XXVI, 52; Lotz a. a. O. S. 19ff.

[3]) Lotz a. a. O. S. 19.

[4]) ROHG. XVII, 390.

[5]) Vgl. RG. ZivS. XXVI, 55.

daß die Negotiation durch ein Konsortium erfolgt, die Rechte und Pflichten der Zeichner der Anleihe berührt. Insbesondere ist von Wichtigkeit, ob der Zeichner nur zu der einzelnen Bank, bei der er zeichnet, und von der seine Zeichnung angenommen wird, oder zu dem Konsortium in ein Vertragsverhältnis in dem früher erörterten Sinne [1]) tritt. Denkbar wäre, daß die Bank als direkter Stellvertreter des Konsortiums bei der Annahme der Zeichnung handelte; dies würde natürlich zur Folge haben, daß ein Vertragsverhältnis zwischen dem Zeichner und dem Konsortium entstehen und jedes einzelne Mitglied des Konsortiums gesamtschuldnerisch dem Zeichner aus dem Kaufe der Anleihetitel haften würde. Indessen ist diese Annahme, wenn nicht im einzelnen Falle besondere Umstände für sie sprechen, bei der üblichen Art des Geschäftsschlusses von der Hand zu weisen. [2]) Wenn auch die Prospektveröffentlichung und die Zeichnungsaufforderung von den Konsortialen gemeinschaftlich erfolgt, so sind die Kaufanträge, die Zeichnungen regelmäßig an die einzelne Bank zu richten, und der eigentliche Geschäftsabschluß, die Zuteilung beruht fast immer auf einem selbständigen Willensakt derjenigen Bank, bei der die Zeichnung erfolgt ist. Demgemäß erfolgt die Annahme der Zeichnung auch regelmäßig durch Zustellung einer Schlußnote, in der die betreffende Bank als Verkäuferin bezeichnet ist. Allerdings pflegt die Bank in dieser Schlußnote ihrer Firma als Verkäuferin die Worte „Für Rechnung eines Konsortiums" oder auch „Im Auftrage eines Konsortiums" hinzuzufügen. Damit ist aber keinesfalls eine direkte Stellvertretung im Sinne von § 164 BGB., vielmehr nur ein Avis an die Steuerbehörde gemeint, wodurch zum Ausdruck gebracht wird, daß ein nicht doppelt zu versteuerndes Geschäft vorliegt. Denn regelmäßig handelt die Bank auch nicht als Kommissionär im Sinne von § 383 HGB. für das Konsortium, wenn sie die Stücke im eignen Namen aber für Rechnung des letzteren verkauft, woraus sich ergibt, daß der Stempel nicht etwa zweimal gemäß § 7 Abs. 3 des Reichsstempelgesetzes zu entrichten ist. Vielmehr verkauft die Bank die Stücke im eignen

[1]) Vgl. Kap. VIII S. 89, 90.

[2]) So auch RG. ZivS. LVI, 297 ff.

Namen, wobei sie von dem Konsortialen bzw. den übrigen Konsortialen kraft der zwischen ihnen bestehenden Abmachungen zur Erfüllung der einzelnen Kaufverträge durch Lieferung der Stücke in den Stand gesetzt wird. Diese Verpflichtung kann von der Bank, auch ohne daß sie das Eigentum an den Stücken zuvor für sich erwirbt, erfüllt werden, da die Eigentumsverschaffung jedenfalls mit Einwilligung des Konsortiums erfolgt (BGB. § 185 Abs. 1). Der Zeichner tritt also regelmäßig nur zu der einzelnen Bank, bei der er zeichnet, nicht aber zu dem Konsortium auf Grund der Annahme seiner Zeichnung in ein Vertragsverhältnis.

Kapitel X.

Die Zulassung der öffentlichen Anleihen zum Börsenhandel. Emissionen ausserhalb der Börse und Handel in nicht notierten Werten. Voraussetzungen der Zulassung zum Börsenhandel. Der Prospektzwang. Haftung aus dem Prospekt.

Die Besitzer von Wertpapieren, und zwar nicht nur diejenigen Kreise, welche sie lediglich zu Spekulationszwecken erwerben, sondern auch ernsthafte Kapitalisten, die sie zu Anlagezwecken kaufen, legen auf die „Marktgängigkeit" ihrer Effekten besonderen Wert; sie wollen stets in der Lage sein, sie erforderlichenfalls zu dem der jeweiligen Marktlage entsprechenden Preise wieder veräußern zu können. Die größte Gewähr für einen dieser Anforderung entsprechenden stets aufnahmefähigen Markt bildet das Bestehen eines offiziellen Börsenverkehrs in den betreffenden Papieren mit amtlicher Preisfeststellung und Veröffentlichung dieses Preises in den amtlichen Preislisten, Benutzung der Börseneinrichtungen und Vermittlung der Abschlüsse durch die Kursmakler. Freilich ist es auch bei offiziellem Börsenhandel nicht ausgeschlossen, daß durch Kurstreibereien und Spekulationsmanöver eine willkürliche Beeinflussung der Preise stattfindet, und daß zeitweise infolge fehlender Nachfrage die zum Verkauf angebotenen Effekten nur unter starken Verlusten verkäuflich sind.

Über die Zulassung von Wertpapieren zum Börsenhandel und die Haftung der Emissionshäuser sind in dem Börsengesetz III. Abschnitt §§ 36ff. und in den vom Bundesrat erlassenen Ausführungsbestimmungen vom 11. Dezbr. 1896 eingehende Anordnungen getroffen worden. Der bei Schaffung des Gesetzes verfolgte Zweck ging dahin, durch zweckentsprechende Organisation der über die Zulassung der Wertpapiere zum Börsenhandel entscheidenden Börsenbehörden und des dabei zu beobachtenden Verfahrens, durch Steigerung der Verantwortlichkeit der Emissionshäuser in zivilrechtlicher und disziplinarer Hinsicht, unsolide Emissionen nach Möglichkeit vom Börsenhandel fernzuhalten und das Gewissen der an den Emissionen beteiligten Bankhäuser in ihrem eigenen Interesse zu schärfen. Gleichzeitig wurde, um den Vorschriften des Gesetzes mehr Wirksamkeit zu verleihen, bestimmt, daß die zum Börsenhandel nicht zugelassenen Wertpapiere von den Vorteilen der Börseneinrichtungen ausgeschlossen sein sollten.

Das erste der bei Erlaß der börsengesetzlichen Bestimmungen über das Emissionswesen erstrebten Ziele ist im wesentlichen erreicht worden; die Solidität der zum Börsenhandel zugelassenen Papiere ist ohne Zweifel gesteigert worden.

Dagegen hat sich die fernere Erwartung, nämlich, daß es unmöglich sein werde, öffentliche Emissionen beim Publikum unterzubringen, wenn nicht zuvor oder überhaupt die offizielle Einführung an einer Börse stattgefunden hat, leider nicht erfüllt. Die Möglichkeit zu einer Plazierung von nicht notierten Werten ist gerade eine der unbeabsichtigten Wirkungen des Börsengesetzes, das der Börse zum Teil ihre Bedeutung genommen und dafür die Bankkonzentrationen gefördert hat. Jedes größere Bankinstitut, mit seinen Depositenkassen und mit seinen Filialen in der Hauptstadt und in der Provinz, bildet ja doch gegenwärtig eine Börse für sich und ist in der Lage, die von ihm übernommenen Werte bei seinem Kundenkreis zu plazieren. So ist es möglich geworden, daß Emissionen größerer Auslandsanleihen, wie der 4½ % Goldanleihe der Republik Chile im Jahre 1906, der 5 % inneren Goldanleihe der Republik Argentinien im Jahre 1907 stattgefunden haben, ohne daß zuvor die Genehmigung zur Zulassung zur Börse erteilt worden ist. Indessen mag dies vom volkswirtschaftlichen Standpunkt dann unbedenklich sein, wenn bei den Emissionshäusern, wie im Fall der genannten Auslandsanleihen, nicht die Absicht besteht, die offizielle Zulassung zum Börsenhandel zu umgehen, vielmehr lediglich die Beschleunigung der Emission für ihr Vorgehen maßgebend ist. Denn die Emissionshäuser haben bei Anleihen, die gleichzeitig auch im Ausland emittiert werden, ein wesentliches Interesse daran, daß die Emission im Inlande nicht später als im Ausland stattfindet. Da nun aber die Notwendigkeit der Beschaffung von Informationen für den der Zulassungsstelle vorzulegenden Prospekt die Genehmigung der letzteren regelmäßig verzögert, so sind sie gezwungen, die Anleihe, noch ehe die Genehmigung erteilt ist, zur Subskription aufzulegen oder die Anleihetitel freihändig zu verkaufen. Bedenklicher ist dagegen die Emission von Aktien, Kuxen und Industrieobligationen und der Handel darin, der sich durch Vermittlung bestimmter Firmen an der Börse und außerhalb derselben namentlich in den letzten Zeiten in erheblichem Umfange vollzieht, ohne daß ihre Zulassung zum offiziellen Börsenhandel erfolgt ist. Haben sich doch geradezu verschiedene außerhalb der Börse stehende Firmen, besonders in Berlin und Frankfurt a. M., zu Nebenbörsen für nicht notierte Werte entwickelt, die der Pflege dieses Geschäftszweiges ihre besondere Sorgfalt zuwenden und spezielle Einrichtungen zu seiner Vervollkommnung, wie Ausgabe von Kurszetteln, ständigen telegraphischen Nachrichtenverkehr über die Wertverschiebungen der betreffenden Papiere an allen größeren Plätzen, treffen.

Durch diese Entwicklung der Praxis ist die Wirksamkeit der Zulassungsstellen nicht unerheblich eingeschränkt worden und das Risiko des Publikums bezüglich solcher Emissionen in erheblicher Weise gestiegen. Abgesehen davon, daß sich solche Effekten regelmäßig erheblich schwerer und unter größeren Kursopfern verkaufen lassen, fehlen alle Kautelen, mit denen das Börsengesetz die Einführung an der Börse umgeben hat, wie Prüfung des Prospektes, verschärfte Haftung der Emissionshäuser, Information der Öffentlichkeit und durch sie geübte Kontrolle. Es wird sich unter diesen Umständen fragen, ob nicht, im Fall einer Revision des Börsengesetzes, auf den von gewichtiger Seite bei der Vorbereitung des Gesetzes gemachten Vorschlag zurückzugreifen ist, die Prospektpflicht und damit die Haftung der Emissionshäuser aus dem Prospekt auf alle Emissionen ohne Ausnahme, also nicht nur auf diejenigen, welche die Zulassung zu einer Börse beanspruchen, auszudehnen.[1])

Eine weitere Voraussetzung für die Zulassung von Anleihen zum Börsenhandel als die Prüfung und Genehmigung durch die Börsenzulassungsstelle besteht nicht. Insbesondere haben die bereits bei Erlaß des Börsengesetzes von gewissen Seiten gemachten Vorschläge hinsichtlich eines staatlichen Eingriffs in das Emissionswesen — sei es ganz allgemein, sei es bei Emission ausländischer Anleihen — keine Berücksichtigung im Gesetz stattgefunden. So tauchte bereits damals unter dem Eindruck der Verluste, die das Publikum in den neunziger Jahren des abgelaufenen Jahrhunderts an exotischen Anleihen erlitten hatte, der Vorschlag auf Errichtung einer Reichsemissionsbehörde für ausländische Wertpapiere im Reichstag auf. Neuerdings, im Jahre 1907, anläßlich der ungünstigen Geld- und Kreditverhältnisse Deutschlands, die zur Hauptsache auf die übermäßige Inanspruchnahme für ausländische Bedürfnisse zurückzuführen sind, ist im Reichstag (Abgeordneter Freiherr v. Gamp) vorgeschlagen worden, daß ausländische Anleihen nur nach Anhörung des Reichsbankpräsidenten und des Seehandlungspräsidenten zugelassen werden sollen. Indessen kann dem Staate eine derartige Aufgabe nicht zugemutet werden, da sie die Behörden mit einer Verantwortung belasten würde, die sie unmöglich übernehmen können. Überdies würde die Prüfung der Prospekte durch eine Reichsbehörde das Publikum in eine unangebrachte Sicherheit wiegen, die sich unter Umständen schwer rächen würde, da das Publikum zu Unrecht annehmen würde, daß das Reich für die Güte der Emission eintrete.

Die in dem Börsengesetz und in den Ausführungsbestimmungen getroffenen Anordnungen über die Zulassung zum Börsenhandel und die Haftung der Emissionshäuser sollen im Folgenden nur ihrem wesentlichen Inhalt nach wiedergegeben werden.

Die Zulassung ist von der Genehmigung einer besonderen Behörde, der Börsenzulassungsstelle, abhängig, deren Zusammen-

[1]) Vgl. Frankf. Zeitung v. 14. Jan. 1896 Nr. 14 „Emissionen außerhalb der Börse", v. 26. Aug. 1906 Nr. 135 „Der Handel in nicht notierten Werten," v. 3. Juni 1907 Nr. 152 „Effekten-Plazierung außerhalb der Börse".

setzung auf näherer Vorschrift des Börsengesetzes bzw. der Börsenordnungen der einzelnen Börsen beruht. Über die Zusammensetzung dieser als Selbstverwaltungsorgan der Börse fungierenden Behörde ist reichsgesetzlich bestimmt, daß mindestens die Hälfte der Mitglieder aus Personen bestehen muß, die nicht in das Börsenregister für Wertpapiere eingetragen sind. Zweck dieser Bestimmung war, daß auch solche Personen herangezogen werden sollen, die nicht bloß die Interessen der Bankwelt und der an internationalen Handel beteiligten Großindustrie, sondern auch die Interessen des kapitalanlegenden Publikums vertreten.

Die Zulassung zum Börsenhandel darf nur erfolgen, wenn die Gesamtsumme der Stücke, welche auf Grund der Zulassung alsbald in den Verkehr gebracht werden sollen, nach ihrem Nennwerte sich mindestens beläuft: für die Börsen von Berlin, Frankfurt a. M. und Hamburg auf 1 Mill. Mk., für alle übrigen Börsen auf 500000 Mk.[1]) Die Zulassung hat regelmäßig zur Voraussetzung, daß die Wertpapiere voll gezahlt sind, daß sie auf deutsche Währung oder gleichzeitig auf diese und eine andere Währung lauten, endlich daß die Zinsen sowie die verlosten und gekündigten Stücke an einem deutschen Börsenplatze zahlbar sind, und daß die Aushändigung der neuen Zinsbogen daselbst kostenfrei erfolgt.

Der Antrag auf Zulassung ist schriftlich an die Zulassungsstelle zu richten und muß die Emissionsfirmen sowie den Betrag und die Art der einzuführenden Papiere bezeichnen.

Durch das Börsengesetz ist der Prospektzwang, welcher schon vor dem Erlaß des Gesetzes an der Berliner Börse und an anderen Börsen bestand, nunmehr allgemein durchgeführt worden (§ 38 Börsengesetz). Der Prospekt, welcher mit dem Antrag auf Zulassung der Zulassungsstelle vorzulegen ist, hat die für die Beurteilung des Wertes der einzuführenden Papiere wesentlichen Angaben zu enthalten. Sein Inhalt soll dem Publikum die Möglichkeit bieten, sich ein Urteil über die Güte des Papiers zu bilden und danach seinen Entschluß über die Beteiligung an der Anleihe zu treffen. Dem Prospektzwang unterliegen nicht die Anleihen des Deutschen Reichs und der

[1]) Ausnahmen können unter bestimmten Voraussetzungen von der Börsenaufsichtsbehörde, und allgemein von der Landesregierung zugelassen werden.

deutschen Bundesstaaten. Er erstreckt sich auch auf solche Wertpapiere, die infolge einer Konversion ausgegeben werden. Für Schuldverschreibungen, bezüglich deren das Reich oder ein Bundesstaat die volle Garantie übernommen hat, und für Schuldverschreibungen kommunaler Körperschaften und kommunalständischer Kreditinstitute sowie der unter staatlicher Aufsicht stehender Pfandbriefanstalten kann die Landesregierung von der Verpflichtung zur Einreichung eines Prospektes entbinden.

Der Inhalt des Prospektes ist hinsichtlich bestimmter Angaben genau vorgeschrieben. Insbesondere hat er, soweit es sich um öffentliche Anleihen handelt, zu enthalten die nähere Bezeichnung des Anlehnsschuldners, den Rechtstitel (Gesetz, Privileg, Gesellschaftsvertrag, Gesellschaftsbeschluß), auf dem die Berechtigung zur Ausgabe der Anleihe beruht, den Nennbetrag der Emission und zwar sowohl denjenigen Betrag, welcher in den Verkehr gelangen soll, als auch denjenigen Betrag, welcher vom Verkehr ausgeschlossen werden und die Zeit, für welche dieser Ausschluß erfolgen soll (§ 38 Abs. 2 S. 3 Börsenges.), die Bestimmungen über Kündbarkeit oder Unkündbarkeit sowie über die Tilgung der Werte, die Art der Sicherstellung der Anleihe, die bei Zins- oder Kapitalzahlungen erfolgenden Abzüge, den Zinssatz. Bei Anleihen eines ausländischen Staates, einer ausländischen kommunalen Körperschaft oder kommunalen Kreditanstalt muß der Prospekt enthalten:

1. Eine Übersicht über den letzten (ordentlichen und außerordentlichen) Haushaltsetat des Gemeinwesens oder die Angabe, daß das Gemeinwesen einen Haushaltsetat nicht veröffentlicht;

2. eine Übersicht über die wesentlichen Ergebnisse der drei letzten Jahreshaushaltsabschlüsse des Gemeinwesens;

3. eine Übersicht über den Schuldenstand des Gemeinwesens;

4. sofern die Verbindlichkeiten, welche das Gemeinwesen innerhalb der letzten zehn Jahre aus Anleihen nach Maßgabe der öffentlichen Anleihebedingungen durch Zins- oder Kapitalzahlungen zu erfüllen hatte, bisher unerledigt geblieben sind, die Mitteilung der darauf bezüglichen Umstände.

Dem Prospekte sind diejenigen Urkunden beizufügen, welche die Grundlage für die zu emittierenden Papiere bilden, dem Antrag auf Zulassung der Anleihe eines ausländischen Staates, einer ausländischen kommunalen Körperschaft oder kommunalen Kreditanstalt ist insbesondere der Nachweis beizugeben, daß die oben unter 1 bis 3 angegebenen Übersichten auf amtlichen Feststellungen beruhen.

Nach Eingang des Zulassungsantrags verfügt die Zulassungsstelle die Veröffentlichung des letzteren (im Reichsanzeiger und in mindestens zwei inländischen Zeitungen), sofern er den gesetzlichen Anforderungen entspricht (§ 38 Abs. 1 Börsenges.) und tritt in die Prüfung desselben ein.[1]) Die Prüfung hat sich zunächst darauf zu erstrecken, ob die Zulassung der betreffenden Wertpapiere zum Börsenhandel überhaupt statthaft ist, insbesondere, ob die oben angegebenen allgemeinen Voraussetzungen für die Zulassung (erforderliche Höhe der Gesamtsumme der Stücke, Ausstellung der Papiere in deutscher Währung usw.) gegeben sind. Sodann hat die Zulassungsstelle die Aufgabe und die Pflicht zu prüfen, ob die Urkunden, welche die Grundlage für die zu emittierenden Papiere bilden, in dem Zulassungsantrage, dem Prospekt und den sonstigen Beilagen mitgeteilt sind; sie hat gegebenenfalls ihre Vorlegung zu verlangen und sie auf ihre Echtheit und Gesetzmäßigkeit zu untersuchen. Bei dem Antrage auf Zulassung der Anleihen ausländischer Staaten und Gemeinwesen erstreckt sich die Prüfung insbesondere auf die oben unter 1 bis 4 angegebenen Übersichten und Mitteilungen. Der von dem Antragsteller überreichte Prospekt ist darauf hin zu prüfen, ob er die zur Information des Publikums in tatsächlicher und rechtlicher Beziehung erforderlichen Angaben, insbesondere die für die einzelnen Wertpapiere durch die Ausführungsbestimmungen des Bundesrats vorgeschriebenen Mitteilungen enthält. Die Zulassungsstelle kann die Mitteilung weiterer Urkunden oder die Aufnahme sonstiger Angaben in dem Prospekt verlangen, wenn sie der Ansicht ist, daß sie von Bedeutung sind für die Beurteilung des Wertes der zum Börsenhandel zuzulassenden Papiere. Kommt der Antragsteller der gestellten Forderung nicht oder nicht vollständig nach, so hat sie die Zulassung zu verweigern.

Bestritten ist die Frage, inwieweit die Nachprüfung der

---

[1]) Zwischen der Veröffentlichung und der Einführung an der Börse muß eine Frist von mindestens 6 Tagen liegen.

materiellen Richtigkeit der Prospektangaben zu den Rechten und Aufgaben der Zulassungsstelle gehört.[1]) Insoweit der Inhalt der mit dem Antrag überreichten Urkunden mit den Angaben des Prospektes im Widerspruch steht, liegt es der Zulassungsstelle selbstverständlich ob, auf die Aufklärung dieses Widerspruchs hinzuwirken. Dies wird auch von denjenigen nicht in Abrede gestellt, die, wie Dove, die Berechtigung der Zulassungsstelle zur Prüfung der Richtigkeit der Prospektangaben in Abrede stellen. Man wird indessen weiter gehen müssen als die Vertreter dieser Ansicht. Natürlich ist es ausgeschlossen, daß die Zulassungsstelle jede in dem Prospekt angegebene Tatsache, jede Schätzung oder Taxe auf ihre Richtigkeit oder ihren wahren Wert hin zu prüfen hat, namentlieh wenn kein begründeter Anlaß vorliegt, an ihrer Richtigkeit Zweifel zu hegen. Indessen wenn ein begründeter Zweifel in dieser Richtung besteht, so hat die Zulassungsstelle diesen Zweifeln nachzugehen und von dem Antragsteller den Nachweis der Richtigkeit bzw. die Richtigstellung seiner Angaben zu verlangen. Aus diesem Gesichtspunkte werden auch reklamehafte Anpreisungen oder Aufputzungen des Prospektes regelmäßig nicht zuzulassen sein. Denn der Zweck des Prospektes ist die Orientierung des Publikums über alle notwendigen tatsächlichen und rechtlichen Verhältnisse; dieser Zweck würde aber vereitelt werden, wenn durch Reklame d. h. durch besondere Hervorhebung der günstigen Chancen die unrichtigen Momente in den Hintergrund gedrängt würden, zumal das Publikum schon ohnedies allzu leicht geneigt ist, in den Zeiten der aufsteigenden Konjunktur nur die rosige Seite der Sache zu sehen und den Zusammenhang zwischen Gewinnaussicht und Verlustgefahr aus seinen Erwägungen auszuschalten.[2])

---

[1]) Vgl. hierüber Dove, Die Funktionen der Zulassungsstelle, im „Bank-Archiv" IV S. 177ff.; Thorwart, „Die Zulassung von Wertpapieren an den Börsen," ebenda I S. 6ff., 26ff., besonders S. 9, 10.

[2]) Vgl. auch Frankf. Zeitung 15. Sept. 1905 Nr. 256 „Rechte und Pflichten der Zulassungsstelle". Auf weitere Einzelheiten kann hier nicht eingegangen werden, insbesondere nicht auf die Frage, inwieweit der Zulassungsstelle eine Befugnis zur materiellen Einwirkung auf die Geschäftsgebarung des Erborgers, dessen Anleihe zugelassen werden soll, zusteht. In gewissen Grenzen dürfte sie anzuerkennen sein; vgl. den Fall Kap. XVIII a. E.

Das Recht und die Pflicht der Zulassungsstelle erschöpft sich indessen nicht darin, daß sie durch ihre Prüfung für eine ausreichende Information des Publikums zu sorgen hat, sie hat vielmehr ihre Prüfung auch darauf zu richten, ob die Emission nicht zur Schädigung erheblicher allgemeiner Interessen oder offenbar zu einer Übervorteilung des Publikums führt. Kommt sie zur Überzeugung, daß dies der Fall ist, so hat sie die Zulassung zu verweigern, auch wenn in formeller Hinsicht allen Anforderungen vom Antragsteller genügt ist.[1] Als eine Schädigung allgemeiner Interessen würde die Zulassung der Anleihe eines fremden Staates zu gelten haben, der seinen Verpflichtungen aus früheren Anleihen bisher nicht nachgekommen ist und sich auch zu einem Arrangement mit seinen Gläubigern nicht verstehen will.[2] Das gleiche würde unter Umständen von der Zulassung einer auswärtigen Anleihe zu sagen sein, welche in den Zeiten starker Geldspannung die dem heimischen Markte unentbehrlichen Mittel oder die für die finanzielle Mobilmachung des Inlands erforderlichen Gelder ins Ausland leiten würde, natürlich auch von der Zulassung einer Anleihe, welche im Falle einer Kriegsgefahr dem feindlichen Staate oder seinen voraussichtlichen Verbündeten zugute kommen würde.

Die Ablehnung des Zulassungsantrags ist unzulässig bei deutschen Reichs- und Staatsanleihen[3]; beschränkt ist das Eingreifen der Zulassungsstellen in denjenigen Fällen, wo der Antragsteller seitens der Landesregierung von der Einreichung eines Prospektes entbunden ist (§ 38 Abs. 3 Ges.), denn hier bezieht sich die Prüfungspflicht lediglich auf die Frage, ob durch die Emission erhebliche allgemeine Interessen geschädigt werden, oder ob sie offenbar zu einer Übervorteilung des Publikums

[1]) Vgl. Thorwart a. a. O. S. 8 ff.

[2]) Näheres vgl. Kap. XXIII.

[3]) Zutreffend führt Dove a. a. O. S. 179 aus, daß auch bei diesen zu prüfen ist, ob die allgemeine Voraussetzung der Zulassung, nämlich der „Antrag" vorhanden ist, und ob dieser die gesetzmäßigen Bestandteile (§§ 37, 38 Börsenges.) aufweist. Ist dies nicht der Fall und weigert sich der Antragsteller, der Aufforderung der Zulassungsstelle zu entsprechen, so darf diese die Zulassung zwar nicht versagen, indessen auch nicht aussprechen, so daß ein Börsenhandel mit den in § 41 Börsenges. bestimmten Wirkungen in der betreffenden Anleihe nicht erfolgen darf.

führt.[1]) Im übrigen darf die Zulassungsstelle jede Emission ohne Angabe von Gründen ablehnen, auch bereits zum Börsenhandel zugelassene Wertpapiere wieder von ihm ausschließen.

Über die Zulässigkeit der Beschwerde gegen Entscheidungen der Zulassungsstelle bestimmen die einzelnen Börsenordnungen auf Grund der Bestimmung des Börsengesetzes (§ 36 Abs. 3). Durch die Berliner Börsenordnung v. 1. April 1903 § 30 ist bestimmt, daß die Beschwerde binnen acht Tagen an die Handelskammer zulässig ist. Wird von der Zulassungsstelle einer Börse der Antrag auf Zulassung abgelehnt, so ist er den Vorständen der übrigen deutschen Börsen für Wertpapiere mitzuteilen, wobei anzugeben ist, ob die Ablehnung mit Rücksicht auf örtliche Verhältnisse oder aus anderen Gründen erfolgt ist. In letzterem Falle darf die Zulassung von einer anderen Börse nur mit Zustimmung derjenigen Stelle erteilt werden, die die Zulassung abgelehnt hat (§ 37 Abs. 1 Börs.Ges.).[2])

Wird die Zulassung beschlossen, so ist der Zulassungsbeschluß durch dreitägigen Aushang an der Börse zu veröffentlichen, gleichzeitig ist der Tag zu bestimmen, von dem ab die Einführung der Anleihe an der Börse erfolgen darf. Das leitende Emissionshaus veröffentlicht alsdann den Prospekt, der auch die Aufforderung zur Zeichnung enthält, sofern eine solche stattfindet.

Wie früher dargelegt, beschränkt sich die Haftung des Anlehnsschuldners bzw. des Bankhauses, das als Negotiant bei der Emission der Anleihe auftritt, regelmäßig darauf, daß sie als Verkäufer der Anleihetitel lediglich den Zeichnern oder unmittelbaren Käufern für die unrichtigen Angaben des Prospektes einstehen.[3]) Für den Fall nun, daß der

---

[1]) So richtig Dove a. a. O. S. 178; zu Unrecht bestreitet Pfleger (Handwörterb. der Staatswissensch. v. Börsenrecht II S. 998) hier jegliches Prüfungsrecht der Zulassungsstelle.

[2]) Ist das Zulassungsgesuch gleichzeitig bei mehreren Börsen eingereicht worden, so sollen die Wertpapiere an der einen Börse nur mit Zustimmung der Zulassungsstelle der anderen Börse zugelassen werden (§ 37 Abs. 2 Börs.Ges.). Im übrigen ist, wenn ein Zulassungs- oder Ablehnungsbeschluß seitens einer Zulassungsstelle bereits ergangen ist, dieser weder nach der einen noch nach der anderen Richtung für eine andere Zulassungsstelle bindend.

[3]) Vgl. Kap. VIII S. 90.

Prospekt zum Zweck der Einführung von Wertpapieren an der Börse erlassen ist und diese Zulassung auf Grund des Prospektes erfolgt ist, ist der letztere zur Grundlage einer weitergehenden Haftung der Emissionshäuser gegenüber Dritten durch die Vorschrift des Börsengesetzes (§§ 43—47) gemacht worden. Die Haftung trifft diejenigen, welche den Prospekt im eigenen Namen erlassen haben, sowie diejenigen, von denen der Prospekt ausgeht, d. h. die sich der Unterzeichner als vorgeschobener Personen bedienen, nicht dagegen diejenigen, welche lediglich als Gehilfen der Emission, als Zeichenstellen fungieren.[1]) Dagegen ist es zur Begründung der Haftbarkeit keineswegs erforderlich, daß das als Negotiant der Anleihe auftretende Emissionshaus den Prospekt selbst unterschriftlich vollzogen hat. Vielmehr tritt die Haftung auch dann ein, wenn, wie dies in der deutschen Emissionspraxis üblich, der Prospekt selbst von dem Anlehnssucher, dagegen der auf den Prospekt folgende und auf ihn Bezug nehmende Nachsatz:

> „Auf Grund des vorstehenden Prospektes sind die betr. Wertpapiere zum Handel und zur Notiz auf unseren Antrag an der . . . Börse zugelassen"

von dem Emissionshaus unterschrieben wird.[2]) Der oder die Erlasser des Prospektes, die letzteren als Gesamtschuldner, haben für Richtigkeit und Vollständigkeit des Prospektes einzustehen, indessen mit gewissen Beschränkungen. Wegen unrichtiger Angaben haften sie bei Arglist und grobem Verschulden, wegen Unvollständigkeiten und Auslassungen dagegen nur bei Arglist und böslichem Verhalten d. h. Fahrlässigkeit allerschlimmster Art. Zur Geltendmachung des Anspruchs ist jeder Besitzer berechtigt, der Papiere der im Prospekt bezeich-

[1]) Vgl. Cosack, Lehrbuch des Handelsrechts § 75, 6[a].

[2]) Dieser Standpunkt wird von den deutschen Zulassungsstellen mit Recht vertreten, wie gelegentlich eines Rundschreibens der Zulassungsstelle in Hamburg an die übrigen Zulassungsstellen im J. 1906 festgestellt worden ist. Den Anlaß dazu bot eine im J. 1905 ergangene den gegenteiligen Standpunkt einnehmende Entscheidung des Landgerichts I zu Berlin in einer Klagesache gegen den A. Schaaffhausenschen Bankverein als Emittent der Aktien der Lederfabrik de Hesselle & Co. in Aachen. Diese Entscheidung ist durch Berufung angefochten worden; vgl. Deutscher Ökonomist 1905 S. 332, Frankf. Zeitung 5. Aug. 1906 Nr. 214.

neten Art auf Grund eines im Inland abgeschlossenen Geschäfts erworben hat.

Die Haftung erstreckt sich also nicht auf solche Papiere, die zwar von gleicher Gattung sind, aber nicht auf Grund des Prospektes zugelassen sind und ferner nicht auf diejenigen, die der Erwerber durch Schenkung, Erbschaft, Vermächtnis in seinen Besitz bekommen hat.[1]) Die Haftung fällt gegenüber demjenigen Besitzer der Stücke fort, der die Unrichtigkeit oder Unvollständigkeit des Prospektes bei dem Erwerbe gekannt hat, oder der die Unrichtigkeit bei Anwendung derjenigen Sorgfalt, die er in eigener Angelegenheit beobachtet, hätte kennen müssen. Sie besteht endlich nur so lange, als der Erwerber die Stücke besitzt, sie erlischt also mit der Veräußerung oder dem Untergang der Papiere. Der Haftpflichtige hat dem Besitzer den Schaden zu ersetzen, der ihm, „aus der von den gemachten Angaben abweichenden Sachlage" d. h. durch die Unrichtigkeit oder Unvollständigkeit des Prospektes erwächst. Doch ist das Emissionshaus auch berechtigt, den Ersatz durch Übernahme des Wertpapiers gegen Erstattung des vom Erwerber dafür gezahlten Betrages oder des Kurswertes zur Zeit der Einführung zu leisten. Für den Ersatzanspruch ist eine fünfjährige Verjährungsfrist bestimmt. Verträge, durch welche die im Vorstehenden dargestellte Haftung ermäßigt oder erlassen wird, sind unwirksam. Weitergehende Ansprüche, welche nach den Vorschriften des bürgerlichen Rechts auf Grund von Verträgen erhoben werden können, bleiben unberührt, während weitergehende nichtvertragsmäßige Ansprüche gegen die Emissionsfirmen ausgeschlossen sind.

In Österreich bestimmt der Finanzminister, nach Anhörung der Börsenkammer, welche Wertpapiere börsenmäßig gehandelt und in amtlichen Kursblättern notiert werden dürfen. Dem hierauf gerichteten Antrag ist ein Prospekt beizulegen, dessen

---

[1]) Die Ersatzpflicht erstreckt sich an sich auf sämtliche auf Grund des Prospektes zugelassenen Papiere, also auch auf solche, die nicht von dem in Anspruch genommenen Emissionshaus, sondern von anderen Häusern ausgegeben sind. Indessen kann der Emittent seine Haftung auf die von ihm selbst eingeführten Stücke dadurch beschränken, daß er schon in dem Prospekt die Nummern oder die Serien, die den Gegenstand der Emission bilden, genau bezeichnet und damit die seiner Haftung unterliegenden Stücke kenntlich macht.

Inhalt ebenfalls angeordnet ist. Nach Bewilligung der Kotierung ist der Prospekt bekannt zu machen. In Frankreich entscheidet über die Zulassung von Wertpapieren die Syndikatskammer der agents de change, die berechtigt ist, die Zulassung auch von Amts wegen zu bestimmen. An den englischen Börsen bestehen ebenfalls Bestimmungen über die Zulassung, insbesondere ist ein Prospekt beizubringen und die Richtigkeit der Angaben durch Urkunden zu belegen.

Kapitel XI.

Rechtliche Voraussetzungen der Anlehnsaufnahme. Gesetzliche (verfassungsrechtliche, verwaltungsrechtliche), auf staatlichen Konzessionen beruhende, statutarische und vertragsmäßige Voraussetzungen.

Die schrankenlose Ausnutzung seines Kredits im Wege der Anlehnsaufnahme kann den Anlehnsschuldner in finanzielle Schwierigkeiten und Bedrängnisse stürzen und unter Umständen eine schwere Beeinträchtigung seiner wirtschaftlichen und finanziellen Lage herbeiführen; ja sie kann, wenn der Anlehnsschuldner ein Staat ist, sogar eine arge Gefährdung seiner politischen Stellung und Souveränität im Gefolge haben. Da ferner durch die Beteiligung an unsoliden Anleihen zahlreiche Personen schwer geschädigt, ja ruiniert werden können, so hat der Staat auch das Recht und die Pflicht, das Publikum vor den Anleihen zweifelhafter Unternehmungen und Personen nach Möglichkeit zu schützen. Aus diesen Gründen ist es erklärlich, daß die individuelle Freiheit in der Aufnahme von Anlehnsschulden nach verschiedenen Richtungen durchbrochen ist und mannigfachen Beschränkungen unterliegt. Diese beruhen zum Teil auf gesetzlichen Bestimmungen und zwar sowohl des öffentlichen wie des privaten Rechts, zum Teil — bei Gesellschaften, welche auf staatlichen Konzessionen beruhen — auf dem Inhalt dieser Konzessionen, zum Teil auf statutarischen oder vertragsmäßigen Festsetzungen.

1. Gesetzliche Voraussetzungen.

Für die Aufnahme von Anleihen der Staaten gelten in denjenigen Ländern, die im Besitze einer Verfassung sind, durchgehend verfassungsrechtliche Voraussetzungen; die Regierung bedarf nämlich für den Akt der Kreditbeschaffung der im Wege der Gesetzgebung zu erteilenden Zustimmung der Volksvertretung. Im Deutschen Reiche ist durch Art. 73 der Reichsverfassung bestimmt: „In Fällen eines außerordentlichen Bedürfnisses kann im Wege der Reichsgesetzgebung die Aufnahme einer Anleihe ..... zu Lasten des Reiches erfolgen.“ Entsprechend dieser Bestimmung und in Übereinstimmung mit der seit Erlaß der Verfassung in sämtlichen Anleihegesetzen enthaltenen Anordnung enthält die Reichsschuldenordnung v. 19. März 1900 den Satz, daß die Bereitstellung der außerordentlichen, im Wege des Kredits zu beschaffenden Geldmittel auf Grund einer gesetzlichen Ermächtigung des Reichskanzlers durch Aufnahme einer verzinslichen Anleihe oder durch Ausgabe von Schatzanweisungen erfolgte. Die Ermächtigung des Reichskanzlers ist also nach drei Richtungen hin beschränkt, einmal bezüglich der Höhe, sodann bezüglich der Form der Anleihe (eigentliche Anleihe oder Schatzanweisungen), endlich durch die Vorschrift, daß die Anleihe eine keiner regelmäßigen Tilgung unterliegende Rentenschuld sein soll.[1]) In Preußen darf auf Grund Art. 103 der VerfUrk. die Aufnahme von Anleihen ebenfalls nur auf Grund eines Gesetzes erfolgen. In den preußischen Anleihegesetzen werden regelmäßig, wie bei den Reichsanleihen, nur die drei oben bezeichneten Anordnungen getroffen, während die Festsetzung aller übrigen Bedingungen der Bestimmung des Finanzministers vorbehalten bleibt.

In mehreren Ländern sind ferner gesetzliche Bestimmungen erlassen worden, um mittels der eigenen Gesetzgebung die Aufnahme von Staatsanlehen einzuschränken. So gibt es in den Vereinigten Staaten von Nordamerika einzelne Staaten, welche verfassungsmäßig nur bis zu einem bestimmt festgesetzten Betrage Anleiheschulden machen können[2]), z. B. bis

---

[1]) Laband, Staatsrecht IV S. 370.

[2]) Meili, Der Staatsbankerott und die moderne Rechtswissenschaft 1895 S. 82 ff.

50000 $ Maryland, Michigan, Oregon; bis 1 Million $ New York, Pennsylvanien, Kansas usw. In anderen amerikanischen Staaten ist die Anleihefähigkeit auf einen bestimmten Prozentsatz der steuerbaren Taxationskraftt beschränkt (Colorado). Andere Staaten stellen eine Schranke für Defizite auf, endlich einzelne amerikanische Staaten dürfen keine Schulden für interne Verbesserungen eingehen. Den Gerichten der Vereinigten Staaten steht das Recht zu, im einzelnen Falle zu untersuchen, ob sich die Gesetzgebungsgewalt des Einzelstaates innerhalb der verfassungsmäßigen Schranken bei Aufnahme des Anlehns gehalten hat.[1]) Derartige verfassungsrechtliche Beschränkungen sind sicher nicht zu billigen, denn auf der einen Seite legen sie die Finanzverwaltung in unerträglicher Weise fest, indem sie sie unter Umständen an der Kontrahierung von Schulden selbst dann hindern, wenn dies für nützliche Zwecke und unter günstigen finanziellen Bedingungen geschehen kann. Auf der anderen Seite verleiten sie lediglich zur Umgehung der gesetzlichen Bestimmungen.[2])

Für die Aufnahme der Anleihen der Gemeinden und sonstigen kommunalen und kirchlichen Verbände ist in vielen Ländern die Genehmigung der Aufsichtsbehörden erforderlich.

In Preußen können Gemeindeanleihen, wenn durch sie die betreffenden Kommunalkörperschaften mit einem neuen Schuldenstande belastet werden sollen oder der vorhandene Schuldenstand vergrößert werden soll, nur auf Grund eines Gemeindebeschlusses, von Stadtgemeinden mit Genehmigung des Bezirksausschusses (in Berlin des Oberpräsidenten), von Landgemeinden mit der des Kreisausschusses aufgenommen werden. Die Grundsätze, die bei der Genehmigung von Gemeindeanleihen zu beobachten sind, sind in einem Erlaß der Minister des Innern und der Finanzen vom 1. Juni 1891 (MBl. 84) zusammengestellt. Danach sollen Gemeindeanleihen nur

---

[1]) Meili a. a. O. S. 83.

[2]) Deshalb kann auch dem Vorschlage Schäffle's (Zeitschr f. die gesamte Staatswissensch. Bd. 40 S. 144) nicht zugestimmt werden, daß bestimmte finanzstaatsrechtliche Verfassungsgrundsätze aufzustellen sind, von denen nur eine qualifizierte Majorität ($^2/_3$—$^3/_4$) der Vertretungskörper auf Antrag der Regierung abgehen kann.

zur Deckung außerordentlicher Ausgaben für gemeinnützige, nicht bloß der Gegenwart, sondern auch der ferneren Zukunft zugute kommende Zwecke, also nicht für noch nicht bestimmte Zwecke, nicht für Unterhaltung bereits bestehender Anlagen oder für neue Anlagen, die in ganz kurzen Zwischenräumen von neuem erforderlich werden, endlich nicht für Zwecke, deren Ausführung einer späteren, vorläufig noch nicht näher zu bestimmenden Zeit überlassen werden soll, bewilligt werden.[1])

In Frankreich gilt bezüglich der Kommunalanleihen folgendes. Auf Grund des Gesetzes vom 7. April 1902 beschließen die Munizipalräte selbständig lediglich über alle Anleihen mit einer Tilgungsdauer bis zu 30 Jahren, sofern für sie keine über das jährlich fixierte Maximum hinausgehende außerordentliche Zuschlagscentimes beansprucht werden. Dagegen Anleihen mit derselben Zeitbefristung, für die Steuerzuschläge über jene Grenze nötig werden, bedürfen der Genehmigung des Präfekten; alle Anleihen indessen, für welche Steuerauflagen auf länger als 30 Jahre geschaffen werden, sowie alle Anleihen mit einer längeren als 30jährigen Tilgungsdauer müssen durch ein im Staatsrat zu erlassendes Dekret des Präsidenten der Republik autorisiert werden. Für alle Anleihen, durch welche die Verschuldungsgrenze von 1 Million Francs überschritten wird, ist sogar ohne Rücksicht auf die Tilgungsdauer die Genehmigung durch ein Spezialgesetz erforderlich.[2])

In Großbritannien ist die Genehmigung zur Aufnahme von Kommunalanleihen von den Lokalbehörden — abgesehen von wenigen Ausnahmen — bei den Zentralinstanzen nachzusuchen. Indessen herrscht, im Unterschiede von den kontinentalen Verhältnissen, hier eine starke Zersplitterung hinsichtlich der bei der Kontrolle mitwirkenden Instanzen. Der regelmäßige Fall ist die Nachsuchung der Genehmigung beim Ministerium für Selbstverwaltung (Local Government Board), sofern es sich um Anleihen für wirkliche Kommunalzwecke handelt. Außerdem kommt für die Sanktionierung noch in Betracht das dem Finanzministerium unterstehende Public Works Loan Board, oder

---

[1]) Das Nähere vgl. Handwörterbuch der preußischen Verwaltung (herausgeg. von v. Bitter) I 1906 S. 599 v. „Gemeindeanleihen".

[2]) Vgl. R. v. Kaufmann, Die Kommunalfinanzen Bd. II (Leipzig 1906) S. 468, 469.

es bleibt der Weg der Einbringung eines zur Anleihe ermächtigenden Sondergesetzes. [1])

Abgesehen von den vorstehend dargestellten Beschränkungen verfassungsrechtlicher und verwaltungsrechtlicher Natur ist in Deutschland die Aufnahme von Anleihen im Wege der Massenemission von Schuldverschreibungen im allgemeinen gesetzlich freigegeben. Weder ist zur Massenemission von solchen Papieren allgemein Staatsgenehmigung erforderlich, noch findet sich die gesetzliche Festsetzung eines Minimalbetrages oder die Aufstellung von Normativbestimmungen oder eine Kombinierung mehrerer dieser Wege, wie in ausländischen Gesetzgebungen.[2])

Nur für bestimmte Arten von Anleihen finden sich gesetzliche Beschränkungen. So dürfen Prämienanleihen, d. h. Geldschuldverschreibungen auf den Inhaber, in welchen den Gläubigern außer dem Kapital eine durch Los oder sonstigen Zufall zu ermittelnde Prämie in Aussicht gestellt wird, innerhalb des Deutschen Reiches nur auf Grund eines Reichsgesetzes und nur zum Zwecke der Anleihen des Reiches oder eines Bundesstaates ausgegeben werden (Reichsgesetz v. 8. Juni 1871), — eine Vorschrift, mit der natürlich der Spielsucht entgegengetreten werden soll.

Sodann dürfen Anlehnsschuldverschreibungen auf Inhaber, welche im Inlande ausgestellt sind, nur mit staatlicher Genehmigung in den Verkehr gebracht werden. Von dieser Bestimmung sind lediglich die vom Reiche oder einem Bundesstaate ausgegebenen Schuldverschreibungen ausgenommen (BGB. § 795). Wie die Protokolle zum Bürgerlichen Gesetzbuch ergeben, bezweckt diese Bestimmung, welche in Anlehnung an ein in Preußen bereits seit 1833 in Geltung gewesenes Gesetz erlassen worden ist, den Umlauf unsolider Schuldverschreibungen auf Inhaber zu verhindern und den Staatskredit vor der Gefahr zu schützen, die ihm aus der Überflutung des Geldmarkts mit geldähnlichen Zahlungsmitteln erwachsen

---

[1]) Näheres R. v. Kaufmann a. a. O. Bd. II S. 448 ff.; Hatschek, Die Entwicklung des kommunalen Anleihewesens in England, im Bank-Archiv V (1906) S. 115 ff.

[2]) Vgl. Motive zum BGB. II S. 718, 719 zu § 701.

könnte.[1]) Indessen wird der beabsichtigte Zweck durch diese Vorschrift nur in höchst unvollkommener Weise erreicht. Sie gilt nämlich nur für Inhaberpapiere, nicht für Orderpapiere. Sonach besteht für den kaufmännischen Verkehr in Wirklichkeit Emissionsfreiheit, da Kaufleute und kaufmännische Gesellschaften (Aktiengesellschaften, Aktienkommanditgesellschaften, Gesellschaften mit beschr. Haftung) durch Ausgabe von Orderpapieren gemäß HGB. § 363 und Begebung derselben mittels Blankoindossaments den gleichen Zweck erreichen wie mit der Begebung von Inhaberpapieren.[2]) Die Genehmigung wird bei Inhaberschuldverschreibungen durch die Zentralbehörde des Bundesstaates erteilt, in dessen Gebiet der Aussteller seinen Wohnsitz oder seine gewerbliche Niederlassung hat, in Preußen nach der Ausführungsverordnung zum BGB. v. 16. Nov. 1899 Art. 8 auf Grund königlicher Ermächtigung von dem Minister des Innern und dem Finanzminister. Inhaberschuldverschreibungen, die ohne staatliche Genehmigung in den Verkehr gesetzt werden, sind nichtig; der Aussteller hat dem Inhaber den durch die Ausgabe verursachten Schaden zu ersetzen (BGB. § 795 Abs. 3).[3])

Endlich ist auf Grund des Hypothekenbankgesetzes vom 13. Juli 1899 das Recht zur Ausgabe von Hypothekenpfandbriefen in zweifacher Weise beschränkt. Erstens muß der Gesamtbetrag der umlaufenden Pfandbriefe stets durch Hypotheken von mindestens gleicher Höhe und gleichem Zinsbetrag gedeckt sein (§ 6), sodann dürfen Hypothekenpfandbriefe nur bis zum fünfzehnfachen Betrage des eingezahlten Grundkapitals und eines qualifizierten Reservefonds ausgegeben werden (§ 7).

Übrigens wird von verschiedenen Seiten für eine künftige Reform der Aktiengesetzgebung angestrebt, die Emission der Obligationen industrieller Gesellschaften überhaupt von einer Genehmigung der Staatsbehörde abhängig zu machen, wobei der Genehmigung eine Prüfung daraufhin voraufgehen soll, ob ein dringendes Bedürfnis vorliege, daß der Geldbedarf der

---

[1]) Protokolle Bd. II S. 556, 557.

[2]) Vgl. Kap. XV.

[3]) Vgl. auch StGB. § 145[a], wonach, wer solche Papiere im Inlande ohne die erforderliche Genehmigung in den Verkehr bringt, mit Geldstrafe bestraft wird.

industriellen Gesellschaft nicht auf dem Wege einer neuen Aktienemission, sondern gerade auf diesem Wege gedeckt werde. Der Grund für diese Bestrebungen ist indessen in erster Linie nicht in dem beabsichtigten Schutz der Gläubiger der Gesellschaften zu suchen, wenn gleich auch dieser Grund ins Feld geführt wird.[1]) Vielmehr wird damit hauptsächlich bezweckt, die Konkurrenz, welche die industriellen Obligationen den Staatspapieren und anderen mündelsicheren Papieren (Pfandbriefen) machen, auf diesem Wege einzuschränken.[2]) Ob diese Bestrebungen Aussicht auf Erfolg haben, erscheint in hohem Maße zweifelhaft. Der mit der Prüfung des Gesuchs betrauten Behörde würde damit eine Untersuchung der Verhältnisse des Schuldners zugemutet und eine Verantwortung auferlegt werden, die weit über diejenige hinausgehen würde, welche das Erfordernis der Staatsgenehmigung für die Ausgabe von Inhaberschuldverschreibungen nach der gegenwärtigen Gesetzgebung voraussetzt. Eine so weitgehende Verantwortung kann aber von Staatsbehörden unmöglich übernommen werden.[3])

In Österreich sind öffentliche Anlehen, welche unter Begebung von Forderungspapieren, also Inhaber-, Order- oder Namenpapieren, veranstaltet werden, nur auf Grund eines Spezialgesetzes oder einer staatlichen Konzession möglich.[4]) Was die Inhaberschuldverschreibungen betrifft, so ist durch das Hofdekret vom 17. Dezbr. 1847 die Aufnahme von Anleihen durch Privatpersonen in der Form von Partialobligationen, welche auf den Inhaber lauten, ausdrücklich untersagt. Hinsichtlich der Massenemission von Namen- und Orderpapieren ist die Frage in der Literatur allerdings zweifelhaft, die Zulässigkeit ist aber jedenfalls zu verneinen, insoweit es sich um die Emission von abstrakten Anlehnspapieren handelt, da die Schaffung abstrakter Obligationen in Ermanglung gesetzlicher Anerkennung nach österreichischem Recht dem Privatwillen entzogen ist.[5])

---

[1]) Plutus, (herausgeg. v. Bernhard) IV. Jahrg. 1907 S. 153.

[2]) v. Kardorff, im „Tag" Nr. 94 v. 21. Febr. 1907.

[3]) Vgl. auch oben Kap. X S. 108.

[4]) Vgl. v. Schey, Obligationsverhältnisse des österr. Privatrechts I § 23 S. 185.

[5]) v. Schey a. a. O. § 23 S. 183, § 21 S. 166ff.

In einer Reihe ausländischer Gesetzgebungen finden sich mehr oder weniger ausführliche Vorschriften über die Voraussetzungen, welche für die Aufnahme von Anleihen im Wege der Emission von Teilschuldverschreibungen seitens der Handelsgesellschaften maßgebend sind.

Nach einem mexikanischen Gesetz über Ausgabe von Gesellschaftsobligationen vom 29. Nov. 1897 [1]) steht die Ausgabe von Obligationen nur Eisenbahn- und Bergwerksgesellschaften, Gesellschaften für öffentliche Arbeiten, Aktiengesellschaften und Kommanditgesellschaften auf Aktien zu.

Weitere Bestimmungen ausländischer Handelsgesetzbücher über die Schuldverschreibungen von Aktiengesellschaften und Aktienkommanditgesellschaften sind folgende [2]):

Die genannten Gesellschaften können Schuldverschreibungen auf Inhaber oder auf Namen nur bis zum Betrage des eingezahlten und nach der letzten Bilanz ausgewiesenen Kapitals ausgeben (Italien Art. 171, Portugal Art. 196, Argentinien Art. 365, das erwähnte mexikanische Gesetz Art. 5, das letztere indessen mit der Maßgabe, daß die Gesellschaft auch Schuldverschreibungen in einem ihr Vermögen weit überschreitenden Betrage ausgeben darf, wenn die Schuldverschreibungen zum Erwerbe von Vermögenswerten verwendet werden sollen und diese Verwendung die Veranlassung der Emission ist). Mit dieser Bestimmung bezweckte man natürlich eine Übereinstimmung zwischen den von der Gesellschaft den Gläubigern gebotenen Garantien und dem Umfang ihrer Geschäfte zu schaffen.

Die Ausgabe von Schuldverschreibungen kann, auch wenn die Emission von Obligationen in den Statuten vorgesehen ist, nicht ohne Beschlußfassung der Generalversammlung stattfinden (Italien Art. 172, Portugal Art. 197). Der Beschluß muß mit derselben Majorität gefaßt werden, welche für Statutenänderungen vorgeschrieben ist. Der Beschluß ist bei dem Gericht zu hinterlegen und in das Gesellschaftsregister einzutragen (Italien Art. 172).

---

1) Abgedruckt in deutscher Übersetzung in der Monatsschr. für Handelsrecht und Bankwesen Bd. 7 S. 233ff.

2) Vgl. Begründung zum Reichsgesetze über die gemeinsamen Rechte der Besitzer von Teilschuldverschreibungen S. 40ff.

Aus dieser Bestimmung folgt auch, daß die Gesellschaft bereits vor der Emission der Anleihe errichtet sein muß, und daß die Emission nicht schon gleichzeitig mit der ersten Ausgabe der Aktien stattfinden kann.[1])

Die Gesellschaft muß ferner, um eine Ausgabe von Schuldverschreibungen durch öffentliche Zeichnung vorzunehmen, eine Bekanntmachung veröffentlichen, welche nähere Angaben enthält über die Lage der Gesellschaft nach der letzten genehmigten Bilanz, den Betrag der ausgegebenen und auszugebenden Schuldverschreibungen, die Art der Zahlung und Rückzahlung und den Nennwert jeder einzelnen, den Betrag der Zinsen, die Angabe, ob sie auf Namen oder Inhaber lauten, das Datum der Bekanntmachung des die Ausgabe genehmigenden Generalversammlungsbeschlusses, endlich im Fall der Staatsgarantie die zur Beurteilung der Garantie erforderlichen Angaben (Italien Art. 173, ähnlich Argentinien Art 367, Mexikan. Gesetz Art. 4).

2. Auf Konzessionen beruhende Voraussetzungen.

In allen Ländern sind gewisse Unternehmungen, wie die Anlage von Eisenbahnen durch Privatpersonen oder durch Gesellschaften, von der seitens der Regierung in jedem Falle zu erteilenden Genehmigung abhängig gemacht. Bei der Erteilung der Konzession wird regelmäßig dem Unternehmer unter anderem die Verpflichtung auferlegt, zur Aufnahme von Anleihen die Ermächtigung der Regierung einzuholen. Die Regierung ist auf diese Weise in der Lage, in jedem Falle vor Erteilung der Genehmigung die wirtschaftliche Lage des Unternehmers und die Frage des Bedürfnisses einer neuen Emission einer eingehenden Prüfung zu unterziehen; sie kann auch im Interesse der Gläubiger in den Emissionsprivilegien bestimmte Festsetzungen bezüglich der Verzinsung, Tilgung, Sicherung der Anleihen treffen, an welche der Schuldner bei der dem-

---

[1]) Vivante, Trattato di diritto commerciale I S. 525. Auch für Deutschland fordert Riesser, für den Fall einer allgemeinen gesetzlichen Regelung des Rechtes der Obligationen und Obligationäre, eine ausdrückliche Bestimmung, daß Aktiengesellschaften Obligationen erst nach Eintragung der Gesellschaft ausgeben dürfen; vgl. Riesser, Zur Kritik der Gesetzentwürfe betr. das Hypothekenbankwesen usw. (Stuttgart 1898) S. 13.

nächstigen Aufnahme der Anleihe gebunden ist. In Deutschland, wo der größte Teil der Hauptbahnen nunmehr verstaatlicht worden ist und nur noch wenige wichtigere Privatbahnen existieren, spielen diese Fragen gegenwärtig keine erhebliche Rolle mehr, während in Ländern mit ausgedehntem Privatbahnsystem, wie in Österreich, die staatliche Konzession als Voraussetzung für die Aufnahme von Anleihen von großer Bedeutung ist.

3. Statutarische und vertragsmäßige Voraussetzungen.

Außer den vorstehend behandelten gesetzlichen und sonstigen staatlichen Vorschriften sind für Gesellschaften hinsichtlich der Aufnahme von Anleihen noch diejenigen Vorschriften maßgebend, die auf den Gesellschaftsstatuten beruhen. Regelmäßig enthalten die letzteren bei Aktiengesellschaften und Aktienkommanditgesellschaften nähere Bestimmungen über die Voraussetzungen, von denen die Ausgabe von Prioritätsobligationen abhängt. Im allgemeinen ist die Zustimmung der Generalversammlung hierzu erforderlich, doch ist auch mitunter lediglich eine Beschlußfassung des Vorstandes, die der Zustimmung des Aufsichtsrates bedarf, vorausgesetzt.

Enthalten die Statuten keine Bestimmung, so ist die Zustimmung der Generalversammlung zu der Aufnahme einer Anleihe einzuholen. Es erscheint nicht angängig, daß in einem solchen Falle die Verwaltung für sich allein das Recht ausübt, die Gesellschaft mit einer Obligationen-Anleihe zu belasten, ohne daß die Aktionäre ihre ausdrückliche Zustimmung dazu erteilt haben. Wenn auch die Verwaltung befugt ist, selbständig für vorübergehende Zwecke, selbst gegen Verpfändung von Vermögensstücken der Gesellschaft, Kredit in Anspruch zu nehmen, so unterliegt doch jedenfalls eine dauernde Belastung der Gesellschaft, wie sie mit einer Anlehnsaufnahme verbunden ist, der Zuständigkeit der Generalversammlung als des obersten Willensorgans der Gesellschaft. Demgemäß bestimmen auch das italienische Handelsgesetzbuch (Art. 172), und das portugiesische Handelsgesetzbuch (Art. 197), wie oben bereits erwähnt, daß, auch wenn die Emission von Obligationen in den Statuten vorgesehen ist, die Ausgabe nicht ohne Beschlußfassung der Generalversammlung stattfinden kann. Für Deutschland wird de lege ferenda von berufener Seite mit Recht gefordert, daß die Emission von Obligationen durch Aktiengesellschaften ausschließlich durch Beschluß der Generalversammlung möglich sein solle und abweichende statutarische Bestimmungen sogar nichtig sein sollen.[1])

Endlich sind die Anlehnsschuldner an vertragliche Voraussetzungen gebunden, denen sie sich bezüglich der Aufnahme von neuen Anlehen unterworfen haben. Mitunter übernehmen die Anlehnsschuldner bei Emission einer Anleihe in den Anlehnsbedingungen die Verpflichtung, bis zur Rückzahlung dieser Schuld überhaupt keine neue Anleihe oder keine solche aufzunehmen, die den Gläubigern ein besseres Recht gewährt als den Gläubigern der früheren Anleihe. Verletzt der Anlehnsschuldner die vertraglich übernommene Verpflichtung durch Aufnahme einer neuen Anleihe vor Rückzahlung der früheren oder durch Gewährung besserer Rechte an die Gläubiger der neuen Anleihe, so kann er von den in ihren Rechten verletzten Gläubigern im Wege der Klage auf Erfüllung seiner Vertragspflichten beziehentlich auf Schadensersatz belangt werden. Ist der Anlehnsschuldner eine Aktiengesellschaft oder Aktienkommanditgesellschaft, so ist eine Klage außer gegen den Vorstand bzw. die persönlich haftenden Gesellschafter auch gegen die Mitglieder des Aufsichtsrates auf Ersatz des verursachten Schadens angängig.[2])

---

[1]) So Riesser, Zur Kritik der Gesetzentwürfe betr. das Hypothekenbankwesen usw. S. 14.

[2]) Hat sich der Anlehnsschuldner (die Gesellschaft) nur verpflichtet, die Aufnahme einer neuen Anleihe zu unterlassen, so wird dieser Verpflichtung durch die Aufnahme eines Darlehns (z. B. bei einer Bank) und selbst durch eine hypothekarische Verpfändung des Gesellschaftsvermögens nicht zuwider gehandelt, da es sich bei diesen Rechtsakten nicht um die Aufnahme einer Anleihe handelt, wenngleich natürlich in diesem Vorgehen des Anlehnsschuldners eine ebenso schwere Benachteiligung seiner Anlehnsgläubiger liegen kann. So mit Recht Urt. des Reichsgerichts v. 24. Novbr. 1906 in der Juristischen Wochenschrift 1907 S. 83 Nr. 13.

Kapitel XII.

Rechte der Anlehnsgläubiger: Einzelrechte, Rechte als Mitglieder der Gesamtheit der Gläubiger. Rechte aus den Anlehnsschuldverschreibungen.

Wie früher (Kap. IV) erörtert, ist die Stellung des Anlehnsgläubigers eine doppelte. Erstens steht er dem Anlehnsschuldner als selbständiger Gläubiger gegenüber, sodann aber befindet er sich mit den übrigen Teilobligationären des Anlehns in einem Mehrheitsverband, der unter gewissen Voraussetzungen zu einer gesetzlichen Rechtsgemeinschaft zwecks wirksamer Geltendmachung der Rechte der Gläubiger ausgebildet ist.

Dementsprechend sind auch die Rechte und Befugnisse des Anlehnsgläubigers teils solche, welche ihm als Einzelobligationär zustehen, teils solche, die er als Mitglied der Gesamtheit der Obligationäre auszuüben befugt ist.

Die Einzelrechte des Anlehnsgläubigers sind in erster und hauptsächlichster Reihe Forderungsrechte gegen den Anlehnsschuldner, insbesondere das Recht auf Aushändigung der auf Grund der Subskription zugeteilten oder sonst erworbenen Obligationen gegen Zahlung der Anleihevaluta bzw. des Emissionspreises, das Recht auf Zinszahlung, das Recht auf Rückzahlung der Schuldsumme, wenn der Schuldner vertraglich zur Tilgung der Anleihe verpflichtet ist. Daneben bestehen noch Hilfsrechte, welche die Durchführung der Forderungsrechte fördern, wie das Recht auf Eintragung in das Schuldbuch (Reichs-Staats-Stadtschuldbuch).

Zwar nicht in Deutschland, wohl aber in einzelnen Auslandsstaaten steht den Anlehnsgläubigern von Gesellschaften im Interesse der Sicherheit ihrer Forderungen ein beschränktes Recht auf Teilnahme an der Verwaltung der Gesellschaft zu. So sind in Portugal und Argentinien die Inhaber der Schuldverschreibungen, wenn die Statuten nicht das Gegenteil bestimmen, berechtigt, den Generalversammlungen der Gesellschaft beizuwohnen, sowie die auf der Tagesordnung stehenden Gegenstände zu erörtern (auch Anträge zu stellen), ohne aber an der Abstimmung teilzunehmen (Portugisisches HGB. Art. 185, Argentinisches HGB. Art. 352).

Ebenso dürfen die Inhaber von Prioritätsobligationen in Belgien den Generalversammlungen, jedoch nur mit beratender Stimme, beiwohnen. Von den vor der Generalversammlung niedergelegten Schriftstücken d. h. von der Bilanz, dem Gewinn- und Verlustkonto und dem Verzeichnis der Aktionäre dürfen sie Einsicht nehmen (Belg. Ges. v. 8. Mai 1873 Art. 70).

Nach dem belgischen Entwurfe betr. die Schuldverschreibungen und die Rechte der Inhaber der von Handelsgesellschaften ausgegebenen Schuldverschreibungen ist ferner eine Klage des Einzelobligationärs zum Schutze der gemeinsamen Interessen aller Schuldverschreibungen oder einer Gruppe von solchen unter gewissen Voraussetzungen vorgesehen (Art. 155, 152 des Entwurfs).

Ähnliche Vorschriften bezüglich der Teilnahme an der Verwaltung der Gesellschaften wie die vorstehend berührten, müßten im Interesse des Einzelobligationärs auch in Deutschland getroffen werden, sofern eine Gesamtmodifikation des Rechtes der Obligationen und Obligationäre erfolgt. Hierauf ist mit Recht von Riesser[1]) hingewiesen worden.

Wie bereits in Kap. VII erörtert, ist für die Beurteilung der Rechte des einzelnen Gläubigers aus dem Anlehnsverhältnis maßgebend, daß sich die Anlehnsaufnahme, sofern eine Ausgabe von Order- oder Inhaberpapieren erfolgt, im Wege der — regelmäßig entgeltlichen — Übertragung der in den Skripturobligationen verkörperten Forderungen bzw. dieser Papiere selbst, im gewöhnlichen Falle also im Wege des Kaufes vollzieht. Die Rechte der Gläubiger und dementsprechend die Verpflichtungen des Schuldners bruhen in erster Linie auf der vertrags-

[1]) Zur Kritik der Gesetzentwürfe betr. das Hypothekenbankwesen usw. S. 13.

mäßigen Abrede, dem Begebungsvertrage, der in den Emissionsbedingungen des Anlehns enthalten und auf den Schuldverschreibungen abgedruckt bzw. darin in Bezug genommen ist. Dies gilt auch für die Anleihen der Staaten; werden in Anleihegesetzen und in Erlassen des Staatsoberhauptes gewisse Vorschriften bezüglich der Rechtsverhältnisse der Anleihen getroffen, so gelten diese als stillschweigende Vertragsabreden, die den nach ihrem Inkrafttreten abgeschlossenen Anleihen ohne weiteres zugrunde liegen. In zweiter Linie gelten die Bestimmungen des bürgerlichen Gesetzbuchs, insbesondere, soweit es sich um Schuldverschreibungen auf den Inhaber handelt, die §§ 793—806 des BGB.; bei den deutschen Reichsanleihen finden in erster Reihe die Bestimmungen der Reichsschuldenordnung Anwendung.

Ist der Emittent der Anleihe Kaufmann, eine Aktiengesellschaft, Aktienkommanditgesellschaft, Gesellschaft mit beschränkter Haftung, so ist die Aufnahme der Anleihe Handelsgeschäft, sofern sie zum Betriebe des Handelsgewerbes gehört (BGB. § 343). Für diese Zugehörigkeit spricht die Vermutung, und bei Ausgabe von Schuldverschreibungen ist diese Vermutung nur durch den Inhalt der Schuldverschreibungen selbst widerlegbar (HGB. § 344). Für Anleihen, welche hiernach Handelsgeschäfte sind, kommt das Sonderobligationenrecht des Handelsgesetzbuchs vor dem Obligationenrecht des Bürgerlichen Gesetzbuchs bzw. in Ergänzung desselben zur Anwendung.[1])

Die Anleihebedingungen enthalten regelmäßig Bestimmungen über die Verzinsung, etwaige Pfandbestellung und sonstige Sicherheitsstellungen zugunsten der Gläubiger, über die etwaige Tilgung der Anleihe, über die Art, wie Mitteilungen über Kündigung und Auslosung der Anlehnstitel an die Gläubiger zu erfolgen haben, dazu noch regelmäßig Vorschriften über die Verjährung der Zinsscheine und der gekündigten oder ausgelosten Teilschuldverschreibungen usw.

---

[1]) Selbstverständlich wird die von einem Nichtkaufmann z. B. einer Gemeinde aufgenommenen Anleihe nicht dadurch zu einem Handelsgeschäft, daß der Negotiant der Anleihe Kaufmann z. B. eine Bank ist. So, zutreffend, Vivante, „Die Verjährung der Barianleihe" im „Bankarchiv" I S. 203, 204 gegen ein Gutachten des Kassationshofes zu Neapel, der die kürzere handelsrechtliche Verjährung bei einer Prämienanleihe der Stadt Bari deshalb annahm, weil eine Bank an der Emission beteiligt war.

Nicht selten finden sich auch besondere Bestimmungen über die Rangordnung von Anleihen, welche zu verschiedenen Zeiten aufgenommen wurden, dergestalt, daß die Gläubiger späterer Emissionen ihre Rechte nur vorbehaltlich des Vorrangs der Gläubiger früherer Emissionen erwerben.

Sind die ausgegebenen Schuldverschreibungen Inhaber- oder Orderpapiere, also Skripturobligationen, so haftet der Anleiheschuldner freilich aus seinem Versprechen lediglich nach Maßgabe des Inhalts des Papiers. Ist in den ausgegebenen Papieren als causa negotii das Darlehn ausdrücklich bezeichnet, so finden, obgleich die Aufnahme der Anleihe sich nicht als Darlehn darstellt, hinsichtlich der Erfüllung der Obligationen die Rechtssätze des zivilrechtlichen Darlehns insoweit Anwendung, als dieses mit dem Inhalt der Skripturobligation und dem Wesen des Anleihegeschäftes vereinbart ist, wie dieses bereits früher dargelegt ist (vgl. oben Kap. VII).

Die hauptsächlichsten Rechte des einzelnen Gläubigers aus dem Anlehnsverhältnis, soweit sie nicht schon in den vorhergehenden Kapiteln berührt sind, werden demnächst in besonderen Abschnitten behandelt werden, wie das Recht auf Zinsen, die Inanspruchnahme eines bestellten Pfandes oder einer sonstigen Sicherheit, das etwaige Recht auf Rückforderung der Schuldsumme usw. An dieser Stelle sollen im folgenden lediglich diejenigen Rechte der Anlehnsgläubiger erörtert werden, welche mit dem Erwerb von Schuldverschreibungen seitens der Anlehnsgläubiger zusammenhängen.

Sind die Anlehnstitel Inhaberschuldverschreibungen, so ist der Inhaber nur dann berechtigt, die Leistung zu verlangen, wenn er zur Verfügung über das Papier befugt ist. Daß er hierzu nicht berechtigt ist, hat der Anlehnsschuldner zu beweisen, wenn er die Berechtigung bestreiten will; indessen wird der Aussteller auch durch die Leistung an einen nicht berechtigten Inhaber befreit (BGB. § 793). Dem Inhaber der Schuldverschreibung (Inhaberpapier, Orderpapier) können von dem Anlehnsschuldner nur solche Einwendungen entgegengesetzt werden, welche die Gültigkeit der Ausstellung betreffen — z. B. daß die Urkunde gefälscht sei — oder sich aus der Urkunde, beziehentlich aus den in der Urkunde in Bezug genommenen, im Prospekt veröffentlichten

Anlehnsbedingungen ergeben oder dem Aussteller unmittelbar gegen den Inhaber zustehen (BGB. § 796, HGB. § 364). Zahlung kann seitens der Gläubiger nur gegen Vorlegung und Aushändigung der Urkunde gefordert werden (BGB. § 797, HGB. § 364).

Die Ansprüche aus Inhaberschuldverschreibungen unterliegen nicht — wie nach früherem Recht — der Verjährung. Dafür ist durch das BGB. eine Ausschlußfrist eingeführt worden, welche, wenn nicht in der Urkunde selbst etwas anderes bestimmt ist, 30 Jahre beträgt. Die Ausschlußfrist beginnt mit dem Eintritt der für die Leistung bestimmten Zeit, z. B. bei Schatzanweisungungen mit dem Tage der Fälligkeit. Enthält die Urkunde keine ausdrückliche Angabe einer bestimmten Leistungszeit, so beginnt sie sofort. Erfolgt die Vorlegung innerhalb der Frist, so beginnt erst von dem Ende der Vorlegungsfrist eine zweijährige Verjährungsfrist bezüglich des Anspruchs zu laufen (BGB. § 801 Abs. 1 und 3). [1]) Für Zins- und Rentenscheine beträgt die Vorlegungsfrist vier Jahre. Sie beginnt mit dem Schlusse des Jahres, in dem die für die Leistung bestimmte Zeit eintritt (§ 801 Abs. 2 a. a. O.).

Aus Billigkeitsgründen kann der Inhaber einer Schuldverschreibung, wenn sie infolge einer Beschädigung oder einer Verunstaltung zum Umlauf nicht mehr geeignet ist, von dem Aussteller die Erteilung einer neuen Schuldverschreibung auf den Inhaber, gegen Aushändigung der beschädigten oder verunstalteten, fordern. Voraussetzung indessen bildet, daß der wesentliche Inhalt und ihre Unterscheidungsmerkmale noch mit Sicherheit erkennbar sind. Die Kosten hat der Inhaber zu tragen und vorzuschießen (§ 798 a. a. O.). Bei Vernichtung besteht im allgemeinen eine Pflicht zur Ausstellung einer Ersatzurkunde nicht. Eine Ausnahme besteht nur bei Reichsschuldverschreibungen und Reichsschatzanweisungen und bei den zu ihnen gehörigen Zinsscheinen, bei denen, wenn die Vernichtung nachgewiesen werden kann, das Recht auf eine Ersatzurkunde gesetzlich gewährleistet ist (Reichsschuldenordnung § 16).

---

[1]) Der Beginn der Vorlegungsfrist und der Verjährung werden durch die gerichtliche Zahlungssperre zugunsten des Antragstellers gehemmt. Sie ist auf Antrag nach Einleitung des Aufgebotsverfahrens — ZPO. § 1019 — anzuordnen. Näheres BGB. § 802.

Mit dem Untergang der Schuldverschreibung (Inhaberpapiers, Orderpapiers) erlischt an sich das in ihr verkörperte Recht. Im Fall des Abhandenkommens des Papiers ist der Berechtigte nicht in der Lage, Rechte aus dem Papiere geltend zu machen, außerdem schwebt er in Gefahr, seines Rechtes endgültig verlustig zu gehen, wenn ein redlicher Dritter das Eigentum an dem Papier erwirbt oder ein unredlicher Dritter das Recht aus dem Papier mit Erfolg geltend gemacht hat (BGB. §§ 929ff., 1006, HGB. § 366). Eine Abhilfe hiergegen gibt die gerichtliche Kraftloserklärung der Urkunde. Sie ist bezüglich abhandengekommener oder vernichteter Schuldverschreibungen auf Inhaber und an Order zulässig, sofern nicht durch eine in der Urkunde selbst enthaltene Bestimmung die Zulässigkeit der Kraftloserklärung ausgeschlossen ist (BGB. § 799). Sie geschieht im Wege des gerichtlichen Aufgebotsverfahrens, welches in der ZPO. §§ 1003ff. des näheren geregelt ist. Ausgenommen von der Kraftloserklärung sind die Zinsscheine (BGB. § 799). Zur Stellung des Antrags auf Einleitung des Aufgebotsverfahrens ist bei Inhaberpapieren und bei den mit Blankoindossament verversehenen Orderpapieren, welche als Anleihetitel hauptsächlich in Frage kommen, der letzte Inhaber des abhanden gekommenen oder vernichteten Papiers befugt (ZPO. § 1004). Wenn der Inhaber der Urkunde vor dem Aufgebotstermin seine Rechte unter Vorlegung der Urkunde anmeldet, so wird das Aufgebotsverfahren eingestellt und dem Antragsteller die Verfolgung seiner Rechte gegen den Inhaber des Papiers überlassen. Da bis zur rechtskräftigen Kraftloserklärung das aufgebotene Papier seine Kraft behält, so besteht zwecks Sicherung der Durchführung des Aufgebotsverfahrens bei Inhaberpapieren die gerichtliche Zahlungssperre, welche auf Antrag bei Einleitung des Aufgebotsverfahrens vom Gericht erlassen wird.[1])

Derjenige, der das Ausschlußurteil erwirkt hat, ist auf Grund desselben berechtigt, dem durch die Urkunde Verpflichteten gegenüber die Rechte aus der Urkunde geltend zu machen (ZPO. § 1018). Er kann aber auch von dem Verpflichteten die Erteilung einer neuen Schuldverschreibung an

---

[1]) Unter Umständen ist sie auch schon vor Einleitung des Aufgebotsverfahrens statthaft, ZPO. § 1020.

Stelle der für kraftlos erklärten gegen Tragung der Kosten verlangen (BGB. § 800).

Zinsscheine können zwar, wie bereits erwähnt, nicht für kraftlos erklärt werden. Indessen ist dem letzten Inhaber eines abhanden gekommenen oder vernichteten Zinsscheins kraft gesetzlicher Vorschrift das Recht eingeräumt, nach dem Ablauf der Vorlegungsfrist die Zahlung von dem Aussteller zu fordern, sofern er dem letzteren vor dem Ablauf der Frist den Verlust angezeigt hat. Der Anspruch ist indessen ausgeschlossen, wenn der abhanden gekommene Schein dem Aussteller vorgelegt oder der Anspruch aus dem Schein gerichtlich geltend gemacht wurde, es sei denn, daß dies erst nach dem Ablauf der Vorlegungsfrist geschehen ist (§ 804 BGB.). Durch besonderen Vermerk in dem Zinsschein kann dieses Recht des letzten Inhabers des Zinsscheins ausgeschlossen werden. Auch ohne besonderen Vermerk ist es bei den Zinsscheinen zu Reichsschuldverschreibungen (Reichsschuldenordnung § 16) und bei den Zinsscheinen des Staates und anderer öffentlicher Verbände gemäß EG. z. BGB. Art. 100 Ziff. 2 nach einzelnen Landesrechten (z. B. Preuß. AG. z. BGB. Art. 17[2]) ausgeschlossen.

2. Als Mitglied der Gesamtheit der Anlehnsgläubiger hat der einzelne Gläubiger das Recht an einem etwaigen Verbande der Obligationäre teilzunehmen, Mitglied der gesetzlichen Organisation der letzteren, wie sie auf Grund des Gesetzes betreffend die gemeinsamen Rechte der Besitzer von Schuldverschreibungen vom 4. Dezbr. 1899 besteht, zu sein, an den Versammlungen der Schuldverschreibungsgläubiger teilzunehmen und daselbst sein Stimmrecht auszuüben (vgl. oben S. 44 ff.). Entsteht mit der Begebung der Obligationen zum Schutz derselben und zur Wahrung der gemeinsamen Interessen eine juristische Persönlichkeit — z. B. ein Syndikat, wie dies nach dem belgischen Gesetzentwurf betreffend die Schuldverschreibungen der Fall ist — so haben die Anlehnsgläubiger das Recht, an den durch das Syndikat berufenen Versammlungen teilzunehmen und daselbst mitzustimmen.

Kapitel XIII.

Die Anlehnstitel und ihre Begründung. Namen-(Rekta-), Order-, Inhaberpapiere. Internationale Rechtsverhältnisse bei in Verlust geratenen Inhaberpapieren. Umwandlung der Inhaberschuldverschreibungen in Namenpapiere. Das Inskriptionssystem (Staatsschuldbuch—Stadtschuldbuch).

Die über die Anleiheforderungen ausgegebenen Schuldtitel sind regelmäßig Wertpapiere und zwar Skripturobligationen, d. h. Obligationen, welche das Papier und nur dieses zum Entstehungsgrunde haben, und für deren Beurteilung auch nur der Inhalt der Schuldverschreibung maßgebend ist. Indessen kann der Wortlaut der Schuldverschreibung auch auf andere Schriftstücke verweisen, z. B. auf ein Gesetz oder auf allgemeine Bedingungen eines Anleiheprospektes; in diesem Falle gelten die in bezug genommenen Bestimmungen als leges contractus in gleicher Weise, wie wenn sie in die Schuldverschreibung ihrem Wortlaut nach Aufnahme gefunden hätten.[1])

Die Schuldverschreibungen können auf den Namen (Rektapapiere), an Order oder auf den Inhaber lauten.

Rektapapiere können von Staaten, Körperschaften des öffentlichen und privaten Rechtes und von Einzelpersonen ausgegeben werden. Sie sind im allgemeinen älter als die beiden anderen Arten von Wertpapieren. Sie gewähren zwar den Gläubigern größere Sicherheit gegen Verluste, indessen sind sie für Kapitalisten weniger bequem, da die Verfügung über das

[1]) Vgl. Gierke, Deutsches Privatrecht II S. 125 Note 11.

Kapital infolge der Notwendigkeit einer förmlichen Abtretungserklärung erschwert ist, und da das Recht des Erwerbers von dem seines Autors abhängig ist, was eine dem Handel nicht genehme Prüfung des Rechtes durch den jedesmaligen Nachfolger erforderlich macht.[1]) Die beiden anderen Arten sind daher marktgängiger und werden von Kapitalisten vorgezogen.

Staatspapiere auf Namen sind bisher weder vom Deutschen Reich noch von Preußen, wohl aber von anderen deutschen Staaten — Baden, Bayern, Württemberg — und auswärtigen Staaten ausgegeben worden. In Österreich wurden bei der Konvertierung der älteren Staatschulden die Obligationen der unifizierten allgemeinen Staatsschuld je nach Wahl des Berechtigten auf den Überbringer oder auf Namen ausgestellt.[2]) In Frankreich, wo nach dem Gesetz vom 24. Aug. 1793 sämtliche Staatsanleiheforderungen im grand livre de la France eingetragen werden müssen, wurden die über diese Eintragungen ausgestellten Buchauszüge (extrait d'inscription) ursprünglich nur auf Namen ausgestellt; seit 1831 werden daneben auf Wunsch auch Zertifikate auf Inhaber ausgestellt und mit Inhaberkupon versehen.[3]) In England, wo von jeher die Forderungen sämtlicher Staatsgläubiger auf deren Namen in das Schuldbuch (great ledger) eingetragen wurden, ohne daß über die Forderung eine besondere Schuldverschreibung ausgestellt wurde, werden seit 1863 auf Verlangen der Gläubiger gegen $^1/_4$ % Gebühr auf den Namen oder auf Inhaber lautende Obligationen ausgestellt.[4])

Die auf Namen ausgestellten Anlehnstitel haben, da sie Wertpapiere sind, stets die Eigenschaft der Präsentationspapiere, d. h. die Forderung kann nur gegen Vorlegung, und falls vollständige Erfüllung gefordert wird, nur gegen Aushändigung des

---

[1]) Vgl. RG. ZivS. XVI, 84ff., X 40. Daher fallen die auf den Namen lautenden Schuldverschreibungen nicht unter die „für den Handelsverkehr bestimmten Schuldverschreibungen" im Sinne des Tarifes zum Reichsstempelgesetz 2a, unterliegen also nicht dem Emissionsstempel in Höhe von 6‰ (vgl. Stenglein, Die strafrechtlichen Nebengesetze 3. Aufl. 1903 S. 1309 Note 8).

[2]) Vgl. Brunner in Endemanns Handbuch des Handelsrechts Bd. II S. 154.

[3]) Roscher, Volkswirtschaft 4, 2 § 144 S. 346 Note 11.

[4]) Vgl. oben S. 19, 20.

Papiers geltend gemacht werden, das Recht aus dem Papier kann also nur der ausüben, der das Papier besitzt. Der Besitzer muß indessen, um das Recht aus dem Papier geltend zu machen, sich als berechtigt legitimieren, also nachweisen, daß er mit dem im Papier benannten Berechtigten identisch oder dessen Rechtsnachfolger oder Bevollmächtigter ist. Da dem Schuldner also bei den Namenpapieren die unter Umständen schwierige Prüfung der Legitimation des Gläubigers obliegt, so wird in seinem Interesse bei Ausgabe dieser Papiere häufig bestimmt, daß die Leistung auch an jeden Inhaber erfolgen kann. In diesem Falle, bei den sogenannten Legitimationspapieren, ist der Schuldner von der Pflicht entbunden, die Identität des Präsentanten mit der Person des Berechtigten zu prüfen, vielmehr wird er durch die Leistung an den Inhaber der Urkunde von seiner Verpflichtung befreit. Dagegen ist der Inhaber als solcher nicht berechtigt, die Leistung zu verlangen, sondern er hat auf Erfordern den Rechtserwerb zu beweisen (BGB. § 808 Abs. 1).

Eine Kraftloserklärung findet im Falle des Verlustes von Namenpapieren nicht statt. Indessen kann der Schuldner, wenn der Gläubiger behauptet, zur Rückzahlung außerstande zu sein, gegen die Zahlung das öffentlich beglaubigte Anerkenntnis verlangen, daß die Forderung erloschen sei (BGB. § 371). Eine Ausnahme besteht nur für die Legitimationspapiere im obigen Sinne. Sind solche abhanden gekommen oder vernichtet, so können sie, wenn nicht ein anderes bestimmt ist, im Wege des Aufgebots für kraftlos erklärt werden (§ 808 Abs. 2 a. a. O.).

Anlehnstitel an Order sind die in der Form von kaufmännischen Verpflichtungsscheinen an Order (§ 363 HGB.) ausgegebenen Obligationen (Prioritätsobligationen) der Aktiengesellschaften und anderer industrieller Gesellschaften. Regelmäßig werden diese an Order eines Bankhauses gestellt und durch Blankoindossament übertragen. Der Schuldner muß zur Zeit ihrer Ausstellung Kaufmann sein. Unerheblich ist es, ob die Anlehnsschuld im Betrieb seines Handelsgewerbes eingegangen ist oder nicht, sofern nicht aus den Schuldtiteln selbst das Gegenteil sich ergibt (HGB. § 344 Abs. 2).

Wie bereits früher erörtert, erfreut sich diese Anlehnsform deshalb großer Beliebtheit, weil für die Emission dieser Papiere — im Gegensatz zu der Emission von Inhaberpapieren — die

Staatsgenehmigung gemäß BGB. § 795 nicht erforderlich ist, obwohl durch ihre Begebung mittels Blankoindossament derselbe Zweck erreicht wird wie mit den Schuldverschreibungen auf Inhaber, nämlich die Schaffung eines für den Umlauf bestimmten und geeigneten Papiers.

Die gebräuchlichste Form der Anlehnstitel sind gegenwärtig die Inhaberschuldverschreibungen. Die in ihnen verbriefte Forderung kann abstrakt oder kausal sein, je nachdem der Schuldgrund für die Entstehung der Forderung in der Schuldverschreibung benannt ist oder nicht. Indessen ist für die rechtliche Beurteilung der verbrieften Forderung ausschlaggebend, daß es sich um skripturrechtliche Wertpapiere handelt, bei denen die Abhängigkeit des verbrieften Rechtes vom Verpflichtungsgrund, wenigstens für den redlichen Erwerber des Papiers, nicht weiter reicht, als sich aus dem Inhalt der Schuldverschreibung selbst ergibt. Nach deutschem Recht finden wie bereits erwähnt, auf das Schuldverhältnis aus den Inhaberschuldverschreibungen die Bestimmungen des BGB. §§ 793—806 Anwendung, soweit nicht in Spezialgesetzen, z. B. für Reichsanleihen in der Reichsschuldenordnung oder in den einzelnen Anleihegesetzen, abweichende Vorschriften gegeben sind.

Das Forderungsrecht aus der Inhaberschuldverschreibung setzt die Ausstellung derselben und das Eigentum eines anderen an der Urkunde voraus. Zu der ordnungsmäßigen Ausstellung gehört der Regel nach die Unterschrift des Ausstellers, doch genügt zur Unterzeichnung auch eine im Wege der mechanischen Vervielfältigung hergestellte Namensunterschrift (BGB. § 793 Abs. 2). In dem letzteren Falle ist eine Kontrolle über die Ausgabe der so unterzeichneten Papiere dringend erforderlich. Denn der Zeitpunkt der Herstellung des Effektenformulars und der Ausgabe der Effekten liegt oft weit auseinander, und es muß im Interesse des Ausstellers Vorsorge dagegen getroffen werden, daß er aus den vollständig hergestellten, d. h. mit dem Datum der Ausstellung, der Firma (der Gesellschaft oder der Behörde) und den faksimilierten Unterschriften der Mitglieder versehenen Formularen wider seinen Willen in Anspruch genommen wird.[1])

---

[1]) Vgl. Mücke, Einfluß des BGB. und seiner Nebengesetze auf die

Durch eine gewillkürte Bestimmung, sofern sie in die Urkunde aufgenommen wird, kann daher die Gültigkeit der Unterzeichnung von der Beobachtung einer besonderen Form abhängig gemacht werden. Für die Anlehnsschuldverschreibungen des Deutschen Reichs (ebenso wie für die zugehörigen Zins- und Erneuerungsscheine) ist die Gültigkeit durch gesetzliche Vorschrift (Reichsschuldenordnung § 4) von der vorschriftsmäßigen Ausfertigung abhängig gemacht. Der Aufnahme dieser Vorschrift in die Urkunde bedarf es nicht. Bei den Schuldverschreibungen ist die eigenhändige Unterzeichnung des Vermerks „Ausgefertigt" seitens des damit beauftragten Beamten erforderlich. Einen dieser Bestimmung der Reichsschuldenordnung entsprechenden Vorbehalt hat das EG. zum BGB. Art. 100 Ziff. 1 für die Landesgesetzgebungen hinsichtlich der Inhaberpapiere gemacht, welche von dem betreffenden Bundesstaat selbst oder den ihm angehörenden juristischen Personen des öffentlichen Rechtes ausgestellt sind. Von diesem Vorbehalt hat u. a. Preußen Gebrauch gemacht, dessen AG. zum BGB. Art. 17 eine mit der Bestimmung der Reichsschuldenordnung sich genau deckende Vorschrift hinsichtlich der Gültigkeit der Unterzeichnung der von dem Staat oder einem Kommunalverband ausgestellten Schuldverschreibungen enthält.

Wie aus sonstigen Anlehnstiteln erwächst auch aus den Anlehnstiteln auf Inhaber nur dann ein Forderungsrecht gegen den Anlehnsschuldner, wenn ein anderer wie der Aussteller Eigentümer der Urkunde ist. Die Ausstellung der Inhaberschuldverschreibung legt lediglich den Grund zu dem Rechte aus der letzteren, aber das Recht selbst wird erst mit der Erwerbung der Urkunde durch einen Dritten erzeugt. Unzutreffend ist daher die von einzelnen Schriftstellern [1]) vertretene, auf die sogenannte Kreationstheorie zurückgeführte Auffassung, daß die Ausstellung der Partialobligationen selbst bereits ein Recht schaffe, und dieses nicht erst durch ihre Begebung entstehe. Hieraus wird der Schluß gezogen, daß den in den Händen des Ausstellers be-

---

preußischen Staatsschuldverschreibungen sowie dieser Gesetze und der Reichsschuldenordnung auf die Schuldverschreibungen des Deutschen Reichs im Verwaltungsarchiv Bd. X S. 349 ff.

[1]) Dernburg, Bürgerliches Recht II 1 § 147; Burchard, Teilschuldverschreibungen mit Realsicherheit, Berlin 1900 (H. W. Müller).

findlichen Teilschuldverschreibungen mit Realsicherheit ein Vermögenswert zukomme. Habe der Schuldner z. B. 500000 Mk. Teilschuldverschreibungen ausgefertigt, aber nur 300000 Mk. in den Verkehr gebracht und 200000 Mk. freiwillig oder wegen Mangels an Angeboten zurückbehalten, so gehörten demnach die letzteren zu seinem Vermögen; gerate er in Konkurs, so fielen sie in seine Konkursmasse, sei für die 500000 Mk. ein Pfand bestellt, so habe er bzw. die Konkursmasse ein anteiliges Recht an dem Pfanderlös. Wenngleich die Entscheidung in der Sache richtig ist, so ist die rechtliche Begründung dafür verfehlt. Solange das Papier sich noch in den Händen des Ausstellers befindet, ist ein Vermögenswert an dem Papier noch nicht zur Entstehung gelangt, da nicht durch die Ausstellung, sondern nur durch die Begebung ein Gläubigerrecht geschaffen wird, für das ein Pfand bestellt werden kann.[1]) Als Konsequenz hieraus ergibt sich freilich nicht, daß den Inhabern der ausgegebenen Obligationen der auf die nicht ausgegebenen Obligationen fallende Anteil an dem Pfande oder seinem Erlös zuwächst. Dieses Resultat würde in der Tat dem gesunden Rechtsgefühl Hohn sprechen; denn die Inhaber der ausgegebenen Obligationen würden durch einen für sie glücklichen Zufall ohne jeden Rechtsgrund bereichert werden. Als Vertragswille der Parteien bei Abschluß des Pfandbestellungsvertrages ist vielmehr anzunehmen, daß jedem einzelnen Obligationär lediglich ein seiner Obligation entsprechendes anteiliges Recht an dem Pfande zustehen solle, so daß der Anlehnsschuldner bzw. seine Konkursmasse aus diesem und zwar nur aus diesem Grunde einen Anteil an dem beim Verkauf sich gebenden Erlös für die nicht ausgegebenen Schuldverschreibungen hat.[2]) Eine entsprechende Bestimmung enthält denn auch § 35 Abs. 3 des Hypothekenbankgesetzes, wonach, wenn zur Konkursmasse der Hypothekenbank eigene Hypothekenpfandbriefe der Bank gehören, sie bei Berechnung der auf die einzelnen Hypothekenpfandbriefe fallenden Anteile an dem Erlös aus der Deckung mitgezählt werden.

[1]) Zutreffend in der Kritik Ritter, Die allgemeinen Lehren des Handelsrechts (Berlin 1900) S. 152; Eck, Vorträge über das bürgerl. Recht Bd. I S. 589.

[2]) Gegenteiliger Ansicht ist Ritter a. a. O.

Über die Befugnis zur Ausgabe von Inhaberpapieren und die gesetzlichen Beschränkungen dieser Befugnis ist bereits in Kap. XI gehandelt worden. Auf die dortigen Ausführungen muß an dieser Stelle verwiesen werden. —

Wie bereits erwähnt, ist der Eigentümer von Inhaberschuldverschreibungen in höherem Maße der Gefahr des Rechtsverlustes ausgesetzt als der Besitzer sonstiger Vermögensstücke. Denn wenn auch das Gläubigerrecht aus dem Papiere nach geltendem Rechte nur der Eigentümer hat, so gibt doch schon der Besitz des Papiers jedem, mag dieser mit Willen oder ohne Willen des letzteren in den Besitz gelangt sein, die Legitimation, die Leistung von dem Schuldner nach Maßgabe des Versprechens zu fordern, und der Aussteller wird durch die Leistung an einen Nichtberechtigten von seiner Verpflichtung befreit (BGB. § 793 Abs. 1). Zudem ist aber auch der Eigentumserwerb an dem Papier im Interesse seiner Negotiabilität dadurch besonders erleichtert, daß das Eigentum auf jeden gutgläubigen Erwerber übergeht, selbst wenn das Papier gestohlen oder verloren gegangen war (BGB. § 935 Abs. 2).

Da nun aber bei einer großen Anzahl von Anlehnstiteln auf Inhaber ein häufiger Wechsel des Landes stattfindet, in dem sie sich befinden und Gegenstand eines Rechtsgeschäftes werden, so ist von besonderer Wichtigkeit die Frage, nach welchem Gesetze sich das Recht an der Schuldverschreibung bzw. an der Forderung bestimmt, welche mit dem Papier auf den Erwerber übergeht. Nach den allgemeinen Grundsätzen des internationalen Privatrechts entscheidet wie über das Recht an jeder beweglichen Sache so auch über das Recht an dem Inhaberpapier das Gesetz desjenigen Ortes, an dem sich das Papier zu dem Zeitpunkt befindet, wo der in Betracht kommende Erwerbsakt vorgekommen ist.[1]) Demgemäß ist, wenn ein Deutscher einen englischen Anlehnstitel an der Pariser Börse erwirbt, hinsichtlich der aus diesem Kaufe sich entwickelnden Rechtsverhältnisse das Recht der Gesetze des Landes, in dem der Kauf abgeschlossen bzw. zu erfüllen ist, also das französische Recht, nicht aber das Recht des Anlehnsschuldners, das englische Recht,

---

[1]) So auch v. Bar, Internationale Rechtsverhältnisse bei in Verlust geratenen Inhaberpapieren, im Bankarchiv VI. Jahrg. 1907 S. 164 ff.

maßgebend. Auch für die Frage der „Revendication" d. h. für die Wiedererlangung der in Verlust geratenen und in Besitz eines Dritten gelangten Inhaberschuldverschreibungen ist das Recht desjenigen Landes maßgebend, in dem das Papier sich in dem Zeitpunkt befindet, wo der in Betracht kommende Erwerbsakt seitens des Dritten vorgekommen ist. Ist ein in Italien ausgestellter Anlehnstitel auf Inhaber in Deutschland verkauft worden, so entscheidet also darüber, ob der Erwerber dem Anspruche eines früheren Besitzers weichen muß, das deutsche Gesetz, nicht das Gesetz des Anlehnsschuldners, das italienische Recht. Demgegenüber ist in neuester Zeit, insbesondere von französischer Seite die Ansicht vertreten worden, daß dem Inhaberpapier eine „Nationalität" in dem Sinne zukomme, daß das Recht des Ausstellers ausschließlich auch für alle an dem Inhaberpapier vorgenommenen Rechtsverhältnisse maßgebend sein müsse. Dem Inhaberpapier würde also eine Art von Personalstatut zukommen.[1]) Indessen hat sich gegen dieses, hauptsächlich von dem Franzosen Thaller vertretene Prinzip auch das Institut für internationales Recht bei seiner letzten Zusammenkunft in Gent (September 1906) in seiner Mehrheit ausgesprochen, und es kann die vorstehend dargelegte Ansicht auch fernerhin als herrschende Rechtsanschauung gelten.[2])

Im Interesse der größeren Sicherheit der Anlehnsgläubiger und zur Verminderung des Rechtsverlustes kann eine Umwandlung der Inhaberschuldverschreibungen in Namenpapiere erfolgen. Nach früherem gemeinen und preußischen Rechte, welches dem noch geltenden Rechte einzelner Auslandsstaaten (z. B. Belgiens) entsprach, stand es dem Inhaber des Papiers selbst frei, es durch Außerkurssetzung in ein Namenpapier zu verwandeln. Sie konnte, wenigstens in Preußen, durch privaten Vermerk auf der Urkunde ohne Mitwirkung des Ausstellers erfolgen; die Wiederinkurssetzung war auf demselben Wege statthaft, in Preußen indessen nur durch

---

[1]) Vgl. v. Bar a. a. O. S. 166.

[2]) Eine befriedigende Lösung dieser sowie anderer Fragen auf dem Gebiete des Rechts der Inhaberpapiere könnte nur durch eine internationale gesetzliche Regelung der wichtigsten Grundlagen dieser Materie herbeigeführt werden, die dringend zu wünschen wäre. Vgl. auch Riesser im „Bankarchiv" 1907 Nr. 16 S. 207.

das Gericht oder eine andere dazu ermächtigte Behörde, welcher die Feststellung der Legitimation des Inkurssetzenden oblag.[1]) Das System der Außerkurssetzung ist mit Rücksicht auf seine große Gefährlichkeit und Unsicherheit für den Verkehr, die namentlich daraus entstand, daß die Außerkurs- und Wiederinkurssetzungsvermerke häufig die notwendige Klarheit und Sicherheit vermissen ließen, durch das BGB. beseitigt worden [2]) (Einf.Ges. zum BGB. Art. 176). Dafür ist die Umschreibung des Inhaberpapiers auf den Namen eines bestimmten Berechtigten durch das BGB. (§ 806) eingeführt worden, welche nur noch durch den Aussteller geschehen kann. Indessen hat der Inhaber keinen Anspruch darauf, daß der Aussteller die Umschreibung vornimmt. Doch kann gemäß Art. 101 des EG. zum BGB. landesgesetzlich bestimmt werden, daß hinsichtlich der Anlehnstitel des Staates oder sonstiger Anstalten des öffentlichen Rechtes eine Verpflichtung zur Umschreibung auf den Namen eines bestimmten Gläubigers, wenn sie verlangt wird, bestehen soll, und es können die aus der Umschreibung einer solchen Schuldverschreibung sich ergebenden Rechtsverhältnisse, einschließlich der Kraftloserklärung, landesgesetzlich geregelt werden. In Preußen und Hessen (Preuß. AG. zum BGB. Art. 18, Hessisches AG. zum BGB. Art. 68—70) ist daraufhin bei den Schuldverschreibungen auf Inhaber, die von einer Körperschaft, Stiftung oder Anstalt des öffentlichen Rechtes ausgestellt sind, in mehreren anderen Bundesstaaten auch bei Anlehnstiteln des Staates dem Inhaber ein Recht, die Umschreibung auf Namen zu verlangen, landesgesetzlich eingeräumt worden.

Ähnlichen Zwecken wie die Umschreibung der Inhaberschuldverschreibungen in Schuldtitel auf Namen dient die Um-

---

[1]) In Bayern bestand vor Inkrafttreten des BGB. die sog. Vinkulierung, welche durch den Aussteller oder die maßgebende Behörde der betreffenden Schuldverwaltung erfolgte (vgl. Staudinger, Komm. zum BGB. 2. Aufl. zu § 806 I c).

[2]) Sehr zu Unrecht schiebt Roscher, Volkswirtschaft 4, 2 § 144 Ziff. 12 die Schuld für die Beseitigung des Systems der Außerkurssetzung den „pedantischen Juristen“ und provisionsgierigen Geldmännern zu. Nicht nur die Rechtswissenschaft hatte diese Institution verworfen, sondern sämtliche deutsche Bundesregierungen, mit Ausnahme einer einzigen, waren für den Wegfall der Außerkurssetzung eingetreten, wie sich bei der Ausarbeitung des zweiten Entwurfs des BGB. ergab.

wandlung in Buchschulden auf den Namen eines bestimmten Gläubigers. Sie ist durch Gesetz für die auf Inhaber lautenden Anlehnstitel des preußischen Staates und einiger anderer deutscher Staaten (Hessen, Hamburg, Bremen, Großherzogtum Sachsen-Weimar) sowie des Deutschen Reiches eingeführt [1]) und geschicht in der Weise, daß die Schuldverschreibung eingezogen und an ihrer Stelle für den Gläubiger ein dem Nennbetrag der Schuldverschreibung entsprechende Forderung in ein von dem Staat zu führendes Buch eingetragen wird. Die zurückgereichten Schuldverschreibungen werden vernichtet, so daß die skripturmäßige Natur der Forderung fortfällt, und der Anspruch der Gläubiger fortan rein obligationsrechtlicher Natur ist. Dem Schuldner gegenüber wird die Legitimation seitens des Gläubigers ausschließlich durch die formelle Eintragung im Buch geführt, dergestalt daß der Bucheintrag, und er allein zur Geltendmachung der Gläubigerrechte und zur Empfangnahme der fälligen Zinsen ermächtigt. Alle Verfügungen über Buchforderungen erlangen dem Schuldner gegenüber nur durch die Eintragung Wirksamkeit. Auf Antrag des legitimierten Buchschuldgläubigers erfolgt die Rückverwandlung der Buchschuld in eine Inhaberpapierschuld, indem die eingetragene Forderung gelöscht und dem Gläubiger Schuldverschreibungen zu gleichem Zinssatz und gleichem Nennwert verabfolgt werden.[2])

Das Reichsschuldbuch wird von der Reichsschuldenverwaltung, die Staatsschuldbücher werden von den Staatsschuldenverwaltungen geführt.

Die durch das Reichsschuldbuch und die Staatsschuldbücher geschaffene neue Form der Anlehnsschulden bietet gegenüber den Inhaberschuldverschreibungen Kapitalisten und Sparern zweifellos große Vorteile. Der Gläubiger ist gegen Verlust seiner Papiere durch Diebstahl, Brand und Veruntreuung

---

[1]) Das preußische Gesetz betr. das Staatsschuldbuch v. 20. Juli 1883, abgeändert durch eine Reihe späterer Gesetze, zuletzt durch Gesetz v. 24. Juli 1904, ist das älteste. — Reichsgesetz betr. das Reichsschuldbuch v. 31. Mai 1891, abgeändert durch Art. 50 des EG. zum BGB, § 188 des Reichsgesetzes über die Angelegenheit der freiw. Gerichtsbarkeit und Reichsgesetz v. 28. Juni 1904.

[2]) Die Eintragung der Gläubiger in das Reichs- und Staatsschuldbuch erfolgt gebührenfrei, für die Rückverwandlung und die Umschreibung von Buchforderungen wird eine sehr geringe Gebühr erhoben.

geschützt, und der Verwaltung seines Kapitals, insbesondere der Präsentation und Umsetzung der Zinsscheine enthoben, da er noch vor dem Fälligkeitstermin die Zinsbeträge bar erheben oder durch die Post sich zusenden oder auf ein Girokonto übertragen lassen kann.[1])

Wie großen Anklang das System des Reichs- und Staatschuldbuchs bereits gefunden hat, ergeben die amtlichen Ausweise über die Benutzung der Schuldbücher. Im Anfang des Jahres 1905 enthielt das preußische Staatsschuldbuch ca. 40000 Konten über ca. 1 Milliarde 800 Millionen Mk. eingetragene Kapitalien; die Eintragungen ins Reichsschuldbuch betrugen nach dem Bericht der Reichsschuldenkommission am 31. Jan. 1907 auf 8090 Konten 603,18 Millionen Buchforderungen (gegen 567,83 Millionen am 31. März 1906).

Bereits bei Gelegenheit der Beratung des Gesetzes über das preußische Staatsschuldbuch war angeregt worden, auch den Provinzen, Kreisen und Städten die Anlegung eines Schuldbuchs für die von ihnen ausgegebenen Anlehnstitel zu empfehlen. Von dieser Anregung hat die Stadt Frankfurt a. M. Gebrauch gemacht [2]), während in anderen Städten z. B. Berlin sich die Frage noch im Stadium der Vorerwägungen befindet. [3]) Nach den für Frankfurt a. M. hin geltenden Bestimmungen werden die von den Gläubigern eingereichten Schuldverschreibungen nicht vernichtet, sondern von der Stadthauptkasse aufbewahrt. Die Eintragung in das Stadtschuldbuch bietet den Gläubigern noch den besonderen Vorteil, daß die Verwaltung der Wertpapiere durch die Stadt auch die Kontrolle der Verlosung und Kündigung der Papiere umfaßt, so daß den Gläubigern kein Zinsverlust durch Übersehen der erfolgten Auslosung ihrer Schuldverschreibung erwachsen kann.[4])

Der städtischen Verwaltung bietet die Einrichtung des Stadtschuldbuchs ebenfalls große Vorteile, da es die Verein-

---

[1]) Verwaltungskosten werden von ihm nicht erhoben.

[2]) Schuldbuchordnung der Stadt Frankfurt a. M. v. 10. Jan. 1902, ersetzt durch die neue Schuldbuchordnung v. 19. Aug. 1904; vgl. Benkard, Das Stadtschuldbuch der Stadt Frankfurt a. M., Berlin 1906 (Verlag von Struppe & Winckler).

[3]) Vossische Zeitung Nr. 423 v. 9. Sept. 1905 „Das Stadtschuldbuch."

[4]) Benkard a. a. O. S. 12.

fachung der Finanzverwaltung und die Erzielung von Ersparnissen an Druckkosten für Zinsscheine, Einrichtung von Zahlstellen und dergl. ermöglicht. Es wäre daher wünschenswert, daß sich die Einrichtung des Stadtschuldbuchs weiter einbürgerte und namentlich große Gemeinwesen von ihm in weiterem Maße Gebrauch machten.

Kapitel XIV.

Verzinsung der Anleihen. Rechtliche Natur der Zinsscheine, insbesondere der „namenlosen" Zinsscheine zu Orderpapieren. Der Zinsschein als selbständiges Wertpapier. Erfordernis der staatlichen Genehmigung für die Ausgabe von Zinsscheinen. Die Urkundenform als formelles Erfordernis der Zinsscheine.

Die öffentliche Anleihe ist regelmäßig verzinslich; die Zahlung der jährlichen Zinsen ist meist auf mehrere Termine verteilt. Die Wahl der Höhe des Zinsfußes richtet sich in erster Linie nach der Marktlage zur Zeit der Aufnahme der Anleihe, sodann auch nach der Kreditwürdigkeit des Anlehnsschuldners. Mitunter tritt an die Stelle der Vertragszinsen ein Abzug (Diskont) vom Nominalbetrag der Schuldverschreibungen bei der Einzahlung z. B. bei den kurzfristigen unverzinslichen Schatzanweisungen des Deutschen Reiches. Nicht selten wird auch neben den Zinsen ein Zuschlag, eine Prämie, welche bei der Rückzahlung der Schuldsumme zu zahlen ist, festgesetzt; es wird z. B. in den Emissionsbedingungen bestimmt, daß die Schuldverschreibungen mit 103, 105 oder dgl. rückzahlbar oder auslosbar sind. Dieser Zuschlag hat indessen nicht die rechtliche Natur von Zinsen, er gehört vielmehr nach dem Willen der Parteien zu der versprochenen Schuldsumme, wie bereits früher erörtert ist (Kap. VII S. 68). Prämien- oder Lotterie-Anleihen sind entweder völlig unverzinslich oder mit einem niedrigeren als dem üblichen Zinssatz verzinslich, je nachdem die Gewinne (Prämien), welche nach und nach unter den zur Rückzahlung gelangenden Obligationen ausgelost werden, die Stelle der Zinsen ganz oder nur teilweise vertreten.

Die näheren Bestimmungen der Verzinsung der Anleihe, insbesondere die Höhe des Zinsfußes, die Termine der Zinszahlung (üblicherweise halbjährlich), werden in den Anlehnsbedingungen festgesetzt.

Regelmäßig werden, um dem Gläubiger die Zinserhebung, dem Schuldner die Zinszahlung zu erleichtern, den Anlehnstiteln besondere Zinsscheine (Kupons) für eine Reihe von Jahren und zu deren Erneuerung Zinsleisten (Talons) beigefügt.[1] Die Ausgabe erfolgt gewöhnlich für den Zeitraum von 10 Jahren. Dies gilt auch gegenwärtig für die Reichsanleihen, während früher die Ausfertigung der Zinsscheine derselben nur für 4 Jahre geschah (vgl. Bundesanleihe-Gesetz v. 9. Nov. 1867). Sind die Staatsanlehnsforderungen in ein öffentliches Buch auf den Namen der Gläubiger eingetragen, also Anlehnstitel überhaupt nicht ausgegeben (wie nach dem englischen und französischen System der Inskriptionen) oder diese bei der Eintragung zurückgereicht (wie bei dem preußisch-deutschen System des Staats- und Reichsschuldbuchs), so bestehen keine Zinsscheine, vielmehr erfolgt die Zinszahlung an den durch die Eintragung in dem Schuldbuch legitimierten Gläubiger.

Zinsscheine können ebensowohl zu Inhaberpapieren wie zu Namen- und Orderpapieren ausgegeben werden. Lautet die Schuldverschreibung auf Inhaber, so sind die Zinsscheine regelmäßig gleichfalls Inhaberpapiere; kein wesentliches Erfordernis bildet indessen die ausdrückliche Aufnahme der Inhaberklausel in den Zinsschein, vielmehr gilt diese Qualität nach der herrschenden Verkehrsanschauung als etwas Selbstverständliches.[2] Die zu Namen- und Orderpapieren ausgegebenen Zinsscheinen können auf Namen oder an Order lauten, indessen sind die Zinsscheine auf Namen sehr selten[3]), Zinsscheine an

---

[1]) Das System der Zinsscheine und Zinsleisten soll zuerst bei den kursächsischen Steuerkreditkassenscheinen v. 1763 eingeführt worden sein, vgl. Roscher, Volkswirtschaft 4, 2 § 144 b.

[2]) Vgl. Staudinger, Kommentar zum BGB. (2. Aufl.) zu § 793 Ziff. 2.

[3]) Auch diejenigen deutschen Staatsschuldverwaltungen, welche ihren Gläubigern auf Verlangen die Eintragung des Namens auf dem Schuldschein

Order kommen überhaupt kaum jemals vor. Die zu Namen- und Orderobligationen ausgegebenen Zinsscheine werden meistens in derselben Form und mit demselben Inhalt ausgestellt wie die zu Inhaberschuldverschreibungen ausgefertigten; für die in erster Linie in Betracht kommenden Zinsscheine zu Orderobligationen ist derjenige Zinsschein typisch geworden, den die Firma Friedrich Krupp für ihre Anleihen ausstellte. Er lautet:

Friedr. Gußstahlfabrik.

Zu der Teilschuldverschreibung über 5000 Mk. Lit. A zahlbar mit 100 Mk. am 1. Juli 1902 bei der . . . .

Essen a. d. Ruhr, den 1. Mai 1893.

Friedr. Krupp.

Die rechtliche Natur dieser sog. „namenlosen Zinsscheine" zu Orderpapieren[1]) ist bestritten. Veit-Simon hat den Nachweis zu führen unternommen, daß diese Papiere nicht als Inhaberschuldverschreibungen, sondern nur als Legitimationspapiere zu betrachten seien.[2]) Indessen ist ihm dieser Nachweis nicht gelungen. Es besteht kein rechtlicher Grund, die zu Orderpapieren ausgegebenen Zinsscheine anders zu behandeln wie die zu Inhaberpapieren ausgegebenen. Auch

---

gewähren, haben die auf den Inhaber lautenden Zinsscheine und Talons beibehalten; Roscher a. a. O. § 144[5]. Bei der französischen Rente gibt es seit 1864 sog. titres mixtes, d. h. Namenpapiere mit auf Inhaber lautenden Zinsscheinen, ebenso sind die bei den russischen Fonds seit 1895 bestehenden Namenobligationen gemischte Stücke, deren Zinsscheine an den Inhaber zahlbar sind (im Gegensatz zu den Namenzertifikaten, deren Zinsscheine nur von den in dem Zertifikat benannten Besitzer oder seinem Bevollmächtigten erhoben werden können); vgl. Saling, Börse und Börsengeschäfte 10. Aufl. 1905 S. 16.

[1]) So benannt von Veit-Simon, Die namenlosen Zinsscheine der Orderpapiere, Berlin 1903.

[2]) Ebenso Planck, BGB. § 803 Z. 1; Rudorff im „Recht" 1900, S. 446ff. — Dagegen Liebmann in der Deutschen Jur.Z. 1900 S. 524; Jakobi, Recht der Wertpapiere S. 279; Gierke, Deutsches PrivR. II S. 160 Ziff. 25; Ritter, Die allgemeinen Lehren des Handelsrechts S. 184 und Deutsche Jur.Z. 1901 S. 159/160. — Apt in der Monatsschr. f. HR. u. BW. IX S. 252ff. geht in der Verneinung der Inhaberpapiereigenschaft der Zinsscheine am weitesten, indem er überhaupt bestreitet, daß es Zinsscheine auf Inhaber gebe. Zinsscheine sind nach ihm stets Legitimationspapiere.

die letzteren lauten, wie erwähnt, regelmäßig nicht ausdrücklich auf Inhaber. Ebensowenig wie bei ihnen aus dem Moment, daß sie die Inhaberklausel nicht ausdrücklich enthalten, ein Schluß gegen ihre Natur als Inhaberpapiere gezogen werden kann, ist dies bei den zu Orderpapieren ausgestellten Zinsscheinen zulässig. Im Zweifel aber ist, wenn eine Schuldverschreibung ausdrücklich oder stillschweigend auf den Inhaber gestellt ist, anzunehmen, daß der Schuldner sich nicht nur das Recht vorbehalten hat, an den Inhaber zu zahlen, sondern daß er auch die Verpflichtung hierzu vertraglich übernommen hat. Einen Ausfluß dieses Gedankens bildet auch die Bestimmung in BGB. § 807 hinsichtlich der Karten, Marken und ähnlichen Urkunden, bei welchen im Zweifel das Versprechen des Ausgebers, dem jeweiligen Inhaber zu leisten, gleichfalls aus den Umständen zu entnehmen ist.[1])

Gegen die Qualität dieser Zinsscheine als Inhaberpapiere spricht aber auch nicht, daß in dem Zinsschein inhaltlich auf die Hauptobligation Bezug genommen wird, und daß bereits in der letzteren die Verpflichtung zur Zinsenzahlung regelmäßig ausgesprochen ist. Denn die Zinsscheine haben einen doppelten Charakter; einmal verkörpern sie das zu dem im Hauptpapier verkörperten Hauptrecht zugehörige Nebenrecht auf den Bezug von Zinsen, bilden also ein Bezugsmittel für die in der Hauptobligation versprochenen Zinsen, sodann sind sie aber auch besondere Wertpapiere, die das Nebenrecht selbständig verkörpern, sind also nicht lediglich Zubehör der Hauptobligation.[2]) Sie enthalten also keine abstrakte Forderung, sondern eine Zinsforderung aus einer bestimmten Hauptforderung, weshalb nichts im Wege steht, daß in dem Zinsschein bezüglich der Einzel-

---

[1]) Vgl. Motive zum BGB. II 722. Callmann, Nochmals die Zinsscheine der Orderpapiere, in Monatsschr. f. HR. u. BW. XV 1906 Nr. 10 betrachtet die namenlosen Zinsscheine zwar als Inhaberpapiere, will sie indessen zu den Urkunden des § 807 BGB. rechnen; hiergegen spricht aber, daß es sich bei den in dieser Bestimmung behandelten Urkunden um eine besondere Art von Urkunden, die Karten und Marken des alltäglichen Lebens handelt, die zwar in ihrer Form, insbesondere in dem Fehlen der ausdrücklichen Verpflichtung zur Leistung, manches mit den Zinsscheinen gemein haben, aber ihrer Natur nach von diesen gänzlich verschieden sind.

[2]) Wertheimer, Die Einlösung von Zinsscheinen ausgeloster Obligationen, im Bankarchiv VI S. 52, Reichsger. ZivS. XXXI 145ff.

heiten der Zinsforderung auf die Hauptobligation und die sie verkörpernde Schuldurkunde Bezug genommen wird.[1])

Auch der Umstand, daß in dem Zinsschein die ausdrückliche Verpflichtung zur Zahlungsleistung an den Inhaber des Scheins fehlt, nimmt dem Zinsschein nicht den Charakter des Inhaberpapiers.[2]) Maßgebend hierfür ist, daß die namenlosen Zinsscheine zu Orderpapieren, wie bereits erwähnt, äußerlich und inhaltlich den Zinsscheinen zu Inhaberpapieren vollkommen gleich sind, und daß die letzteren vom Gesetz (BGB. §§ 799, 801 Abs. 2, 804) und vom Verkehr trotz der Abkürzungen im Text als Inhaberpapiere behandelt werden, sich auch als solche geben. Der Verkehr macht nun keinen Unterschied zwischen Zinsscheinen zu Inhaberpapieren und zu Orderpapieren, ist auch gar nicht in der Lage, einen solchen zu machen, da der Zinsschein häufig, losgelöst von der Hauptschuldverschreibung, seine eigenen Wege geht, und eine Berücksichtigung der Hauptschuldverschreibung nur dann möglich wäre, wenn sie beim Erwerbe des Zinsscheines mit vorgelegt würde.[3]) Gelten also die Zinsscheine zu Inhaberpapieren trotz ihres unvollkommenen Inhalts als Inhaberpapiere im Sinne von BGB. § 793, so ist dasselbe von den Zinsscheinen zu Orderpapieren zu sagen.

Diejenige Ansicht, welche den Zinsschein der Orderpapiere lediglich als Legitimationspapier auffassen will, verkennt aber überhaupt den an der Hand der Verkehrssitte deutlich festzustellenden Willen der Parteien, insbesondere des Ausstellers der Zinsscheine. Der letztere behält sich keineswegs bloß zu seiner Bequemlichkeit vor, an jeden Präsentanten des Zinsscheins zu zahlen, wie dies beim Legitimations-

---

[1]) In dem Text der Schuldverschreibungen der Kruppschen Anleihe von 1874, welche für die an Order gestellten Industrieobligationen maßgeblich geworden ist, heißt es: „Die Obligationen sollen vom 1. April 1874 ab mit jährlich 5% in halbjährlichen Zielen am 1. April und 1. Oktober jeden Jahres verzinst und sollen die Zinsen gegen Einliefernng der den Obligationen beizufügenden Kupons bei .... zahlbar gestellt werden."

[2]) Anders z. B. Veit-Simon a. a. O. S. 28, 29; Apt a. a. O. S. 253, 254; zutreffend Ritter, Die allgemeinen Lehren des Handelsrechts, Berlin 1900 S. 184 und Deutsche Juristenzeitung 1901 S. 159, 160.

[3]) So auch Callmann a. a. O. S. 265.

papier (z. B. dem Garderobenzettel, dem Gepäckschein) der Fall ist. Vielmehr darf er nur an den durch das Papier legitimierten Inhaber des letzteren zahlen. In keinem Falle würde es etwa dem Schuldner gestattet sein — und an diesem Punkt leidet die Theorie der Gegner vornehmlich Schiffbruch —, an den Eigentümer des Stammpapiers die Zinsen zu zahlen, wenn er den Zinsschein nicht gleichfalls besitzt. In dieser Hinsicht unterscheidet sich der Zinsschein auch grundlegend von dem Erneuerungsschein (Talon), welcher ein reines Legitimationspapier ist. Denn nach BGB. § 805 kann der Inhaber der Haupturkunde der Ausgabe der neuen Zinsscheine an den Inhaber des Talons widersprechen; hieraus ergibt sich, daß der Talon nicht selbständige Gläubigerrechte gibt, sondern nur der Erleichterung des Legitimationsnachweises zu dienen bestimmt ist.[1])

Aus der Tatsache, daß die Zinsscheine, wie dargelegt, regelmäßig Inhaberpapiere, also Wertpapiere sind, ergibt sich, daß der Schuldner nur gegen Aushändigung des Scheins die Zinsen zu zahlen verpflichtet ist. Die Zinsscheine werden mit der Ablösung von der Hauptschuldverschreibung selbständig umlaufsfähig, was sich aus ihrer bereits oben erwähnten Natur als selbständiger Inhaberpapiere ergibt. Sie können daher, jeder für sich und ohne die Haupturkunde, wie jedes andere Inhaberpapier, erworben werden. Kapitalgläubiger und Zinsgläubiger können verschiedene Personen sein, der Schuldner ist verpflichtet, die Zinsen auf den Zinsschein ohne Vorlegung der Haupturkunde zu zahlen.[2]) Aus der Verselbständigung der Zinsscheine ergibt sich die weitere — auch vom BGB. in § 803 Abs. 1 gezogene — Folgerung, daß sie, sofern sie nicht eine gegenteilige Bestimmung enthalten, auch dann in Kraft bleiben, wenn die Hauptforderung erlischt oder die Verpflichtung zur Verzinsung ganz oder teilweise aufgehoben oder beendigt wird. Ist also die Hauptschuld infolge der Auslosung oder Aufrufung der Obligationen überhaupt nicht mehr oder infolge einer Zins-

---

[1]) Vgl. Reichsgericht ZivS. XXXI 145 ff. Widerspricht der Inhaber der Haupturkunde der Neuausgabe der Zinsscheine an den Vorzeiger des Erneuerungsscheins, so sind sie ihm auszuhändigen, wenn er die Schuldverschreibung vorlegt.

[2]) Staudinger, Kommentar zum BGB. II zu § 803 II 1; Jakobi, Die Wertpapiere S. 280, 281.

reduktion oder Konversion nicht mehr zu dem in dem Zinsschein bezeichneten Betrage zu verzinsen, so müssen die ausgegebenen Zinsscheine, sofern sie nicht eine gegenteilige Bestimmung enthalten, doch in voller Höhe ausbezahlt werden. Die sonstige allgemeine Regel des Rechtes der Schuldverhältnisse, daß mit der Erfüllung oder der sonstigen Aufhebung der Hauptschuld oder mit dem Eintritt des Verzugs des Gläubigers die Zinspflicht erlischt, ist daher für das vorliegende Rechtsverhältnis außer Wirksamkeit gesetzt. Der Grund hierfür besteht natürlich darin, daß solche Zinsscheine im Verkehr unbeanstandet umlaufen dürfen, ohne daß man erst nötig hat, sich zu vergewissern, ob das Forderungsrecht aus ihnen nicht etwa erst nach Erlöschen der Hauptverbindlichkeit oder nach Beendigung der Verpflichtung zur Verzinsung entstanden ist.[1])

Die in dem Vorstehenden erörterte rechtliche Natur des Zinsscheins ist insbesondere von praktischer Bedeutung für die Stellungnahme zu der Frage, ob die Ausgabe von Zinsscheinen der staatlichen Genehmigung bedarf oder nicht (BGB. § 795 Abs. 1). Diejenige Ansicht, welche in den Zinsscheinen — insbesondere den zu Orderpapieren ausgegebenen — keine Inhaberpapiere, sondern bloße Legitimationspapiere erblickt, verneint das Erfordernis der staatlichen Genehmigung zu ihrer Ausgabe. Da diese Konstruktion indessen als widerlegt zu gelten hat, vielmehr die Zinsscheine, sofern nicht ihr Inhalt das Gegenteil ergibt, allgemein als Inhaberpapiere zu betrachten sind, so unterliegt ihre Ausgabe ebenso wie die jedes anderen Inhaberpapiers der staatlichen Genehmigung. Eine fernere Meinung, welche die zu Rekta- und Orderpapieren ausgegebenen Zinsscheine zwar als Inhaberpapiere betrachtet, hält trotzdem die staatliche Genehmigung zu ihrer Ausgabe deshalb nicht für erforderlich, weil sich BGB. § 795, trotz des auch für sie zutreffenden Wortlautes, auf sie nicht beziehe.[2]) Es kann zugegeben werden, daß der gesetzgeberische Grund für die Anordnung der staatlichen Genehmigung, näm-

---

[1]) Die näheren Einzelheiten dieser Bestimmung, insbesondere die Voraussetzungen für das Recht des Anlehnsschuldners, bei der Einlösung der Haupturkunde den für die Scheine zu zahlenden Betrag zurückzubehalten, werden in einem späteren Abschnitt erörtert werden, vgl. unten Kap. XVIII.

[2]) Gierke a. a. O. II § 112 Ziff. 45.

lich der Schutz des Publikums gegen Ausbeutung durch unsolide Unternehmungen sowie die Sicherung des Staates vor den Gefahren einer Überflutung des Geldmarktes mit geldähnlichen Zahlungsmitteln, auf die Zinsscheine nicht zutreffen mag. Indessen kann hieraus ein hinreichender Grund für den Ausschluß der Zinsscheine von der Bestimmung des § 795 nicht hergeleitet werden. Denn der unzweifelhafte Wortlaut des Gesetzes und der feststehende Charakter der in Betracht kommenden Papiere lassen eine derartige einschränkende Auslegung des Gesetzes nicht zu.[1])

Wenngleich, wie bereits dargelegt, die Aufnahme der Inhaberklausel in den Zinsschein nicht erforderlich ist, so bedarf er doch im übrigen, wie jedes andere Inhaberpapier, der Urkundenform. Er muß also mit einer Unterschrift versehen sein, die allerdings auch im Wege der mechanischen Vervielfältigung hergestellt sein kann (BGB. § 793 Abs. 2). Fehlt die Unterschrift, wie dies mitunter vorkommt, so ist der Zinsschein kein Inhaberpapier, auch kein Legitimationspapier.[2]) Für die Zinsscheine gilt, wie für jede andere Inhaberschuldverschreibung, die Bestimmung, daß die Gültigkeit der Unterzeichnung durch eine in die Urkunde aufgenommene Bestimmung von der Beobachtung einer besonderen Form abhängig gemacht werden kann. Wie bei den Hauptschuldverschreibungen der verzinslichen Anleihen des Deutschen Reiches ist auch bei den zugehörigen Zins- und Erneuerungsscheinen die Gültigkeit der Unterzeichnung von der vorschriftsmäßigen Ausfertigung abhängig, ohne daß es der Aufnahme dieser Bestimmung in die Urkunde bedarf. Die Ausfertigung erfolgt bei den Zins- und Erneuerungsscheinen durch Aufdruck eines den Reichsadler enthaltenden Trockenstempels (Reichsschuldenordnung § 4). Eine entsprechende Bestimmung ist, in Gemäßheit des EG.

---

[1]) Auf den gleichen Standpunkt hat sich auch der Staatskommissar der Berliner Börse in einem diese Frage behandelnden Schreiben an die Zulassungsstelle der Berliner Börse v. 20. Jan. 1902 gestellt (abgedruckt bei Veit-Simon a. a. O. S. 9).

[2]) Ritter in der deutschen JurZ. 1901 S. 160. Callmann a. a. O. will von dem Unterschriftszwang deshalb absehen, weil er die Zinsscheine zu den Karten, Marken und ähnlichen Urkunden im Sinne von § 807 des BGB. rechnet, die keiner Unterschrift bedürfen; vgl. oben S. 151 Anm. 1.

zum BGB. Art. 100 Ziff. 1, durch Art. 17 des AG. zum BGB. in Preußen für die Zins- und Erneuerungsscheine getroffen, welche zu den vom Staate oder einem Kommunalverband ausgestellten Schuldverschreibungen gehören.[1])

Übrigens werden seit langem lebhafte Klagen darüber geführt, daß die Zinsscheine (ebenso wie auch die Dividendenscheine) nicht nur in ihrer äußeren Form die verschiedenste Größe aufweisen, sondern in ihrem Text nicht selten Unklarheiten enthalten, die Anlaß zu allerlei Verwechslungen und nachteiligen Folgen rechtlicher Art für die Inhaber der Scheine geben können. Aus diesem Grunde sind neuerdings — insbesondere auf Anregung der Vereinigung von Handelskammern des niederrheinisch-westfälischen Industriebezirks bei dem deutschen Handelstag — Bestrebungen im Gange, die auf die Einführung eines einheitlichen Formates und eines deutlich und übersichtlich gedruckten Textes sämtlicher Zinsscheine hinausgehen. Die Durchführung dieser Vorschläge wäre jedenfalls im Interesse sämtlicher Besitzer von Schuldverschreibungen gelegen und daher nur mit Freuden zu begrüßen.[2])

[1]) Für Württemberg kommt Ges. v. 19. Mai 1895 über die Ausfertigung der Staatsschuldscheine und AG. z. BGB. Art. 183a—187 in Betracht; Näheres vgl. bei Staudinger, Kommentar Art. 100 des EG. z BGB.

[2]) Vgl. Frankf. Zeitung Nr. 107 v. 18. April 1907 „Einheitliche Ausstattung der Zinsscheine“.

Kapitel XV.

Sicherheitsbestellungen für Anleihen. Generelle und spezielle Sicherheiten. Pfandbestellung. Sicherungshypothek für Anlehnstitel an Order und Inhaber. Gesetzliche Sicherung der Pfandbriefe der Hypothekenbanken. Bürgschaftsleistung und Garantievertrag zugunsten von Anleihen.

Zur Verstärkung ihres Kredits bestellen Anlehnsschuldner ihren Gläubigern nicht selten Sicherheiten, wobei indessen zwei Arten von Sicherheiten, zu unterscheiden sind. Die Sicherheit kann eine generelle (organische) oder eine spezielle (formelle) sein. Die erstere, welche bei Anleihen der öffentlichen Körperschaften, der Staaten, Gemeinden, Städte, häufig vorkommt, indessen sich auch neuerdings bei Anleihen privater Unternehmungen findet, ist als eine Sicherheitsbestellung im zivilrechtlichen Sinne überhaupt nicht anzusehen. Der Anlehnsschuldner verspricht dabei für die Schuldverschreibungen „mit seinem ganzen Vermögen zu haften", wobei in der Regel noch die Verpflichtung hinzugefügt wird, späteren Anleihen „keine besseren Sicherheiten zu gewähren, als den jeweilig zur Ausgabe gelangenden Schuldverschreibungen"[1]) oder der Anlehnsschuldner (z. B. der Staat) verweist seine Anlehnsgläubiger auf seine gesamten Besitztümer und Einnahmequellen (Zölle, Steuern usw.). Hierin liegt nichts weiter als ein Hinweis der Anlehnsgläubiger auf die Gesamtheit derjenigen Tatsachen, die für die Kreditwürdigkeit

[1]) Vgl. Saling a. a. O. I (10. Aufl. 1905) S. 60.

des Schuldners geltend gemacht werden können, nicht aber eine spezielle Sicherstellung der Gläubiger des betreffenden Anlehns, aus der ein Pfandrecht an bestimmten Gegenständen hergeleitet werden kann. Anders indessen, wenn eine spezielle Sicherheit bestellt ist, die Sicherung sich auf eine oder mehrere bestimmte Einnahmequellen erstreckt, oder eine Hypothek oder ein Pfand seitens des Anlehnsschuldners zugunsten der Anlehnsgläubiger eingeräumt wird. Ein Pfandrecht im zivilrechtlichen Sinne liegt alsdann unter der Voraussetzung vor, daß die Sicherheit in den Formen des maßgebenden Rechtes konstituiert ist. Ist dies letztere nicht der Fall, so kann von einem Pfandrecht ebenfalls nicht die Rede sein.[1])

Sonach liegt ein Pfandrecht im zivilrechtlichen Sinne regelmäßig dann nicht vor, wenn lediglich der Zinsendienst einer bestimmten Staatsanleihe durch Einnahmen aus bestimmten Zöllen, Oktrois u. dgl. sichergestellt ist, es sei denn, daß die Gläubiger bzw. ihr Vertreter in den Besitz der Einkünfte, die zu ihrer Verfügung gestellt werden, vertragsmäßig oder kraft besonderer Gesetzesvorschrift gesetzt werden. Dies letztere ist z. B. dann der Fall, wenn die verpfändeten Einkünfte an eine als Vertreterin der Anlehnsgläubiger fungierende Bank oder ein ähnliches Institut abgeführt werden müssen, um für den Anleihedienst verwendet zu werden. Ebenso wenn — wie im Falle der Einrichtung einer Finanzkontrolle — die Einziehung der überwiesenen Einkünfte direkt durch die eingesetzte Kontrollkommission oder namens derselben durch ihre Vertreter erfolgt. Dies geschieht z. B. in Griechenland, wo auf Grund des Gesetzes v. 10. März 1898 die Einziehung der zugunsten der auswärtigen Anleihe überwiesenen Einkünfte für Rechnung der internationalen Kontrollkommission durch die griechische Regiegesellschaft erfolgt.[2])

Werden bewegliche Gegenstände z. B. Wertpapiere oder Geldbeträge als Sicherheit für die Erfüllung der Verpflichtungen aus der Anleihe bestellt, so bildet Voraussetzung für die Entstehung eines rechtsgültigen Pfandrechts, daß die Übergabe an die Gläubiger bzw. ihren Vertreter erfolgt ist, sofern, wie in

---

[1]) Vgl. Meili, Internationales Zivil- und Handelsrecht I S. 59.

[2]) Näheres vgl. unten Kap. XXIII.

den meisten Ländern, ein Pfandrecht bei beweglichen Sachen nur auf diesem Wege entstehen kann (vgl. BGB. §§ 1204 ff., 1293 ff.[1])

Hinterlegt, wie dies nicht selten vorkommt, ein fremder Staat Geldbeträge oder Wertpapiere als Sicherheit für die Zahlung seiner Anlehnszinsen bei inländischen Bankhäusern, so entsteht daher nur dann ein gültiges Pfandrecht zugunsten der Anlehnsgläubiger, wenn die Bankhäuser Vertreter der Gläubiger sind. Denn in diesem Falle hat eine Übergabe der betreffenden Gegenstände an die Gläubiger stattgefunden, die letzteren sind daher berechtigt, sich an die Gegenstände, die zur Sicherheit dienen sollen, zu halten.[2])

Entspricht die Pfandbestellung nicht den Anforderungen des Zivilrechts, so begeht der Schuldner, der seinen Gläubigern das Pfand entzieht, zwar keine Rechtsverletzung im zivilrechtlichen Sinne, indessen handelt er gegen Treu und Glauben. Die Verletzung der Verpflichtung, die aus der Bestellung einer solchen besonderen Sicherheit hervorgeht, seitens eines schuldnerischen Staates enthält überdies einen Eingriff in das Völkerrecht, der unter Umständen eine Intervention seitens desjenigen Staates, dem die geschädigten Gläubiger angehören, rechtfertigt.[3]) Mit Rücksicht hierauf ist die Bestellung einer besonderen Sicherheit zugunsten gewisser Anleihen im Falle des Bankerotts von Staaten auch häufig — wenngleich nicht stets — respektiert worden. So fielen die durch den ägyptischen Tribut garantierten türkischen Anleihen nicht unter den Bankerott von 1881 und die $4\frac{1}{2}\%$ portugiesische Anleihe von 1891, garantiert durch das Tabakmonopol, nicht unter den von 1892 und 1893.[4]) Zudem finden solche Sicherstellungen auch bei Arrangements

---

[1]) Vgl. Lacombe in Jahrbüchern für Nationalökonomie und Statistik 1900 S. 789; ebenso wie oben ein Urteil der „Cour de Paris" — bestätigt vom Kassationshof — bei Sirey 1878 I 435.

[2]) Hat ein fremder Staat seinen ausländischen Anlehnsgläubigern ein Pfand an beweglichen Sachen zur Sicherung ihrer Forderungen bestellt, und diese in dem Heimatsstaate der Gläubiger einem Vertreter derselben übergeben, so sind die ausländischen Gerichte, quoad pignus, zur Entscheidung des Rechtsstreites gegenüber dem fremden Staate zuständig. Näheres darüber vgl. unten Kap. XXII.

[3]) Vgl. Meili, Internationales Zivil- und Handelsrecht I S. 59; Näheres darüber unten Kap. XXIII.

[4]) Näheres darüber unten Kap. XXIII.

verschuldeter Staaten mit ihren Gläubigern nicht selten Berücksichtigung, indem zwischen einfachen und gesicherten Anlehn dabei unterschieden und den letzteren eine Vorzugsstellung vor den ersteren eingeräumt wird.[1])

Während die Bestellung einer Hypothek oder Grundschuld bei Anlehen von Staaten, Gemeinden und Städten nur selten vorkommt, findet sie sich häufig bei Anlehen der Erwerbsgesellschaften, der Eisenbahnen, industriellen Unternehmungen und Bergwerke.

In Deutschland ist bereits vor Inkrafttreten des BGB., zu einer Zeit, als Hypotheken zum Schutz der Forderungen aus Inhaber- und indossablen Papieren im allgemeinen rechtlich noch nicht zulässig waren, das Bedürfnis nach einer dinglichen Sicherung von Anlehnsforderungen und Anlehnstiteln vielfach hervorgetreten. In Preußen wurde dieses Bedürfnis dadurch befriedigt, daß es gelang, die Verbindung der Hypothek und Grundschuld mit Inhaber- oder Orderpapieren — und zwar kamen regelmäßig letztere in Betracht, weil bei diesen die Staatsgenehmigung unnötig war — auf einem Umweg zu erreichen. Eine Kautionshypothek oder Grundschuld wurde nämlich auf den Namen der die Anleihe emittierenden Bank oder eines sonstigen Dritten eingetragen, welche sie zum Schutze der jeweiligen Gläubiger der Schuldverschreibungen nach ihrem sachgemäßen Ermessen (als Treuhänder) geltend zu machen hatten.[2]) Neben diesem Wege, der auch in Zukunft möglich ist[3]), ist durch das BGB. die Möglichkeit der Bestellung einer Sicherungshypothek für Order- und Inhaberpapiere gegeben worden, so daß also die dingliche Sicherung von Anlehnsobligationen nunmehr auf direktem Wege zu erreichen ist.

Da, wie oben erwähnt, die Form von Inhaberpapieren wegen der erforderlichen staatlichen Genehmigung bei Industriegesellschaften und sonstigen privaten Unternehmungen fast gar nicht in Betracht kommt, vielmehr die Anlehnsaufnahme durch

---

[1]) Collas, Der Staatsbankerott und seine Abwicklung (1904) S. 41.

[2]) Dernburg, Bürgerl. Recht III § 242; Jakobi, Wertpapiere S. 344; Hachenburg, Beiträge zum Hypotheken- und Grundschuldrecht 1895 S. 147 ff.; Protok. zum BGB. III S. 668 ff.

[3]) Dernburg a. a. O. § 242 Note 3.

sie auch ferner regelmäßig in der Form der Begebung von Orderobligationen erfolgt, so soll auf die dingliche Sicherung der letzteren in erster Linie eingegangen werden. Während bei der Inhaberhypothek die Bestellung dadurch erleichtert ist, daß eine einseitige Erklärung des Eigentümers gegenüber dem Grundbuchamt genügt (BGB. § 1188 Abs. 1), und lediglich der Gesamtbetrag der Hypothek, unter Angabe der Zahl, des Betrages der Teilschuldverschreibungen, eingetragen zu werden braucht (Grundbuchordnung § 51), ist bei Teilschuldverschreibungen an Order die Eintragung des Namens des Gläubigers erforderlich. Regelmäßig ist dies das emittierende Bankhaus[1]); dieses begibt die Teilschuldverschreibungen mittels Blankoindossament weiter, bei der Übereignung des Papiers geht zusammen mit der Forderung auch die Hypothek auf den Erwerber über.[2])

Das Rechtsverhältnis zwischen den jeweiligen Gläubigern und dem Schuldner kann bei Order- wie bei Inhaberhypotheken dadurch stark beeinflußt werden, daß ein Vertreter, Treuhänder bestellt wird; hierzu ist die Eintragung im Grundbuch erforderlich, welche bei Bestellung der Hypothek zu erfolgen hat.[3]) Für die nachträgliche Eintragung der Bestellung des Vertreters würde die Einigung zwischen dem Grundstückseigentümer und den legitimierten Inhabern sämtlicher Papiere notwendig sein, da durch die Bestellung des Vertreters das Recht der Gläubiger wesentlich beschränkt wird.[4]) Als Vertreter wird regelmäßig der ursprüngliche Gläubiger der Hypothek, also das emittierende Bankhaus, an dessen Order die Teilschuldverschreibungen ge-

---

[1]) Die Eintragung im Grundbuch muß klar zum Ausdruck bringen, daß es sich um eine Orderhypothek handelt. Die Eintragung hat also zu lauten „auf die XXBank oder die durch Indossament legitimierten Inhaber der Teilschuldverschreibungen zu gleichen Rechten" (Entsch. des Oberlandesger. in Dresden, Entsch. in Angelegenh. der freiw. Gerichtsbarkeit II S. 147 ff.).

[2]) Bildung eines Hypothekenbriefes ist ausgeschlossen, das Inhaber- und Orderpapier ersetzt bei dem Erwerb, bei der Übertragung und bei der Geltendmachung des dinglichen Rechtes den Brief; vgl. Gierke, a. a. O. Bd. II S. 903.

[3]) Bei Inhaberhypotheken auf einseitigen Antrag des Eigentümers, bei Orderhypotheken auf gemeinsamen Antrag des Eigentümers und des Gläubigers.

[4]) Vgl. Entscheidung des Kammergerichts v. 9. Aug. 1905, Entsch. in Angelegenh. der freiw. Gerichtsbarkeit VI 1905 S. 162—164.

stellt werden, eingetragen. Der Treuhänder ist dazu berufen, die jeweiligen Gläubiger mit Wirkung für und gegen jeden späteren Gläubiger bei Verfügungen über die Hypothek und bei Geltendmachung der Hypothek insoweit zu vertreten, als ihm die Befugnis bei der Bestellung eingeräumt worden ist.[1]) Verfügungen, zu denen der Treuhänder ermächtigt werden kann, sind z. B. Entlassung von Trennstücken (einzelner Grundstücke oder Grundstücksteile) aus der Pfandverbindlichkeit, die Bewilligung der vollen oder teilweisen Löschung und Abtretung der Hypothek, die Entgegennahme der Kündigung. Zu der Geltendmachung der Hypothek, zu der eine generelle Ermächtigung hinreicht[2]), gehört die Klage, die Vertretung der Obligationäre bei Zwangsverwaltungen und Zwangsversteigerungen, die Erhebung und Verteilung der auf die Teilschuldverschreibungen im Versteigerungsverfahren entfallenden Beträge.[3]) Neben dem Treuhänder bleiben auch die Schuldverschreibungsgläubiger zur Verfügung über die Hypothek und zur Geltendmachung der Hypothek befugt; indessen kann diese Befugnis auch vertragsmäßig ausgeschlossen werden. Der Treuhänder muß übrigens unter Umständen auch im Interesse des Schuldners die Gläubiger vertreten, nämlich dann, wenn er hierzu befugt ist, und der Eigentümer berechtigt ist, von den Gläubigern eine Verfügung zu verlangen (BGB. § 1189 Abs. 2). Ist auf Grund des Schuldverschreibungsgesetzes von der Gläubigerversammlung ein Vertreter der Gläubiger bestellt, so ist er auch zur Vertretung der Gläubiger in Ansehung der Hypothek beberufen, mit der Maßgabe, daß, wenn ein sachenrechtlicher Treuhänder bestellt ist, er ihm an Stelle des einzelnen Gläubigers zur Seite tritt. —

Bei Privateisenbahnen und Kleinbahnen ist nach dem preußischen Gesetz v. 19. Aug. 1895, das in Anlehnung an die österreichische und schweizerische Gesetzgebung[4]) und in teil-

---

[1]) BGB. § 1189 Abs. 1; Gierke a. a. O. S. 904, 905.

[2]) Gierke a. a. O. S. 905 Note 34.

[3]) Zweifelhaft ist, ob der Vertreter zur Empfangnahme einer Zahlung für die Obligationäre aus pfandfreien Mitteln ermächtigt werden kann. Dagegen Gierke a. a. O. Note 34; Jakobi a. a. O. S. 345. Es dürfte dies indessen zu bejahen sein, entspricht auch der Praxis.

[4]) Österr. Gesetz v. 19. Mai 1874 betr. die Anlegung von Eisenbahnbüchern,

weiser Anlehnung an einen dem deutschen Reichstag in den Jahren 1879, 1880 vorgelegten Gesetzentwurf über das Pfandrecht an Eisenbahnen und die Zwangsvollstreckung in diese, erging, die Bestellung eines Pfandrechts zugunsten einer Anleihe (Bahnschuld), sofern diese in Teilschuldverschreibungen auf den Inhaber zerfällt, an der Bahneinheit im ganzen rechtlich möglich. Die Bahneinheit bilden die für die Zwecke des Unternehmens erforderlichen Grundstücke oder Nutzungsrechte an fremden Grundstücken, die Fahrbetriebsmittel und sonstige zur Herstellung, Erhaltung oder Erneuerung der Bahn oder zum Betriebe erforderlichen beweglichen körperlichen Sachen, ferner Kassenbestände, Forderungen u. dgl. Die Bahnpfandschuld entsteht durch Eintragung im Grundbuch (§ 16 des Ges.). Wie früher[1]) bereits erwähnt, sind durch das BGB. die landesgesetzlichen Bestimmungen über Teilschuldverschreibungen auf Inhaber mit Bahnpfandrecht ausdrücklich aufrecht erhalten worden (E.Ges. z. BGB. Art. 112).

Die von den Hypothekenbanken ausgegebenen Pfandbriefe genießen trotz ihres Namens kein Pfandrecht an den zugrunde liegenden Hypotheken, indessen sind sie mit einem Vorzugsrecht hinsichtlich ihrer Befriedigung an den zu ihrer Deckung bestimmten Hypotheken, Grundschulden und den zu zeitweiliger Ersatzdeckung erworbenen Geldern und Wertpapieren versehen. Das Vorzugsrecht, welches den Pfandbriefgläubigern im Konkurse vor allen anderen Konkursgläubigern zusteht, wird durch Eintragung der einzelnen Hypotheken und Wertpapiere in ein Hypotheken- und Wertpapierregister erworben und dauert so lange, als die Gegenstände zum Vermögen der Bank gehören und nicht eine wirksame Löschung im Register erfolgt ist. Zwecks Sicherung des Vorzugsrechts der Pfandbriefgläubiger wird bei jeder Hypothekenbank ein Treuhänder sowie ein Stellvertreter bestellt, dessen hauptsächlichste Funktion darin be-

---

die Wirkung der an einer Eisenbahn eingeräumten Hypothekarrechte und die bücherliche Sicherung der Besitzer von Eisenbahnprioritätsobligationen; Schweizerisches Bundesgesetz v. 24. Juni 1874 betr. die Rechtsverhältnisse der Inhaber von Eisenbahnobligationen sowie das Konkursverfahren bei Eisenbahngesellschaften. Näheres bei Saling, Börse und Börsengeschäfte I in den älteren Auflagen (z. B. 6. Aufl. 1892 S. 381 ff.).

[1]) Vgl. S. 37; Dernburg, Bürgerliches Recht III § 285.

steht, für das Vorhandensein der vorschriftsmäßigen Deckung der Pfandbriefe zu sorgen, wobei sich seine Kontrolle indessen nur auf die rechtliche und quantitative, nicht auf die wirtschaftliche und qualitative Seite der Unterlagen erstreckt[1]) (Hypothekenbankgesetz v. 13. Juli 1899). Auf die näheren Einzelheiten der Bestimmungen des Hypothekenbankgesetzes ist an dieser Stelle nicht weiter einzugehen. —

Die Sicherheit für die Erfüllung der Verpflichtungen aus einer Anleihe kann auch seitens eines Dritten in der Form der Bestellung eines Pfandes oder einer Bürgschaft oder durch Übernahme einer Garantie geleistet werden.

Hinsichtlich der Pfandbestellung durch Dritte gelten die gleichen Grundsätze, die oben für die Bestellung von Pfändern durch den Anlehnsschuldner selbst erörtert sind.

Das Entstehen einer Bürgschaft setzt voraus, daß die Bürgschaftserklärung seitens des Bürgen gegenüber den Anlehnsgläubigern oder ihrem Vertreter abgegeben wird (BGB. § 765). Dies kann in der Weise geschehen, daß sie alsbald in den Anlehnsbedingungen ihren Ausdruck findet und in die Schuldverschreibungen aufgenommen wird. Sie kann aber auch nachträglich den Anlehnsgläubigern, oder, da dies regelmäßig nicht angängig sein wird, einem von ihnen gewählten Schutzkomitee oder auch dem gemäß den Bestimmungen des Schuldverschreibungsgesetzes bestellten Vertreter gegenüber verlautbart werden. In dem Falle einer Verbürgung steht den Anlehnsgläubigern natürlich der direkte Anspruch gegen den Bürgen in dem Umfange zu, als die Verpflichtung seitens des Bürgen übernommen worden ist.

Eine Verbürgung in diesem Sinne kann sowohl bei Anlehen von Gesellschaften und Privatpersonen wie bei Anlehen von öffentlichrechtlichen Korporationen, Staaten, Gemeinden, Städten vorkommen. Bürge kann eine Privatperson, Gesellschaft oder

---

[1]) Weiter geht Kohler, „Hypothekenbanktreuhänder", im Bankarchiv VI. Jahrg. (1907) S. 121 ff., der das Recht der Pfandbriefgläubiger, als ein auch außerhalb des Konkursverfahrens geltendes pfandrechtartiges „Beschlagsrecht" am Deckungsvermögen ansieht. Die von ihm hieraus gezogenen Folgerungen ergeben sich bei richtiger Auslegung aus den Bestimmungen des Gesetzes, auch wenn man im Sinne des Gesetzes lediglich ein Vorzugsrecht der Gläubiger zugrunde legt.

auch eine öffentliche Korporation, wie eine Stadt oder der Staat sein. Die u. a. von Roscher[1]) aufgestellte Behauptung, daß privatrechtliche Garantien wie im Mittelalter bei Staatsanleihen heute unmöglich und unwirksam seien, ist durch nichts bewiesen und auch unzutreffend. Wird die Bürgschaft für Staatsschulden durch einen auswärtigen Staat übernommen, was bei Schuldner-Staaten zweifelhafter Kreditwürdigkeit mitunter vorkommt, so entsteht erstens ein völkerrechtliches Garantieverhältnis, welches dem Garanten die Verpflichtung auferlegt, seine Bemühungen bei dem Schuldner dahin aufzuwenden, daß dieser seinen Verpflichtungen nachkommt, und ihn eventuell zu einer Intervention bei dem Schuldner berechtigt und verpflichtet.[2]) Sodann aber ist als Wille der Beteiligten anzunehmen, daß der garantierende Staat auch privatrechtlich den Gläubigern gegenüber verhaftet sein solle, die Schuld des Hauptschuldners im Falle seiner Zahlungsunfähigkeit zu zahlen.[3]) Dies ist namentlich dann der Fall, wenn bereits die Anleihebedingungen die Übernahme der Garantie für die Anleihe durch einen dritten Staat aussprechen.

In Deutschland ist durch Art. 73 der Reichsverfassung die Übernahme einer Garantie zu Lasten des Reichs hinsichtlich der verfassungsrechtlichen Vorbedingungen der Aufnahme einer Anleihe gleichgestellt worden, d. h. die Regierung bedarf, wenn sie das Rechtsgeschäft der Garantieübernahme abschließen will, der im Wege der Gesetzgebung zu erteilenden Zustimmung des Bundesrats und des Reichstags. Unter die Übernahme einer Garantie im Sinne von Art. 73 fällt nicht nur der Bürgschaftsvertrag im eigentlichen Sinne, sondern auch der Garantievertrag im noch später zu erörternden Sinne, bei dem eine Verpflichtung lediglich dem Schuldner gegenüber eingegangen wird. In zwei Fällen ist die Übernahme einer Bürgschaft für eine Anleihe seitens des Deutschen Reiches im Laufe der Jahre erfolgt.[4]) Durch Gesetz vom 11. Juni 1868 (RGBl.

---

[1]) A. a. O. § 136.

[2]) Vgl. Näheres unten Kap. XXIII.

[3]) Dies wird von Politis, Les Emprunts d'État S. 97 ff. bestritten, der lediglich ein völkerrechtliches Garantieverhältnis im ersteren Sinne annimmt.

[4]) Vgl. Laband, Deutsches Reichsstaatsrecht (3. Aufl. des Kleinen Staatsrechts) Tübingen 1907 S. 368, 369.

1869 S. 33) ist das Bundespräsidium ermächtigt worden, in Gemeinschaft mit Großbritannien, Frankreich und Österreich die Garantie für eine von der Donaudampfschiffahrtskommission behufs Herstellung der dauernden Fahrbarkeit des Sulina-Armes der Donaumündungen kontrahierte Anleihe zu übernehmen. Das Deutsche Reich ist als Rechtsnachfolger des Norddeutschen Bundes demnächst in dieses Schuldverhältnis eingetreten. — Sodann hat das deutsche Reich in Gemeinschaft mit Österreich-Ungarn, Frankreich, Großbritannien, Rußland und der Türkei eine solidarische Bürgschaft für eine ägyptische Anleihe im Effektivbetrage von 9 Millionen Pfund Sterling übernommen (RG. v. 14. Novbr. 1886, RGBl. S. 301). Eine Zahlung auf Grund dieser Bürgschaften ist bisher vom Deutschen Reich nicht verlangt worden.

Nicht selten erfolgt seitens der Staaten eine Verbürgung für Zinsen von Eisenbahnanleihen, die seitens privater Eisenbahngesellschaften aufgenommen werden. Doch kamen solche Zinsengarantien in Deutschland früher, als die Eisenbahnen noch in den Händen privater Gesellschaften waren, häufiger vor als gegenwärtig, wo die Eisenbahnenverstaatlichung fast vollständig durchgeführt ist, dagegen bestehen sie teilweise noch gegenwärtig im Ausland, insbesondere in Rußland.[1])

Bei derartigen Zinsengarantien kann freilich der Wille bei der Übernahme der Verpflichtung auch dahin gehen, daß der Garant den Gläubigern nicht direkt für die Zahlung der Zinsen im Falle der Zahlungsunfähigkeit der Gesellschaft haften, also eine Verbürgung nicht vorliegen soll (direkte Zinsengarantie), sondern daß er lediglich dem Schuldner verpflichtet sein soll, eventuell die zur Zahlung der Obligationszinsen erforderlichen Beträge zur Verfügung zu stellen. Auch sonst finden sich bei Anleihen derartige Garantieverträge, bei denen

[1]) Nur ein Teil der im Eigentum von Privatgesellschaften befindlichen russischen Eisenbahnen ist mit Staatsgarantie für die Aktien und Prioritätsobligationen, für die letzteren hinsichtlich der Verzinsung und Tilgung, ausgestattet. Eine große Zahl (6) der Gesellschaften hat die Staatsgarantie in den letzten Jahren infolge des politischen und wirtschaftlichen Niederganges des Landes, welcher die Eisenbahneinnahmen naturgemäß ungünstig beeinflußte, in Anspruch nehmen müssen (im Jahre 1907 im ganzen in Höhe von 30 Mill. Rubel); vgl. Frankf. Zeitung Nr. 98 v. 9. April 1907.

eine akzessorische Verbindlichkeit des Garanten zugunsten der Anlehnsgläubiger nicht begründet wird.[1]) Ob im einzelnen Fall eine Verbürgung oder ein Garantievertrag in dem letztgedachten Sinne vorliegt, kann zweifelhaft sein und ist Sache der Auslegung. Man wird wohl aber im allgemeinen sagen können, daß ein direkter Anspruch der Gläubiger gegen den Garanten dann begründet ist, wenn die Übernahme der Garantie in den Emissionsbedingungen zum Ausdruck gekommen ist und dabei mit hinreichender Deutlichkeit ausgesprochen ist, daß die Gläubiger dem Garanten gegenüber direkt berechtigt sein sollen. In diesem Fall würde, selbst wenn die Entstehung einer Bürgschaft zweifelhaft sein sollte, die Berechtigung der Gläubiger aus einem Vertrage zugunsten Dritter (BGB. § 328) herzuleiten sein.[2])

---

[1]) Vgl. Dernburg, Bürgerl. Recht II 2 (3. Aufl. 1906) § 292.

[2]) Vgl. über den ähnlichen Fall der Dividendengarantie Staubs Kommentar zum BGB. (herausgeg. v. Könige, Stranz, Pinner) 8. Aufl. I § 215 Anm. 4; Reisch, Die sog. Dividendengarantie bei Aktiengesellschaften und ihre Besteuerung, im Bankarchiv V S. 31 ff.

Kapitel XVI.

Der Eintritt eines neuen Schuldners in bestehende Anleiheschulden kraft Vertrages und von Gesetzes wegen. Haftung für die Anleiheschulden im Falle der Verstaatlichung eines Unternehmens. Die sog. Sukzession der Staaten.

Wie bei jeder anderen Obligation, so besteht auch bei Anleiheschulden die rechtliche Möglichkeit, daß ein neuer Schuldner im Wege der Schuldübernahme in ein bestehendes Schuldverhältnis eintritt. Die Schuldübernahme bildet in zahlreichen Fällen den Bestandteil eines Vertrages oder die gesetzliche Folge eines Rechtsaktes, durch welchen auf den Schuldübernehmer diejenigen Werte übergehen, zu deren Erwerbung, Herstellung und Unterhaltung die aufgenommene Anleihe gedient hat, und aus deren Erträgnissen nach der Verkehrsauffassung die Zinszahlung zu erfolgen bzw. die Amortisation der Schuld vorzunehmen ist. Auch bei Anleihen kann die Schuldübernahme eine kumulative oder privative sein, d. h. der neue Schuldner kann neben dem bisherigen Schuldner verpflichtet sein, oder er kann an die Stelle desselben treten. Der Eintritt des neuen Schuldners kann, wie erwähnt, auf einem Vertrage beruhen oder von Rechts wegen eintreten.

Eine vertragliche Schuldübernahme in der Weise, daß der Schuldübernehmer an die Stelle des bisherigen Schuldners tritt, kann auf einer Abmachung zwischen den Anlehnsgläubigern und dem Übernehmer beruhen (BGB. § 414). Eine solche Abmachung wird allerdings in der Praxis nur schwer vorkommen, denn der Übernehmer wird regelmäßig die Anlehnsgläubiger nicht kennen, auch nicht in der Lage sein, sie zu ermitteln, so daß ihm die Möglichkeit eines Abkommens mit ihnen schon aus diesem Grunde versperrt ist. Höchstens durch ein Abkommen zwischen ihm und einem Vertragsvertreter der Gläubiger, sofern diesem auf Grund der Emissionsbedingungen so weitgehende Befugnisse zustehen, könnte eine derartige Schuldübernahme herbeigeführt werden.

Auch eine Vereinbarung zwischen dem bisherigen Schuldner und einem Dritten über die Übernahme der Schuld, mit der Wirkung, daß der letztere an die Stelle des bisherigen Schuldners tritt, wird regelmäßig ausgeschlossen sein. Denn nach gesetzlicher Vorschrift (BGB. § 415) hängt die Wirksamkeit eines derartigen Abkommens von der Genehmigung des Gläubigers ab, die erst dann erfolgen kann, wenn ihm der Schuldner oder der Übernehmer die Schuldübernahme mitgeteilt hat. Die Erteilung der Genehmigung der Gläubiger wird auch in diesem Falle daran scheitern, daß eine Benachrichtigung an sie aus dem oben angegebenen Grunde nicht wird erfolgen können.

Von größerer Wichtigkeit und von wesentlicherer Bedeutung in der Praxis sind diejenigen Fälle, in denen eine — regelmäßig kumulative — Schuldübernahme von Rechts wegen erfolgt. In allen diesen Fällen ist die Schuldübernahme die Folge einer Vermögensübernahme in dem oben berührten Sinne; es waltet dabei der rechtliche Gedanke ob, daß die Schuld auf dem Vermögen lastet oder vielmehr einen Bestandteil desselben bildet und daher notwendig mit dem Aktivvermögen auf den Erwerber übergeht. [1])

Ist eine Anleihe von dem Inhaber eines Handelsgeschäfts im Betriebe des letzteren aufgenommen worden, so haftet derjenige, der das Handelsgeschäft unter Lebenden mit der Firma erworben hat, für die aus der Anleihe entstehenden Verbindlichkeiten den Partialisten gemäß HGB. § 25. Das Gleiche tritt dann ein, wenn zwar die Firma nicht fortgeführt wird, indessen die Verbindlichkeiten übernommen worden sind und dies handelsüblich bekannt gemacht ist (HGB. § 25 Abs. 3). Diese Haftung

---

[1]) Vgl. Kohler, Lehrb. des bürgerl. Rechts I S. 480, 481 und Archiv für bürgerl. Recht Bd. XXII S. 1 ff.

ist eine kumulative; der alte Anlehnsschuldner wird nicht frei, sondern es tritt ihm nur der neue zur Seite.

Wird das Vermögen einer Aktiengesellschaft, die eine öffentliche Anleihe aufgenommen hat, im Falle ihrer Auflösung durch Beschluß der Generalversammlung als Ganzes veräußert, z. B. durch Vereinigung mit einer anderen Aktiengesellschaft, so hat dies zur Folge, daß der Übernehmer den Gläubigern, somit auch den Anlehnsgläubigern, für die Verbindlichkeiten der aufgelösten Aktiengesellschaft haftet (HGB. § 303). Indessen steht er gemäß BGB. § 419 lediglich mit dem Bestande des übernommenen Vermögens ein, soweit nicht etwa aus einem anderen Rechtsgrund, z. B. infolge Fortführung der Firma oder Bekanntmachung der Schuldübernahme an die Gläubiger gemäß HGB. § 25, eine volle Haftung begründet ist. Die Haftung des Schuldübernehmers ist auch hier eine kumulative. Die bisherige Schuldnerin bleibt ihren Gläubigern weiter verhaftet. Doch hat ihre Auflösung und Liquidation zur Folge, daß die Anlehnsgläubiger entweder zu befriedigen sind, soweit ihre Forderungen fällig sind oder der Anlehnsschuldnerin ein Recht zur vorzeitigen Rückzahlung zusteht, oder daß sie durch Hinterlegung angemessen sicherzustellen sind. Denn bevor dies nicht geschehen ist, ist der Übergang des Vermögens auf den Erwerber nach gesetzlicher Vorschrift ausgeschlossen (HGB. § 301). Eine Sicherstellung hat auch dann zu erfolgen, wenn die Befriedigung der Gläubiger deshalb unausführbar ist, weil es sich um Inhaberpapiere oder Orderpapiere handelt, deren Inhaber nicht bekannt sind. Keineswegs hat die Auflösung der ursprünglichen Schuldnerin etwa zur Folge, daß die Obligationäre vorher die Rückzahlung verlangen können, oder daß sie sie wider ihren Willen vor Eintritt der Fälligkeit annehmen müssen. [1])

Eine Schuldübernahme tritt ferner im Falle der Verstaatlichung oder im Falle der Verstadtlichung einer Aktiengesellschaft (z. B. einer Eisenbahngesellschaft) ein, bei

[1]) Auch im Fall der Umwandlung einer Aktiengesellschaft in eine Gesellschaft mit beschränkter Haftung gehen Vermögen und Schulden von Rechts wegen auf die neue Gesellschaft über; hierbei bestehen besondere Schutzvorschriften für die Gläubiger (Ges. betr. die G. m. b. H. §§ 80, 81).

der das Vermögen der bisherigen Gesellschaft als Ganzes von dem Reich, einem Bundesstaat oder einem inländischen Kommunalverband ohne vorherige Liquidation übernommen wird (HGB. § 304). Da die bisherige Schuldnerin in diesem Falle mit der Eintragung des Beschlusses im Handelsregister untergeht und das Vermögen einschließlich der Schulden auf die übernehmende Korporation durch Gesamtrechtsnachfolge in diesem Zeitpunkt übergeht, so können sich die Anlehnsgläubiger an den Rechtsnachfolger halten. Dieser haftet nicht nur mit den Kräften des übernommenen Vermögens, sondern mit seinem ganzen Vermögen. Auch in diesem Falle tritt weder eine Fälligkeit der schwebenden Obligationsschulden zugunsten der Gläubiger ein, noch dürfen die Anleihen gegen den Willen der letzteren vor Eintritt der Fälligkeit zurückbezahlt werden. Vielmehr bleiben lediglich die in den Emissionsbedingungen festgelegten Termine der Rückzahlung bzw. Auslosung maßgebend.[1]) Ein Umtausch der bisherigen Obligationen gegen staatliche Renten (Konsols) steht dem Staate im Falle der Verstaatlichung eines Unternehmens nur dann zu, wenn die Emissionsbedingungen der Anleihen oder der Inhalt der Konzessionsurkunde des Unternehmens, auf den in den Emissionbedingungen Bezug genommen ist, dies zulassen. Dies war z. B. bei den meisten preußischen Privateisenbahnen der Fall. —

Es bleibt nunmehr noch die Frage der Übernahme der Anleiheschulden in dem Fall der sog. Sukzession der Staaten d. h. bei Total- und bei Partialinkorporationen von Staaten oder bei der Auflösung eines bisher einheitlichen Staates in mehrere neue selbständige Staaten zu besprechen.[2])

Der Anschluß eines Staates an einen anderen Staat (infolge Eroberung, Friedensvertrag), Totalinkorporation, hat zwar den Untergang des bisherigen Völkerrechtssubjekts zur Folge. Indessen löst sich damit der Staat nicht

[1]) Vgl. „Die Obligationenanleihen der Schweizer Bahnen, Referat über die Gutachten der Professoren Huber und Laband betr. der Rechtsfragen, die sich aus dem Rückkauf der Schweizer Bahnen für deren Obligationenanleihen ergeben", in Monatsschrift für Handelsrecht und Bankwesen IX (1900) S. 87 ff.

[2]) Vgl. insbesondere Huber, Staatensukzession (Leipzig 1898); Meili, Das intern. Zivil- und Handelsrecht II S. 60.

in seine einzelnen Bestandteile auf, vielmehr vollzieht sich eine Rechtsnachfolge in den organisierten korporativen Verband seitens des Inhabers der neuen Staatsgewalt. Der Eintritt des annektierenden Staates in die Herrschaft über das Vermögen des annektierten oder eroberten Staates sichert dem Rechtsnachfolger alle damit verknüpften Rechtsvorteile, insbesondere auch den Übergang der von dem annektierten Staat erworbenen Forderungen. Überhaupt tritt der annektierende Staat in vollem Umfang in die Stellung des Fiskus des annektierten Staates ein.

Ob und inwieweit hieraus eine Verpflichtung zur Zahlung der Schulden, insbesondere der Anleiheschulden, des annektierten Staates seitens des neuen Inhabers der Staatsgewalt erwächst, ist in der bisherigen Literatur und Praxis in hohem Maße streitig. Von zahlreichen Schriftstellern des Völkerrechts wird als stehender Rechtssatz des Völkerrechts hingestellt, daß der Übergang des Herrschaftsgebiets und der Forderungen des annektierten Staates auf den annektierenden Staat ohne weiteres und von selbst auch eine Anerkennung der vermögensrechtlichen Verpflichtungen und eine Haftung für diese seitens des letzteren zur Folge habe.[1])

So führt Leone Levi aus[2]):

„A State may lose its sovereignity by its being annexed with, or ceded to, another State, in which case the annexing or acquiring State will become entitled to all the rights and bound to all the obligations of the State annexed or ceded."

Eine andere dieser schroff gegenüberstehende Auffassung verwirft jede rechtliche Pflicht zur Übernahme der Staatsschulden seitens des annektierenden Staates und erkennt höchstens Billigkeits- oder Anstandsgründe an. Der Satz, daß es im Belieben des letzteren stehe, welche Obligationen er anerkennen wolle, findet sich bereits bei H. Grotius, de jure belli ac pacis III, 8 sect. 4 mit den Worten ausgesprochen:

[1]) So Ullmann, Völkerrecht S. 71, 72; v. Liszt, Völkerrecht S. 184, nimmt zwar an, daß eine Rechtsnachfolge bei Staatsschulden eintritt, meint indessen, daß allgemeine anerkannte Rechtssätze sich hier nicht aufstellen lassen.

[2]) International law with materials for a code of intern. law, London 1887 S. 84 sub 20.

„Sicut autem res, quae singulorum fuerant, jure belli iis acquiruntur, qui eos sibi subjiciunt, sic et res universitatis eorem fiunt, qui sibi subjiciunt universitatem, si ipsi velint ... Ergo et incorporalia jura, quae universitatis fuerant, fient victoris, quatenus velit."

In neuester Zeit ist diese Auffassung auch von einem hohen englischen Gerichtshof, dem High Court of Justice, Kings bench division, in Sachen The West Rand Central Gold Mining ·/· The King vertreten worden.[1])

Beide im Vorstehenden gekennzeichneten Anschauungen sind zu verwerfen. Die erstere, welche eine unbeschränkte Haftung für die Schulden des annektierten Staates aufstellt, würde den annektierenden Staat unter Umständen übermäßig und in unbilliger Weise belasten. War der annektierte Staat infolge des Krieges, der zu seiner Annexion führte, und durch vorhergegangene Mißwirtschaft mit einer starken Schuldenlast behaftet, so könnte der Übergang der Schulden auf den siegreichen Staat zum völligen wirtschaftlichen Ruin auch des letzteren führen.[2]) Auch existiert — abgesehen von bestimmten gesetzlich besonders festgesetzten Fällen, wie Erbfolge, Verstaatlichung eines Privatunternehmens u. dgl. — keine gesetzliche Bestimmung allgemeiner Art, wonach der Übergang einer Vermögensmasse die unbeschränkte Haftung für die Schulden nach sich zieht. Die zweite Ansicht, welche jede Schuldenhaftung des annektierenden Staates leugnet, ist ebenfalls abzulehnen. Denn sie widerstreitet nicht nur der Billigkeit und seit langem in Geltung befindlichen völkerrechtlichen Anschauungen über die Verpflichtungen desjenigen Staates, der in die Herrschaft über das Vermögen eines annektierten Staates eintritt, vielmehr setzt sie sich auch mit anerkannten privatrechtlichen Grundsätzen über Schuldübernahme in Widerspruch. Diese letzteren müssen, trotzdem der Übergang eines Staates an einen anderen Staat oder die Annexion an sich ein völkerrechtlicher Vorgang ist, dennoch hier Geltung haben, weil es sich bei den Staatsanleihen, wie früher dargelegt, um privatrechtliche Rechtsverhältnisse handelt.

---

[1]) The Times, Law Report 1. Juni 1905; Zeitschr. f. Völkerrecht und Bundesstaatsrecht, herausgeg. von Kohler I S. 93ff.

[2]) Vgl. die in vorstehender Note zitierte englische Entscheidung.

Der bereits oben angeführte der modernen Rechtsanschauung entsprechende, in modernen Rechtskodifikationen wie im deutschen BGB. (§ 419) zum Ausdruck gelangte Rechtsgrundsatz, daß das Vermögen eine sachenrechtliche Einheit bildet, daß die Schulden des Vermögens auf dem Vermögen lasten, und daß jedes Vermögen für seine Schulden haftet, auch wenn es nicht mehr dem gehört, in dessen Person die Schulden erwachsen sind[1]), hat daher auch auf das vorliegende Rechtsverhältnis Anwendung zu finden. Demgemäß lasten die Staatsschulden des annektierten Staates auf dem annektierten Gebiet. Nicht sowohl der annektierende Staat, als vielmehr das übernommene Gebiet ist belastet wie bisher[2]), mit anderen Worten: der erstere haftet für die Anleiheschulden des übernommenen Staates lediglich insoweit, als für ihre Verzinsung und Rückzahlung die Einkünfte des annektierten Staates (Steuern, Domänen usw.) hinreichen, oder insoweit unbewegliches in dem übergegangenen Gebiete gelegenes Staatsgut für die Anleihe verpfändet ist.[3])

Wird das Gebiet eines Staates unter mehrere andere Staaten aufgeteilt, so gehen diejenigen Schulden, welche lediglich auf einem der mehreren Gebiete haften oder in dessen Interesse gemacht sind, ausschließlich auf den Erwerber des Gebietes über. Im übrigen ist eine Aufteilung wie der Forderungen so auch der Schulden unter die Erwerber erforderlich, über die sie sich untereinander verständigen müssen. Tritt keine Verständigung ein, so hat als Maßstab die Steuerleistung zu dienen, mit der die Bevölkerung jedes der Gebiete an der Gesamtsteuerleistung des aufgeteilten Staates beteiligt war.[4]) Die Haftung der Erwerber besteht indessen in jedem Falle lediglich mit der im Vorhergehenden geschilderten Maßgabe.

Wird ein Teil eines Staates von einem anderen Staate

---

[1]) Vgl. Kohler, Archiv f. bürgerl. Recht XXII S. 1 ff., insbes. S. 17; Staudinger, Komm. zum BGB. zu § 419.

[2]) Zu dem gleichen Resultat gelangt, wenn auch aus anderen rechtlichen Erwägungen, Appleton in seiner Schrift „Des effets des annexions de territoires sur les dettes de l'État démembré ou annexé et sur celles des provinces, départements etc. annexés", Paris 1895. Gegen ihn Huber a. a. O. S. 89 ff.

[3]) Das letztere wird selbst von denjenigen zugegeben, die sonst gegen eine weitergehende Schuldenhaftung sind; vgl. v. Liszt a. a. O. S. 184.

[4]) Dieser Maßstab ist geeigneter und gerechter als der Flächenraum und die Einwohnerzahl des aufgeteilten Gebietes; vgl. Ullmann a. a. O. S. 73.

annektiert oder sonst erworben (Partialkorporation), so hat der Erwerber gleichfalls einen Teil der Staatsschuld zu übernehmen. Auch hier gilt in erster Linie als rechtliche Regel, daß diejenigen Schulden, die lediglich im Interesse des betreffenden Landesteils kontrahiert wurden, wie z. B. diejenigen, die sich auf die in dem annektierten Gebiete befindlichen Entwässerungsanlagen und Eisenbahnen beziehen, auf den Erwerber übergehen.[1]) Dieser Grundsatz entspricht auch der bisherigen europäischen Praxis des Völkerrechts. Meist sind in den Friedens- und Zessionsverträgen des letzten Jahrhunderts besondere und ausdrückliche Vereinbarungen getroffen worden, daß diese Schulden auf den Rechtsnachfolger übergehen sollen. So heißt es in dem Vertrag zwischen Frankreich und Sardinien betr. Savoyen und Nizza v. 23. Aug. 1863 „La France succède aux droits et obligations résultant de contrats régulièrement stipulés par la Sardaigne pour des objets d'intérêt public concernant spécialement la Savoie ou l'arrondissement de Nice".[2])

Hinsichtlich der allgemeinen Staatsschulden hat auch bei Partialinkorporationen eine Teilung nach demjenigen Maßstabe zu erfolgen, der oben für den Fall der Aufteilung eines Staates unter mehrere andere Staaten aufgestellt worden ist. Regelmäßig werden übrigens sowohl bei Total- wie bei Partialinkorporationen in den Friedens- und Zessionsverträgen Vereinbarungen über den Übergang auch der allgemeinen Staatsschulden aufgestellt; häufig werden von dem erwerbenden Staat bei Totalinkorporationen die Schulden ganz, bei Partialinkorporationen ein verhältnismäßiger Anteil daran freiwillig übernommen. So hat Italien 1861 die Staatsschulden der annektierten Staaten übernommen, Preußen 1866 die von Kurhessen, Hannover, Nassau, Frankfurt a. M.[3])

Ähnliche Rechtsgrundsätze wie die im Vorstehenden für

---

[1]) Vgl. v. Liszt a. a. O. S. 184; Huber a. a. O. S. 96ff.

[2]) Eine auch dem Wortlaut nach entsprechende Bestimmung findet sich in dem Friedensvertrage zwischen Österreich, Preußen, Dänemark v. 30. Oktbr. 1864 betreffs der Schulden der von Dänemark abgetretenen Gebiete. Ebenso auch im Friedensvertrage v. 30. Oktbr. 1866 zwischen Österreich und Italien.

[3]) Durch Übernahme der Schulden der neu erworbenen Landesteile wuchs die preußische Staatsschuld von 258 Mill. Taler auf 424 1/3 Mill. Taler an.

den Fall der Partialinkorporation aufgestellten gelten auch dann, wenn sich ein neuer Staat unter Trennung von dem bisherigen Staatsverband bildet.[1]) Während die Staatsschulden, die im Interesse des abgetrennten Gebietes von dem Mutterstaat eingegangen sind, von dem neuen Staat ganz zu übernehmen sind, entfällt von den übrigen Staatsschulden auf den letzteren ebenfalls eine Quote. Den Maßstab für ihre Berechnung bildet, wie bei Zessionen und Annexionen, auch hier das Verhältnis der Steuerbeträge der Bevölkerung jedes der Gebiete zu der Gesamtsteuerleistung des bisherigen Staatsverbandes. Regelmäßig hat bisher auch in solchen Fällen eine ausdrückliche Vereinbarung zwischen dem Altstaat und dem Neustaat über die Verteilung der Schulden, meist unter Anerkennung der übrigen Mächte, stattgefunden, so bei Belgien [2]), Rumänien, Montenegro [3]), Serbien [4]).

Gleiche Grundsätze wie die vorstehend für Inkorporationen und Neubildungen von Staaten aufgestellten haben auch hinsichtlich der Übernahme von Schulden bei gänzlicher oder teilweiser Inkorporation von Kommunen und Kommunalverbänden oder bei Neubildung von Kommunen zu gelten, auf Einzelheiten braucht daher nicht weiter eingegangen zu werden.

---

[1]) Vgl. Ullmann a. a. O. S. 73 § 25; Huber a. a. O. S. 140ff.

[2]) Vgl. Milanowitsch, Les traités de garantie au XIX siècle (Paris 1888) S. 189, 190.

[3]) Berliner Vertrag v. 13. Juli 1878 Art. XXXIII: „Le Monténégro devant supporter une partie de la dette publique ottomane pour les nouveaux territoires qui lui sont attribués par le traité de paix, les Représentants des Puissances à Constantinople en détermineront le montant de concert avec la Porte sur une base équitable.“

[4]) Gänzlich übereinstimmend mit Montenegro.

Kapitel XVII.

Tilgung der Anleihen. Ausschluß des Kündigungsrechts der Gläubiger. Arten der tilgbaren Anleihen, allmähliche Tilgung und Amortisation von Anleihen. Prämienanleihen. Annuitäten. Anleihen ohne Tilgungspflicht (Renten). Das finanzpolitische Problem der Tilgung von Staatsanleihen (freie Tilgung, Zwangstilgung).

Der der modernen Wirtschaftsordnung unentbehrliche Kredit hat sich in der öffentlichen Anleihe zwar ein feines und in hohem Maße für seine Zwecke geeignetes Werkzeug zur Durchführung seiner Aufgaben geschaffen. Wie aber der Kredit in jeder Form im Falle seiner Überspannung, namentlich in politisch unruhigen Zeiten oder gar im Kriegsfall, eine ernste Gefahr für den Haushalt der an ihm aktiv und passiv Beteiligten, in erweitertem Maße auch für die gesamte Volkswirtschaft werden kann, so gilt dies auch für das weite Gebiet der öffentlichen Anleihen. Der Tilgung der Anleihen fällt nun die Aufgabe zu, einen Ausgleich zwischen dem Bedarf der Kreditnehmer und den zu seiner Befriedigung zur Verfügung stehenden Mitteln der Volkswirtschaft zu schaffen.[1]) Durch rechtzeitige Verminderung übermäßig angewachsener Schulden kann der für das gesamte Wirtschaftsleben nachteiligen Geldspannung, mit der Verteuerung der Zinssätze in

[1]) Vgl. Köppe, „Die Tilgung von Staatanleihen" im Bankarchiv VI (1907) S. 209ff.; Konrad Zorn, Über die Tilgung von Staatsschulden, Tübingen 1905.

ihrem Gefolge, vorgebeugt, eine Kräftigung des Geldmarktes und eine Verbilligung der Zinssätze herbeigeführt werden. Gleichzeitig muß durch die Abtragung alter Schulden Raum geschaffen werden für die Befriedigung neu aufkommender Bedürfnisse und für die Durchführung neuer Aufgaben, die an die Staaten, Gemeinden und die sonst an dem öffentlichen Anleihewesen als Geldnehmer Beteiligten herantreten. Soweit die öffentlichen Anleihen den Zwecken wirtschaftlicher Unternehmungen dienen, sei es, daß sie vom Staate betrieben werden (z. B. Eisenbahnen), sei es, daß sie sich in den Händen privater Betriebe befinden (wie Fabriken, Schiffahrtsunternehmungen), ist schon nach allgemeinen rationellen Wirtschaftsgrundsätzen eine Amortisation dieser Schulden geboten; dies um so mehr, als auf vielen Gebieten (z. B. dem der Elektrizität), die rasch fortschreitende Technik mit ihren gigantischen Umwälzungen das mit den Anleiheschulden belastete Anlagekapital nur allzurasch entwerten kann.

Die Durchführung einer zweckmäßigen, der Eigenart der betreffenden Wirtschaften und der Sonderheit der in Frage kommenden öffentlichen Anleihen angepaßten Tilgung ist also ein dringendes wirtschaftliches Bedürfnis, mag es sich nun um Staatsschulden, Kommunalschulden, oder um Schulden sonstiger öffentlicher oder privater Unternehmungen handeln. Auch für die Staatsschulden sind die Zeiten längst vorüber, wo Mac Culloch seine Landsleute von ihrer Tilgung mit dem Dogma abzubringen versuchte, man brauche sich um die Rückzahlung der Staatsschulden nicht zu sorgen, das Gegengewicht, das in der Vermehrung des Volkseinkommens liege, sei die beste Tilgung. Vielmehr spielt für das Gebiet der Staatsschulden bis in die jüngsten Zeiten, wie bereits seit langem, nicht die Frage nach dem „Ob“, sondern nach dem „Wie“ der Tilgung in Theorie und Praxis in den hauptsächlichsten Kulturländern eine wichtige Rolle. Eine Darstellung der in den einzelnen Ländern im Laufe der Zeiten — meist nach dem Vorbilde Englands — eingeführten und wieder beseitigten Tilgungssysteme der Staatsschulden geben, hieße, eine Geschichte der Staatsschulden selbst schreiben. Dies kann nicht die Aufgabe der vorliegenden Arbeit sein, zumal es sich dabei im wesentlichen nicht sowohl um rechtliche als um finanzwissenschaftliche Probleme handelt. Dem Zwecke dieses Buches entsprechend, soll vielmehr die Frage der Tilgung im folgenden in erster Linie vom privatrechtlichen Standpunkte, nämlich unter dem Gesichtspunkte der rechtlichen Beziehungen zwischen dem Anlehnsschuldner und seinen Gläubigern behandelt und nur am Schlusse eine kurze finanzwissenschaftliche Betrachtung der geltenden Tilgungssysteme der Staatsanleihen daran geknüpft werden.

Wie bereits in Kap. III hinsichtlich der Staatsschulden dargelegt worden ist, zerfallen die Anleihen in tilgbare und nicht tilgbare d. h. in solche, bei denen eine Verpflichtung zur Rückzahlung seitens des Schuldners besteht, und solche, zu deren Rückzahlung der Schuldner dem Gläubiger überhaupt nicht verpflichtet ist.

Ein Kündigungsrecht der Gläubiger ist bei den modernen öffentlichen Anleihen, sowohl denjenigen der Staaten wie bei den Anleihen von öffentlichen Korporationen und privaten Gesellschaften, regelmäßig und bereits seit langem ausgeschlossen.[1]) Die Ausübung desselben durch die Gläubiger würde unter Umständen den Anlehnsschuldner auf das schwerste gefährden, weil ihm natürlich am meisten gekündigt werden würde, wenn er am wenigsten imstande wäre, zurückzuzahlen.[2]) Zum mindesten würde die Verwaltung des Schuldenwesens für Staaten und öffentliche Korporationen dadurch erheblich erschwert werden, da es ihnen an jedem Maßstab für die Berechnung und Bereitstellung der für die Rückzahlung der jeweilig gekündigten Kapitalien erforderlichen Gelder fehlen würde. Die Emissionsbedingungen und Prospekte der öffentlichen Anleihen enthalten denn auch regelmäßig die ausdrückliche Bestimmung, daß die Schuldverschreibungen von seiten der Gläubiger unkündbar sind. Aus dem gleichen Grunde wird auch bei Pfandbriefen das Kündigungsrecht der Gläubiger ausgeschlossen. Nach § 8 des Hypothekenbankgesetzes darf den letzteren kraft positiver gesetzlicher Vorschrift ein Kündigungs-

[1]) Vgl. Gönner, Über Staatsschulden Kap. II S. 92; Nebenius, Öffentlicher Kredit (2. Aufl.) S. 330.

[2]) Roscher, System der Volkswirtschaft 4, 2 S. 267. Im Königreich Hannover wurde noch bis 1824 seitens der Kammerkasse dem Gläubiger bei Staatsanlehen das Kündigungsrecht eingeräumt.

recht nicht eingeräumt werden. Ausnahmen finden sich allerdings vereinzelt auch jetzt noch bei Anleihen. So wird z. B. bei den amerikanischen Eisenbahnbonds in den Anlehnsbedingungen regelmäßig bestimmt, nach welcher Frist bei Verzug der Zinszahlung die Verfallserklärung bezüglich des Kapitals seitens der Gläubiger ausgesprochen werden darf (in der Regel nach sechs Monaten).[1]) Die Einräumung eines Kündigungsrechts an die Gläubiger findet sich auch in der neuesten Zeit bei einer Staatsanleihe, nämlich bei der $4\frac{1}{2}$% russischen Anleihe von 1905, bei der sich die russische Regierung bereit erklärt hat, die Stücke auf Kündigung der Inhaber entweder am 1. Juli 1911 oder am 1. Juli 1914 zum Nennwert zurückzuzahlen, während beim Ausbleiben der Kündigung zu diesen Zeitpunkten die Berechtigung der Staatsgläubiger zur Kündigung fortfällt und der Staat das Recht erhält, vom 1. Jan. 1917 ab die Anleihe zu tilgen, zu kündigen oder zu konvertieren.

Auch bei den Anleihen der industriellen Gesellschaften ist bisweilen den Gläubigern bzw. ihrem Vertreter vertraglich ein Rückforderungsrecht für den Fall eingeräumt, daß die Gesellschaft ihre Verpflichtungen nicht erfüllt.

So ist z. B. in den Bedingungen einer Anleihe der Emaillier- und Stanzwerke vorm. Gebr. Ullrich in Maikammer aus dem Jahre 1905 folgendes festgesetzt:

§ 19. Das Darlehn ist seitens der einzelnen Gläubiger und der Pfälzischen Bank unkündbar; das ganze noch rückständige Darlehn ist indessen mit einem Aufgelde von 2% fällig, wenn

1. die Schuldnerin die zur Zahlung für die Zinsen und die ausgelosten oder gekündigten Kapitalbeträge erforderlichen Gelder nicht bei Fälligkeit eingezahlt und trotz Mahnung der Pfälzischen Bank durch Einschreibebrief innerhalb 14 Tagen dieser Verpflichtung nicht nachkommt;
2. die Schuldnerin das Pfandobjekt ganz oder teilweise ohne Genehmigung der Pfälzischen Bank[2]) veräußert;
3. die Schuldnerin ihre Zahlungen einstellt;

---

[1]) Vgl. Holdheim, „Mortgage und Mortgagebonds" in Monatsschrift für HR. und BW. 1894 S. 351, 352. Nach den übereinstimmenden Emissionsprivilegien der preußischen Eisenbahnen waren die Prioritätsobligationäre in 3 bzw. 4 Fällen zur Kündigung ihrer Obligationen befugt; vgl. Freund, Vorzeitige Rückzahlung und einseitige Konversion verzinslicher Anleihen S. 9.

[2]) Diese war als Pfandhalterin für die zugunsten des Anlehns eingeräumte Hypothek bestellt.

4. das Konkursverfahren über das Vermögen der Schuldnerin eröffnet, oder der Antrag auf Eröffnung mangels Masse abgelehnt wird;
5. die Zwangsverwaltung über das Pfandobjekt oder einen Teil desselben verfügt wird;
6. die Schuldnerin ihren Betrieb, abgesehen von dem Falle der höheren Gewalt, länger als 6 Monate einstellt;
7. die Schuldnerin ohne Zustimmung der Pfälzischen Bank sich auflöst oder mit einer anderen Gesellschaft fusioniert;
8. die Schuldnerin diesen Anleihebedingungen zuwiederhandelt, insbesondere die rechtzeitige Auslosung unterläßt;
9. die für den Betrieb der Schuldnerin hergestellten Gebäude nebst deren Zubehör und Einrichtung nicht in einem für die Sicherheit der Anleihe ausreichenden Betrag gegen Feuersgefahr versichert werden und die Zahlung der Prämie nicht rechtzeitig der Pfälzischen Bank nachgewiesen wird.

Das Recht zur Rückforderung aus dem unter 9 gedachten Grunde ruht, solange der Pfälzischen Bank ein Garantieschein der Versicherungsgesellschaft zur Verfügung gestellt ist.

Die tilgbaren Anleihen zerfallen in solche, welche in kurzer Zeit und solche, welche erst in längerer Zeit zu tilgen sind. Zu den ersteren gehören die schwebenden Schulden der Staaten, die in Form von Schatzanweisungen, Schatzscheinen, Schatzkammerscheinen ausgegeben werden und regelmäßig nur zur Deckung eines vorübergehenden Geldbedarfs dienen. Über sie ist bereits in Kapitel III gehandelt worden. Im Deutschen Reich ist es gemäß Ges. betr. Änderung der Reichsschuldenordnung v. 22. Febr. 1904 (RGBl. 1904 S. 66) zulässig, daß an Stelle fälliger Schatzanweisungen und zu ihrer Einlösung erforderlichenfalls immer neue Schatzanweisungen ausgegeben werden.

Zu den in längerer Zeit tilgbaren Anleihen gehören einmal diejenigen, bei denen die Rückzahlung in derselben Weise wie beim gewöhnlichen Darlehn, nämlich durch Tilgung der ganzen Schuld auf einmal nach einer bestimmten Reihe von Jahren zu erfolgen hat. Diese Art der Tilgung, welche sich in den früheren Zeiten der mangelhaften Entwicklung des öffentlichen Schuldenwesens häufig fand, ist in Deutschland nur noch wenig gebräuchlich, denn sie ist für den Schuldner mit einem erheblichen Risiko verbunden, insofern dieser sich dabei der Gefahr aussetzt, daß unvorhergesehene mit dem Rückzahlungstermin zusammentreffende Umstände die Erfüllung der eingegangenen Verbindlichkeiten erschweren, wenn nicht gar vereiteln.[1])

Öfters allerdings kommt sie noch gegenwärtig in Amerika bei Staats-, Städte- und Eisenbahnanleihen, in der Schweiz und in den englischen Kolonien vor. Indessen ist, worauf ebenfalls bereits in Kapitel III hingewiesen worden ist, das Deutsche Reich, gleich wie Frankreich und Rußland, seit dem Jahre 1900 in wiederholten Fällen dazu übergegangen, verzinsliche, erst nach einer Reihe von Jahren rückzahlbare Schatzanweisungen auszugeben; diese stellen sich aber ihrer Natur nach nicht als Schatzanweisungen dar, da sie nicht zur Beschaffung eines vorübergehenden Geldbedarfs bestimmt sind, vielmehr sind sie fundierte Anleihen mit bestimmtem Rückzahlungstermin und gleichen ihrem Wesen nach den ausländischen Bonds.

Diejenigen Gefahren, welche für den Schuldner bei den auf einmal tilgbaren Anleihen bestehen, werden dann vermieden, wenn die Rückzahlung nicht auf einmal an einem bestimmten Termin, sondern mittels allmählicher Tilgung (Amortisation) der Anlehnsschuld nach einem in den Emissionsbedingungen aufgestellten Tilgungsplan erfolgen soll. Der Schuldner kann sich hierbei entweder zum regelmäßigen freien Ankauf einer festen Anzahl von Obligationen zum Börsenkurs oder zur Rückzahlung einer bestimmten Zahl zum Nominalwert nach planmäßiger allmählicher Auslosung verpflichten, dergestalt, daß bis zu einem bestimmten Zeitpunkt oder innerhalb eines bestimmten Zeitraums die ganze Anleihe getilgt sein muß. Diese letztere Art der Tilgung ist die bei weitem üblichste; zu diesem Zwecke wird von dem Anlehnsschuldner eine jährliche Tilgungsquote in bestimmter Höhe (z. B. 1 % oder $^1/_2$ % des Nennbetrags der Anleihe) entrichtet. Regelmäßig wird daneben noch derjenige Teil der Zinsen, welcher auf bereits getilgte Schuldverschreibungen entfallen würde, zur Verstärkung des Tilgungsstockes verwendet. Der aus der Tilgungsquote, eventuell vermehrt durch die ersparten Zinsen, bestehende Betrag wird nun jedesmal dergestalt zur Rückzahlung verwendet, daß eine entsprechende Anzahl von Schuldverschreibungen durch das Los bestimmt und zum vollen Nominalbetrag eingelöst wird.

---

[1]) Vgl. Nebenius a. a. O. S. 333, 334.

Neben der Tilgung durch Auslosung behält sich der Schuldner in vielen Fällen noch den **Rückkauf** von Schuldverschreibungen vor; von diesem Rechte macht er dann Gebrauch, wenn der Börsenkurs unter dem Einlösungswert steht. Die Verpflichtung zur allmählichen Tilgung durch Ankauf von Obligationen findet sich auch mit der Verpflichtung zur Auslosung kombiniert z. B. bei der preußischen Staatsschuld von 1820. Hier sollte die Tilgungsquote jährlich durch Ankauf von Obligationen zur Verwendung gelangen und eine Verlosung erst dann eingeleitet werden, wenn die Schulddokumente an der Börse oder sonst nicht mehr unter dem Nennwert aufgekauft werden konnten.[1]) Nicht selten behält sich auch der Schuldner das Recht vor, größere Beträge als im Tilgungsplane vorgesehen oder die ganze Anleihe auf einmal (eventuell nach Kündigung) zurückzuzahlen.[2])

In vielen Fällen wird bei Aufnahme der Anleihe vereinbart, daß die Tilgung nicht vor einem bestimmten Zeitpunkt beginnen darf.[3]) Häufig wird auch die Zahlung eines Zuschlags zu dem Nominalkapital (z. B. 3 %) den Inhabern der sämtlichen ausgelosten Obligationen versprochen.

Die Auslosungen haben indessen sowohl für die Gläubiger wie für den Schuldner nicht unerhebliche Nachteile im Gefolge. Erstens erhalten die zahlreichen Auslosungen die Gläubiger immer in Spannung und zwingen sie zu dauernden Kontrollen der ausgelosten Nummern, sodann sind sie je nach Lage des Geldmarktes mit Kursverlust und Unbequemlichkeiten für sie verbunden. Dem Schuldner machen sie viel Arbeit und Mühe und verursachen nicht unerhebliche Spesen. Denn größere Geldsummen müssen bis zum Ziehungstage angesammelt werden, die bis zur Fälligkeit nur kurzfristig und daher nur gegen geringen Zins angelegt werden können, auch müssen die Ziehungslisten, um ihnen möglichst große Verbreitung zu geben, in zahlreichen, oft über 100 Blättern veröffentlicht werden. Infolge-

---

[1]) Schwarz und Strutz, Der Staatshaushalt und die Finanzen Preußens Bd. III S. 13.

[2]) Ob ihm diese Befugnisse auch ohne ausdrückliche Abmachung zustehen, darüber wird später zu handeln sein, vgl. Kap. XIX.

[3]) Nach § 8 des Deutschen Hypothekenbankges. darf auf das Recht zur Rückzahlung der Pfandbriefe höchstens für 10 Jahre verzichtet werden.

dessen machen sich neuerdings in der Praxis der Anlehnsschuldner, speziell der Hypothekenbanken, Versuche bemerkbar, die Tilgung durch Auslosung möglichst einzuschränken. An ihre Stelle wird die Einlösung der Pfandbriefe mittels Kündigung innerhalb einer bestimmten Reihe von Jahren versprochen, wobei sich der Schuldner regelmäßig auch den freihändigen Rückkauf vorbehält.[1]) Auch bei den Staatsanlehen ist man neuestens von Auslosungen immer mehr abgekommen. In Preußen ist bereits im Jahre 1869 an Stelle des bisherigen Systems der nach festem Tilgungsplan amortisiblen Anleihen die alsbald zu besprechende Rentenschuld eingeführt worden. In Württemberg ist durch Gesetz v. 18. Mai 1903 die Tilgung durch Auslosung für künftige Anleihen ausdrücklich beseitigt worden. Sie findet seit dieser Zeit entweder durch Kündigung oder Rückkauf statt.

Eine besondere Art der durch Auslosung rückzahlbaren Anleihen bilden die Prämienanleihen. Bei diesen empfängt der Gläubiger gar keine oder nur geringere Zinsen, aber an ihrer Stelle oder neben ihnen werden unter den behufs Amortisation jährlich ausgelosten Schuldverschreibungen nach einem bestimmten bei der Emission festgesetzten Lotterieplan Gewinne, Prämien in verschiedener Höhe ausgespielt;[2]) im ungünstigsten Falle erhalten also die Obligationäre regelmäßig mindestens den Nennwert ihrer Obligationen zurück. Lotterieanleihen waren namentlich früher in Staaten mit schwierigen Kreditverhältnissen beliebt, wo die gewöhnliche Anlehnsform mit einfacher Verzinsung nicht mehr hinreichend zur Beteiligung an öffentlichen Anleihen anreizte (z. B. seiner Zeit in Österreich)[3]), und durch Anlockung des Spielreizes eine Anleihe leichter und zu einem niedrigeren Zinse unterzubringen war. In Preußen

---

[1]) Schanz, Zur Praxis der Hypothekenbanken im „Bankarchiv" VI. Jahrg. 1906 S. 26ff.

[2]) Mitunter laufen auch Prämien- und Amortisationsziehnungen als zwei gang gesonderte Arten nebeneinander; infolgedessen nehmen alle Lose, solange sie nicht in einer Amortisationsziehung gezogen sind, an jeder Prämienziehung teil. In dieser Weise ist der Verlosungsplan der Russischen Prämienanleihen von 1864 und 1866 festgesetzt; vgl. Freund a. a. O. S. 40.

[3]) A. Wagner in Schönbergs Handbuch der politischen Ökonomie Bd. III S. 588; Nebenius a. a. O. S. 343ff.

erfolgte noch 1855 die Aufnahme einer Prämienanleihe im Betrage von 45 Mill. Mk., zu der 1866 noch eine kurhessische Lotterieanleihe von 20,1 Mill. Mk. und eine nassauische von 2,6 Mill. Gulden traten.[1]) In neuerer Zeit ist man wegen der Schwierigkeiten der Verlosungsberechnungen und vor allem wegen der Unmöglichkeit einer Kündigung behufs Zinsreduktion mehr und mehr von dieser Art der Anleihen zurückgekommen; im Deutschen Reiche dürfen Prämienanleihen auf Grund des Reichsgesetzes vom 8. Juni 1871 nur ausgegeben werden, wenn es durch ein besonderes Reichsgesetz erlaubt ist. Diese Erlaubnis ist bisher noch niemals erteilt worden.

Endlich gehören zu den rückzahlbaren Anleihen noch die Anleihen in Form von Zeitrenten (Annuitäten). Bei diesen verpflichtet sich der Schuldner, die Schuld binnen einer bestimmten Zahl von Jahren (10—20—30 Jahren) wieder zu tilgen und zwar vermittels jährlicher Zahlungen, die neben dem Zinsbetrage noch eine gewisse Amortisationsquote enthalten. Dieses System ist in Deutschland so gut wie unbekannt. In England, wo es bereits im 17. Jahrhundert angewendet wurde, ist es neuerdings seit 1863 durch Gladstone zum Zwecke der Tilgung von Staatsschulden auf neuer Grundlage wieder eingeführt worden. Diese Tilgung betraf die von Sparkassen angelegten Bestände an Konsols in Höhe von 24 Mill. £, deren Schuldner der Staat war. Sie wurden durch Zahlung einer Annuität von 1 761 000 £ jährlich bis 1885 getilgt. In der Folgezeit wurden noch mehrfach größere Beträge von Staatsschulden, deren Gläubiger die Sparkassen und der höchste Gerichtshof als Hinterlegungsstelle waren, auf ähnliche Weise getilgt.[2])

Den bisher besprochenen tilgbaren Anleihen stehen, wie erwähnt, die untilgbaren Anleihen, Rentenanleihen oder Rentenschulden gegenüber, d. h. solche, bei denen der Gläubiger ein Recht nur auf Rente, nicht aber auf Rückzahlung des Kapitals hat. Diese Art der Anleihe ist, wie bereits mehrfach erwähnt, die übliche bei den modernen Staatsschulden; sie ist für den heutigen Staat die geeignetste und vollkommenste Schuldform,

---

[1]) Schwarz und Strutz a. a. O. Bd. III S. 60, 61 § 52.

[2]) Näheres bei Konrad Zorn a. a. O. S. 64 ff.; Roscher a. a. O. S. 300 ff.; Kimmich a. a. O. S. 130 ff.

insofern die Verpflichtung des schuldenden Staates hier überhaupt nicht mehr auf die Rückzahlung des entliehenen Kapitals, sondern lediglich auf die jährliche Zahlung der Zinsrente geht. Der Schuldner wird auf diese Weise insbesondere der Schwierigkeit der Verlosungsberechnungen enthoben und in die rechtliche Möglichkeit versetzt, jederzeit Zinsreduktionen vorzunehmen, welche ihm bei den tilgbaren Anleihen fehlt.[1]) Auch den Gläubigern bietet diese Anleiheform gewisse Vorteile, insofern sie nicht gezwungen sind, fortdauernd die Verlosungslisten durchzusehen.[2])

Für andere Anlehnsschuldner als den Staat, insbesondere für Städte, Provinzen, Privatgesellschaften kommt diese Anlehnsform dagegen wenig oder gar nicht in Betracht, vielmehr sind ihre Anleihen regelmäßig innerhalb bestimmter Zeit rückzahlbar. Dies ist erstens aus der Art ihrer Anleihen und den mit ihrer Aufnahme verfolgten Zwecken zu erklären. Städte, Provinzen, Kreise usw. nehmen ihre Anleihen für Bauten, Wasserwerke, gemeinnützige Anlagen auf, die einer starken Abnutzung unterliegen; sie müssen also, wenn sie ökonomisch verfahren wollen, auf eine Tilgung der für diese Zwecke verausgabten Beträge bedacht sein. Sodann aber zwingt sie der Staat, der ein Interesse daran hat, daß ihre Schulden nicht allzu sehr wachsen, im Wege der Ausübung seines Aufsichtsrechts, kraft dessen er sich die Genehmigung der von diesen Körperschaften aufzunehmenden Anleihen vorbehalten hat, zu der Übernahme bestimmten Verpflichtungen hinsichtlich der Tilgung bei Aufnahme der Anleihen. Bei Eisenbahnunternehmungen gelten ähnliche Gesichtspunkte. Bei Industriegesellschaften bestehen allerdings keine Rücksichten auf den Staat. Bei ihnen aber ist die Sorge um den eignen Kredit für die Übernahme der Tilgungspflicht maßgebend; denn da sie nicht, wie die öffentlichen Korporationen, die Gewähr der Dauer und des stets gleichmäßigen Bestehens bieten, so erhalten sie nur dann Geld geliehen, wenn sie sich zur Rückzahlung innerhalb bestimmter Zeit verpflichten.[3])

Auf seiten des Schuldners sind die Rentenanleihen ent-

---

[1]) Näheres darüber Kap. XX.

[2]) Schwarz und Strutz, a. a. O. S. 62.

[3]) Vgl. Saling, Börsenpapiere I. Teil (6. Aufl. herausgeg. von Siegfried) S. 292, 293. Die neueren Auflagen enthalten hierüber nichts.

weder untilgbar (ewig) oder, wie dies regelmäßig der Fall, tilgbar.

Bei den ewigen Renten, die jetzt sehr selten sind, besteht an sich kein Kündigungsrecht des Schuldners, bei ihnen wird nur die Zahlung der Rente (3, 4, 5), nicht eines Kapitals versprochen, die Rente ist kein Prozentsatz des Kapitals, sondern eine absolute Größe. Indessen wird auch bei ihnen anerkannt, daß dem Schuldner das Recht zustehe, einzelne oder alle Obligationen freihändig zurückzukaufen.[1]) In Frankreich, wo die Form der Rentenschuld und die Bezeichnung der Staatsschuld als „Rentes perpétuelles“ Zweifel über das Vorhandensein einer Kapitalsschuld und über das für den Staat bestehende Rückzahlungsrecht ließen, hat das Dekret vom 14. März 1852 (über die Konversion der 5 % Rente in 4 1/2 %) sogar ausdrücklich den Grundsatz festgestellt, daß dieses Recht „inhärent der Natur des Vertrages über eine ewige Rente“ sei.[2])

Bei den tilgbaren Renten nimmt der Schuldner die Rückzahlung dann vor, wenn sie ihm zusagt; solange die Titel der Rentenschulden unter pari stehen, kauft er sie zu Tilgungszwecken an der Börse zurück, steigen sie über pari, so kündigt er sie und zahlt das Nominalkapital bzw. einen Zuschlag dazu, wenn dies zugesagt ist, zurück. Dieses Recht zur Kündigung und Einlösung der Schuldverschreibungen, und zwar aller insgesamt oder in Teilbeträgen gegen Zahlung des Nennbetrages, welches sich bei Rentenanleihen aus der Natur der Sache ergibt, findet sich regelmäßig in den Anleihegesetzen noch besonders festgesetzt. Nicht selten verpflichtet sich auch der Staat, von seinem Kündigungs- (und damit Konvertierungs-)recht gegenüber den Gläubigern nicht vor einem bestimmten Termin Gebrauch zu machen. So sicherte z. B. Preußen durch Gesetz vom 23. Dez. 1896 anläßlich der Konvertierung der 4 % Staatsschuld in eine 3 1/2 %, sowie das Deutsche Reich durch Gesetz vom 8. März 1897 anläßlich der Konvertierung der 4 % Reichsschuld in eine 3 1/2 %, den Gläubigern die Unkündbarkeit der 3 1/2 % Schuld bis zum 1. April 1905 zu.

---

[1]) Vgl. Georg Cohn in Endemann, Handbuch des Handelsrechts III S. 862 Note 39.

[2]) Vgl. Gustav Cohn, System der Nationalökonomie (Finanzwissenschaft) Bd. II S. 766.

In England sind, wie bereits früher (Kap. II) erwähnt, die Rentenschulden, permanent annuities, bereits im Jahre 1715 eingeführt worden, wobei dieses Land allen anderen Nationen weit voraus war.

In Preußen ist die Form der Anleihen mit Tilgungspflicht gegenüber den Gläubigern im Jahre 1869 definitiv aufgegeben und dafür die unkündbare Rente, zugleich mit der Unifikation der Staatsschuld und der Aufnahme des alsbald noch zu erwähnenden freien Tilgungssystems, eingeführt worden (Konsolidationsgesetz vom 19. Dezbr. 1869 — GesS. S. 1197). Die seit dieser Zeit in Preußen aufgenommenen Staatsanleihen sind nicht mehr verlosbar; § 2 des genannten, für alle neueren preußischen Anleihen maßgebenden, Gesetzes besagt, daß die Tilgung durch Ankauf von Schuldverschreibungen erfolgt, daß aber dem Staate das Recht vorbehalten bleibt, letztere zur Einlösung gegen Barzahlung des Kapitalbetrages binnen einer gesetzlich festzustellenden Frist zu kündigen.

Auch bei den deutschen Reichsanleihen ist den Gläubigern ein Anspruch auf Tilgung nicht eingeräumt. Abgesehen von der selbstverständlich zulässigen Amortisation durch freihändigen Ankauf der Schuldtitel ist in § 6 der Reichsschuldenordnung, analog den für die neueren preußischen Staatsschulden geltenden Bestimmungen, dem Reich ausdrücklich das Recht vorbehalten, die im Umlauf befindlichen Schuldverschreibungen insgesamt oder in angemessenen Teilbeträgen zur Einlösung gegen Barzahlung des Nennbetrages binnen einer gesetzlich festzusetzenden Frist zu kündigen. Hiernach braucht sowohl bei den preußischen Anleihen wie bei den Reichsanleihen lediglich die Festsetzung der Kündigungsfrist durch ein Gesetz zu erfolgen. Es ist aber, wie Laband zutreffend bemerkt[1]), selbstverständlich, daß ein solches Gesetz nur dann erlassen werden wird, wenn seitens der gesetzgebenden Faktoren die Tilgung der Anleihe überhaupt beschlossen wird.

In dem Maße, wie sich bei den Staatsschulden der Übergang zu dem Typus der Rentenschuld vollzog und an Stelle der vertragsmäßigen Pflicht des Staates zur Tilgung das — regelmäßig gesetzmäßig festgelegte — Recht zur Rück-

---

[1]) Deutsches Staatsrecht Bd. IV (1901) S. 371.

zahlung trat, wurde, wie oben bereits erwähnt, für die Finanzverwaltungen der Staaten die Frage der Tilgung der Staatsschuld eines der wichtigsten finanzpolitischen Probleme.

Ohne auf die einzelnen Fragen näher einzugehen, ist hier nur hervorzuheben, daß die Staaten vor die Wahl des Systems der freien Tilgung und der Zwangstilgung gestellt wurden.[1]) Bei der ersteren behält sich der Staat die Verwendung etwaiger Wirtschaftsüberschüsse von Fall zu Fall zur Schuldentilgung vor; hier ist also sowohl der Zeitpunkt wie die Höhe der Tilgungssumme völlig unbestimmt, sie hängt von dem Überschusse der Staatseinnahmen über die Staatsausgaben und von dem Willen des Staates, diesen Überschuß zu Tilgungszwecken zu verwenden, ab. Bei der Zwangstilgung der Rentenschulden findet zwar keine vertragliche Bindung des Staates zur Tilgung gegenüber den Gläubigern statt, wohl aber legt die Staatsverwaltung durch Gesetz die Verpflichtung sich selbst gegenüber auf, alljährlich einen bestimmten Betrag der Staatseinnahmen zur Schuldentilgung zu verwenden, „gleichsam um in dem äußeren Zwange des Gesetzes einen Halt gegen den Wankelmut der Zeitläufte und der eigenen Entschlüsse zu haben".[2])

Das im 18. Jahrhundert in England aufgekommene Zwangstilgungssystem in Gestalt des Tilgungsfonds (sinking fund) nach dem Prinzip der Zinseszinsrechnung, welches später auch in anderen Ländern, Frankreich, Österreich, Preußen 1820, zur Anwendung kam, und welches darauf beruhte, daß die zum Zwecke der Tilgung am offenen Markte zu kaufenden Titel nicht vernichtet, sondern aufbewahrt und dem Fonds weiter verzinst wurden, und daß die Zinsen zum Ankauf weiterer Titel bis zur Tilgung der Schuld verwendet wurden, hatte sich aus verschiedenen Gründen nicht bewährt. An seine Stelle war im Laufe des 19. Jahrhunderts in den modernen Kulturstaaten das freie Tilgungssystem getreten, in England seit 1829, in Frankreich seit 1859, in Preußen fand es in dem Konsolidationsgesetz vom 19. Dezbr. 1869 § 2 Aufnahme.[3]) Auch im Deutschen

---

[1]) Konrad Zorn a. a. O.; Körner, Staatsschuldentilgung und Staatsbankerott, Wien 1893.

[2]) Gustav Cohn a. a. O. S. 688.

[3]) Es wurde hier bestimmt, „daß die Tilgung der neuen konsolidierten

Reiche wurde von einer planmäßigen Tilgung der Reichsschulden abgesehen. § 5 der Reichsschuldenordnung enthielt über die Tilgung der Anleihen die den früheren Anleihegesetzen entsprechende Bestimmung, daß sie in der Weise geschehe, daß die durch den Haushaltungsplan dazu bestimmten Mittel zum Ankauf einer entsprechenden Anzahl von Schuldverschreibungen verwendet werden.

Da dieses System indessen, wie die Erfahrung zeigte, regelmäßig zu einer unerwünschten Verminderung der Rückzahlungen, wenn nicht zu ihrer völligen Einstellung führte, so ist man in neuerer Zeit in einer Reihe von Staaten wieder zu dem System der Zwangstilgung zurückgekehrt. Bevorzugt wurde dabei das System der Prozentualtilgung; da Preußen seit 1897 (Schuldentilgungsgesetz vom 8. März 1897), Württemberg seit 1903, das Deutsche Reich seit 1906 (Reichsgesetz betr. die Ordnung des Reichshaushalts und die Tilgung der Reichsschuld vom 3. Juni 1906) dazu übergegangen sind, so scheint es, wenigstens in Deutschland, das System der Zukunft zu sein.

Sowohl das preußische Gesetz wie das Reichsgesetz, das letztere vom Rechnungsjahr 1908 ab, sehen eine alljährliche, regelmäßige Schuldentilgung von mindestens $^3/_5$ % der jeweiligen Schuld vor. Indessen hat diese Bestimmung nur rechtliche Bedeutung für das Etatsrecht. Sie ist, wie Laband bezüglich der reichsgesetzlichen Vorschrift bemerkt, „nicht mehr als ein guter Vorsatz zur Besserung der Finanzlage des Reiches".[1]) Denn in den Tilgungsgesetzen ist bestimmt, daß eine Absetzung vom Anleihesoll einer Tilgung gleichzuachten sei. Eine wirkliche Schuldentilgung tritt daher nur dann ein, wenn, wie dies im preußischen Budget der Fall ist, Mittel für die Schuldentilgung vorhanden sind.[2]) Werden, wie bisher im Deutschen Reiche,

---

Anleihe erfolgen solle, sobald und soweit etatsmäßige Überschüsse der Staatseinnahmen über die Staatsausgaben sich ergaben und soweit über dieselben im Staatshaushalt nicht anderweit verfügt wird". Vgl. das Nähere bei Schwarz und Strutz a. a. O. S. 63.

[1]) Laband, Deutsches Reichsstaatsrecht, Tübingen 1907 (3. Aufl. des kleinen Staatsrechts) S. 367.

[2]) Die gleichzeitig in dem preußischen Gesetz v. 1897 vorgeschriebene Verwendung von etwaigen Jahresüberschüssen im Etat zur Schuldentilgung ist nachträglich durch das Ges. v. 3. Mai 1903 „betr. die Bildung eines Ausgleichungsfonds für die Eisenbahnverwaltung" erheblich eingeschränkt worden.

jährlich neue Anleihen aufgenommen, so sinkt die sogenannte Schuldentilgung zur bloßen Farce herab; denn es tritt keine Verminderung der Schulden ein. Vielmehr wird der Betrag der neuen Anleihe lediglich so hoch bemessen, daß er die etatsmäßig festgesetzte Schuldentilgungsquote mit umfaßt. Das Anleihesoll wird dabei um den Betrag der zur Schuldentilgung ausgeworfenen Summe gekürzt.[1])

Durch dieses Gesetz wurde bestimmt, daß die Jahresüberschüsse zunächst zur Bildung und Ergänzung eines Ausgleichungsfonds bis zur Höhe von 200 Mill. Mk. für gewissen außerordentlichen Bedarf der Eisenbahnverwaltung zu verwenden seien.

[1]) Schwarz, „Die Schulden des Reichs und der Bundesstaaten im Lichte der Reichsfinanzreform", im „Tag" Nr. 20 v. 12. Jan. 1906, spricht der geltenden Vorschrift eine Wirksamkeit auch für diejenigen Jahre zu, in denen neue Schulden gemacht werden müßten, da ihre Bedeutung darin bestände, daß in solchen Jahren andere laufende Reichsausgaben in Höhe der Tilgungsquote zugunsten der Schuldentilgung unterbleiben müßten.

Kapitel XVIII.

Die Rückzahlung der durch Auslosung tilgbaren Anleihen. Einlösung von Zinsscheinen auf geloste Obligationen, Vergütung von Depositalzinsen an die Inhaber ausgeloster Obligationen.

Ist der Anlehnsschuldner auf Grund der Emissionsbedingungen zu einer Tilgung der Anleihe verpflichtet, so hat er die Zahlung rechtzeitig zu der festgesetzten Zeit zu leisten. Ist die planmäßige periodische Tilgung der Anleihe versprochen, so ist sie in den festgesetzten Terminen durch Auslosung und Rückzahlung der entsprechenden Anzahl von Schuldverschreibungen vorzunehmen.

Bei der Auslosung hat sich der Schuldner genau an die aufgestellten Bedingungen zu halten, auch dann, wenn sich infolge der Größe der Anleihe das Auslosungsgeschäft unter Umständen langwierig und umfangreich gestalten sollte. Der letztere Umstand gibt z. B. dem Schuldner, sofern dies nicht in den Emissionsbedingen vorgesehen ist, nicht das Recht, die Auslosung nicht nach den einzelnen Nummern, sondern nach hinterher gebildeten Gruppen vorzunehmen. Denn mit der Auslosung von Gruppen an Stelle der einzelnen Nummern wächst die Chance, gezogen zu werden, für diejenigen Kapitalisten, welche eine Reihe fortlaufender Nummern bei der Zuteilung der Anleihe erhalten haben und sich im Besitze der gezogenen Gruppe befinden, während sich die Chance der Besitzer der einzelnen Titres naturgemäß vermindert. Es findet also dadurch eine unzulässige Verschiebung der Ziehungschance statt.[1])

Das von dem Schuldner herauszuzahlende Kapital ist regelmäßig der Nennwert der Schuldverschreibung; bei Papieren, die über pari ausgegeben oder von den jeweiligen Besitzern über pari gekauft sind, geht also der ganze Mehrbetrag den jeweiligen Partialisten verloren, während bei Papieren, die unter pari stehen, der Mehrbetrag von den jeweiligen Besitzern erworben wird.

Unterläßt der Schuldner die Rückzahlung zu der festgesetzten Zeit, oder nimmt er die planmäßige periodische Tilgung nicht vor bzw. ändert er sie eigenmächtig ab, so kann er zur Erfüllung seiner Verpflichtungen im Wege der Klage von den einzelnen Gläubigern oder von dem auf Grund der Emissionsbedingungen zur Vertretung der Gläubiger bestellten oder von dem seitens der Versammlung der Obligationäre zwecks Geltendmachung ihrer Rechte gemäß § 14 des Schuldverschreibungsgesetzes erwählten Vertreter angehalten werden.[2]) Eine Verwirkung der planmäßigen Tilgungsbefugnis tritt im Zweifel, wenn der Schuldner seinen Verpflichtungen nicht bestimmungsgemäß nachkommt, nicht ein; wohl aber wird er zum Schadensersatz verpflichtet.[3])

---

[1]) Dieses Verfahren ist zum Zwecke der Vereinfachung des Verlosungsgeschäfts bei der Verlosung 4 % rumänischer Renten unzulässigerweise seitens der rumänischen Regierung im Jahre 1906 eingeschlagen worden; vgl. Frankf. Zeitung 20. Juli 1906 Nr. 198.

[2]) Unzulässig würde es sein, wenn der Vertreter lediglich für einen Teil der Inhaber der Schuldverschreibungen klagen würde, etwa für 50 von 1000 Obligationären. Ob es angängig ist, daß der Vertreter, bei Verzug des Schuldners in der Zahlung der ganzen Anleiheschuld, einen Teilbetrag der Anleihe einklagt, wenn hierdurch ein vollstreckbarer Schuldtitel zugunsten einzelner Obligationäre geschaffen werden soll, erscheint in hohem Maße zweifelhaft. Allerdings wird, rein formell genommen, der Anspruch nicht aus einzelnen Schuldverschreibungen, sondern aus der ganzen Anleihe erhoben. Indessen liegt in der Erhebung eines solchen Anspruchs unter Umständen eine arge Schädigung der übrigen Gläubiger, eine grobe Verletzung der dem trustee als solchem obliegenden Pflichten, gegen die auch der beklagte Anlehnsschuldner rechtswirksam Widerspruch erheben kann. Das Reichsgericht hält eine solche Klage freilich für zulässig; vgl. Urteil vom 7. Febr. 1906 (Jur. Wochenschrift 1906 S. 199, 200).

[3]) Georg Cohn in Endemann, Handbuch des Handelsrechts Bd. III S. 873.

Da die Anlehnstitel in der Regel Inhaber- oder Orderschuldverschreibungen sind, so sind die Inhaber der ausgelosten oder zur Rückzahlung aufgerufenen Obligationen verpflichtet, sie dem Schuldner in dem für die Rückzahlung festgesetzten Termin zwecks Zahlung vorzulegen, das Geld bei ihm gegen Aushändigung der Schuldverschreibungen zu erheben. Zu diesem Zwecke muß nun der Schuldner die Gläubiger von der geschehenen Auslosung oder Aufrufung in Kenntnis setzen. Indessen sind ihm regelmäßig die Namen der Inhaber der gekündigten oder ausgelosten Obligationen nicht bekannt. Er ist daher nicht in der Lage, sie von der Kündigung oder der Auslosung ihrer Obligationen direkt zu benachrichtigen. Aus diesem Grunde ist es üblich, in den Anlehnsbedingungen festzusetzen, daß alle die Auslosung, Kündigung, Rückzahlung der Schuldverschreibungen betreffenden Erklärungen des Schuldners, insbesondere die Nummern der gekündigten oder gezogenen Schuldverschreibungen, in gewissen öffentlichen Blättern bekannt gemacht werden. Hierin liegt eine vertragsmäßige Vereinbarung zwischen dem Anlehnsschuldner und seinen Gläubigern über die Art der Kündigung und der Benachrichtigung von der Fälligkeit. An der gesetzlichen Gültigkeit einer solchen Vereinbarung kann ein Zweifel nicht bestehen, da eine gesetzliche Vorschrift darüber, in welcher Weise die Benachrichtigung bei empfangsbedürftigen Willenserklärungen zu erfolgen hat, nicht besteht, mithin für eine Parteivereinbarung freier Raum gelassen ist.[1]) Sie bindet auch alle späteren Erwerber der Inhaber- oder Orderschuldverschreibungen, sofern, wie dies für gewöhnlich geschieht, die einschlägigen Bestimmungen der Emissionsbedingungen in die Urkunden aufgenommen sind oder zum mindesten auf sie darin Bezug genommen ist.

Die in den dazu bestimmten Blättern erfolgte Benachrichtigung von der geschehenen Auslosung gilt als Kündigung an die Inhaber der betreffenden Obligationen und als Aufforderung an sie, die Obligationen an dem Rückzahlungstermin am Sitze des Schuldners oder bei den für das Papier bestehenden Zahlstellen zwecks Zahlung vorzulegen (BGB. §§ 295, 296).

---

[1]) Wertheimer, Die Einlösung von Zinsscheinen ausgeloster Obligationen, im Bankarchiv VI S. 54.

Üblicherweise finden die Verlosungen übrigens mehrere Monate vor den Rückzahlungsterminen statt, um die Besitzer der Stücke zeitig genug durch die Bekanntmachungen von der erfolgten Auslosung zu benachrichtigen und ihnen die Möglichkeit zu geben, für anderweite Unterbringung der zur Auszahlung gelangenden Geldbeträge zu sorgen. Sofern die Verlosungslisten oder die sonstigen Kündigungen bestimmungsgemäß bekannt gemacht sind, haben die Gläubiger in den bestimmten Terminen ihre Obligationen zur Rückzahlung vorzulegen. Tun sie es nicht, so geraten sie in Verzug (BGB. § 293) und gehen damit ihres ferneren Zinsanspruchs gegen den Anlehnsschuldner verlustig.[1]) Übrigens findet sich in den meisten Emissionsbedingungen die ausdrückliche Bestimmung, daß mit dem Tage, an dem die Obligationen zur Rückzahlung fällig werden, die Verzinsung aufhört. Anders wäre die Sachlage allerdings zu beurteilen, wenn in den Emissionsbedingungen des Anlehns eine Bestimmung darüber, in welcher Weise die Gläubiger von der Auslosung oder von der Aufrufung der Obligationen in Kenntnis gesetzt werden, fehlen würde. Die Fälligkeit und damit der Verzug des Gläubigers würde in diesem Falle erst dann eintreten, wenn die Mitteilung der Verlosung sowie die Aufforderung, die Obligationen zur Zahlung vorzulegen, den Gläubigern direkt zugegangen wäre. Da eine persönliche Mitteilung an die Gläubiger, wie bereits erwähnt, ausgeschlossen ist, so müßte der Schuldner in diesem Falle von der gesetzlichen Bestimmung des BGB. § 132 Gebrauch machen. Die Kündigung oder Auslosung müßte also den Gläubigern nach den für die öffentliche Zustellung einer Ladung geltenden Vorschriften der Zivilprozeßordnung, d. h. mittels Anheftung des betreffenden Schriftstücks an die Gerichtstafel mitgeteilt werden.[2])

[1]) An der früher von dem Verfasser vertretenen abweichenden Auffassung (vgl. Bankarchiv VI S. 33) wird in diesem Punkt nicht mehr festgehalten.

[2]) Vgl. Berliner Tageblatt Nr. 63, 65 vom 4., 5. Febr. 1907 „Zinszahlung auf geloste Obligationen.“ Hier wird mit Recht auf das Beispiel der Rentenbriefe der preußischen Rentenbanken verwiesen, in denen Bestimmungen über die Bekanntmachung der Verlosung nicht enthalten sind, so daß zwecks Herbeiführung der Fälligkeit der ausgelosten Obligationen öffentliche Zustellung der Nummern der ausgelosten Obligationen erforderlich wäre. Dies geschieht freilich nicht.

Die vorstehend erörterten Grundsätze über das Erlöschen der Zinszahlungspflicht des Anlehnsschuldners erfahren dadurch eine Änderung, daß in den meisten Fällen den Anlehnstiteln besondere Zinsscheine beigegeben sind.

In dieser Beziehung bestimmt der § 803 des BGB.:

„Werden für eine Schuldverschreibung auf den Inhaber Zinsscheine ausgegeben, so bleiben die Scheine, sofern sie nicht eine gegenteilige Bestimmung enthalten, in Kraft, auch wenn die Hauptforderung erlischt oder die Verpflichtung zur Verzinsung aufgehoben oder geändert wird.

Werden solche Zinsscheine bei der Einlösung der Hauptschuldverschreibung nicht zurückgegeben, so ist der Aussteller berechtigt, den Betrag zurückzubehalten, den er nach Absatz 1 für die Scheine zu zahlen verpflichtet ist."

Wie bereits früher erörtert [1]), hat das Gesetz nämlich aus der Verselbständigung und der eigenen Umlaufsfähigkeit der Zinsscheine die Folgerung gezogen, daß die Scheine, wenn sie nicht eine gegenteilige Bestimmung enthalten, in Kraft bleiben, auch wenn die Hauptforderung erlischt oder die Verpflichtung zur Verzinsung aufgehoben oder geändert wird. Die sonst gültige allgemeine Regel, daß mit dem Erlöschen der Hauptschuld oder mit dem Eintritt des Verzugs des Gläubigers die Zinspflicht erlischt, ist daher für das vorliegende Rechtsverhältnis beseitigt. Wird sonach dem Aussteller der Schuldverschreibungen auf der einen Seite durch gesetzliche Vorschrift im Interesse der Sicherheit des Verkehrs die Verpflichtung auferlegt, Zinsen, die nach allgemeinen Vorschriften nicht mehr laufen, zu zahlen, so kommt ihm auf der anderen Seite das Gesetz durch eine weitere Bestimmung zu Hilfe. Er ist nämlich für berechtigt erklärt, bei der Einlösung der Haupturkunde den zur Deckung der noch nicht zurückgegebenen Zinsscheine nötigen Betrag an der Hauptforderung abzuziehen. Fehlen also an der ausgelosten Schuldverschreibung, welche dem Schuldner zur Rückzahlung präsentiert wird, Zinsscheine, welche zwar noch nicht fällig, aber vom Gläubiger doch schon in Kurs gesetzt sind, oder aus irgend einem anderen Grunde nicht mit vorgelegt werden, so hat der Schuldner das Recht, den entsprechenden Betrag von

---

[1]) Vgl. oben Kap. XIV S. 153, 154.

der Hauptforderung zu kürzen. Durch die Zurückbehaltung des den fehlenden Zinsscheinen entsprechenden Betrages wird der Schuldner davor gesichert, daß der Gläubiger durch vorzeitige Begebung der Zinsscheine, die von dem Schuldner eingelöst werden müßten, sich Zinsen von seiner bereits bezahlten Forderung verschafft. Insoweit besteht über die Auslegung der Bestimmung des § 803 keinerlei Zweifel. Dagegen ist es in hohem Maße bestritten, ob der Schuldner auf Grund der angeführten gesetzlichen Vorschrift auch berechtigt ist, wenn die Schuldverschreibung erst nach der Fälligkeit zur Zahlung präsentiert wird und der Schuldner inzwischen Zinsscheine eingelöst hat, den für diese gezahlten Betrag von der Hauptsumme zu kürzen. Die Frage ist von weittragender Bedeutung und berührt die Interessen zahlreicher, namentlich kleinerer Gläubiger auf das einschneidendste.

Am Zahlungstage nämlich wird bei dem Anlehnsschuldner bzw. bei den von ihm eingerichteten Zahlstellen ein nicht unerheblicher Teil der ausgelosten Stücke nicht präsentiert (sog. Restanten), da die Veröffentlichungen der Auslosungen zahlreichen Gläubigern nicht zur Kenntnis kommen. Viele Anlehnsschuldner (Gesellschaften, Gemeinden, Städte) pflegen in solchen Fällen die Zinsscheine der ausgelosten Stücke anstandslos weiter einzulösen und bei der späteren Präsentation der Obligationen den Betrag der seit der Fälligkeit eingelösten Zinsscheine den Gläubigern von der Hauptsumme zu kürzen. In einigen bekannt gewordenen Fällen sind den Anlehnsgläubigern auf diese Weise Zinsen für mehr als zehn Jahre von der Hauptsumme abgezogen worden; ja in einem Falle, der die Obligation einer ausländischen Dampfschiffahrtsgesellschaft betraf, belief sich der gekürzte Betrag, da die Zinsscheine 23 Jahre weiter eingelöst worden waren, auf mehr als die Summe der Hauptschuld. Welchen Schaden die Besitzer von Schuldverschreibungen durch ein solches Verhalten der Anlehnsschuldner erleiden, leuchtet ohne weiteres ein. Namentlich kleinere und kleinste Kapitalisten, die ihre Wertpapiere nicht durch eine Bank oder durch einen Bankier kontrollieren lassen, und die häufig versäumen, die Verlosungsmitteilungen in den Zeitungen sorgfältig daraufhin zu verfolgen, ob nicht ein ihnen gehöriges Wertpapier ausgelost worden ist, sind häufig die Betroffenen und erleiden durch die Kürzung erhebliche Verluste. Denn, während sie sich in dem Glauben befinden, ihre Zinsen zu beziehen, zehren sie in Wirklichkeit von ihrem Kapital und mindern es um nicht unerhebliche, für sie schwer ins Gewicht fallende Beträge. Den für die Besitzer von Schuldverschreibungen so entstehenden nachteiligen Folgen könnte nun leicht dadurch vorgebeugt werden, daß die Anlehnsschuldner in denjenigen — zahlreichen — Fällen, in denen Name und Adresse der Besitzer der Obligationen auf den zur Einlösung gelangenden Zinsscheinen vermerkt ist, die Besitzer von der erfolgten Auslosung in Kenntnis setzten. Hierzu haben sich aber bisher die meisten Anlehnsschuldner wegen der erforderlichen Mühewaltung, die mit der Kontrolle der eingegangenen Zinsscheine verbunden ist, nicht für verpflichtet erachtet; ja sie haben sogar regelmäßig auch in denjenigen Fällen, in denen ihnen die bereits erfolgte Auslosung der betreffenden Obligationen ohne weiteres bekannt war, aus prinzipiellen Gründen von der Benachrichtigung der Obligationäre Abstand genommen.

Eine Nachprüfung der in Betracht kommenden gesetzlichen Bestimmungen ergibt indessen, daß den Anlehnsschuldnern das in Anspruch genommene Recht der Kürzung in diesen Fällen gar nicht zusteht.

Zu Unrecht wird diese Befugnis aus § 803 des BGB. hergeleitet.[1]) Richtig ist, daß auch in dem vorliegenden Falle der Schuldner verpflichtet ist, trotz der eingetretenen Fälligkeit der Hauptschuld und trotz des Gläubigerverzugs, also ungeachtet des nach allgemeinen Regeln erfolgten Erlöschens der Zinspflicht, die ausgegebenen Zinsscheine, sofern sie nicht eine gegenteilige Bestimmung enthalten, weiter einzulösen, wie er dies in dem oben behandelten Falle des Erlöschens der Hauptschuld infolge Bezahlung tun muß. Indessen gilt dies einmal nur für den Fall, daß der Zinsschein nicht von dem Besitzer der Hauptschuldverschreibung, sondern von einem Dritten, an den er übergegangen ist, zur Bezahlung vorgelegt wird. Dem ersteren

---

[1]) Vgl. Näheres Freund, Die Einlösung von Kupons auf verloste Obligationen, im Bankarchiv VI S. 33ff.; dagegen Wertheimer, Die Einlösung von Zinsscheinen ausgeloster Obligationen, a. a. O. VI S. 52ff.; dagegen wieder Freund a. a. O. VI S. 117ff.

gegenüber ist gemäß BGB. § 796 in jedem Falle die Berufung darauf zulässig, daß die Zinspflicht des Schuldners infolge des Verzugs des Gläubigers erloschen ist; denn es handelt sich dabei um eine Einwendung, die dem Aussteller unmittelbar gegen den Inhaber zusteht. In diesen Fällen — und das werden bei weitem die meisten sein — steht also dem Schuldner kraft allgemeiner Gesetzesvorschrift die Befugnis zu, trotz ausgegebener Zinsscheine die Zinszahlung zu verweigern. Tut er dies nicht, weil die Kontrolle der zur Zahlung vorgelegten Zinsscheine mit einem Aufwand von Arbeitskraft und Zeit, und folgeweise mit einem Kostenaufwand für ihn verbunden ist, so gibt ihm dies keineswegs das Recht, sich nachträglich für die dennoch ohne Rechtsgrund gezahlten Zinsen an der Hauptsumme schadlos zu halten. Also selbst vom Standpunkt der Gegner aus, wonach das Inkraftbleiben der Zinsscheine trotz Fortfallens der Zinsverbindlichkeit mit dem Rechte des Ausstellers, einen entsprechenden Betrag von der Hauptforderung zu kürzen, korrespondiert, muß diese Theorie hier Schiffbruch leiden.[1])

Sodann rechtfertigt aber der vorliegende Tatbestand auch seinem innerem Wesen eine andere Behandlung als der Fall des Erlöschens der Hauptschuld infolge Bezahlung. Wie bereits erwähnt, hat das BGB. den Fall im Auge, daß dem Schuldner die noch nicht fälligen Zinsscheine bei Einlösung der Haupturkunde nicht mit zuruckgegeben werden. In diesem Fall darf er deren Betrag zurückbehalten, um vor Bezahlung von Zinsen der bereits gezahlten Hauptforderung bewahrt zu sein. Im vorliegenden Falle aber handelt es sich darum, ob der Schuldner, wenn er nach der Aufrufung der Obligation, infolge der Unterlassung ihrer Präsentation durch den Gläubiger, im Besitze des Geldes bleibt, befugt ist, durch Kürzung der inzwischen verfallenen Zinsscheine von der Hauptsumme eine zinslose Nutzung des Kapitals von der Zeit der Fälligkeit bis zur endlichen Präsentation der ausgelosten Obligation zu erlangen.

Gegen die Berechtigung zur Kürzung spricht aber ferner auch der Wortlaut des BGB. § 803 Abs. 2, „so ist der Schuldner

---

[1]) Vgl. auch Wertheimer, Zur Frage der Einlösung von Zinsscheinen auf verloste Obligationen, im Bankarchiv VI Nr. 13 S. 170, 171.

berechtigt, den Betrag zurückzubehalten, den er nach Absatz 1 für die Scheine zu zahlen verpflichtet ist", der doch auf künftig fällig werdende Zinsscheine, nicht aber auf solche, die bereits bezahlt sind, hinweist. Denn wegen der letzteren wird der Betrag nicht zurückbehalten, sondern nur gekürzt.[1])

Zu dem hier gewonnenen Resultat gelangt man aber auch dann, wenn man von dem formell juristischen Standpunkt absieht und die rechtlichen Beziehungen der Parteien unter dem Gesichtspunkt von Treu und Glauben mit Rücksicht auf die Verkehrssitte beurteilt (BGB. § 157). Treu und Glauben erfordern es, daß die Anlehnsschuldner an der Verhütung von Zinsverlusten ihrer Gläubiger nach Kräften mitwirken. Es ist keineswegs anzunehmen, daß ihnen der § 803 des BGB. einen Freibrief dafür hat geben wollen, jede Prüfung in der Richtung, ob die zur Zahlung präsentierten Zinsscheine zu ungelosten oder aufgerufenen Schuldverschreibungen gehören, zu unterlassen. Es liegt ihnen also eine Kontrolle der zur Einlösung gelangenden Zinsscheine daraufhin, ob sie zu ausgelosten Obligationen gehören, und eine Benachrichtigung der Gläubiger, soweit sie ihnen bekannt sind, von der erfolgten Auslosung ob. Demgemäß benachrichtigt auch die Mehrzahl der deutschen Hypothekenbanken den Einreicher des Zinsscheins zwecks eventueller Weiterleitung an den Vormann bzw. den Besitzer des Stücks ausdrücklich von der Verlosung mit dem Anheimgeben, die Einlösung der Hauptsumme herbeizuführen.

Um die nachteiligen Folgen, welche das Aufhören der Verzinsung den Restanten bringt, einigermaßen von den betroffenen Gläubigern abzuwenden, haben sich die meisten deutschen Hypothekenbanken und Bodenkreditinstitute, und, in Befolgung ihres Beispiels, einzelne andere Anlehnsschuldner bereits seit Jahren dazu verstanden, für die Zwischenzeit bis zur Präsentation der Pfandbriefe und Schuldverschreibungen einen mäßigen sogenannten Depositalzins zu vergüten, welcher zwischen $^1/_2\,\%$—$2\,\%$ schwankt. Zur Rechtfertigung dieses an sich geringen Zins-

---

[1]) Auch die Motive und Protokolle des BGB. sprechen keineswegs, wie Wertheimer a. a. O. behauptet, klar und unzweideutig gegen die Richtigkeit der oben vertretenen Auffassung; dies ist in der Replik auf den Wertheimerschen Aufsatz (Bankarchiv VI S. 117, 118) näher dargelegt.

satzes wird seitens der Anlehnsschuldner geltend gemacht, daß sie das Kapital der fälligen Obligationen bereithalten müssen und das solchermaßen bereitgehaltene Kapital doch nicht gehörig ausnützen können. Andere Anlehnsschuldner, wie die mährische Landeshypothekenbank und auch andere österreichische Institute, wahren die Interessen ihrer Gläubiger besser, indem sie die fälligen Gelder in der Sparkasse für den Schuldverschreibungsinhaber anlegen. Dem von den Hypothekenbanken gegebenen Beispiele haben sich leider die öffentlichen Korporationen, insbesondere die Städte als Anlehnsschuldner, noch nicht angeschlossen, weshalb dauernd Klagen über das unkulante Verhalten einzelner Stadtverwaltungen in die Öffentlichkeit dringen. Man ist deshalb auch schon soweit gegangen, zu fordern, daß die Anlehnsschuldner ‚wenigstens' zur Vergütung von Depositalzinsen auf die Restanten auf gesetzlichem Wege oder durch die Börsenzulassungsstellen anzuhalten seien. Neuerdings ist auch in Deutschland die Forderung erhoben worden, daß eine Hinterlegung der fälligen Gelder in der Sparkasse zu erfolgen habe.[1]) Es wird verlangt, daß die Anlehnsschuldner durch Gesetz oder durch Forderung der Börsenzulassungsstellen veranlaßt werden, die binnen vier Wochen nach Fälligkeit nicht erhobenen Kapitalbeträge zugunsten der unbekannten Inhaber bei einer öffentlichen Sparkasse zu hinterlegen, wodurch eine Weiterverzinsung des Kapitals zu 3 % — dem regelmäßigen Vergütungssatz der Sparkassen — erreicht würde.

Gehen die Vorschläge, welche die Einmischung der Gesetzgebung oder der Börsenzulassungsstellen zur Erzwingung der Zahlung von Depositalzinsen oder der Hinterlegung nicht erhobener Kapitalbeträge fordern, auch zu weit, so ist doch das Verlangen berechtigt, daß die Börsenzulassungstellen den Staaten, Städten, Gesellschaften usw., die die Zulassung ihrer Obligationen verlangen, die Pflicht auferlegen, die eingelösten Zinsscheine einer Verlosungskontrolle zu unterwerfen und, im Falle der Auslosung, den Einreicher der Zinsscheine zu benachrichtigen. Ein solches Vorgehen der Börsenzulassungsstellen würde den

---

[1]) In einer aus Bankkreisen stammenden Zuschrift an die Frankf. Zeitung (Nr. 291 dieses Blattes vom 21. Oktbr. 1906).

berechtigten Klagen und Beschwerden des Publikums zum wesentlichen abhelfen. Ein Entgegenkommen der Anleiheschuldner und der Emissionsbanken, die von einer solchen Maßregel eine übrigens nicht notwendige Vermehrung ihrer Arbeitslast besorgen, in dieser Frage würde sicher auch für den Emissionskredit zahlreicher Anlehnssucher, insbesondere der Städte, von erheblichem Nutzen sein.

Kapitel XIX.

Vorzeitige Rückzahlung der der Rückzahlungspflicht unterliegenden Anleihen (unverzinslicher und verzinslicher). Einzelne Fälle vorzeitiger Rückzahlung. Vertraglicher Vorbehalt der vorzeitigen Rückzahlung. Gründe gegen eine allgemeine Befugnis zur vorzeitigen Rückzahlung (Auslegungsregeln der Gesetze). Übersicht über die neueste Praxis der verschiedenen Länder in dieser Frage.

Zu den wichtigsten Fragen des Anleiherechtes gehört die Frage, ob dem Erborger bei Anleihen, die in einem bestimmten Zeitpunkt auf einmal rückzahlbar oder nach einem festgesetzten Amortisationsplan allmählich zu tilgen sind, das Recht zusteht, die Anleihe jederzeit einseitig zu kündigen und zurückzuzahlen. Der Besitz einer derartigen Befugnis ist deshalb von besonderer Wichtigkeit für den Schuldner, weil sie ihm die Möglichkeit gewährt, sich von einer unter drückenden Bedingungen aufgenommenen Anleihe zu einem ihm genehmen Zeitpunkt durch Tilgung zu befreien oder eine Reduktion der Zinsen, eine Änderung der Tilgungsbedingungen bzw. sonstiger Eigenschaften der Anleihe im Wege ihrer Konversion herbeizuführen. Sie versetzt ihn also in dieselbe günstige Position, die der Erborger von Rentenanleihen, sofern nicht etwas anderes bedungen ist, gemeinhin kraft des ihm zustehenden Kündigungsrechts genießt.

Die Frage nach dem Rechte der vorzeitigen Rückzahlung erlangt denn auch regelmäßig in denjenigen Zeitabschnitten eine besondere Bedeutung, in welchen eine rückläufige Bewegung des Zinsfußes eintritt und an die Anlehnsschuldner daher das Bedürfnis herantritt, sich von den zu hohem Zins aufgenommenen langfristigen Anleihen zu befreien bzw. die letzteren durch niedriger verzinsliche zu ersetzen. Die letzte Periode dieser Art fällt in die neunziger Jahre des abgelaufenen Jahrhunderts.

Gemäß BGB. § 247 steht dem Schuldner, sofern ein höherer Zinssatz als 6% vereinbart ist, nach Ablauf von 6 Monaten das Recht zu, das Kapital unter Einhaltung einer Kündigungsfrist von 6 Monaten zu kündigen. Da indessen Schuldverschreibungen auf den Inhaber gemäß BGB. § 247 Abs. 2 a. a. O. von dieser Bestimmung nicht berührt werden und ein höherer Zinssatz als 6% bei Anleihen nicht häufig vorkommt, so dürfte dieser Rechtsbehelf keine erhebliche praktische Bedeutung haben.

Das gleiche dürfte auch von dem Fall der vorzeitigen Rückzahlung wegen Bewucherung des Anlehnsschuldners gelten. Es erscheint nämlich nicht ausgeschlossen, daß der Anlehnsschuldner gemäß BGB. § 138 Abs. 2 die Nichtigkeit des Anleihegeschäftes geltend macht, weil die Gläubiger unter Ausbeutung der Notlage des Schuldners sich für ihre Leistung Vermögensvorteile versprechen ließen, welche den Wert der Leistung dergestalt überstiegen, daß den Umständen nach die Vermögensvorteile in auffälligem Mißverhältnisse zu der Leistung stehen. Der Anlehnsschuldner wäre alsdann verpflichtet, das Empfangene zurückzuerstatten.[1]) Freilich könnte, sofern über die Anleihe Inhaberpapiere ausgegeben sind, die Nichtigkeit den späteren redlichen Erwerbern der Papiere, d. h. denjenigen, die ohne Kenntnis von der Bewucherung sie erlangt haben, nicht entgegengehalten werden.[2])

---

[1]) Daß dem Bewucherten diese Verpflichtung obliegt, wird von verschiedenen Seiten auf Grund der Bestimmungen des BGB. bestritten (so von Dernburg, Das bürgerliche Recht II, 1 S. 383) und zwar in analoger Anwendung des § 817 BGB., weil dem Leistenden ein Verstoß gegen die guten Sitten zur Last falle. Dem kann aber nicht zugestimmt werden. Denn die wucherischen Vorteile sind Gegenstand einer neben dem Anleihevertrage stehenden selbständigen Abrede; nur bezüglich der letzteren liegt ein Verstoß gegen die guten Sitten auf seiten des Wucherers vor; vgl. Neumann, Handausgabe des BGB. zu § 817.

[2]) Vgl. Georg Cohn in Endemann, Handbuch des Handelsrechts Bd. III S. 872; v. Schey a. a. O. I S. 181, 182.

Das Recht zur jederzeitigen Rückzahlung des Anlehns steht dem Schuldner selbstverständlich dann zu, wenn er sich diese Befugnis bei Aufnahme des Anlehns in den Emissionsbedingungen ausdrücklich vorbehalten hat, wie dies nicht selten der Fall ist. Bei den allmählich zu tilgenden Anleihen ist dies oft noch durch den Zusatz erweitert, daß sich der Schuldner beliebige Verstärkungen der Tilgungsbeträge vorbehält.

Natürlich hat der Schuldner auch dann das Recht zur vorzeitigen Rückzahlung des Anlehns, wenn es ihm durch gesetzliche Vorschrift ausdrücklich eingeräumt ist. So können, nach Art. 144 des belgischen Ges.Entwurfs betr. die Schuldverschreibungen und die Rechte der Inhaber der von Handelsgesellschaften ausgegebenen Schuldverschreibungen, alle von Aktien- und Aktienkommanditgesellschaften ausgegebenen Schuldverschreibungen, unbeschadet gegenteiliger Übereinkunft, vorzeitig zurückgezahlt werden.[1] Bei Gelegenheit der Beratung des deutschen bürgerlichen Gesetzbuchs wurde in der II. Kommission die Aufnahme einer besonderen Vorschrift über das Recht der vorzeitigen Rückzahlung bei Anlehen, deren Rückzahlung nach einem aufgestellten Tilgungsplan erfolgt, beantragt, indessen wurde diese Vorschrift, ebenso wie die Aufnahme einer Auslegungsregel im entgegengesetzten Sinne, abgelehnt.[2] Eine vorzeitige Rückzahlung ist auch dann zulässig, wenn ein nach Aufnahme der Anleihe erlassenes besonderes Landesgesetz sie anordnet. Dies gilt selbst für den Fall, daß der Schuldner in den Anleihebedingungen ausdrücklich auf dieses Recht unbeschränkt oder für eine bestimmte Reihe von Jahren verzichtet hat, und bezieht sich sowohl auf Anleihen des Staates selbst, wie auf andere öffentliche Anleihen. Denn das Recht der Gläubiger beruht auf den Gesetzen des Staates, und der Staat hat das Recht, die Gesetze zum Nachteil der Gläubiger zu ändern, ebenso wie er eine Expropriation von Privateigentum durch Gesetz verfügen kann. Dagegen ist, wie früher bereits erörtert wurde[3], der schuldnerische Staat seinen auswärtigen Gläubigern gegenüber an die einmal über-

---

[1] Vgl. Holdheim, Monatsschr. f. HR. u. BW. Bd. V S. 99.

[2] Vgl. Protokolle zum Entwurf des BGB. II. Lesung Bd. II S. 44, 45. Näheres darüber unten S. 215.

[3] Vgl. oben Kap. V S. 59ff.

nommenen vertraglichen Abmachungen wie in allen anderen Stücken, so auch bezüglich des Zeitpunktes der Rückzahlung gebunden. Denn diese stehen ihm als gleichberechtigte Kontrahenten gegenüber und sind seiner Gesetzgebungsgewalt nicht unterworfen. Auch die auswärtigen Anlehnsgläubiger von Gesellschaften, Kreisen, Kommunen können einem solchen inländischen Gesetze dann nicht unterworfen werden, wenn der Zahlungsort im Ausland belegen ist, also der Sitz des Rechtsverhältnisses daselbst sich befindet, was ebenfalls bereits früher dargelegt ist.[1]) Erfolgt die vorzeitige Rückzahlung des Anlehns, entgegen der vertraglichen Abmachung, auf Grund eines sie anordnenden besonderen Landesgesetzes, so ist es auch ausgeschlossen, daß die Gläubiger den Anlehnsschuldner etwa wegen des Schadens in Anspruch nehmen, der ihnen daraus entstanden ist, daß sie der Vorteile der späteren Rückzahlung verlustig gegangen sind.[2])

Besteht weder eine spezielle gesetzliche Bestimmung noch eine vertragliche Abrede über die vorzeitige Rückzahlung von Anlehen, so ist diese Frage auf Grund der allgemeinen gesetzlichen Bestimmungen und, wenn solche fehlen, nach dem Willen

---

[1]) Vgl. oben Kap. VI S. 65 ff.

[2]) Vgl. Entscheidung des Conseil d'État v. 7. Dezbr. 1894 i. S. Compagnie algérienne et liquid. de la Société générale algérienne ·/· Ministre des finances (Sirey, Recueil général des lois et des arrêts 1895), ergangen auf Grund des Gesetzes v. 26. Dezbr. 1892, durch welches die vorzeitige Rückzahlung eines bis zum Jahre 1905 in Annuitäten rückzahlbaren Anlehns von 100 Mill. Frcs. des französischen Staates bei der Société générale algérienne, über das die Gesellschaft Obligationen emittiert hatte, angeordnet wurde. (Über die Verhandlungen des Senats bei Beratung des Gesetzes vgl. Journal officiel v. 24. Dezbr. 1892, Débats parlamentaires S. 1075 und Journal officiel v. 11. Febr. 1893, Débats parlamentaires S. 528). Der Conseil d'État stellte sich mit Recht auf den Standpunkt, daß, wenn ein Gesetz die vorzeitige Rückzahlung befohlen habe, diese gesetzliche Vorschrift nicht im Streitwege angefochten werden könne, und daß der Conseil d'État auch nicht über den angeblichen Schaden befinden könne, der der Gläubigerin durch den Fortfall der Annuitätenzahlung entstanden sei. Die Klage der Schuldverschreibungsgläubiger gegen die Compagnie algérienne, mit der sie die vorzeitige Rückzahlung der Schuldverschreibungen der Gesellschaft gegenüber anfochten, wurde durch das Seine-Handelsgericht durch Urteil v. 11. Novbr. 1895 ebenfalls abgewiesen, und zwar mit der Begründung, daß die Gesellschaft nur Beauftragter des Fiskus und der Obligationäre gewesen sei, und eine persönliche Verpflichtung für sie aus dem Geschäft nicht entstanden sei (vgl. Annales de droit commercial 1896 S. 13, 14 Nr. 30).

der Parteien, wie dieser sich auf Grund der objektiven Natur und des wirtschaftlichen Zwecks des Geschäfts ermitteln läßt, zu beantworten.[1]) Hieraus folgt aber, daß lediglich rechtliche Gesichtspunkte, nicht aber, wie dies nicht selten behauptet worden ist, Billigkeits- oder Zweckmäßigkeitserwägungen hier entscheidend sein können. Diesen Irrtum begeht z. B. Adolf Wagner, indem er den Umstand als maßgebend ansieht, ob nachher die vorzeitige Rückzahlung und Konversion dem Obligationsbesitzer mehr oder weniger Nutzen oder Schaden bringt, und indem er das Recht dem Schuldner dann zuerkennt, wenn der Kurs der Anleihe unter pari, aberkennt, wenn er über pari steht.[2])

Das deutsche bürgerliche Gesetzbuch enthält, im Anschluß an den Satz des gemeinen Rechtes „dies adjectus pro reo", die Vorschrift in § 271 Abs. 2:

„Ist eine Zeit (sc. für die Leistung) bestimmt, so ist im Zweifel anzunehmen, daß der Gläubiger die Leistung nicht vor dieser Zeit verlangen, der Schuldner aber sie vorher bewirken kann."

Entsprechende Bestimmungen finden sich auch im Code civil Art. 1187[3]) und im Schweiz. OblR. Art. 94.[4])

Wie in Literatur und Praxis anerkannt wird, bildet diese Vorschrift lediglich eine Auslegungsregel, die durch die besonderen Umstände, insbesondere durch den aus der besonderen Natur des Geschäftes zu entnehmenden Willen der Parteien widerlegt werden kann.[5]) Ist aus der Natur, des Geschäfts, insbesondere dem Zweck seines Eingehens oder aus den

---

[1]) Auf die Bestimmungen des gemeinen Rechtes ist gegenwärtig nicht mehr einzugehen; vgl. darüber Freund, Vorzeitige Rückzahlung und einseitige Konversion von verzinslichen Anlehen S. 12 ff.

[2]) Bei Schönberg, Handbuch der pol. Ökonomie III S. 527, 528, Österreichischer Staatshaushalt S. 105 ff., 111 ff.

[3]) Art. 1187 Code civ.: „Le terme est toujours présumé stipulé en faveur du débiteur, à moins qu'il ne résulte de la stipulation ou des circonstances qu'il a été aussi convenu en faveur du créancier."

[4]) Art. 94 Schweiz. OblR.: „Sofern sich nicht aus den Bestimmungen oder der Natur des Vertrages oder aus den Umständen eine andere Willensmeinung der Parteien ergibt, kann der Schuldner schon vor dem Verfalltage erfüllen."

[5]) Vgl. Planck, Kommentar zum BGB. zu § 271, 2; Staudinger, Kommentar zum BGB. (2. Aufl. 1906) § 271[7].

bei Abschluß des Geschäftes bestehenden Umständen der Wille der Parteien zu ersehen, daß die Zeit der Erfüllung auch zugunsten des Gläubigers festgesetzt sein soll, so ist eine vorzeitige Rückzahlung des Anlehns ausgeschlossen.

Hiernach können unverzinsliche Anleihen, z. B. unverzinsliche Schatzanweisungen, wie unverzinsliche Darlehen (BGB. § 609 Abs. 3) ohne Einhaltung einer Kündigungsfrist jederzeit seitens des Schuldners zurückgezahlt werden. Bei diesen liegt das Interesse an der Einhaltung der Umlaufsfrist der Schuldtitel lediglich auf seiten des Schuldners, dem während der für den Umlauf bestimmten Zeit Kredit erteilt wird; für die Gläubiger handelt es sich hier um keine Kapitalsanlage, die ihnen Nutzungen gewährt, sie sind mit dem bei Begebung der Schatzanweisungen abgezogenen Diskont für die vorübergehende Hingabe des Kapitals abgefunden. Selbstverständlich verbleibt ihnen die in Gestalt des Diskonts gewährte Vergütung für die Kreditierung im Fall der vorzeitigen Rückzahlung.

Anders indessen bei dem verzinslichen Anlehn: Hier steht dem Interesse des Schuldners, das Kapital auf bestimmte Zeit zur Nutzung überlassen zu erhalten, das Interesse des Gläubigers gegenüber, die Anlage des Kapitals und den Genuß der für die Überlassung des Kapitals gewährten Nutzungen auf bestimmte Zeit sichergestellt zu sehen. Die Zeitbestimmung macht also für beide Teile das Interesse des Vertrages aus und bindet daher nach dem Willen der Parteien beide Teile.[1]) Dieser Gesichtspunkt, welcher beim verzinslichen Darlehn die zugunsten des Rechtes des Schuldners zur vorzeitigen Rückzahlung festgesetzte Vermutung des § 271 Abs. 2 BGB., Art. 1187 Code civ. widerlegt,[2]) findet in erhöhtem Maße beim verzinslichen öffentlichen Anlehn Anwendung, und zwar aus einer Reihe von bedeutsamen Gründen. Erstens spielen die Titel der verzinslichen Anleihen eine wichtige Rolle für dauernde Kapitalsanlagen der Kapitalisten. Diese beteiligen sich gerade deswegen an den öffentlichen Anleihen, um während

[1]) Vgl. v. Schey a. a. O. I S. 103, 104.

[2]) Staudinger a. a. O. zu § 271 Note 7; Endemann, Lehrbuch des bürgerlichen Rechtes (9. Aufl. 1903) Bd. I S. 1159 Note 22, S. 772 Note 6.

einer größeren Reihe von Jahren, unabhängig von den schwankenden Zinssätzen der Wirtschaftskonjunkturen, an den verabredeten Zinsen eine sichere Nutzung ihres Kapitals zu genießen. Sodann aber ist auch aus der besonderen Form und Technik des Anleihegeschäftes ein wichtiges Moment dafür, daß nach dem Willen der kontrahierenden Parteien lediglich die vertraglichen Festsetzungen hinsichtlich des Rückzahlungstermins maßgebend sein dürfen, herzuleiten. Wie für den Subskribenten, der die auf Grund des Emissionsprospektes zur Zeichnung aufgelegten Anleihetitel erwirbt, so sind auch für den späteren Erwerber die in dem Anleiheprospekt enthaltenen Emissionsbedingungen, welche auch in die Anlehnstitel aufgenommen werden, bestimmend, um sich an den Anlehn zu beteiligen. Daher ist die Absicht, welche die Parteien, speziell die Gläubiger, bei dem Erwerb der Anleihetitel hinsichtlich sämtlicher Vertragsbedingungen, also auch des Rückzahlungstermins haben, lediglich in den Klauseln des Prospekts und der Titel, aber nicht außerhalb derselben zu suchen. Die Anlehnstitel tragen also alle diejenigen Bedingungen, denen die Parteien unterstehen wollen, in sich; diese Bedingungen und nur diese sind daher für die zwischen den Parteien bestehenden rechtlichen Beziehungen maßgebend.[1] Will der Anlehnsschuldner von dem Rechte der Rückzahlung vor Ablauf der für sie bestimmten Frist Gebrauch machen, so mag er sich diese Befugnis von vornherein in den Anlehnsbedingungen ausdrücklich vorbehalten.

Zugunsten des Rechtes der vorzeitigen Rückzahlung wird nun geltend gemacht, daß der Schuldner sich unmöglich für eine so lange Dauer habe festlegen und auf die Ausnutzung der Veränderung der Wirtschaftslage habe verzichten wollen, und daß die Gläubiger von vornherein die Möglichkeit, ihr Geld vor dem Ablauf der festgesetzten Frist zu erhalten, in den Kreis ihrer Berechnung gezogen haben.[2] Diese Ansicht verkennt

---

[1]) Auf diesem Standpunkte stehen eine Reihe neuerer auf Grund des Code civil und ihm nachgebildeter Gesetzbücher ergangener Urteile, so das Urteil Cour d'appel de Bruxelles v. 23. April 1893 (abgedruckt bei Sirey, Recueil général des lois et des arrêts 1896 4. Heft S. 14, 15). Näheres über diese Praxis S. 220.

[2]) Vgl. das französische Finanzblatt l'Industrie vom 5. Novbr. 1895 und Annales de droit commercial 1896 S. 10 und 11.

indessen die wahre Absicht der Parteien bei der Anlehnsaufnahme. Diese wollen sich während der Dauer der Kreditgewähr aneinander binden und die Fristbestimmung zu einem wesentlichen Merkmal des Vertrages machen, dergestalt daß der Schuldner berechtigt sein soll, während der ganzen Zeitdauer den Kredit zu genießen, ohne einer Kündigung seitens der Gläubiger ausgesetzt zu sein, während die Gläubiger im sicheren und ungestörten Genuß der Zinsen verbleiben und vor jeder Störung in der Anlage ihres Kapitals geschützt sein sollen.

Gegen die Annahme, die Befugnis zur vorzeitigen Rückzahlung entspreche dem Willen der Parteien bei Eingehung des Geschäftes, spricht endlich der Umstand, daß in einer großen Reihe von Fällen durch die Ausübung der Befugnis seitens des Schuldners die Gläubiger der Chance eines Gewinnes verlustig gehen würden, der sich aus der Natur der Anlehnstitel ergibt und von vornherein seitens der Anlehnsgläubiger ins Auge gefaßt wird. Die Anlehnstitel sind regelmäßig negociable, zum Börsenhandel zugelassene und daher jederzeit verwertbare Papiere, für deren etwaige Veräußerung die Gläubiger den nach ihrer Meinung vorteilhaftesten Kurs und den für sie geeignetsten Moment wählen können. Regelmäßig sind sie um so höher verwertbar, je länger der Termin zur Rückzahlung hinausgeschoben und je sicherer der unveränderte Zinsgenuß und die ungestörte Anlage ihres Geldes den Gläubigern garantiert ist. Dies äußert seine Wirkung insbesondere darin, daß mit dem Näherkommen des Rückzahlungstermines der Kurs zurückgeht, sofern nicht andere Momente, insbesondere die Unsicherheit der pekuniären Lage des Schuldners, in entgegengesetzter Richtung wirken. Dieser von Anfang an in Rechnung gestellten, das Interesse des Vertrages mitausmachenden Chance zur vorteilhaftesten Verwertung der Anlehnstitel würden die Gläubiger daher beraubt, wenn dem Schuldner die Befugnis zur vorzeitigen Rückzahlung der Anlehnsschuld zustände. Die Situation würde sich zuungunsten der betroffenen Gläubiger noch verschärfen, wenn der Börsenkurs, wie dies in einer Epoche des gesunkenen Zinsfußes bei hochverzinslichen Papieren die Regel bildet, über pari gestiegen wäre, und die Gläubiger durch Auszahlung des Nominalbetrages eine erhebliche Einbuße gegenüber dem Marktpreis der Stücke erleiden würden.

Gegen diese Begründung wird nun geltend gemacht, sie beurteile den bestehenden Vertrag zu Unrecht nach dem Standpunkt der späteren Kursgestaltung, nicht nach dem Willen der Parteien zur Zeit des Vertragsschlusses.[1]) Dieser Vorwurf ist indessen unbegründet. Denn die Absicht zahlreicher Gläubiger ist, wie bereits erwähnt, von vornherein auf die eventuelle vorteilhafte Verwertung ihrer Stücke gerichtet, und da diese, wie ausgeführt, von der Einhaltung der Zeitbestimmung abhängt, so bildet die letztere eine wesentliche lex contractus, an die beide Parteien in der gleichen Weise gebunden sind.

Die bisherigen Ausführungen gelten nun aber nicht nur für diejenigen verzinslichen Anleihen, bei denen die Tilgung auf einmal an einem bestimmten Termine erfolgen soll, sondern auch für diejenigen, bei denen die Rückzahlung durch allmähliche Auslosung auf Grund eines bei der Emission festgesetzten Tilgungsplanes geschehen soll. Auch bei dieser Art der Anleihen gilt die Zeitbestimmung keineswegs ausschließlich als im Interesse des Schuldners festgesetzt, vielmehr sprechen die gleichen rechtlichen Erwägungen dafür, daß nach der Absicht der Beteiligten dem Gläubiger ein festes Recht auf die Tilgung in Gemäßheit des Amortisationsplans eingeräumt werden soll. Der Kreditgeber, der mit seinem Schuldner einen Tilgungsplan festgestellt hat, will das hingegebene Kapital eine Zeitlang zu einem bestimmten Zinsfuß anlegen. Wenn auch der Rückzahlungstermin für den einzelnen Gläubiger ungewiß ist, weil er durch das Los bestimmt wird, so spielt die Rücksicht auf die Dauer der Anlage in der Erwägung des Kreditgebers doch keineswegs, wie behauptet wird, eine geringere Rolle, als wenn der Rückzahlungstermin von Anfang an festbestimmt ist, der Gläubiger also von Anbeginn an auf die Dauer der Anlage rechnen kann. Denn durch die vorzeitige Rückzahlung wird der Gläubiger der von vornherein in Rechnung gezogenen Chance einer späten Auslosung beraubt, einer Chance, die von dem Schuldner bei Aufnahme des Anlehns bewußt noch dadurch vermehrt zu werden pflegt, daß nach dem aufgestellten Verlosungsplan die Zahl der zur Auslosung ge-

---

1) l'Industrie und Annales de droit commercial a. a. O.

langenden Stücke in den ersten Jahren gering zu sein pflegt, und erst allmählich mehr und mehr wächst.[1])

Auch eine Beschleunigung der Auslosung erscheint aus diesem Gesichtspunkt nicht angängig. Allerdings ist mit jeder Verlosung das Risiko untrennbar verbunden, daß die Obligation alsbald gezogen wird, und auch ohne die Beschleunigung der Auslosung hätten die Obligationen zu demselben Zeitpunkt zur Auslosung gelangen können, wie dies nach dem geänderten Verlosungsplan der Fall ist. Indessen wird jedenfalls für den einzelnen Gläubiger durch diese Maßregel die Gefahr der Auslosung seiner Obligation in unzulässiger Weise erhöht. Auch darüber kann kein Zweifel herrschen, daß durch die Vermehrung des Tempos der Auslosung für die Gesamtheit der noch vorhandenen Gläubiger die Heimzahlung beschleunigt wird, während diese auf Grund des bei der Emission festgesetzten Verlosungsplanes es für ihr gutes Recht halten, nur in dem vom Verlosungsplan festgesetzten Tempo in die Gefahr der Auslosung zu geraten.

Infolge einer vorzeitigen Rückzahlung oder einer Verstärkung der Auslosung wird aber den Gläubigern auch die Möglichkeit einer vorteilhaften Verwertung der Anlehnstitel in unzulässiger Weise verkürzt, wie dies oben bereits dargelegt worden ist. Denn mit der Verstärkung der Auslosung oder mit der Ankündigung der vorzeitigen Rückzahlung der sämtlichen Stücke pflegt ein Rückgang des Börsenpreises der zum Börsenhandel zugelassenen Stücke verbunden zu sein, der um so stärker sein wird, je höher der Kurs über dem Nominalbetrag der Stücke steht. Aus diesem letzteren Grunde erscheint die vorzeitige Rückzahlung auch unter der Voraussetzung nicht zulässig, daß der Schuldner den sämtlichen Gläubigern alle Zinsen bis zu demjenigen Zeitpunkt, an dem die Rückzahlung verlosungsplanmäßig beendigt sein muß, zahlt, oder daß er auf einmal alle Auslosungen, die bis zur schließlichen völligen Tilgung des Anlehns in längeren Zwischenräumen hätten erfolgen sollen, vornimmt und die Zinsen jeder

[1]) Ein Urteil des Trib. Civ. de la Seine v. 18. Aug. 1895 (Ann. de droit comm. 1895 S. 83ff.) sagt in dieser Beziehung geradezu: „Le contrat est de nature mixte, comprenant en même temps qu'un prêt à l'intérêt, un contrat aléatoire.

einzelnen Schuldverschreibung bis zu dem auf diese Weise ermittelten verlosungsplanmäßigen Rückzahlungstage des einzelnen Stückes erlegt.

In dieser Beziehung ist die Sachlage beim verzinslichen Anlehn völlig anders zu beurteilen als beim gewöhnlichen Darlehn. Bei letzterem handelt es sich allerdings vom wirtschaftlichen Standpunkte lediglich um ein der Sachmiete ähnliches Verhältnis, nämlich um Überlassung eines Kapitals zur Nutzung gegen Entgelt. Wie der Mieter rechtlich nicht gezwungen werden kann, bis zum Ablauf des Mietsvertrages die Mietssache wirklich zu nutzen, vielmehr seiner Verpflichtung damit genügt, daß er den Mietszins für die ganze Dauer des Mietsvertrages im voraus entrichtet, so ist auch beim verzinslichen Darlehn der Schuldner, der die Zinsen bis zu dem für die Rückzahlung festgesetzten Zeitpunkte im voraus erlegt, regelmäßig nicht verpflichtet, bis dahin das Kapital zu behalten, vielmehr unter der angegebenen Voraussetzung zur vorzeitigen Rückzahlung berechtigt. Beim verzinslichen Anlehn dagegen, — wenigstens, soweit es durch Emission von Schuldverschreibungen, die zum Börsenhandel zugelassen sind, zustande kommt, — besteht das Interesse der Gläubiger außer in der Nutzung und in der Anlage ihres Kapitals auch in der Möglichkeit einer vorteilhaften Verwertung der Anlehnstitel, wie dies oben bereits erörtert ist. Da die Ausnutzung dieser Möglichkeit von der strikten Innehaltung der im Anlehnsvertrage festgesetzten Zeitbestimmung für die Rückzahlung abhängt, so ergibt sich hieraus, daß das Interesse an der Zeitbestimmung auf seiten der Gläubiger sich hier nicht lediglich in dem Genuß der vollen Zinsen bis zum Ablauf des Vertrages erschöpft. Sonach erscheint die vorzeitige Rückzahlung, auch wenn sie mit der Zahlung der Zinsen bis zum Schlusse auf seiten des Anlehnsschuldners verbunden wäre, völlig ausgeschlossen.

Aus dem Vorstehenden ergibt sich, daß auch bei Lotterieanleihen eine vorzeitige Rückzahlung ausgeschlossen ist, dies selbst dann, wenn das Lotterieanlehn unverzinslich ist, die Prämie völlig den Zins ersetzt. Selbst wenn eine vorzeitige Rückzahlung hier zulässig wäre, würde sich natürlich das Recht des Schuldners nicht darin erschöpfen können, daß er seinen Gläubigern die Schuld einfach zum Nominalwert zurückzahlt und ihnen den Anspruch auf den Gewinn damit entzieht. Denn die Gläubiger haben ja gegen Aufgabe der ganzen oder eines Teils der Zinsen die Hoffnung auf einen Gewinn erworben und einzig in Hinsicht auf einen solchen sind sie Teilnehmer an dem Prämienanlehn geworden. Durch die willkürliche Aufhebung des Prämienziehungsplans, also Entziehung dieser ihrer Hoffnung würden sie also in ihren Rechten empfindlich gekränkt werden. Auch eine vorzeitige Rückzahlung in der Weise, daß die Verlosung der Prämien unter den für die einzelnen Termine ausgelosten Schuldverschreibungen vorgenommen wird, und daß alsdann die Auszahlung der Lose zum Nominalwert mit den Prämien, soweit sie auf die einzelnen Lose entfallen, auf einmal erfolgt, erscheint nicht angängig.[1]) Denn auch hier würden die Gläubiger, wenngleich sie hinsichtlich des Ertrages ihres Kapitals dasselbe erhalten würden, was ihnen im Falle des Einhaltens des Tilgungsplans zufallen würde, jedenfalls die Chance einbüßen, ihre Anteile mit Nutzen zu verwerten. Dieser Ausfall würde sich um so empfindlicher für sie gestalten, als das Bevorstehen jeder Ziehung eine Steigerung des Preises der Lose zur Folge hat, die sie zur Verwertung ihrer Stücke eventuell hätten ausnützen können.

Werfen wir zum Schluß noch einen kurzen Überblick über die Literatur und Praxis der verschiedenen Länder zu dieser Frage, so finden wir, daß in Deutschland dem Schuldner das Recht zur vorzeitigen Rückzahlung verzinslicher Anleihen, sofern es in den Anleihebedingungen nicht ausdrücklich vorbehalten ist, zumeist abgesprochen wird.[2]) Einzelne Kommentatoren des bürgerlichen Gesetzbuchs z. B. Staudinger[3]) stehen indessen für verzinsliche Anlehen, für deren Rückzahlung ein bestimmter Tilgungsplan vorgesehen ist, auf einem abweichenden

[1]) Dies ist von manchen Seiten vorgeschlagen worden, wobei dem Schulder das Recht des Abzugs des Diskonts von der Summe der Prämien bis zu dem Jahre, in dem sie zur Auszahlung hätten kommen sollen, zugesprochen wird vgl. Freund, Vorzeitige Rückzahlung und einseitige Konversion von verzinslichen Anlehen S. 41.

[2]) Vgl. Cosack, a. a. O. § 66 sub 10; Endemann, Lehrbuch des bürgerlichen Rechtes S. 772 Note 6, S. 1159 Note 22; v. Schey, Obligationsverhältnisse S. 103, 104.

[3]) Staudinger zu § 609 Note 6; Die richtige Ansicht vertritt Planck, Kommentar z. BGB. zu § 609.

Standpunkt, und zwar mit Rücksicht auf die Verhandlungen der II. Kommission des bürgerlichen Gesetzbuchs. Bei Gelegenheit dieser Beratungen war nämlich, wie bereits oben erwähnt, die Aufnahme einer Vorschrift im Wege eines Hauptantrages beantragt worden, wonach die Feststellung eines Tilgungsplanes im Zweifel nicht als Verzicht des Schuldners auf das Recht zur früheren Rückzahlung gelten solle, schließlich aber, ebenso wie die mittels eines Unterantrags beantragte Aufnahme einer Auslegungsregel im entgegengesetzten Sinne, abgelehnt worden. Bei der Wiedergabe des Schicksals dieser Anträge findet sich nun in den Protokollen die Äußerung, daß bei den gegen Ausstellung von Inhaberpapieren aufgenommenen Darlehen die zugunsten des Rechtes des Schuldners sprechende Rechtsvermutung „der Übung des Verkehrs entspreche, wie dies auch von der Praxis angenommen werde".[1]) Daß die Kommission dabei in erster Linie an die Praxis des gemeinen und französischen Rechtes sowie der dem letzteren verwandten Rechte gedacht hat, erscheint unzweifelhaft. Denn eine Gesichtspraxis zu dieser Frage existierte in Deutschland damals so wenig wie heute, und seitens des Antragstellers war zur Begründung des Hauptantrages ausdrücklich hervorgehoben worden, er folge der modernen Rechtsentwicklung, wie sie insbesondere von der Rechtsprechung für das gemeine und französische Recht anerkannt worden sei. In Wirklichkeit hat sich die Kommission bezüglich der jüngsten maßgebenden Praxis des französischen und der ihm verwandten Rechte in direktem Irrtum befunden, wie weiter unten dargelegt werden wird.

In Österreich ist, entsprechend dem französischen Rechte, als Auslegungsnorm der Satz gesetzlich bestimmt, daß eine vereinbarte Kündigungsfrist im Zweifel für beide Teile gilt (ABGB. § 1413). Demgemäß wurde in früheren Zeiten in Literatur und Praxis mit Recht allgemein anerkannt, daß bei verzinslichen Anlehn eine vorzeitige Rückzahlung, da sie dem Willen der Parteien und dem Inhalt des Vertrages widerstreite, ausgeschlossen sei und nur dann zulässig erscheine, wenn sie ausdrücklich vorbehalten sei.[2]) In jüngster Zeit indessen hat

---

[1]) Vgl. Protokolle Bd. II S. 46 (amtl. Ausgabe).

[2]) So v. Schey, Obligationsverhältnisse S. 103, 104; Mitteis, „Zur

sich in der Auffassung der österreichischen Gerichte bezüglich der Frage der Zulässigkeit der vorzeitigen Rückzahlung anscheinend eine Wandlung vollzogen. Hierfür spricht wenigstens die Stellungnahme einer Reihe von Gerichten, darunter auch oberster Gerichte, in Verlosungskonflikten österreichischer Eisenbahnen mit ihren Obligationsbesitzern, wobei die Gerichte allerdings nicht als Prozeßgerichte, sondern als Aufsichtsbehörde über den Kurator der Prioritäten mit der Frage befaßt wurden. In den in Betracht kommenden Streitigkeiten der Prag-Duxer Eisenbahn, der Buschtehrader-Eisenbahn, der Österreichischen Nordwestbahn lagen die Fälle sämtlich ziemlich gleichmäßig.[1] Der Sachverhalt war im wesentlichen folgender.

Die Bahnen hatten Anleihen zu hohem Zinsfuß aufgenommen, die auf Grund bestimmter Verlosungspläne in einer längeren Reihe von Jahren rückzahlbar waren. So hatte z. B. die Prag-Duxer Eisenbahn im Jahre 1883 eine Prioritätsanleihe im Betrage von 10 Millionen Mk. emittiert, welche in 33 334 Stück eingeteilt, mit 5 % verzinslich und innerhalb 57 Jahren vom 1. Jan. 1888 ab im Wege tilgungsplanmäßiger Verlosungen, die am 2. Jan. und 1. Juli jeden Jahres stattfinden sollten, zu tilgen war. Als der Zinsfuß in den neunziger Jahren des verflossenen Jahrhunderts zurückging, wurden Konversionen der betreffenden Anlehen in niedriger verzinsliche Anlehen im Wege der Vereinbarung mit den Gläubigern vorgenommen, so bei dem erwähnten Anlehn der Prag-Duxer Eisenbahn im Jahre 1892, indem den Gläubigern 4 % Prioritätsobligationen an Stelle der 5 % angeboten wurden. Hierbei unterzog sich aber eine größere Anzahl der Prioritätenbesitzer nicht der Konversion. Bei der fortgesetzten Auslosung ging die Schuldnerin nun derart

Frage der Zwangskonversion der 6 % Donau-Dampfschiffahrt-Prioritäten" in der Neuen Freien Presse Nr. 11638 v. 16. Jan. 1897.

[1]) Vgl. zu dem Folgenden Marek, Der Verlosungskonflikt der Besitzer von 5 % Prioritätsobligationen der k. k. priv. Prag-Duxer Eisenbahn in den Österr. Juristischen Blättern Jahrg. 1899 S. 533, 593, 605; ferner über den Verlosungskonflikt der Prag-Duxer Bahn Frankf. Zeitung v. 29. Juli 1898 Nr. 207, Berliner Tageblatt v. 14., 19., 20. Septbr. 1898 Nr. 467, 476, 478; der Buschtehrader Bahn Frankf. Zeitung v. 12. Juli 1900 Nr. 190; der Nordwest-Bahn Frankf. Zeitung v. 11. Juni 1904 Nr. 161.

vor, daß die konvertierten Stücke als heimgezahlt angesehen wurden, also die planmäßig zu verlosenden Stücke lediglich aus den der Konversion nicht unterzogenen Stücken entnommen wurden. Daraus entsprang für die Besitzer der nichtkonvertierten Stücke der Nachteil, daß die Chance, gezogen zu werden, eine größere war, weil die Verlosung aus einer kleineren Zahl von Stücken, nämlich aus den nicht konvertierten Stücken allein vorgenommen wurde, und daß demgemäß nach der neuen Ziehungsmethode der Ablauf der Rückzahlung erheblich früher eintrat als nach dem ursprünglichen Ziehungsplan. Aus diesem Vorgang erwuchs für die Prioritätenbesitzer der weitere Nachteil, daß der Kurswert sich verminderte. Es entstand also die Frage, ob die schuldnerische Bahn berechtigt war, zum Nachteil der Prioritätenbesitzer, welche sich der Konversion nicht unterzogen hatten, die auf die konvertierten Obligationen entfallenden Nummern von der Kündigung auszuschließen, oder ob die Ziehungen aus den gesamten unverlosten Titres, somit aus den Nummern der im Umlauf befindlichen Obligationen und den Nummern der durch Konversion eingezogenen Stücke vorzunehmen waren. Nach den obigen Auseinandersetzungen kann kein Zweifel darüber sein, daß durch die Einlösung des größten Teils der Prioritätsobligationen im Wege der Konversion, der durch die Emissionsbedingungen und durch den Text der Obligationen festgestellte Tilgungsplan und das auf diesem beruhende Recht der Besitzer von Obligationen nicht benachteiligt werden konnte, und daß daher die Ziehung auch fernerhin aus den gesamten unverlosten Titres einschließlich der durch Konversion eingezogenen vorgenommen werden mußte. Indessen haben die österreichischen Gerichte, darunter der Oberste Gerichtshof in Sachen der Prag-Duxer Bahn, zugunsten der Bahnen entschieden, freilich nicht im ordentlichen Rechtswege, sondern als Aufsichtsorgan über die Kuratoren der Prioritätsobligationen, indem sie den Kuratoren auf ihr Ersuchen die auf Grund des Kuratorengesetzes erforderliche Einwilligung zur Erhebung der Klage verweigerten. Sie haben sich, mit zum Teil verschiedener Begründung, dabei auf den Standpunkt gestellt, daß eine Beeinträchtigung der Rechte der Prioritätenbesitzer im Falle verstärkter Auslosung nicht stattfinde. Insbesondere das Oberlandesgericht im Königreich Böhmen hat in dem Prioritätenkonflikt der Prag-Duxer Bahn den oben widerlegten Grundsatz ausgesprochen, daß der Gläubiger kein Recht darauf habe, daß seine Obligation in einem späteren Zeitpunkt, als dies nunmehr der Fall sei, gezogen werde; denn auch ohne die Konversion hätte seine Obligation innerhalb desselben Zeitraums zur Verlosung gelangen können, wie dies nach dem nunmehrigen Verlosungsplan geschehen werde. In dem Verlosungskonflikt der Buschtehrader Eisenbahn hat das Prager Handelsgericht zugunsten des Rechtes des Schuldners zur verstärkten Auslosung zwei Gründe geltend gemacht, auf die noch kurz eingegangen werden soll.

Erstens legt das Gericht Wert auf die Behauptung der Schuldnerin, daß die fünfzigjährige Rückzahlungsfrist ihr erst auf ihr Verlangen von der kontrahierenden Bank bewilligt worden sei. Dieser Umstand ist jedoch gänzlich unerheblich, da für die demnächstigen Zeichner und Erwerber der Anlehnstitel die in dem Prospekt und in den Schuldverschreibungen enthaltenen Bedingungen allein maßgebend waren und diese nichts von einer Beschleunigung der Rückzahlung enthielten. Sodann spricht das Handelsgericht zugunsten der Schuldnerin der Tatsache Bedeutung zu, daß den Prioritären in Gemäßheit der Anleihebedingungen das Recht zuerkannt sei, im Falle die Buschtehrader Eisenbahn die bedungene Tilgung in irgend einer Hinsicht nicht einhalten sollte, die Rückzahlung ihrer Forderungen von der Schuldnerin sofort und noch vor den durch die Auslosung bedungenen Terminen zu fordern. Indessen, wenn den Gläubigern dies als ein Recht vorbehalten war, so blieb ihnen doch freigestellt, ob sie davon Gebrauch machen wollten, und es folgt daraus noch nicht, daß sie auch die *Pflicht* hatten, eine vorzeitige Rückzahlung anzunehmen.

In einzelnen Fällen, wie in dem der Nordwestbahn-Prioritäten, ist eine Einigung zwischen der Bahn und den Obligationären auf der Grundlage erfolgt, daß nach der Vornahme der Konversion ein neuer Verlosungsplan aufgestellt wurde, der den Forderungen der Obligationäre bis zu einem gewissen Grade gerecht wurde. Jedenfalls bleibt aber zu bedauern, daß die Gerichte, als Aufsichtsbehörden über die Kuratoren der Prioritätsbesitzer, in allen Fällen durch Verweigerung der Befugnis zur Anstellung der Klage verhindert haben, daß die zweifelhafte Rechtsfrage im Wege des ordentlichen Verfahrens von den Prozeßgerichten entschieden wurde.

In Frankreich haben die Gerichte auf Grund des Art. 1187 Code civ. früher regelmäßig zugunsten des Anlehnsschuldners entschieden, wie die älteren bei Sirey, Recueil général des lois et des arrêts, abgedruckten Entscheidungen ergeben.[1])

In der neuesten Zeit jedoch ist in der Praxis der französischen Gerichte eine völlige Wandlung eingetreten; denn die vorzeitige Rückzahlung verzinslicher Anleihen wird ohne die Zustimmung der Gläubiger nunmehr für unzulässig erklärt. Die grundlegende Entscheidung der neuen Richtung ist die des Tribunal civ. de la Seine v. 18. Juli 1895, bestätigt durch das Urteil der ersten Kammer der Cour de Paris vom 28. Novbr. 1895.[2]) Sie betrifft eine nach einem bestimmten Ziehungsplan amortisierbare, langfristige Anleihe der Compagnie des Chemins de fer de l'Est und weist mit eingehender Begründung und unter ausführlicher Bekämpfung des gegnerischen Standpunktes nach, daß und aus welchen Gründen ein beiderseitiges Interesse der Parteien an dem Termin bestehe. Lediglich in einem besonderen Falle, nämlich für die Anleihen derjenigen Gesellschaften, speziell Bodenkreditbanken (Crédit foncier), welche durch ihre Statuten und durch Spezialgesetze gehalten sind, ein bestimmtes Gleichgewicht zwischen ihren Obligationen und ihren Forderungen aufrechtzuerhalten, und deren Schuldnern ein Recht zur vorzeitigen Rückzahlung durch Statut gewährt ist, wird das Recht zur vorzeitigen Rückzahlung der Obligationen im Wege der verstärkten Auslosung zur Herstellung dieses Gleichgewichts auch fernerhin anerkannt.[3])

---

[1]) Vgl. Cour de Bordeaux arrêt 21. Aug. 1877 hinsichtlich der Anleihe eines Departements, bestätigt durch arrêt des Kassationshofes v. 29. Juli 1879 (Sirey 1880 1. Heft S. 109) ebenso Cour de Nancy 10. Juli 1882 (Sirey 1883 2. Heft S. 237), bestätigt durch arrêt des Kassationshofes v. 18. April 1883 (Sirey 1883 1. Heft S. 441).

[2]) Die beiden Entscheidungen sind abgedruckt in den Annales de Droit commercial IX, 1895 S. 83ff. und X, 1896 S. 10ff. An der zuletzt genannten Stelle ist auch eine Kritik der erstinstanzlichen Entscheidung — erschienen in dem Finanzblatt l'Industrie v. 5. Novbr. 1895, welche die frühere Praxis verficht — abgedruckt.

[3]) Vgl. Entscheidung des Trib. Civ. Seine v. 15. Febr. 1893 i. S. Ginot

Wie in Frankreich so wird auch in Belgien in neuerer Zeit in der Praxis der Gerichte das Recht des Schuldners zur vorzeitigen Rückzahlung verzinslicher Anleihen verneint, da auch ein Recht der Gläubiger an dem Termin bestehe.[1])

Den gleichen Standpunkt nehmen auch die Schweizer Gerichte in überwiegender Praxis ein, indem sie aus der Natur des Vertrages die Absicht der Parteien herleiten, daß die Aufschiebung der Rückzahlung auch zugunsten der Gläubiger festgesetzt sei.[2])

In den Vereinigten Staaten können Zahlungen vor dem festgesetzten Termin von keiner der beiden Parteien erzwungen oder ihr aufgezwungen werden (Payment before the day cannot be enforced by either party). Wenn eine Pfandschuld (mortgage) an einem bestimmten Tage fällig ist, so kann weder der Pfandschuldner vor diesem Tage aufgefordert werden, Zahlung zu leisten, noch braucht sich der Pfandgläubiger vor diesem Tage Zahlung gefallen zu lassen, außer etwa, wenn neben dem Kapital der gesamte Betrag der Zinsen, welche bis zum festgesetzten Tage laufen würden, bezahlt werden sollte.[3])

---

et Crépon ·/· Crédit foncier de France in Annales de droit commercial VIII 1894 S. 23 ff.

[1]) Vgl. Entsch. der Cour d'appel de Bruxelles v. 23. April 1893 in Annales de droit comm. X (1896) S. 239 i. S. Chemin de fer d'Entre-Sambre-et-Meuse ·/· Caisse générale d'épargne et de retraite; vgl. auch Sirey a. a. O. 1896 4. Heft S. 14, 15.

[2]) So Entsch. des Schweizer Bundesgerichtshofes v. 13. Novbr. 1895 (Sirey 1896 4. Heft S. 15, 16) i. S. Confedération suisse ·/· État du Valais; Entsch. des Schweizer Bundesgerichts v. 1. März 1890 (Sirey 1891 4. Heft S. 1 ff.) i. S. De Riedmatten & Co. ·/· État du Valais.

[3]) A. Jones, Law of Mortgages on Real Property, Boston 1889 § 888.

Kapitel XX.

Konversion verzinslicher Anleihen. Rechtliche Voraussetzungen für die Zulässigkeit der einseitigen Konversion. Technik der Konversion. Arten der Konversion, insbesondere die Zinsreduktion. Stempelpflicht. Zwangskonversionen von Staatsanleihen; Beispiele aus der jüngeren Finanzgeschichte. Konsolidation von Anleihen.

Unter der Konversion einer Anleihe wird eine von seiten des Schuldners erfolgende Änderung des Inhalts der Anleiheschuld, insbesondere eine Herabsetzung des Zinsfußes, verstanden. Regelmäßig ist die Konversion darauf gerichtet, dem Schuldner günstigere Bedingungen des Schuldverhältnisses zu verschaffen.[1]) Da sie eine Abänderung des ursprünglichen Vertrages enthält, so bildet Voraussetzung für ihre Vornahme, daß sie mit Einverständnis der Gläubiger erfolgt. Entweder muß sich der Schuldner also das Recht dazu bei der Emission ausdrücklich vorbehalten haben, oder er muß sich nachträglich die Zustimmung aller Gläubiger verschaffen, was allerdings, namentlich wenn deren zahlreiche sind, kaum möglich sein wird.

---

[1]) Durch den Anlehnsvertrag kann auch dem Gläubiger das Recht zur Konvertierung des Anlehns eingeräumt werden; so werden seit einigen Jahren bei einzelnen amerikanischen Eisenbahnen Convertible bonds ausgegeben, bei denen den Gläubigern das Recht zur Konvertierung der bonds in shares zusteht, und zwar mitunter jederzeit (so bei den Convertible bonds der Union Pacific-Bahn), mitunter bei einem gewissen Kursstand der Aktien (so bei den New convertible bonds der Pensylvania-Bahn); vgl. Frankf. Zeitung 31. Aug. u. 1. Septbr. 1905 Nr. 241, 242.

Eine einseitige Konversion d. h. eine solche, die ohne die Zustimmung der Gläubiger stattfindet, ist dann zulässig, wenn ein nach der Aufnahme des Anlehns erlassenes Landesgesetz sie für angängig erklärt oder anordnet. Dies gilt selbst in dem Falle, wenn der Schuldner bei der Emission der Anleihe ausdrücklich auf das Recht zur Konversion unbeschränkt oder für eine Reihe von Jahren verzichtet hat, und bezieht sich sowohl auf Anleihen des Staates wie auf andere öffentliche Anleihen. In dieser Beziehung finden die in dem vorhergehenden Kapitel hinsichtlich des Rechts zur vorzeitigen Rückzahlung dargestellten Grundsätze entsprechende Anwendung. Hiernach erscheint die einseitige Konversion bei Staatsschulden gegenüber den auswärtigen Staatsgläubigern ein für allemal ausgeschlossen, da diese der Gesetzgebungsgewalt des Schuldners nicht unterworfen sind, vielmehr ihm als gleichberechtigte Kontrahenten gegenüberstehen.

Dagegen ist die Vornahme einer zwangsweisen Konversion, d. h. einer solchen, bei der das Recht dazu dem Schuldner weder vertragsmäßig zusteht, noch durch ein besonderes Gesetz eingeräumt ist, unzulässig und bedeutet einen groben Vertragsbruch gegenüber den Gläubigern; diese sind daher berechtigt, hiergegen wie gegen jede andere Vertragsverletzung vorzugehen.

Steht hiernach dem Schuldner ein direktes Zwangsmittel gegen die Gläubiger, um sie der Konversion zu unterwerfen, nicht zu Gebote, so kann er ihnen doch die Zustimmung dazu abnötigen, indem er sie vor die Wahl der Schuldtilgung oder der Konversion stellt. Rechtliche Voraussetzung hierfür aber bildet, daß ihm in dem Zeitpunkt, in dem er das Konversionsangebot an seine Gläubiger richtet, das Recht der Kündigung und Rückzahlung des Anlehns zusteht. Will er in diesem Falle von dem Rechte der Konversion Gebrauch machen, so muß er das Schuldkapital den Gläubigern kündigen und ihnen die Wahl lassen, entweder den Nennwert der Schuldverschreibungen bar in Empfang zu nehmen oder sich den neuen Bedingungen, die in der Schuldumwandlung vorgesehen sind, zu fügen und zu diesem Zwecke neue Schuldverschreibungen von demselben Betrage, aber von niedrigerem Zinsfuße beziehungsweise zu Bedingungen, die in sonstiger Weise gegenüber den ursprünglichen abgeändert sind, anzunehmen.[1]) An Stelle des Umtausches der alten Stücke gegen neue ist es auch zulässig, die Änderung der Anleihebedingungen, insbesondere die Herabsetzung des Zinsfußes, durch Stempelaufdruck auf den alten Stücken zu vermerken. Wie früher auseinandergesetzt, steht dem Schuldner das Recht der jederzeitigen Kündigung bei Rentenanlehen zu, sofern es nicht durch besondere Bestimmung ausgeschlossen ist; daher ist bei ihnen die Konversion, insbesondere die Zinsreduktion, wenn keine besondere Verabredung sie ausschließt, zulässig, wie jetzt allgemein anerkannt wird.[2]) Dagegen ist sie bei denjenigen Anleihen, bei denen die Tilgung in einem bestimmten Zeitpunkt erfolgen muß oder ein Tilgungsplan festgesetzt ist, nicht angängig, da dem Schuldner das Recht der vorzeitigen Rückzahlung des Anlehns hier nicht zusteht, wie in dem vorhergehenden Kapital näher dargelegt ist, es sei denn, daß dieses Recht zugunsten des Schuldners in den Emissionsbedingungen besonders vorbehalten ist.

Ist dem Schuldner das Recht der Kündigung und Rückzahlung des Anlehns nicht eingeräumt, so ist die Konversion rechtlich ausgeschlossen; denn die Kündigung an die der Konversion widerstrebenden Gläubiger würde in diesem Falle einen gleichen Akt der Rechtswidrigkeit in sich schließen wie die „Zwangskonversion“ in dem oben beschriebenen Sinne.

Über die Art, wie die Konversion vor sich zu gehen hat (Konversionstechnik), bestimmen in erster Linie die bei der Emission festgesetzten und in die Schuldverschreibungen aufgenommenen Vertragsbedingungen, bei Staatsschulden die Vorschriften der besonderen Konversionsgesetze, in Ermangelung besonderer vertraglicher oder gesetzlicher Bestimmungen gelten die allgemeinen bürgerlichrechtlichen Bestimmungen. Nach

---

[1]) Mitunter wird den Gläubigern auch bloß die Wahl zwischen der Konversion bzw. der Heimzahlung und der Zurückweisung der Schuldumwandlung überhaupt gestellt (sog. fakultative Konversion im Gegensatz zur obligatorischen oben dargestellten), so bei der englischen Rentenkonversion v. 1884; vgl. Sänger, Die englische Rentenschuld und die letzte Konversion, im Finanzarchiv (Schanz) VIII 1891 S. 33.

[2]) In Frankreich war früher die Frage, ob eine Konversion von Rentenschulden statthaft sei, äußerst bestritten. Die Gegner der Konversion fußten vor allem auf der Bezeichnung der Staatsschuld als „Rentes perpétuelles; vgl. das Nähere oben Kap. XVII S. 187 und Roscher, Volkswirtschaft 4, 2 § 139 Note 8.

diesen (BGB. § 145) haben sich die Gläubiger binnen der in dem schuldnerischen Angebot gestellten Frist darüber zu entscheiden, ob sie mit den abgeänderten Bedingungen des Anlehns einverstanden sind[1]; nach fruchtlosem Ablauf der Frist gilt das schuldnerische Angebot als abgelehnt, und es tritt die Kündigung der Schuldverschreibungen zur Rückzahlung in Wirksamkeit.

Abweichend hiervon kann bei Aufnahme der Anleihe ausbedungen werden, daß das Konvertierungsangebot des Schuldners (z. B. die Umwandlung der 4% in eine 3½% Anleihe) als angenommen zu gelten hat, wenn nicht binnen einer bestimmten Frist die Bezahlung des Kapitalbetrages beantragt wird. Wie ersichtlich, ist eine solche Anordnung geeignet, das Gelingen der Konversion zu fördern, da die Zustimmung zu der Konversion hier durch ein lediglich passives Verhalten des einzelnen Gläubigers bedingt ist. Eine entsprechende gesetzliche Vermutung für die Annahme der angebotenen Umwandlung stellen die preußischen Gesetze vom 4. März 1885 und vom 23. Dezember 1896 betreffend die Kündigung und Umwandlung der 4½% konsolidierten Staatsanleihe bzw. der 4% Staatsanleihe, sowie das Reichsgesetz betr. die Kündigung und Umwandlung der 4% Reichsanleihe vom 8. März 1897 § 2 auf.[2] Im Ausland ist diese Konversionstechnik ebenfalls üblich. So wird sie regelmäßig in Frankreich angewendet; auch bei der jüngsten großen italienischen Konversion (Gesetz betreffend die Konvertierung der konsolidierten zu 5% brutto und zu 4% netto verzinslichen italienischen Renten vom 29. Juni 1906 Art. 2) hat sie Anwendung gefunden. Mit Rücksicht auf die von den Bestimmungen des BGB. §§ 145 ff. abweichenden Vorschriften der früheren preußischen Kon-

[1] Die Aufforderung an die Gläubiger zur Erklärung hat auf demjenigen Wege zu erfolgen, der in den Anlehnsbedingungen für alle die Kündigung und Rückzahlung betreffenden Bekanntmachungen festgesetzt ist, also regelmäßig durch Veröffentlichung des Angebots in bestimmten Tageszeitungen. Eine besondere Benachrichtigung an die einzelnen Gläubiger würde schon deshalb nicht angängig sein, weil sie dem Schuldner regelmäßig nicht bekannt sind.

[2] In der Begründung zu den Gesetzen wird betont, daß die Aufstellung einer derartigen Vermutung auch den Interessen der Gläubiger entspreche, da sie ohne diese leicht durch Unachtsamkeit oder Unkenntnis in Schaden geraten können.

vertierungsgesetze ist in Art. 98 des Einführungsgesetzes zum BGB. die ausdrückliche Bestimmung aufgenommen worden, daß die landesgesetzlichen Vorschriften über Rückzahlung oder Umwandlung verzinslicher Staatsschulden, für die Inhaberpapiere ausgegeben oder die im Staatsschuldbuch eingetragen sind, durch die Vorschriften des BGB. unberührt bleiben. Übrigens geht die Fassung dieses Vorbehalts noch über seine spezielle Veranlassung heraus und ermächtigt die Landesgesetzgebung ganz allgemein, Vorschriften über die Rückzahlung und Umwandlung verzinslicher Staatsschulden der gedachten Art zu treffen.[1])

Die wichtigsten Änderungen, die durch Konversionen in dem Inhalt der Anleiheschulden vorgenommen werden, sind Herabsetzung, Reduktion des Zinsfußes, welche alle übrigen Änderungen der Zahl ihres Vorkommens und der Bedeutung nach so überragt, daß man im Verkehr, wenn man von Konversion spricht, immer nur diesen Fall im Auge hat, ferner Umwandlung des tilgbaren Anlehns in eine Rentenschuld, überhaupt Änderung des Tilgungsmodus, Änderung des Nominalbetrages der Obligationen, Aufhebung einer bisher für die Anleihe bestehenden Verpfändung oder einer Zinsgarantie, Auszahlung der gelosten Obligationen und der Zinsen in einer anderen Geldsorte als der ursprünglich bedungenen, Auszahlung der gelosten Obligationen und der Zinsen in der einheimischen Währung allein statt wie bisher in der einheimischen oder einer auswärtigen, Abzug einer Steuer von den Zinsscheinen der Schuldverschreibungen (Kuponsteuer).[2]) Auch die verschiedensten Kombinationen dieser und anderer hier nicht aufgezählter Fälle kommen vor. Andererseits ist es auch nicht ausgeschlossen, daß die Konversion eine augenblickliche Verbesserung der Lage der Gläubiger bezweckt, z. B. im Wege der Erhöhung des Zinsfußes. Diese letztgenannte Operation kann in Staaten mit sehr hohem reellen Zinsfuß bisweilen angeraten sein, wenn der Kurs des betreffenden verzinslichen Anlehns stark unter pari gesunken ist, damit vielleicht in späteren Jahren, bei Steigen

---

[1]) Vgl. Planck, Kommentar zum BGB., Einführungesetz (Bd. VI 3. Aufl. 1905 zu Art. 98 Note 1).

[2]) Siehe Kap. XXI S. 236 ff.

des Kursus über pari, eine größere Zinsreduktion ermöglicht wird.[1])

Hinsichtlich der Zinsänderung werden nach dem Verhältnis des Nominalkapitals der ursprünglichen Schuld zu dem Nominalkapital der konvertierten Schuld drei Arten der Konversion unterschieden, von denen indessen nur die erste noch praktische Bedeutung hat, während die beiden anderen im Finanzwesen der modernen Kulturstaaten nicht mehr vorkommen und daher nur noch theoretisches Interesse bieten.[2])

1. Die einfache Zinsreduktion mit gleichbleibendem Nominalkapital, bei der der Zinsfuß der Anleihe (z. B. von 4 % auf 3 ½ %) herabgesetzt wird. Diese Methode wird bei den meisten neueren Konversionen angewendet, und zwar dann, wenn der laufende Zinsfuß hinter dem höheren Zinsfuß der Anleihe zurückbleibt (Konversion al pari).

2. Die Zinsherabsetzung mit Erhöhung des Nominalkapitals der Anlehnsschuld. Hier wird der Zinsfuß unter den laufenden Zinsfuß herabgesetzt (Konversion unter pari), dafür findet eine Erhöhung des Nominalbetrages der bisherigen Schuldverschreibungen statt, z. B. an Stelle des Kapitals von 100 zu 4 % erhält der Gläubiger ein Kapital von 133 ⅓ zu 3 %. Der Schuldner spart bei dieser Konversion zwar an Zinsen, dafür schuldet er aber ein höheres Schuldkapital. Dieses System wurde in früheren Zeiten bei Steigen des landesüblichen Zinsfußes und Beschränkung der Tilgung, z. B. bei Konversion von rückzahlbaren Anleihen in eine konsolidierte (fundierte) Rentenanleihe angewendet, so noch bei der englischen Konverson von 1884.

3. Endlich kann eine Reduktion auch in der Weise erfolgen, daß das Nominalkapital bei gleichbleibender Zinsenlast verringert wird, wobei der Schuldner auf die Rückzahlung in rechtsverbindlicher Weise für bestimmte Zeit verzichtet. Der Schuldner verspricht z. B. eine bereits begebene Anleihe von 20 Millionen, die zu 4 % verzinslich ist, vor einer bestimmten Reihe von Jahren nicht zurückzuzahlen, wenn die Gläubiger in eine Kapitalreduktion von 4 Millionen willigen. Der Wirkung

---

1) A. Wagner, Österr. Staatshaushalt S. 225 ff.

2) Das Nähere siehe bei Körner, Die Konversion öffentlicher Schulden (Wien und Leipzig 1893) S. 30 ff.; Handwörterbuch der Statswissenschaften Artikel „Konversionen" (bearbeitet von M. v. Heckel) sub 2

nach ist eine 4 % Anleihe in eine 5 % verwandelt worden, wobei den Gläubigern als Ersatz für die Kapitalveränderung die bisherigen Zinseneinkünfte auch für die Zeiten des sinkenden Zinsfußes gesichert werden.

Wie bereits erwähnt, hat gegenwärtig nur die erste der genannten 3 Formen der Reduktion, die einfache Zinsreduktion, praktische Bedeutung, weshalb sie im folgenden allein berücksichtigt werden soll. Sie wurde bei den meisten neueren Konversionen angewendet, so bei den großen Konvertierungen in Deutschland während der Jahre 1896 und 1897, welche ein Kapital von rund 5 ½ Milliarde Mark betrafen und bestimmt waren, die 4 % durch 3 ½ % Rente zu ersetzen, bei der österreichischen Rentenkonversion von 1903, bei der rumänischen Rentenkonversion von 1905, bei der italienischen Rentenkonversion von 1906 usw.

Voraussetzung für die Zinsreduktion bildet, daß der landesübliche Zinsfuß unter die Höhe des für die betreffende Anleihe verabredeten gesunken ist, was an einem dauernden Stande des Kurses der Anleihe über pari in die Erscheinung tritt. Für die Durchführung der Konversion kommt es auf die Wahl des richtigen Zeitpunktes der Ausführung und des richtigen Zinsfußes wesentlich an. Häufig wird den Gläubigern, um sie für die Konversion zu gewinnen und von der Kündigung abzuhalten, eine kleine Prämie gewährt, oder es wird ihnen auch das Versprechen erteilt, daß eine weitere Konversion oder Rückzahlung des Anlehns vor Ablauf einer bestimmten Frist nicht erfolgen werde. So wurde bei der Vornahme der großen Konversionsoperation in England durch Goschen im Jahre 1888 betreffend die 3% Konsols, deren Zinsfuß auf 2 ¾ % und vom Jahre 1903 ab automatisch auf 2 ½ % reduziert wurde, die Unterlassung einer weiteren Zinsreduktion bis 1923 seitens des Staates zugesichert.[1] Bei der Konversion der 4 % Schuldverschreibungen in 3 ½ % seitens Preußens und des Deutschen Reiches im Jahre 1896 und 1897 wurde den Gläubigern ebenfalls die Unkündbarkeit der konvertierten Staatsschuld bis zum Jahre 1905 zugesagt.[2]

[1]) Sänger a. a. O. S. 41; Roscher a. a. O. § 139 Note 13.

[2]) Bei der jüngsten italienischen Rentenkonversion von 1906 wurde ebenfalls bestimmt, daß die konvertierten 3 ½ % Titel bis Ende des Jahres 1920

Finanztechnisch vollzieht sich die Konversion nun derart, daß der Anlehnsschuldner die alte Schuld zur Rückzahlung kündigt und eine neue Anleihe zu weniger drückenden Bedingungen z. B. zu niedrigerem Zinsfuß aufnimmt, mit der er sich die Mittel zur Rückzahlung des Kapitals an diejenigen Gläubiger verschafft, welche auf die abgeänderten Bedingungen nicht eingehen wollen. Nicht selten werden, wie bereits bemerkt, den auf die Konversion eingehenden Gläubigern keine neuen Schuldtitel ausgehändigt, vielmehr werden die alten Schuldtitel mit einem durch Abstempelung vollzogenen Vermerk der Zinsherabsetzung oder der sonstigen Änderung, z. B. des Fälligkeitstermins, versehen. Zwecks Durchführung der Konversion setzt sich der Anlehnsschuldner regelmäßig mit einem oder mehreren Bankinstituten in Verbindung, mit denen er die Übernahme des Konversionsgeschäftes vereinbart. Die Bank übernimmt als Negotiant die Unterbringung der neuen Schuldtitel, welche an die Stelle der zur Rückzahlung gelangenden treten, und stellt diejenigen Beträge, die zur Auszahlung der auf die Konvertierung nicht eingehenden Gläubiger erforderlich sind, zur Verfügung.[1] [2] Diese finanztechnische Gestaltung der Konversion kann aber nicht zu der Annahme führen, daß die Vornahme der Konversion vom rechtlichen Standpunkte ein Erlöschen der alten Anleiheschuld und die Schaffung einer neuen bedeutet. Vielmehr liegt lediglich eine Abänderung des ursprünglichen Rechtsverhältnisses vor, gegen

---

nicht in eine andere Rente mit niedrigerem Zinssatz konvertiert werden dürfen.

[1]) Die erfolgreiche Durchführung der Konvertierung ist auch dann um so eher gewährleistet, wenn die Konvertierungsanmeldungen den Gläubigern möglichst erleichert werden und zu diesem Zwecke nicht nur bei der Geschäftsstelle des Anlehnsschuldners, die nur den einheimischen Gläubigern bequem liegt, sondern auch bei den Geschäftsstellen, Filialen, Töchterinstituten der beteiligten Bankhäuser erfolgen können. Vgl. Lotz, Technik des deutschen Emissionsgeschäfts S. 33—40.

[2]) Im Sinne des Stempelgesetzes ist der Vertrag zwischen dem Anleiheschuldner und dem Bankhaus nicht als Anschaffungsgeschäft über den gesamten Nominalbetrag der zu konvertierenden Anleihe, vielmehr lediglich als Anschaffungsgeschäft über denjenigen Teil der Anlehnstitel, welche nicht zur Konvertierung gelangen würden, anzusehen. Also nur der Betrag der nicht konvertierten Titel ist zu verstempeln. Vgl. Reichsgericht 13. Mai 1897 (ZBl. der Preuß. Abgaben- usw. Gesetzgebung und Verwaltung 1897 S. 328).

deren rechtliche Zulässigkeit auch vom Standpunkt der rechtlichen Natur der Skripturobligation nichts einzuwenden ist, da das Inhaberpapier im Falle der Abänderung des verbrieften Rechtes einer Abänderung fähig ist, ohne seine Identität einzubüßen.[1]) Dabei macht es auch rechtlich keinen Unterschied, ob die alten Schuldurkunden bloß abgestempelt oder ob sie eingezogen und an ihrer Stelle neue ausgegeben werden. Denn die rechtliche Auffassung des Konversionsaktes kann durch diese rein äußerliche Maßnahme, für die nicht juristische Erwägungen, sondern das Belieben des Schuldners oder die Absicht, die Druckkosten der neuen Titel zu sparen, maßgebend sind, nicht berührt werden.

Vor Inkrafttreten der Novelle zum Reichsstempelgesetz vom 14. Juni 1900 wurde freilich in der Literatur und in der Praxis der Gerichte hinsichtlich der rechtlichen Beurteilung der Konversion auf die Tatsache Wert gelegt, ob eine Ausgabe neuer Schuldtitel oder eine bloße Abstempelung der alten erfolgte. Anlaß hierzu gab die in den Reichsstempelgesetzen vom 1. Juli 1881, 3. Juni 1885, 27. April 1894 nicht besonders geregelte Frage, ob bei Herabsetzung des Zinsfußes eine nochmalige Versteuerung der Schuldverschreibungen zu erfolgen hatte. Seitens der Vertreter der herrschenden Ansicht wurde in Abrede gestellt, daß durch den Stempelaufdruck, Inhalts dessen der Zinssatz herabgesetzt wurde, eine neue Schuld und eine neue Urkunde entstehe, und demgemäß die Stempelpflicht der Schuldverschreibung in diesem Falle verneint, während im Falle der Ausgabe neuer Stücke die Stempelpflicht angenommen wurde.[2])

Nun ist es an sich schon verfehlt, die Frage der Stempelpflicht mit der Frage der rechtlichen Auslegung eines Rechtsverhältnisses in Verbindung zu bringen; denn für die Stempelpflicht sind völlig andere Gesichtspunkte maßgebend als für die Beurteilung eines Rechtsverhältnisses. Ans den Bestimmungen des Reichsstempelgesetzes vom 14. Juni 1900 folgt denn auch, daß hinsichtlich der Stempelpflicht von der formalistischen Unterscheidung, ob bei der Konversion eine Abstempelung der

---

[1]) Vgl. Gierke, PrivR. Bd. II S. 179 Nr. 125.

[2]) Vgl. RG. ZivS. XVIII, 53, XXXX, 131 ff., 134 ff.; Lotz a. a. O. S. 37.

alten Schuldverschreibungen oder eine Ausgabe neuer Schuldverschreibungen erfolgt, abzusehen ist. Es ordnet nämlich in § 5 Abs. 2 an:

> „Wertpapiere, welche lediglich zum Zwecke des Umtausches d. h. behufs Erneuerung der Urkunde ohne Veränderung des ursprünglichen Rechtsverhältnisses ausgestellt worden sind, bleiben steuerfrei, wenn die zum Umtausch gelangenden Stücke ordnungsmäßig versteuert oder steuerfrei sind und den vom Bundesrat zu erlassenden Kontrollvorschriften genügt worden ist."

Die Ausführungsvorschriften zum Reichsstempelgesetz (§ 20 Abs. 2) erläutern diese Bestimmung dahin, daß bei der Ausgabe neuer Wertpapiere zum Zwecke des Umtausches eine wiederholte Stempelpflicht nur dann eintrete, wenn die neue Urkunde zu einem höheren Betrage oder nach einer anderen Tarifnummer stempelpflichtig sei, oder wenn ein neuer Aussteller an die Stelle des ursprünglichen getreten sei. Im Falle der Ausgabe der neuen Urkunde zu einem höheren Betrage sei nur der Mehrbetrag zu versteuern.

Hiernach besteht im Falle der Konversion einer Anleihe Stempelfreiheit für die konvertierten Schuldverschreibungen, es sei denn, daß der Nominalbetrag der Schuldverschreibungen eine Erhöhung erfährt. Die angeführte Bestimmung des Stempelgesetzes und der Ausführungsvorschriften hat indessen in der Praxis zu erheblichen Zweifeln Anlaß gegeben, insbesondere in der Richtung, ob Steuerfreiheit auch dann vorliege, wenn ein Stück durch mehrere kleinere Stücke ersetzt werde und umgekehrt. Es ist die Ansicht vertreten worden, aus den angeführten Bestimmungen folge, daß an Stelle einer Urkunde immer nur eine, nicht aber mehrere, wenn auch auf geringere Beträge lautende, Urkunden steuerfrei ausgegeben werden dürfen. Hiernach dürfte, wenn an Stelle einer Schuldverschreibung von 1000 Mk. zwei zu je 500 Mk. treten, nur das eine Stück steuerfrei sein, das andere müßte voll versteuert werden. Würde umgekehrt an Stelle zweier oder mehrerer eingezogener Stücke z. B. an Stelle dreier Stücke von je 1000, 500, 500 Mk. ein Stück mit einem höheren Nominalbetrag z. B. über 2000 Mk. ausgegeben, so müßte, da das ausgegebene Stück nur das eine der eingezogenen Stücke vertreten könne, der Betrag, um den das ausgegebene

Stück das höchstwertige der alten Stücke übersteige, versteuert werden; in dem angeführten Falle sei also die Steuer von 1000 Mk. zu entrichten.[1])

Mit Recht wird aber hiergegen eingewendet, daß auch in diesen Fällen eine bloße Erneuerung der Urkunde ohne Veränderung des ursprünglichen Rechtsverhältnisses im Sinne von § 5 Abs. 2 des Ges. vorliege, und daß die entgegengesetzte Auffassung dem Zwecke der gesetzlichen Befreiungsvorschrift nicht hinlänglich Rechnung trage.[2])

Nunmehr ist in einer vom Bundesrat vorgenommenen neuen Ergänzung der Ausführungsbestimmungen ausdrücklich bestimmt worden, daß die Steuerbefreiung auch dann Anwendung zu finden habe, wenn die neu auszugebenden Stücke über andere Einzelbeträge lauten als diejenigen, an deren Stelle sie treten, soweit der Gesamtnennbetrag der neu auszugebenden Stücke den der bisherigen Stücke nicht übersteigt.[3]) Damit ist die Streitfrage im Sinne der vorstehend als rechtlich zutreffend bezeichneten Auffassung endgültig erledigt.

Abgesehen von der erörterten Frage der rechtlichen Zulässigkeit spielt bei der Konversion die Frage ihrer Zweckmäßigkeit und Billigkeit eine wesentliche Rolle. Hierauf ist indessen, da es sich um Gesichtspunkte rein nationalökonomischer Art handelt, an dieser Stelle nur kurz einzugehen.[4]) Gewiß führt die Herabsetzung des Zinsfußes zu einer Entlastung des Anlehnsschuldners und bei Staatsanleihen damit der Steuerzahler, besonders der breiten Masse derselben. Auf der anderen Seite ist aber seitens des Staates, der eine Zinsherabsetzung vorzunehmen beabsichtigt, auf die Lage des Kapitalmarktes und des Staatskredits und auf die voraussichtlichen wirtschaftlichen und sozialen Folgen der Maßregel tunlichst Bedacht zu nehmen.

---

[1]) Vgl. Zimmermann: Börsensteuerrechtliche Kontraventionen, im Bankarchiv V (1906) S. 221 ff. insbes. S. 224. In dem obigen Sinne hat sich das badische Finanzministerium in der Entsch. v. 2. Febr. 1899 schlüssig gemacht.

[2]) So die Redaktion des Bankarchivs a. a. O. in der Anm. zu S. 224.

[3]) Vgl. Frankf. Zeitung v. 28. Jan. 1907 Nr. 28 (Abendblatt).

[4]) Vgl. darüber insbesondere Gustav Cohn, System der Nationalökonomie II (Finanzwissenschaft) S. 786 ff.; Ströll, Über die neueste Konversionsära in Deutschland, in Conrads Jahrb. für Nationalökonomie und Statistik N. F. Bd. 13 (1886) S. 422 ff.

Denn eine unzeitgemäße Zinsreduktion kann, selbst wenn sie erfolgreich durchgeführt wird, von den nachteiligsten finanziellen, wirtschaftlichen und sozialen Folgen für den konvertierenden Staat sein. Insbesondere muß, wenn sich die Zinsreduktion in der Folgezeit als vorteilhaft erweisen soll, eine dauernde Aufnahmefähigkeit des Geldmarktes für die niedriger verzinslichen Titel mit hinreichender Sicherheit feststehen und eine Verteuerung des Geldwertes für absehbare Zeit ausgeschlossen erscheinen. Anderenfalls erweist sich die Beseitigung des höheren Zinsgenusses in der Folgezeit als verhängnisvoll für die Klassierung der niedriger verzinslichen Anleihen, da namentlich die kleineren und mittleren Sparer sich alsdann von den inländischen Anleihen abwenden und höher verzinslichen ausländischen Werten zuwenden. So ist die Beseitigung des 4 % Zinsfußes als ein Hauptgrund für die Unbeliebtheit der deutschen Staatsanleihen, die in ihrem dauernd niedrigen Kursstand in den letzten Jahren sprechenden Ausdruck findet, anzusehen.[1]) Sieht sich der Staat in der Folgezeit hierdurch gezwungen, zu dem früheren höheren Zinsfuß zurückzukehren, so leidet sein finanzielles Prestige durch den an den Tag gelegten Mangel wirtschaftlicher Voraussicht. Eine weitere Folge einer unzeitigen oder überstürzten Zinsherabsetzung besteht in der Gefährdung des Nationalvermögens durch das Einströmen zwar höher verzinslicher, aber zweifelhafter ausländischer Werte, denen sich das auf eine erhöhte Rente angewiesene Sparkapital in solcher Lage zuwendet. Nicht zum wenigsten ist auf die überhasteten Zinsherabsetzungen der deutschen Staaten in den achtziger Jahren des neunzehnten Jahrhunderts und die hierdurch herbeigeführte Deklassierung der deutschen Fonds das Überfluten Deutschlands mit hochverzinslichen Auslandswerten (portugiesischen, argentinischen, griechischen usw.) von mehr oder minder fragwürdiger Qualität zurückzuführen, an denen im Beginn der neunziger Jahre das deutsche Publikum infolge ihrer Entwertung schwere Verluste erlitten hat.[2])

---

[1]) Vgl. Kimmich, Die Ursachen des niedrigen Kursstandes deutscher Staatsanleihen S. 257, 258.

[2]) Näheres vgl. Geschichte der Frankf. Zeitung 1856—1906 (Frankfurt a. M. 1906) insbesondere, S. 521 ff., 527 ff.

Wie bereits oben erwähnt, stellt sich die einseitige Herabsetzung des Zinsfußes im Wege der Zwangskonversion d. h. ohne gleichzeitige Kündigung und Heimzahlung der Schuld an diejenigen Gläubiger, welche sich auf die Konversion nicht einlassen wollen, als grober Vertragsbuch dar. Die Gläubiger sind berechtigt, hiergegen die Hilfe der Gerichte anzurufen. Bei Staatsanlehen ist die Vornahme einer zwangsweisen Konversion gegenüber den auswärtigen Gläubigern als ein teilweiser Staatsbankerott anzusehen, der nach den gleichen Grundsätzen zu beurteilen ist, wie die Nichteinhaltung übernommener Verpflichtungen in den sonstigen später noch zu besprechenden Fällen.[1]) Selbstverständlich ist eine zwangsweise Reduktion des Zinsfußes auch dann unzulässig, wenn sie nicht als eine definitive, sondern als eine temporäre beschlossen wird. Ebenso, wenn der Schuldner sich herbeiläßt, den Gläubigern als Entschädigung eine noch so hohe Konversionsprämie zu zahlen, oder wenn er die Zinsen nur zum Teil in bar, zum Teil in anderen Werten z. B. in Papiergeld oder Obligationen zahlt. Derartige Zwangskonversionen erfolgen nicht selten seitens solcher Staaten, die sich in ungünstiger Finanzlage befinden, und deren Kredit so erschüttert ist, daß sie auf die Gewährung weiterer innerer und äußerer Anleihen nicht mehr rechnen können; auf diesem Wege suchen sie alsdann, ehe sie sich zur vollen Zahlungseinstellung entschließen, eine Erleichterung ihrer drückenden Schuldverpflichtungen zu erreichen.

Ein solches Beispiel hat die Türkei im Jahre 1875 gegeben. Bei einem Schuldenbestand von fünt Milliarden Frank beschloß die Pforte zur Herstellung des Gleichgewichts zwischen Einnahmen und Ausgaben im Jahre 1875 nur die Hälfte der Zinsen während fünf Jahren bar auszuzahlen, die andere Hälfte in 5 % Obligationen zu erstatten. Infolge des Krieges, welcher bald erklärt wurde, wurde lediglich der Kupon vom Januar 1876 bezahlt, der Kupon vom April wurde nicht einmal teilweise bezahlt.[2])

Eine zwangsweise Zinsreduktion erfolgte auch seitens Portugals im Jahre 1892. Damals beschloß es, da mit chronischem Defizit gewirtschaftet wurde und mit der fundierten auch die

---

[1]) Vgl. Kap. XXIII.

[2]) Morawitz, Les finances de la Turquie, Paris 1902 S. 50ff.

schwebende Staatsschuld auf eine für das kleine Land erdrückende Höhe anschwoll, die Zinsen der auswärtigen Schuld um die Hälfte zu reduzieren. Da die Regierung außerstande war, selbst diesen verminderten Verbindlichkeiten zu genügen, erfolgte im Juni 1892 eine weitere Zwangskonversion, bei der die Zinsen der auswärtigen Schuld um $^{2}/_{8}$, die der inländischen um 30 % reduziert wurden.[1]) Diese Konversion stellte einen um so größeren Rechtsbruch dar, als die einheimischen Besitzer innerer Rente vor den fremdländlischen Besitzern äußerer Schuld begünstigt wurden.

Eine zwangsweise Konversion nahm auch Griechenland im Jahre 1893 vor. Für die Auslandsanleihen wurde eine Verkürzung bis auf 30 % in Gold festgesetzt, während den Inlandsanleihen die volle Verzinsung zugebilligt wurde.

Die Konsolidation oder Unifizierung ist diejenige Maßnahme, durch welche die Umwandlung mehrerer Anleihen, die in der Regel verschiedenen Zinsfuß und verschiedene Tilgungsart haben, in eine einheitliche Anleihe herbeigeführt wird. Oft ist mit der Konsolidation Herabsetzung des Zinsfußes oder Verwandlung von Anleihen mit Tilgungspflicht in Rentenanleihen verbunden, sie dient wohl auch dazu, sonstige Ungleichheiten in den Rechtsverhältnissen der verschiedenen Anleihen zu beseitigen und das Rechnungs- und Zahlungswesen im Interesse des Schuldners zu vereinfachen. Da mit der Konsolidation eine Änderung in den Bedingungen der bisherigen Anleiheschulden verbunden ist, so ist, wie zu der Konversion, so auch zu der Konsolidation rechtlich die Zustimmung der Gläubiger erforderlich; doch kann der Schuldner, sofern ihm das Recht beliebiger Kündigung zusteht, auch hier dem Gläubiger die Wahl zwischen Rückzahlung und Annahme des modifizierten Forderungsrechtes lassen. Ein Zwang zur Beteiligung an der konsolidierten Anleihe ist den auswärtigen Gläubigern gegenüber ebensowenig zulässig wie die Durchführung einer Zwangskonversion. —

Von den im Laufe der Zeit erfolgten Konsolidationen seien hier nur zwei besonders wichtige erwähnt. Die von England

[1]) Vgl. Geschichte der Frankf. Zeitung 1906 S. 621—624; Collas, Der Staatsbankerott, 1904 S. 17, 18.

(Schatzkanzler Pelham) 1749 durchgeführte große Konsolidation führte zu einer Vereinigung verschiedenartiger 3 % Renten in einen stock, der die Grundlage für die späteren Konsols — mit ihrem vollen Namen: Consolidated Three per cent Annuity) — bildet.

In Preußen wurde durch das Gesetz vom 19. Dezbr. 1869 die Unifikation des größten Teils der Staatsschuld herbeigeführt, wobei zwölf der vorhandenen 4 ½ % Anleihen und fünf 4 % Anleihen gegen 4 ½ % Schuldverschreibungen einer konsolidierten Preußischen Anleihe (Konsols) eingelöst wurden, die untilgbar waren und den Charakter von Rentenschulden hatten.

Kapitel XXI.

Die Kuponsteuer. Besteuerung der eigenen Anleihen seitens des Staates, die Frage der Zulässigkeit der Kuponsteuer gegenüber den ausländischen Staatsgläubigern. Das Affidavit. Pflicht der Gläubiger zur Tragung der Steuer bei den Anleihen der öffentlichen und privaten Korporationen. Beispiele von Kuponsteuern bei Staatsanleihen aus der jüngeren Finanzgeschichte.

Die Kuponsteuer ist eine Form der Kapitalrentensteuer, mittels der die vom Staate oder von anderen Emittenten ausgegebenen zur Zirkulation bestimmten zinstragenden Papiere, insbesondere Anleihetitel, der Ertragssteuer unterworfen werden, und bei der als die Steuerpflichtigen die Inhaber solcher Effekten gelten, während die Einziehung der Steuer nicht bei dem Steuerpflichtigen selbst, sondern bei dem Emittenten der Titel erfolgt.[1] Dabei wird vorausgesetzt, daß dieser bei der Einlösung der Zinsscheine die auszuzahlenden Beträge um den Betrag der verauslagten Steuern kürzt. In ihrer Wirkung kommt die Kuponsteuer einer Kürzung der ausbedungenen Zinsen gleich, bedeutet also eine Schmälerung der Rechte der Gläubiger. Wird sie erst nach der Aufnahme der Anleihe eingeführt, so wirkt sie wie eine im Wege der Konversion durchgeführte Zinsreduktion.

Wie für die Frage der rechtlichen Zulässigkeit der Kon-

[1]) Die Besteuerung von Dividenden bleibt hier außer Betracht.

version, so ist auch für die Frage, ob der Staat berechtigt ist, seine eigenen Schuldpapiere zu besteuern, zwischen inländischen und ausländischen Gläubigern des Staates zu unterscheiden. Seinen eigenen Untertanen und den im Inland wohnenden Ausländern kann der Staat eine Kuponsteuer auferlegen, dies auch dann, wenn ihnen bei der Emission der Anleihe Steuerfreiheit zugesichert war. In dieser Beziehung sind lediglich die in den früheren Kapiteln über vorzeitige Rückzahlung und einseitige Konversion dargelegten Grundsätze maßgebend. Denn das Recht der Gläubiger beruht auf den Gesetzen des Staates, denen die inländischen Gläubiger als Untertanen unterworfen sind; der Staat hat das Recht, im Wege der Gesetzgebung die Rechte seiner Untertanen zu kürzen oder gänzlich aufzuheben. Auch steht ihm ein unbeschränktes Recht der Besteuerung ihnen gegenüber zu, und wenn er sich auf gesetzlichem Wege eine Beschränkung selbst auferlegt hat, z. B. die Freiheit von einer Kuponsteuer für eine zukünftige Anleihe festgesetzt hat, so kann er im Wege eines späteren Gesetzes diese Vergünstigung nachträglich wieder beseitigen. Denn ein Gesetz, welches den inländischen Gläubigern die Steuerfreiheit zusichert, gilt nur unter dem stillschweigenden Vorbehalt, daß nicht durch ein späteres Gesetz diese Zusicherung wieder aufgehoben wird. Der Schuldner ist daher seinen inländischen Gläubigern gegenüber nicht verpflichtet, ihnen die Wahl zwischen der Rückzahlung des vollen Nennwerts oder dem Eingehen auf die Kuponsteuer zu lassen.[1]) Dagegen ist der Staat nicht befugt, seine in den Händen von ausländischen Gläubigern befindlichen Schuldverschreibungen einer Kuponsteuer zu unterwerfen, denn die Ausländer, die nicht in dem Lande des Anlehnsschuldners wohnen, können nicht dazu angehalten werden, zu den Ausgaben des Staates beizutragen. Sie stehen ihm nicht als Untertanen, sondern lediglich als Vertragsgegner gegenüber; ihnen ist er an die einmal bedungenen vertraglichen Abmachungen

[1]) Das in Vorbereitung befindliche französische Einkommensteuergetz sieht denn auch eine Besteuerung der Rente ohne das Angebot der Rückzahlung vor, trotzdem bei Schaffung der neuen Rente im Jahre 1793 den Gläubigern das feierliche Versprechen gegeben war, daß die Zinsen der geeinigten und gefestigten Staatsschuld für ewige Zeiten von jeder Abgabe und jedem Abzug zugunsten des Staates befreit sein und bleiben solle.

gebunden.[1]) Eine andere von gewichtiger Seite vertretene Ansicht erblickt allerdings in der Kuponsteuer auf die eigenen Obligationen des Staates auch den ausländischen Gläubigern gegenüber keine Rechtsverletzung, es sei denn, daß der Staat ausdrücklich die Steuerfreiheit zugesagt hat, oder daß er den eignen Untertanen eine Vorzugsbehandlung zuteil werden läßt.[2]) Als Grund für diese Auffassung wird geltend gemacht, daß die Zinszahlung und die Kuponsteuer auf zwei ganz verschiedenen Rechtstiteln beruhen, einem privatrechtlichen aus dem Anleihekontrakt und einem öffentlichrechtlichen aus dem Steuerrecht, und daß der letztere auch gegen die ausländischen, im Ausland wohnenden Gläubiger durchgreife.[3]) Indessen scheitert diese Begründung daran, daß die nicht im Lande des schuldnerischen Staates wohnenden Gläubiger nicht seine Untertanen, sondern lediglich seine Gläubiger sind und daher, wie erwähnt, nicht verpflichtet sind, zu den Ausgaben des Staates im Wege der Steuerleistung beizutragen.

Auch der fernere für die Berechtigung der Besteuerung der ausländischen Gläubiger des Staates angeführte Gesichtspunkt,[4]) daß die Ausländer ihr Kapital in dem Gebiet des schuldnerischen Staates fruchtbringend angelegt haben, greift nicht durch. Denn erstens ist es überhaupt verfehlt, bei einem wahren Schuldverhältnis, bei dem das Zinsrecht des Gläubigers vom Ertrage des Schuldners unabhängig ist, vom „Angelegtsein des Kapitals" in Unternehmen zu sprechen. Sodann aber müßte die Konsequenz dieses Grundsatzes sogar zu der Annahme führen, daß der auswärtige Gläubiger, der dem Staat den Kaufpreis für an ihn gelieferte Ware gegen Verzinsung für längere Zeit kreditiert hat, deshalb nach Verhältnis seiner Forderung zu einer Steuer herangezogen werden dürfte.[5])

[1]) Ebenso Collas a. a. O. S. 18, 19; Meili, Staatsbankerott S. 12. — Geffken nannte die italienische Steuer auf Renten gegenüber den Fremden „a distinct breach of trust" („The war-chests of Europe", in „The nineteenth Century" Aug. 1894 S. 234).

[2]) So A. Wagner im Handbuch der politischen Ökonomie III 1 1897 S. 373; Roscher, Volkswirtschaft 4, 2 S. 605; vgl. auch Plutus, Rußlands Bankerott 1906 S. 25.

[3]) So A. Wagner a. a. O.

[4]) So Roscher, a. a. O. S. 266.

[5]) Vgl. RG. ZivS. Bd. XXII S. 19ff., besonders S. 25.

Eine Befugnis zur nachträglichen Auferlegung einer Kuponsteuer auf die den Ausländern gehörigen Schuldverschreibungen kann für den Staat als Schuldner selbst dann nicht anerkannt werden, wenn es sich um eine Anleihe handelt, die von einer ausschließlich im Lande des borgenden Staates erfolgten Emission herrührt, und wenn die Zinsen im Inlande zahlbar sind.[1]) Denn die auswärtigen Gläubiger stehen, sofern sie nicht im Lande des schuldnerischen Staates domiziliert sind, dem letzteren lediglich als Vertragsgegner gegenüber. Es erscheint also rechtlich unstatthaft, sie zu einer bei Aufnahme der Anleihe noch nicht bestehenden Steuer heranzuziehen, da diese wie eine Zinsreduktion wirkt und eine Verschlechterung der Rechte der Gläubiger herbeiführt. Freilich wird der auswärtige Gläubiger sich bei Staatsanleihen der Steuerauflage des fremden Staates regelmäßig deshalb nicht entziehen können, weil der schuldnerische Staat, sofern überhaupt gegen ihn eine Klage vor seinen eigenen Gerichten gegeben ist, diese anweisen kann, den ausländischen Gläubigern gegenüber das erlassene Steuergesetz zu beobachten. Eine Klage seitens der Gläubiger vor den Gerichten ihres Heimatsstaates erscheint aber ausgeschlossen, da der fremde Staat von der Gerichtsgewalt eines anderen Staates eximiert ist. Jedenfalls würden aber die auswärtigen Gerichte, sofern sie im Wege der Widerklage (Konnexität der Sache) mit der Frage der Berechtigung des Steuerabzugs befaßt würden, an das Gesetz des schuldnerischen Staates nicht gebunden sein. In keinem Falle ist also der letztere deshalb, weil ihm für gewöhnlich die Machtmittel zu Gebote stehen, die Kuponsteuer auch von seinen auswärtigen Gläubigern einzuziehen, zu einem solchen Vorgehen für rechtlich befugt zu erachten.[2])

Die Einführung einer Kuponsteuer den auswärtigen Staatsgläubigern gegenüber setzt also voraus, daß der Staat, wie bei der Konversion, sie vor die Wahl zwischen Rückzahlung der Schuld und Auferlegung der Kuponsteuer stellt. Diese Maßnahme und damit die Einführung einer Kuponsteuer ist daher rechtlich nur dann angängig, wenn dem Schuldner die Befugnis

[1]) Vgl. in dem obigen Sinne Leroy-Beaulieu, Traité de la science des finances (3. Aufl.) Bd. II S. 516, 517.

[2]) Zweifelnd in dieser Hinsicht das Reichsgericht a. a. O. S. 29.

zur jederzeitigen Kündigung und Rückzahlung seiner Schuldverschreibungen zusteht.[1]) Anderenfalls stellt sich ein solcher Abzug auch dann, wenn die Steuerfreiheit bei Aufnahme der Anleihe nicht besonders zugesichert ist, als ein versteckter Staatsbankerott dar, gegen den die auswärtigen Staatsgläubiger in gleicher Weise wie gegen jeden anderen Staatsbankerott sich wehren können.

Will der Staat seine Untertanen unter ein von ihm zu erlassendes Kuponsteuergesetz stellen, das er ohne Rechtsbruch auf seine ausländischen Gläubiger (soweit diese nicht seine Untertanen sind) nicht anwenden darf, so kann er zur Feststellung der Nationalität der Besitzer gewisse Förmlichkeiten vorschreiben.[2]) Hierzu gehört in erster Linie das „Affidavit", d. i. eine schriftliche, zumeist auch eidesstattliche Versicherung des ausländischen Besitzers, daß die von ihm eingereichten Kupons und Stücke ihm gehören, und an ihnen kein Untertan des zur Zahlung verpflichteten Staates in irgend einer Weise beteiligt ist. Obgleich die Abgabe des Affidavit eine lästige Formalität für die Gläubiger bildet, sind diese doch verpflichtet, sich ihr zu unterziehen, ohne daß ihnen das Recht zusteht, im Falle ihres Widerstrebens, wie bei der Konversion, die Rückzahlung ihrer Schuld zu fordern. Denn als eine Verschlechterung ihrer Forderungen kann das Verlangen des Affidavit seitens des schuldnerischen Staates nicht wohl angesehen werden. Die Unterscheidung zwischen den eigenen Untertanen und den ausländischen Gläubigern kann auch ein für allemal dadurch erfolgen, daß diejenigen Stücke, die in einem bestimmten Augenblick in der Hand von Ausländern sind, ein unterscheidendes Merkmal, einen Stempel erhalten; durch diesen werden sie als äußere, der Kuponsteuer nicht unterworfene Schuld fortan gekennzeichnet, ohne daß es auf die Nationalität des jeweiligen Besitzers ankommt.

---

[1]) Collas a. a. O. S. 19, 20.

[2]) Vgl. Leroy-Beaulieu a. a. O. S. 517. Die gleiche Unterscheidung zwischen in- und ausländischen Gläubigern wird auch dann vorzunehmen sein, wenn der schuldnerische Staat Zahlung in Gold versprochen hat und nachträglich Zwangskurs für sein — alsdann meist entwertetes — Papiergeld einführt. Die Zahlung der Zinsen an die ausländischen Gläubiger in Papier käme einer Zinsreduktion gleich, die diese sich nicht gefallen zu lassen brauchen.

Verschieden von der bisher behandelten ist die Frage, ob der auswärtige Gläubiger einer Kommune, einer Eisenbahngesellschaft, einer Aktiengesellschaft, einer Privatperson, wenn der Staat, in welchem sie ihren Sitz bzw. ihren Wohnsitz hat, auf die Kupons der Obligationen der von ihr aufgenommenen Anleihe eine Steuer legt, sich die Kürzung der Steuer durch den Anlehnsschuldner gefallen lassen muß. Diese Frage ist jedenfalls für den Fall zu bejahen, daß der Zahlungsort im Heimatsstaate des Schuldners belegen ist, also das Rechtsverhältnis, wie früher auseinandergesetzt [1]), sich nach dem Rechte des Schuldners richtet. Denn hier erstreckt sich die Hoheit des Staates auf die Forderungen der auswärtigen Gläubiger, da sie bei der Präsentation und Zahlung dem Machtbereich des Staates, dem der Schuldner angehört, unterstellt sind, und der Staat das Recht hat, die in seinem Hoheitsgebiet befindlichen Vermögensstücke zu besteuern, gleichviel ob sie Forderungen oder unbewegliches Eigentum sind. [2])

Ist den Gläubigern seitens des Schuldners Steuerfreiheit bei Aufnahme der Anleihe ausdrücklich zugesichert, so sind die Anlehnsgläubiger zur Entrichtung der Kuponsteuer nicht verpflichtet, auch wenn sie die Zinsen innerhalb des besteuernden Staates einziehen müssen; vielmehr hat der Anlehnsschuldner in diesem Falle die Steuer selbst zu tragen. Freilich ist nicht ausgeschlossen, daß trotzdem der besteuernde Staat durch Gesetz den Gläubigern die Steuerpflicht auferlegt; so hat ein italienisches Gesetz, die berüchtigte Clausula Antonelli, im Jahre 1894 sämtliche Gläubiger, auch die ausländischen, mit der neuen von $13\,^1/_5\,\%$ auf $20\,\%$ erhöhten Kuponsteuer auch da belastet, „wo der Schuldner vor Veröffentlichung dieses Gesetzes die Verpflichtung zur Tragung der Ricchezza mobile übernommen hat". [3]) Trotz des argen in einem solchen Vorgehen liegenden

---

[1]) Vgl. oben S. 62.

[2]) So auch Reichsgericht ZivS. XXII S. 19ff. Das Obige erkennt auch v. Bar, Theorie und Praxis des internationalen PrivR. Bd. I S. 333 an.

[3]) Vgl. Geschichte der Frankf. Zeitung S. 630. Daß ein solcher Übergriff der Staatsgewalt den Kredit des Landes auf das schwerste schädige, sah man in Italien selbst sehr bald ein; die Regierung selbst kommentierte im Senat bald darauf das Gesetz dahin, daß ausdrücklich vereinbarte Rechtsverhältnisse nicht getroffen werden sollten, doch unterließ man, den formellen Widerruf der Klausel auf gesetzlichem Wege herbeizuführen.

Rechtsbruches würde eine Klage vor den Gerichten des besteuernden Staates den Gläubigern zweifellos nicht zu ihrem Rechte verhelfen, da die Gerichte an die heimischen Gesetze gebunden sind. Dagegen würden die auswärtigen Gerichte, wenn diese im Wege der Widerklage mit der Entscheidung der Frage befaßt würden, jedenfalls ein solches Gesetz nicht anerkennen, vielmehr den Anlehnsschuldner zur Zahlung des vollen Zinsbetrages verurteilen.

Die Finanzgeschichte der verschiedenen Länder zeigt, daß, nicht selten, unter Verletzung der Rechte der auswärtigen Gläubiger, Steuern auf die Zinsen der Staatsschulden gelegt worden sind. Dies geschah regelmäßig in solchen Fällen, in denen sich die Finanzen des betreffenden Staates in einer kritischen Situation befanden und die Einführung der Steuer daher wie ein versteckter Staatsbankerott wirkte.

Ein typisches Beispiel hierfür bildet der Fall der österreichischen Kuponsteuer vom Jahre 1868, welche die Unifizierung der österreichischen Staatsschuld begleitete. Der Ausgleich mit Ungarn hatte Österreich schwere finanzielle Lasten aufgebürdet, die Staatsschuld bestand aus 101 Gattungen, in 3 Währungen und nach 16 verschiedenen Sätzen von 1 %—6 % verzinst. Zur Erleichterung dieser finanziellen Bürde wurde die 5 % einheitliche Schuld, „die konsoldierte gemeinsame Rente", in welche sämtliche Gattungen der fundierten Staatsschuld verwandelt worden waren, mit einer 16 % Kuponsteuer belegt, die auch die ausländischen Gläubiger traf. Dadurch wurde in Wirklichkeit die Verzinsung von 5 % auf 4,2 % herabgedrückt, eine Maßnahme, die in ihren Wirkungen einer Zwangskonversion völlig entsprach und auch als solche im Auslande angesehen wurde.[1])

Im Jahre 1885 führte Rußland, das damals noch unter den Nachwirkungen des russisch-türkischen Krieges zu leiden hatte, eine 5 % Kuponsteuer ein, die allerdings nur wenige der im Ausland plazierten Anlehen traf, indessen die Ausländer für ihren Besitz an inneren Anleihen Rußlands nicht verschonte.[2])

---

[1]) Geschichte der Frankf. Zeitung S. 176. — Die Wirkung der Steuer war übrigens überwiegend günstig für die Finanzen des Landes.

[2]) Geschichte der Frankf. Zeitung S. 525; Plutus, Rußlands Bankerott S. 22, 23; Näheres siehe auch bei Saling, Börsenpapiere (10. Aufl. 1905) I S. 168.

In Italien besteht seit 1894 eine Kuponsteuer von 20 %, denen die in- und ausländischen Besitzer der italienischen Papiere gleichmäßig unterworfen sind. Bei Erhebung der Zinsen seitens der ausländischen Staatsgläubiger wurde bisher je nach dem Stande der Valuta die Zahlung in Gold von der Vorlegung eines Affidavit abhängig gemacht; hierdurch sollte verhindert werden, daß Kupons, die sich im Besitze italienischer Staatsangehöriger befinden, gleich denen ausländischer Besitzer in Gold gezahlt wurden. Durch das italienische Konvertierungsgesetz von 1906, durch welches die zu 5 % brutto und 4 % netto verzinslichen Staatsrenten in eine 3 3/4 % und vom 1. Jan. 1912 ab in eine 3 1/2 % Rente konvertiert wurden, ist für diese die Freiheit von jeder gegenwärtigen und künftigen Steuer geschaffen worden, so daß damit für diese Anleihen die Kuponsteuer und das Affidavit endgültig als abgeschafft zu gelten haben.

In Spanien, wo im Laufe des 19. Jahrhunderts zu verschiedenen Malen Staatsbankerotte stattgefunden hatten, wurde im Jahre 1898 eine Kuponsteuer von 20 % eingeführt. Dabei sind aber die Kupons der 4 % auswärtigen Staatsschuld von der Steuer befreit. Indessen setzt die Einlösung der Kupons zum vollen Werte und ihre Zahlung in Gold voraus, daß die Stücke durch Abstempelung als solche von Ausländern kenntlich gemacht sind, und daß außerdem ein Affidavit bei Erhebung der jedesmaligen Zinsen beigebracht wird, in welchem an Eidesstatt oder auf Ehrenwort erklärt wird, daß der Einreicher weder die Titel noch die Kupons veräußert hat, und kein spanischer Untertan irgend welches Interesse noch Anteil daran hat.[1])

[1]) Saling a. a. O. S. 168, 169.

Kapitel XXII.

Klagen aus öffentlichen Anleihen. Gerichtsbarkeit über fremde Staaten. Zwangsweise Beitreibung von Anleiheforderungen, insbesondere gegenüber Staaten, Gemeinden, öffentlichrechtlichen Korporationen. Konkurs des Anlehnsschuldners; die Frage der rechtlichen Zulässigkeit des Konkurses über Staaten, Gemeinden usw. Rechtliche Wirkungen des Konkurses auf die Forderungen der Anlehnsgläubiger, insbesondere bei auslosbaren Anleihen und Prämienanleihen.

Hinsichtlich der Klagen und der zwangsweisen Beitreibung der Forderungen aus öffentlichen Anleihen ist zwischen Anleihen von Privatpersonen, Gesellschaften, privaten Korporationen und Korporationen öffentlichen Rechtes außer Staaten einerseits und Staatsanleihen andererseits zu unterscheiden.

I. Gegen sämtliche Anlehnsschuldner außer Staaten kann, wenn sie ihren Verpflichtungen nicht nachkommen, wie aus jedem anderen privatrechtlichen Vertragsverhältnis Klage vor den ordentlichen Gerichten erhoben werden. Ist ein gemeinsamer Vertreter der Schuldverschreibungsgläubiger auf Grund des Schuldverschreibungsgesetzes ernannt, so ist er berechtigt, sie im Prozesse zu vertreten, in dem er die Stellung eines gesetzlichen Vertreters hat (§ 14 Abs. 4 des Ges.).[1]) Ist nach

---

[1]) Dem einzelnen Gläubiger kann im Falle der Bestellung eines Vertreters die Befugnis zur selbständigen Geltendmachung seines Anspruchs durch Beschluß der Gläubigerversammlung genommen werden (§ 14 Abs. 2 des Ges.).

den Bestimmungen des Anlehnsvertrages ein Erfüllungsort im Auslande festgesetzt, was insbesondere dann anzunehmen ist, wenn die Zahlung von Kapital und Zinsen in ausländischer Währung vorgesehen ist und besondere Zahlstellen für die Zinsscheine und die Schuldsummen im Ausland errichtet sind, so sind die Gerichte des Auslandes für Klagen gegen den Schuldner, der seine Verpflichtungen aus solchen Anlehnsverträgen nicht erfüllt, zuständig (ZPO. § 29).[1] Abgesehen von der Bequemlichkeit, die Zinsen und eventuell den Schuldbetrag in seinem Heimatsstaat einziehen zu können, hat der Gläubiger alsdann den Vorteil, daß er hinsichtlich der Geltung des Rechtsverhältnisses dem Machtbereich des fremden Staates entzogen ist. Die Gerichte seines Heimatsstaates werden bei Geltendmachung seines Anspruchs solchen Gesetzen des Auslandsstaates, die zu einer Verkürzung der gläubigerischen Rechte führen müssen, schon deshalb die Anerkennung versagen, weil aus dem besonderen vertraglichen Erfüllungsort die ausschließliche Geltung des Rechtes dieses Ortes nach allgemeinen Grundsätzen zu folgern ist, wie früher dargelegt ist.[2] Dies bezieht sich insbesondere auf Gesetze, durch welche vom ausländischen Staat nach Emission der Anleihe eine Kuponsteuer auf die Zinsen der Stücke gelegt, oder durch welche eine den Ansprüchen der Gläubiger nachteilige Änderung der Währung des Staates, in dem der Anlehnsschuldner wohnt oder seinen Sitz hat, eingeführt worden ist.

Gerät der Anlehnsschuldner in Konkurs, so müssen

---

[1]) Ein Gerichtsstand bei den Gerichten der ausländischen Gläubiger ist übrigens auch dann begründet, wenn der Anlehnsschuldner seinen Gläubigern oder einem gemeinsamen Vertreter derselben bewegliche Sachen zur Sicherung ihrer Anlehnsforderungen zum Pfand gegeben hat. Denn in der Bestellung des Pfandes ist die Erklärung des Anlehnsschuldners enthalten, daß er sich, soweit es sich um die Befriedigung aus dem Pfande handele, der Gerichtsbarkeit des Heimatsstaats der Gläubiger unterwerfe. Selbstverständlich kann nach allgemeinen zivilprozessualischen Grundsätzen für die Klage der Gläubiger auch dasjenige in dem Lande der Gläubiger befindliche Gericht zuständig sein, in dessen Bezirke sich Vermögen des Anlehnsschuldners befindet (§ 23 ZPO.), sei es, daß gegen den Anlehnsschuldner an diesen Vermögensstücken (z. B. den bei einem Bankhause hinterlegten ihm gehörigen Wertgegenständen) der Arrest erwirkt ist, sei es auch ohne einen solchen.

[2]) Oben Kap. VI S. 62 ff.

die Schuldverschreibungsgläubiger als Konkursgläubiger ihre Forderungen und das beanspruchte Vorrecht nach konkursrechtlichen Bestimmungen (KonkO. § 139) anmelden. Das Gleiche gilt von den Pfandbriefgläubigern im Konkurse der Hypothekenbank. Liegen die Voraussetzungen des Schuldverschreibungsgesetzes vor, d. h. beträgt der Nennwert der ausgegebenen Schuldverschreibungen mindestens 300000 Mk. und die Zahl der ausgegebenen Schuldverschreibungen mindestens 300, so hat das Konkursgericht unverzüglich nach der Eröffnung des Konkurses zur Beschlußfassung über die Bestellung eines gemeinsamen Vertreters eine Versammlung der Obligationäre zu berufen, sofern nicht bereits vorher ein solcher bestellt ist. Der bestellte Vertreter [1]) hat die Anmeldung der Forderungen sämtlicher, auch der unbekannten, Schuldverschreibungsgläubiger zu bewirken. Soweit der Vertreter zur Geltendmachung der den Obligationären zustehenden Rechte ermächtigt ist, kann die Befugnis des einzelnen Gläubigers zur selbständigen Verfolgung seiner Rechte auch für den Konkursfall ausgeschlossen werden, was sich zur Vermeidung von Schwierigkeiten und Verwicklungen dringend empfiehlt. [2]) Zur Abstimmung über einen Zwangsvergleich, bei dem auf Rechte der Gläubiger verzichtet wird [3]), bedarf der Vertreter eines ihn hierzu besonders ermächtigenden Beschlusses der Gläubigerversammlung (§ 14 Abs. 3 des Ges.).

Für das Konkursverfahren verschwinden die in bezug auf Verzinslichkeit und Fälligkeit bestehenden Unterschiede einzelner Serien von Schuldverschreibungen und Pfandbriefen (§§ 63, Nr. 1, 65 KO.). Vollzieht sich die Rückzahlung des Anlehns auf Grund planmäßiger Auslosung, so ist — abgesehen von Prämienanlehen — der volle Nennwert zu liquidieren. Denn die Forderung steht nach Dasein und Betrag von vornherein fest und kann lediglich als eine betagte im Sinne von § 65 KO., die

---

[1]) Gesetzlich geboten ist indessen seine Bestellung nicht; vgl. Jäger, KonkOrdn. 2. Aufl. § 139 Anm. 5; Stern, Die Schuldverschreibungsgläubiger im Konkurse der Hypothekenbank 1904 S. 76.

[2]) Jäger a. a. O. § 139 Anm. 5.

[3]) Einem Erlaßvergleich kann nicht bloß in bezug auf die Zinsen, sondern auch in bezug auf das Kapital zugestimmt werden, da § 12 Abs. 3 des Ges. nach § 18 a. a. O. im Konkurse nicht gilt.

mit der Eröffnung des Konkursverfahrens als fällig gilt, angesehen werden.[1]) Die Berechnung des Schätzungswertes in Gemäßheit des § 69 KO., welcher sich nur auf Forderungen von unbestimmtem oder ungewissem Geldbetrag bezieht, findet daher nicht statt.[2]) Dies gilt in gleicher Weise für verzinsliche wie für unverzinsliche verlosbare Anleihen, da eine Kürzung der letzteren um den Zwischenzins gemäß § 65 Abs. 2 KO. dadurch ausgeschlossen ist, daß der Zeitpunkt der Fälligkeit der einzelnen Obligation völlig ungewiß ist, also für die Schätzung jeder Maßstab fehlt. Auf die abweichende französische Theorie und Praxis zu dieser Frage soll an dieser Stelle nicht näher eingegangen werden. Sie legt überwiegend nicht den Nominalwert, sondern den Emissionskurs (taux d'émission) zugrunde, vermehrt um eine Rückzahlungsprämie, die sich nach Maßgabe der bereits abgelaufenen Zeit bestimmt.[3])

Sehr zweifelhaft ist die Frage, in welcher Weise bei Lotterieanlehen im Konkursfall seitens der Losinhaber der Anspruch hinsichtlich der Prämie geltend zu machen ist. Nach der einen Ansicht besteht auf den Gewinn für die Gläubiger höchstens ein bedingter Anspruch; da nun der Eintritt der Bedingung durch den Konkurs vereitelt sei, so dürfe bei Lotterieanlehen lediglich der Nominalwert liquidiert werden.[4]) Nach der anderen Ansicht ist der „Erwartungswert" zu liquidieren, welcher dadurch ermittelt wird, daß man den gegenwärtigen Wert aller Zahlungen feststellt, die auf den unverlosten Rest der Anleihe noch zur Auszahlung kommen, und diesen Wert durch die Anzahl der noch unverlost vorhandenen Lose dividiert.[5]) Die erstere Ansicht dürfte in jedem Falle verfehlt sein. Von einem bloß „bedingten" Anspruch auf die Prämie kann nicht die Rede sein. Vielmehr steht den Gläubigern ein

---

[1]) Vgl. RG. ZivS. XXXV, 293.

[2]) So auch Georg Cohn bei Endemann, Handbuch des Handelsrechts Bd. III S. 873 bei Note 105d; Jäger a. a. O. zu §§ 207, 208 Anm. 15. Anders Kohler, Lehrbuch des Konk.Rechtes S. 346.

[3]) Jäger a. a. O. zu §§ 207, 208 Anm. 25. Mehrere Gesetzgebungen erklären ebenfalls den Emissionskurs für entscheidend, so Italien, Portugal, Rumänien.

[4]) Jäger a. a. O. Anm. 16.

[5]) So Georg Cohn a. a. O. S. 878.

betagter Anspruch auf Ausspielung der Prämie zu, der nicht anders zu beurteilen ist als der Anspruch auf planmäßige Auslosung bei sonstigen verlosbaren Anleihen. Da dieser Anspruch mit der Konkurseröffnung fällig wird, so ist entweder, wie dies die zweite mitgeteilte Ansicht tut, der Erwartungswert für jede einzelne Schuldverschreibung zu berechnen und zu liquidieren, oder es sind, wie die französische Praxis für die obligations à lots annimmt, im Falle des Konkurses alle Verlosungen auf einmal unter den nicht ausgelosten Schuldverschreibungen vorzunehmen. Der völlige Wegfall des Anspruchs auf die Auslosung mit der Konkurseröffnung verbietet sich schon deshalb, weil er eine schwere und ungerechte Benachteiligung der Gläubiger mit sich bringen würde. Denn diese haben gegen Aufgabe der ganzen oder eines Teils der Zinsen die Hoffnung auf einen Gewinn erworben, durch die willkürliche Aufhebung des Prämienziehungsplanes würden sie also in ihren erworbenen Rechten auf das empfindlichste gekränkt werden.

Hinsichtlich der Zwangsvollstreckung und des Konkurses gegen Gemeinden und andere Körperschaften des öffentlichen Rechtes gelten in den meisten Staaten gewisse Beschränkungen. Diese werden dadurch gerechtfertigt, daß es im Interesse der Allgemeinheit wichtig ist, die Erledigung der öffentlichen Angelegenheiten vor Störungen zu bewahren, denen sie durch eine unbeschränkte Zwangsvollstreckung in die den Gemeinden und öffentlichrechtlichen Körperschaften gehörigen Vermögensstücke notwendig ausgesetzt sein würden.[1]) So sind durch das EinfG. zur ZPO. § 15[8] bezüglich der Zwangsvollstreckung die landesgesetzlichen Vorschriften unberührt gelassen worden. In Preußen sind danach gemäß § 33 Nr. 4 Ges. v. 1. Aug. 1883 die Zwangsvollstreckungen den Gerichten zugewiesen und können nicht von Gerichtsvollziehern bewirkt werden. Was den Konkurs über Gemeinden und sonstige Körperschaften des öffentlichen Rechtes betrifft, so ist durch EinfG. zur KO. Art. IV dem Landesrecht vorbehalten, die Zulässigkeit des Konkurses zu beschränken oder ganz auszuschließen. Soweit dies nicht geschieht oder bereits geschehen ist, und soweit nicht die oben berührten Landesgesetze über Spezialexekution gemäß § 15[8] EinfG. z. ZPO.

---

[1]) Begründung zur deutschen KonkOrdn. S. 60.

eingreifen, unterliegt der Konkurs über Gemeinden und öffentlichrechtliche Körperschaften den gewöhnlichen Grundsätzen.[1]) Für eine Reihe deutscher Bundesstaaten ist der Konkurs von Gemeinden sowie unter staatlicher und Gemeinde-Aufsicht stehender Körperschaften durch Landesgesetz ausdrücklich ausgeschlossen worden, so für Baiern, Hessen, Elsaß-Lothringen. Für andere Bundesstaaten sind Beschränkungen der Konkurszulässigkeit angeordnet worden. Für Preußen besteht noch die Vorschrift der Allg. GerO. Tit. 24 Abschn. II § 45 Anh. § 153 in Wirksamkeit, nach der zur Exekution gegen juristische Personen des öffentlichen Rechtes eine Rücksprache der Gerichte mit Verwaltungsorganen und nötigenfalls der Bescheid des Justizministers erforderlich ist.[2])

II. Wie früher dargelegt, sind die Rechtsverhältnisse, welche zwischen den Staaten und ihren Gläubigern aus den von den ersteren aufgenommenen Anleihen entstehen, privatrechtlichen Charakters.[3]) Es erhebt sich nun die Frage, welche Rechtsbehelfe und Rechtsmittel den Gläubigern zur Verfügung stehen, wenn ein Staat seinen Verbindlichkeiten und Verpflichtungen aus seinen Anleihen nicht nachkommt. Zu diesem Behufe soll zunächst im folgenden der geltende Rechtszustand bezüglich der Klagen und Exekutionen gegen Staaten aus Anleiheforderungen dargelegt werden. Hieran wird sich alsdann im nächsten Kapitel eine Auseinandersetzung über den Staatsbankrott, über die den auswärtigen Gläubigern zum Schutze ihrer Interessen zur Zeit zu Gebote stehenden Behelfe und Sicherungen, endlich über die Möglichkeit und die Notwendigkeit einer internationalen Regelung des Schutzes der auswärtigen Anlehnsgläubiger von Staaten schließen.

In erster Linie kommt eine Verfolgung des Anspruchs der Gläubiger vor den eignen Gerichten des Schuldners in Frage. Grundsätzlich hat der Gläubiger gegen den Staat, also

---

[1]) Vgl. Kohler, Leitfaden des deutschen Konkursrechtes S. 172 IV (2. Aufl. 1903). Auch BGB. § 89 Abs. 2 sieht vor, daß bei Körperschaften des öffentlichen Rechtes (je nach der Landesgesetzgebung) der Konkurs erfolgen kann.

[2]) Vgl. Jäger a. a. O. § 213 S. 846, 847.

[3]) Oben Kap. V S. 55ff.

auch gegen den auswärtigen Staat die aus dem allgemeinen Rechte sich ergebenden Befugnisse. Er kann ihn vor seinen eignen Gerichten aus Anleiheforderungen wie aus jeder anderen Forderung verklagen. Die Rechtsstellung der Gläubiger ist aber insofern eine prekäre, als der Staat innerhalb seines Staatsgebiets sich auch in der Stellung eines Gesetzgebers befindet, und es daher in seiner Gewalt hat, ob er vor seinen eignen Gerichten Recht nehmen und geben will. Der Staat kann nämlich generell durch ein Gesetz vorschreiben, daß Ansprüche aus Anleihen gerichtlich gegen ihn nicht verfolgbar sein sollen. So sind nach einem noch jetzt in Geltung befindlichen preußischen Gesetz von 1823 Forderungen gegen den preußischen Staat aus Anleihen unklagbar. Auch die französische Jurisprudenz steht überwiegend auf dem Standpunkt, daß die Anlehnsgläubiger gegen den Staat aus Anleiheforderungen keine Klage vor seinen eignen Gerichten haben, wobei freilich die unzutreffende Auffassung mitwirkt, daß der Staat als Schuldner überhaupt nicht unter den Regeln des Privatrechts stehe.[1]) Ebenso haben die englischen Gerichte entschieden, daß die von einem Staate ausgegebenen Obligationen der Beurteilung weder der einheimischen noch der auswärtigen Gerichte unterstehen.[2]) Auch in den Vereinigten Staaten von Amerika ist der gerichtliche Weg wegen der Ansprüche aus Staatsanleihen gegen Einzelstaaten sowohl vor den Unionsgerichten wie sogar auch vor den eignen Gerichten des Staates ausgeschlossen, es sei denn, daß die gesetzgebende Behörde die Klage vor den letzteren ausdrücklich gestatte.[3])

Selbst wenn es aber auch rechtlich zulässig und möglich ist, einen mit vollstreckbarer Kraft ausgestatteten Schuldtitel gegen den schuldnerischen Staat vor seinen eignen Gerichten zu erzielen, so ist es doch völlig ausgeschlossen, daß einem Staate gegenüber dieselben Exekutionsmittel zur Anwendung kommen wie gegenüber einem Privatmann. Gilt dieser

---

[1]) Vgl. Meili, Der Staatsbankrott und die moderne Rechtswissenschaft Berlin 1895 S. 15; Politis, Les Emprunts d'État en droit international (1894) S. 215, 216.

[2]) Meili a. a. O. S. 49 Note 2; Phillimore, Commentaries upon international law 3 ed. II S. 18.

[3]) Meili a. a. O. S. 65 und dort zitierte Literatur.

Grundsatz, wie oben dargelegt, schon gegenüber Gemeinden und anderen öffentlichrechtlichen Körperschaften, so wird er gegenüber dem Staate in erhöhtem Maße durch die Regeln des öffentlichen Rechtes, insbesondere durch das Bedürfnis gerechtfertigt, die Verwaltung staatlicher Angelegenheiten vor Störungen zu bewahren. Eine Zwangsvollstreckung in die den öffentlichen Zwecken gewidmeten Grundstücke, wie öffentliche Dienstgebäude, Postanstalten, das Inventar der staatlichen Eisenbahnen würde diese ihrer eigentlichen Bestimmung entziehen und daher die öffentlichen Interessen auf das schwerste schädigen.[1]) Es finden daher in dieser Beziehung diejenigen Grundsätze und Gesichtspunkte Anwendung, die bezüglich der Zwangsvollstreckung und des Konkurses gegen Gemeinden und öffentlich-rechtliche Körperschaften dargelegt sind.

Konkurs über einen Staat ist vollends begrifflich unmöglich. Erstens kann die Tatsache der Zahlungsunfähigkeit objektiv überhaupt nicht festgestellt werden. Sodann aber würde selbst wenn das Konkursverfahren nicht die unmittelbar den öffentlichen Zwecken dienenden Vermögensstücke, sondern lediglich das pfändbare Staatsgut (Gelder, Grundstücke, Bergwerke, Einnahmen aus Zöllen, Steuern, Gebühren) ergriffe, dadurch die gesamte Staatstätigkeit lahmgelegt werden. Der Staatskonkurs würde also zur Staatsauflösung führen. Daher muß das wirtschaftliche Interesse einzelner den höheren Interessen der Gesamtheit nachstehen.[2]) Ein Konkursverfahren gegen den deutschen Reichsfiskus und gegen den Fiskus eines Bundesstaates hat sonach als ausgeschlossen zu gelten, wenngleich es an einer ausdrücklichen Vorschrift in der Konkursordnung fehlt.[3]) Durch die Ausführungsgesetze zur KO. für Hessen und Elsaß-

[1]) Vgl. Lacombe, Über den Schutz der Inhaber fremdländischer Staatspapiere in Jahrb. für Nationalökonomie und Statistik (herausgeg. von Conrad) 3. Folge XX S. 788.

[2]) Zutreffend Rehm, Schutz der Staatsgläubiger in der „Woche" VII. Jahrg. 1905 S. 1276; Kohler, Leitfaden des deutschen KonkRechtes S. 10 sagt allerdings, daß der Konkurs gegen Staaten den gewöhnlichen Grundsätzen unterliege, schränkt dies indessen durch Bezugnahme auf die Bestimmungen der Landesgesetze (z. B. § 15[3] des EG. z. ZPO.) und hinsichtlich auswärtiger Staaten durch die Bezugnahme auf die Bestimmungen des internationalen Rechtes ein.

[3]) Vgl. Jäger a. a. O. § 213 Anm. 1.

Lothringen ist die Eröffnung des Konkursverfahrens über das Vermögen des Fiskus übrigens ausdrücklich für unzulässig erklärt.

Hinsichtlich der Zwangsvollstreckung wegen Geldforderungen gegen den Fiskus gilt die bereits oben erwähnte Bestimmung des EinfG. zur ZPO. § 15 Ziff. 3, wonach die landesgesetzlichen Vorschriften unberührt geblieben sind. Demgemäß besteht für Preußen die Bestimmung der Allg. GerO., nach der zur Exekution gegen den Fiskus eine Rücksprache der Gerichte mit Verwaltungsorganen und nötigenfalls der Bescheid des Justizministers erforderlich ist. Nach einzelnen bundesstaatlichen Ausführungsgesetzen zur KO. findet die Zwangsvollstreckung gegen den Fiskus ohne Einmischung der Gerichte ausschließlich auf dem Verwaltungsweg statt (Bayrisches AusfG. zur ZPO. und KO. v. 23. Febr. 1879 bzw. 9. Juni 1899), oder es darf die Zwangsvollstreckung erst beginnen, nachdem der betreibende Gläubiger die den Fiskus vertretende Behörde von der Erteilung einer vollstreckbaren Ausfertigung des Schuldtitels benachrichtigt hat und seit dem Empfange der Benachrichtigung eine bestimmte Frist verstrichen ist (Hessisches Ges. betr. die Ausf. der ZPO. und der KO. vom 22. Sept. 1899).[1]

Wie früher dargelegt, verpflichten sich zahlreiche Staaten, welche im Auslande Anleihen aufnehmen, in den Emissionsbedingungen dazu, die Verbindlichkeiten aus den Anlehnsverträgen im Auslande zu erfüllen, insbesondere die Zinsen im Auslande zu zahlen und die Rückzahlung der Kapitalien im Auslande zu bewirken. Sonach entsteht die Frage, ob in solchen Fällen, wo an sich nach allgemeinen Grundsätzen die örtliche Zuständigkeit der Gerichte des Auslandes vorhanden ist (z. B. deutsche ZPO. § 29) die letzteren zuständig sind, Klagen gegen den schuldnerischen Staat, der seine Verpflichtungen aus dem Anlehnsvertrage nicht erfüllt, anzunehmen und zu entscheiden. Würden die Gerichte des Auslandes in solchen Streitigkeiten zuständig sein, so würde dies einen großen Vorteil für die Staatsgläubiger bedeuten; denn der schuldnerische Staat

[1]) Diese Bestimmung gilt auch hinsichtlich der Zwangsvollstreckung gegen Körperschaften des öffentlichen Rechtes wie Gemeinden sowie gegen solche Körperschaften, die unter der Verwaltung einer öffentlichen Behörde stehen.

würde nicht in der Lage sein, wie bei Rechtsverfolgungen innerhalb seines eigenen Staatsgebietes, sich durch gesetzgeberische Maßnahmen von seinen Verpflichtungen zu befreien.

Die Frage, ob ein Staat in Rechtsstreitigkeiten den Gerichten des Auslandes unterworfen sei, ist seit langer Zeit in hohem Maße streitig. Da die Frage darauf hinausläuft, ob und inwieweit der Inhaber der Staatsgewalt durch seine Gerichte die Gerichtsgewalt über andere Staaten auszuüben berechtigt ist, so ist die Beantwortung der Frage Sache des Völkerrechts, denn dieses gibt die Rechtsnormen an, die von den großen Kulturstaaten untereinander und im Verkehr mit den anderen Staaten anerkannt sind und gehandhabt werden. Hierbei ist indessen zu beachten, daß das Völkerrecht mit seinen Normen sich lediglich an die Inhaber der Staatsgewalt wenden kann, denen die Beobachtung der völkerrechtlichen Grundsätze und ihre Durchführung obliegt. Für die Gerichte dagegen sind in erster Linie nicht die Normen des Völkerrechts, sondern die Gesetze des Landes maßgebend, ohne Rücksicht darauf, ob diese dem Völkerrecht entsprechen oder nicht. Werden die Gerichte durch ein Landesgesetz für zuständig erklärt, Rechtsstreitigkeiten fremder Staaten mit Privatpersonen zu entscheiden, so haben sie dementsprechend zu verfahren, auch wenn hierin eine Verletzung des Völkerrechts liegen sollte.[1])

An einer positiven gesetzlichen Bestimmung über die vorliegende Frage fehlt es nun sowohl in Deutschland wie in den übrigen Kulturstaaten. Der § 18 des deutschen Gerichtsverfassungsgesetzes bezieht sich lediglich auf die Exterritorialität der Chefs und Mitglieder der bei dem Deutschen Reich und bei einem deutschen Bundesstaat beglaubigten Missionen, nicht aber auf die Exemtion fremder Staaten von der deutschen Gerichtsbarkeit. Auch vertragliche Abmachungen in Staatsverträgen zwischen dem Deutschen Reich und ausländischen Staaten existieren nicht. Am 18. Jan. 1885 wurde dem deutschen Reichstag allerdings ein Gesetzentwurf vorgelegt, durch den

---

[1]) Vgl. E. Löning, Die Gerichtsbarkeit über fremde Staaten und Souveräne in der Festgabe der Juristischen Fakultät der Universität Halle-Wittenberg für H. Fitting (Halle 1903) S. 169 ff. Abweichend W. Kaufmann, Die Rechtskraft des internationalen Rechts 1899 S. 71 ff.

angeordnet werden sollte, daß ein nicht zum Deutschen Reich gehöriger Staat sowie das Staatsoberhaupt der inländischen Gerichtsbarkeit nicht unterstehen (Sten. Berichte des Reichstags 1884/5 Bd. II S. 1139—1143). Der Entwurf wurde einer Kommission überwiesen, die die Ablehnung beantragte, weil sie das Gesetz für nicht erforderlich und für bedenklich hielt. Auf diese Weise ist das Gesetz im Plenum überhaupt nicht zur Beratung gelangt.

Die einzige die vorliegende Frage berührende gesetzliche Bestimmung enthält § 24 ZPO., welcher anordnet, daß unter Zustimmung des Bundesrats durch Anordnung des Reichskanzlers ein Vergeltungsrecht gegen einen ausländischen Staat zur Anwendung gebracht werden kann. Hiernach könnte gegen diejenigen Staaten, in denen das Deutsche Reich oder deutsche Bundesstaaten der einheimischen Gerichtsbarkeit unterworfen werden, ein Vergeltungsrecht in dem Sinne geübt werden, daß durch Verordnung des Reichskanzlers unter Zustimmung des Bundesrats die deutschen Gerichte bei Klagen gegen den betreffenden Staat für sachlich zuständig erklärt werden.[1])

In der völkerrechtlichen Literatur besteht nun zwar allgemein darin Übereinstimmung, daß ein Staat der Gerichtsgewalt eines anderen Staates dann nicht unterworfen ist, wenn es sich um Akte der Staatsgewalt handelt, die der fremde Staat in Ausübung der Staatsgewalt, jure imperii vornimmt. Dagegen herrscht erheblicher Zweifel darüber, ob in gleichem Sinne dann zu entscheiden ist, wenn der Staat nicht als öffentliche Gewalt sondern als juristische Person auf dem Gebiete des Privatrechts, als Fiskus („jure gestionis“), z. B. als Anlehnsschuldner, in Betracht kommt. In der englischen und französischen Literatur wird fast übereinstimmend die Ansicht vertreten, daß Staaten in bürgerlichen Rechtsstreitigkeiten, abgesehen von bestimmten Ausnahmefällen, einer fremden Gerichtsbarkeit nicht unterstehen.[2]) Den gegenteiligen Standpunkt nimmt die italienische Doktrin des Völkerrechts ein, der hierin auch die italienische Gerichtspraxis in den letzten Jahren gefolgt ist. Die herrschende Ansicht in Deutsch-

---

[1]) Vgl. RG. in ZivS. LXII, 168.

[2]) Abweichend Massé, Demangeat, Roger, Trochon; vgl. Löning a. a. O. S. 221 ff.; Lacombe a. a. O. S. 788.

land steht auf dem Standpunkt, daß Staaten der fremden Gerichtsbarkeit nicht unterstehen, es sei denn, daß sie sich ihr freiwillig unterwerfen oder daß dingliche Ansprüche in bezug auf unbewegliche im Inlande belegene Gegenstände gegen sie erhoben werden.[1])

Unter den Gegnern der herrschenden Ansicht befindet sich in erster Linie v. Bar.[2]) Er hält die Zuständigkeit fremder Gerichte über Staaten aus Verträgen im allgemeinen für begründet, sofern es sich um Verträge handelt, die im Auslande von beiden Seiten zu erfüllen sind. Dagegen will er diese Folgerung gerade für den vorliegenden Fall nicht ziehen; er stellt nämlich in Abrede, daß der Inhaber ausländischer Staatsobligationen, für die der Staat vertragsmäßig die Verpflichtung übernommen hat, die Zahlung der Zinsen und die Rückzahlung des Kapitals im Auslande zu bewirken, den Staat auch vor den ausländischen Gerichten aus dem Vertragsverhältnis verklagen könne. In betreff der Staatsanleihen, die auf Grund eines besonderen Gesetzes aufgenommen werden, ist er der Ansicht, daß ein Staat der auswärtigen Gerichtbarkeit deswegen nicht unterstehen könne, weil der Staat, indem er die feierliche Form des Gesetzes oder der Verordnung wähle, seine Verpflichtung als solche bezeichnet habe, welche einer Verpflichtung des gewöhnlichen Privatrechts nicht gleichzuachten sei. Mit Recht hat aber bereits Löning auf das rechtlich Verfehlte dieser Auffassung hingewiesen.[3]) Die Aufnahme einer Anleihe ist stets der Abschluß eines privatrechtlichen Geschäftes, niemals ein Akt der Gesetzgebung, weil es sich nicht um einen einseitigen Willensakt des Fiskus, sondern um einen Vertrag des Fiskus mit Dritten handelt. Das nach der Verfassung der meisten Staaten zur Aufnahme einer Anleihe erforderliche „Anleihegesetz" (vgl. Art. 73 der Reichsverfassung) gibt lediglich dem Fiskus die verfassungsmäßige Ermächtigung zur Aufnahme der Anleihe, d. h. zur Vornahme des Rechtsgeschäftes des Anleiheabschlusses, berührt aber

---

1) Planck, Lehrbuch des deutschen ZPR. I S. 45; Laband, Staatsrecht (4. Aufl.) III S. 368; v. Liszt, Völkerrecht 2. Aufl. S. 64.

2) Theorie und Praxis des intern. Privatrechts Bd. II S. 660—690.

3) Vgl. Löning a. a. O. S. 326 Anm. 2.

keineswegs das Verhältnis des Staates zu seinen Gläubigern.[1]) Enthält das Anleihegesetz besondere Bestimmungen über die Anleihebedingungen, so bilden diese lediglich Beschränkungen des Fiskus, die er bei Abschluß der Anleihe zu beobachten hat. Die Annahme v. Bars, daß der Staat seine Verpflichtungen damit als solche bezeichne, die nicht dem gewöhnlichen Privatrecht unterstehen, ist sonach unzutreffend.

Was nun die Gerichtspraxis der größeren Kulturstaaten anbetrifft, so stehen die höheren Gerichte in Deutschland, Österreich, Frankreich, England und den Vereinigten Staaten von Amerika auf dem Standpunkt, daß der auswärtige Staat bei privatrechtlichen Ansprüchen der Gerichtsbarkeit der inländischen Gerichte regelmäßig nicht unterworfen sei. Diese Auffassung hat sich auch das Reichsgericht in einem Urteil vom 12. Dezbr. 1905 bei Gelegenheit eines Prozesses gegen den belgischen Staats- und Eisenbahnfiskus zu eigen gemacht[2]), nachdem bereits früher der preußische Kompetenzgerichtshof in seinen Entscheidungen vom 14. Jan. 1882[3]) und vom 14. Juni 1902[4]) und der bayrische Kompetenzgerichtshof in dem Urteil vom 4. März 1885 den gleichen Grundsatz aufgestellt hatten. Eine abweichende Praxis beobachten in den jüngsten Zeiten allein die belgischen[5]) und, wie bereits erwähnt, die italienischen Gerichte,[6]) welche auf dem Standpunkt stehen, daß die Unabhängigkeit von fremder Gerichtsbarkeit dem Staat nur in dem ersterwähnten Falle, also als öffentlicher Gewalt (être politique), nicht aber als juristischer Person auf dem Gebiet des Privatrechts (être civil) zustehe, und sofern die örtliche Zuständigkeit vorliegt, auch die sachliche als begründet ansehen.

---

[1]) Vgl. auch Laband, Staatsrecht IV (4. Aufl.) S. 370. Vgl. oben S. 119.

[2]) RG. ZivS. LXII, 165 ff.

[3]) Abgedruckt im Preuß. Justiz-Ministerialblatt 1905 Nr. 28.

[4]) Vgl. Zeitschr. für intern. privates und öffentliches Recht (herausgeg. v. Niemeyer) Bd. XIII S. 397

[5]) Kassationshof Brüssel Urt. v. 11. Juni 1903 i. S. Lüttich-Luxemburgische Eisenbahngesellschaft gegen den niederländischen Staat, abgedruckt in Zeitschr. für intern. privates und öffentl. Recht Bd. XVI S. 243 ff.

[6]) Urteile der Appelhofe von Rom, Neapel, Florenz usw. in einer Reihe von Fällen in den Jahren 1886—1893; vgl. Löning a. a. O. S. 221; Gabba im Journal du droit intern. privé XVI S. 543 ff.

In der Tat entspricht der gegenwärtig in den modernen Kulturstaaten überwiegend vertretene Grundsatz der Exemtion der aus dem Grundgedanken des Völkerrechts sich ergebenden Unabhängigkeit der souveränen Staaten voneinander. Aus dem allgemeinen völkerrechtlichen Grundsatz, daß kein Staat einen anderen seiner Gewalt unterordnen, ihm Befehle erteilen, Zwang gegen ihn ausüben kann, folgt, daß ein Staat nach Völkerrecht auch nicht befugt ist, ihn seiner Gerichtsbarkeit wider seinen Willen zu unterwerfen. Denn die dem Staate innewohnende Herrschermacht offenbart sich auch in der Tätigkeit seiner Gerichte, diese üben ihre Tätigkeit im Namen des Staates oder des ihn repräsentierenden Oberhauptes aus. Der Staat entscheidet kraft seiner Gewalt den Rechtsstreit der Parteien und verleiht dem Sieger die Zwangsgewalt zur Durchführung des durch seine Organe gefällten Spruches. [1])

Dies bezieht sich auch auf rein privatrechtliche Ansprüche, die gegen einen fremden Staat aus den von ihm geschlossenen Verträgen erhoben werden. Denn, wenn auch der Staat beim Abschluß privatrechtlicher Verträge nicht kraft seiner Souveränität, sondern wie eine Privatperson tätig wird, so rechtfertigt doch nicht schon die Natur der von ihm vorgenommenen Rechtshandlung und die Eigenschaft, in der es handelt, den Schluß auf die Zuständigkeit der fremden Gerichtsbarkeit. [2]) Dies gilt selbst dann, wenn das materielle Landesrecht nach allgemeinen Rechtssätzen auf das bestimmte Rechtsverhältnis Anwendung zu finden hat. Wäre der Fiskus gegen seinen Willen der fremden Gerichtsgewalt tatsächlich unterworfen, so würde er auch der Vollstreckung der ausländischen Behörde unterstehen, was einen direkten Eingriff in seine Staatshoheit bedeuten würde. [3])

---

[1]) RG. ZivS. a. a. O. S. 167.

[2]) So das oben angeführte Urteil des Kassationshofes zu Brüssel v. 11. Juni 1903.

[3]) Freilich findet sich auch die Ansicht vertreten, daß zwischen Rechtsprechung und Gerichtszwang zu unterscheiden sei, und daß Staaten nur der Rechtsprechung der fremden Gerichte, nicht aber dem fremden Gerichtszwang unterstehen (so Laurent, Droit international privé III S. 87 ff.; v. Bar a. a. O. Bd. II S. 673 ff.). Indessen ist diese Ansicht deshalb verfehlt, weil dem Urteil damit gerade die wesentliche Eigenschaft des Urteils genommen wird; vgl. Löning a. a. O. S. 260.

Muß sonach als ein in den meisten Kulturstaaten geltender, durch eine fast einheitliche Rechtsprechung der obersten Gerichte sanktionierter Rechtssatz des Völkerrechts anerkannt werden, daß ein ausländischer Staat auch aus privatrechtlichen Ansprüchen vor inländischen Gerichten nicht belangt werden kann, so erfährt dieser Satz doch mehrere Durchbrechungen. So wird insbesondere allgemein anerkannt, daß der Staat sich freiwillig der fremden Gerichtsbarkeit unterwerfen kann. Ein solcher Verzicht auf die Exemtion kann sowohl in einem völkerrechtlichen Vertrag als auch durch eine anderweite Willenserklärung, insbesondere in einem mit Privatpersonen abgeschlossenen Vertrage erfolgen. Er kann auch in den Emissionsbedingungen eines Anlehns seitens des Staates ausgesprochen werden und gilt alsdann als lex contractus für das auf Grund der Emissionsbedingungen aufgenommene Anlehn. Eine solche Willenserklärung kann auch stillschweigend durch konkludente Handlungen geschehen; sie muß aber mit Sicherheit aus der Handlung des Staates zu entnehmen sein, unzulässig ist die Fiktion einer solchen. So unterwirft sich ein fremder Staat, der sich verpflichtet, im Inlande einen Vertrag zu erfüllen z. B. zum Zwecke der Einlösung der fälligen Zinsscheine und rückzahlbaren Schuldverschreibungen eines Anlehns im Inlande Zahlstellen errichtet, noch keineswegs der inländischen Gerichtsbarkeit.[1])

Hat der fremde Staat selbst vor dem Gerichte des Inlandes Klage erhoben, so ist eine solche Unterwerfung bezüglich des gesamten Rechtsstreites, also bezüglich der Entscheidung über die Tragung der Gerichtskosten wie bezüglich der vom Gegner erhobenen Widerklage, anzunehmen.[2]) Denn, wenn die letztere auch einen selbständigen Angriff darstellt, so bildet sie doch einen Bestandteil des Rechtsstreites, den

---

[1]) Vgl. Löning a. a. O. S. 291 Anm. 1; Politis a. a. O. S. 215. Der obige Fall ist unrichtigerweise entgegengesetzt vom bayrischen Gerichtshof für Kompetenzkonflikte in dem Erkenntnis v. 4. März 1885 entschieden worden.

[2]) Die Frage, ob sich der als Kläger auftretende Staat einer Widerklage vor dem Gericht der Hauptklage unterwerfen muß, ist allerdings sehr bestritten. Bejaht wird sie, wie oben, vom RG. a. a. O. S. 167, verneint von Löning a. a. O. S. 296, 297.

der ausländische Staat der Entscheidung der inländischen Richter unterworfen hat.

Eine Unterwerfung unter die Gerichtsbarkeit der inländischen Gerichte ist auch dann anzunehmen, wenn ein fremder Staat seinen Anlehnsgläubigern zur Sicherung ihrer Forderungen, z. B. der fälligen Zinsen, ein Pfand an beweglichen Sachen, z. B. Wertpapieren bestellt und diese in dem Heimatsstaate der Gläubiger einem Vertreter der letzteren übergeben hat. Insoweit es sich um die Befriedigung aus dem Pfande handelt, sind die inländischen Gerichte zur Entscheidung des Rechtsstreites zuständig. Voraussetzung hierfür bildet aber natürlich, daß die Bestellung des Pfandes in einer nach den Gesetzen des Inlandes gültigen Form, z. B. durch Übergabe der Sachen an die Gläubiger bzw. deren Vertreter erfolgt ist, sofern nach den Gesetzen des Landes ein Pfandrecht an beweglichen Sachen nur auf diesem Wege begründet werden kann (z. B. BGB. §§ 1204ff.). Denn anderenfalls steht den Gläubigern ein Pfandrecht an den zur Sicherheit dienenden Sachen gar nicht zu; dieses würde z. B. dann der Fall sein, wenn ein auswärtiger Staat bei einem inländischen Bankhause, das als Vertreter der Gläubiger nicht anzusehen ist, Wertpapiere zur Sicherung der Erfüllung seiner Verpflichtungen aus dem Anlehnsverhältnis hinterlegt hat.[1])

Dieselben Grundsätze, die für die Frage maßgebend sind, ob gegen einen ausländischen Staat Klagen vor inländischen Gerichten erhoben werden können, gelten natürlich auch hinsichtlich der Frage der Zuständigkeit der inländischen Gerichte für die Anordnung von Arresten. So, wenn der ausländische Staat Guthaben bei inländischen Bankhäusern hat oder ihm sonstige Forderungen z. B. aus Zöllen zustehen. Regelmäßig werden also die inländischen Gerichte zur Anordnung des Arrestes nicht zuständig sein,[2]) es sei denn, daß der fremde Staat sich der inländischen Gerichtsbarkeit freiwillig unterworfen hat.

---

[1]) Vgl. Löning a. a. O. S. 301, 302. Hier wäre nur im Wege des Arrestes den Gläubigern zu helfen, sofern die inländischen Gerichte zur Anordnung eines solchen im einzelnen Falle zuständig wären; Vgl. auch oben S. 159.

[2]) Vgl. das oben erwähnte Erkenntnis des preußischen Gerichtshofes zur Entsch. der Kompetenzkonflikte v. 14. Jan. 1882.

Ist aber die inländische Gerichtsbarkeit aus diesem Grunde gegen den fremden Staat begründet, so untersteht er auch dem inländischen Gerichtszwang, d. h. das Urteil ist in dem Lande vollstreckbar, von dessen Gerichten das Urteil ergangen ist. Hierbei ist es natürlich von Wichtigkeit, daß sich innerhalb dieses Landes pfändbare Objekte befinden.

Kapitel XXIII.

Der Staatsbankerott, Begriff und Arten. Schutz der auswärtigen Anlehnsgläubiger in den Fällen des Staatsbankerotts. Selbsthilfe der Gläubiger, Bildung von Schutzvereinigungen der Gläubiger. Intervention des Staates zugunsten seiner Untertanen gegen vertragsbrüchige Schuldnerstaaten. Voraussetzungen und Arten der Intervention, Einrichtung einer Finanzkontrolle. Die Agitation gegen die Eintreibung von Staatsschulden durch gewaltsame Mittel (Drago-Lehre). Ziele und Wege einer künftigen internationalen Gesetzgebung zum Schutze der Staatsgläubiger und zwecks Schlichtung von Streitigkeiten im Wege schiedsgerichtlichen Ausgleichs. Kritik der der II. Haager Friedenskonferenz unterbreiteten Vorschläge.

Wie aus der bisherigen Darstellung hervorgeht, haben die Anlehnsgläubiger eines auswärtigen Staates zwar die aus dem allgemeinen Privatrechte hervorgehenden Befugnisse; indessen der gewöhnliche Rechts- und Exekutionsweg zur Geltendmachung ihrer Ansprüche gegen den Schuldner, der seinen Verpflichtungen überhaupt nicht oder nicht voll nachkommt, ist ihnen regelmäßig versagt. Das Zivilrecht und das internationale Privatrecht sind für gewöhnlich außerstande, dem Rechte der Gläubiger wirksame Anerkennung zu schaffen. Bei der Bedeutung, welche, wie früher hervorgehoben,[1] die Beteiligung des heimischen Kapitals an ausländischen Anleihen nicht nur für die einzelnen Gläubiger, sondern in finanzieller, politischer, wirtschaftspolitischer, ja weltwirtschaftlicher Hinsicht für die Gläubigerstaaten selbst hat, bei der gewaltigen Größe der Summen, welche das Sparkapital der hauptsächlichsten Gläubigerstaaten für auswärtige Staatsanleihen bisher aufgebracht hat und noch fortgesetzt aufbringt, leuchtet die praktische Wichtigkeit und schwerwiegende Tragweite eines fehlenden oder unzulänglichen Rechtsschutzes gegen zahlungsunfähige und zahlungsunwillige Schuldnerstaaten von selbst ein. Mit Recht ist gesagt worden:

„La banqueroute d'État est un fléau dont les nations pâtissent en temps de paix, comme elles souffrent de la loi martiale en temps de guerre.[2])

An der Regelung der Frage, ob und wie eine wirksamere Sicherung der auswärtigen Staatsgläubiger zu erzielen ist, wie Staatsbankerotte nach Möglichkeit zu verhüten oder in ihren schädlichen Folgen einzudämmen sind, sind fast alle Länder der Erde gegenwärtig lebhaft interessiert, die einen als Gläubiger, die anderen als Schuldner. Für Deutschland sind die Zahlen seiner Beteiligung an ausländischen Werten früher angegeben worden (oben S. 23), in Frankreich bestand bereits 1899 ein noch erheblich stärkerer Besitz an ausländischen Titres (nach Théry über 26 Milliarden Frcs.), der wohl noch durch den Besitz Englands übertroffen wird. Man braucht nur daran zu denken, welche gewaltigen Erschütterungen und Finanzkrisen der Bankerott eines großen stark verschuldeten Staates z. B. eine Zahlungseinstellung Rußlands, dessen — überwiegend auswärtige — Schuldenlast auf ca. 20 Milliarden Mk. angewachsen ist, für seine Hauptgläubigerländer, Frankreich und Deutschland, zur Folge haben müßte, und man wird sofort zu der Überzeugung kommen, daß hier die wichtigsten wirtschaftlichen und finanziellen Interessen großer Staaten auf dem Spiele stehen.

Allerdings ist es auch trotz des gegenwärtigen unzuläng-

---

[1]) Oben S. 22 ff.

[2]) A. Van Daehne Van Varick, Le droit financier international (s'Gravenhage 1907) S. 4.

lichen Rechtszustandes durchaus verfehlt, zu behaupten, daß der Staat sein freier Herr darüber ist, ob er die Verpflichtungen aus seinen Schulden erfüllen will oder nicht. Einerseits ist für anständige Staaten die Rücksicht auf ihre Ehre und auf Treu und Glauben ein wichtiges Mittel des Zwanges, das den Gläubigern des Staates bis zu einem gewissen Grade moralische Sicherheit gewährt. Sodann spielt aber neben dem Ehrinteresse auch das Nützlichkeitsinteresse, die Rücksicht auf die Erhaltung des Kredits in künftigen Zeiten, eine wichtige Rolle. Hiervon abgesehen stehen den auswärtigen Gläubigern bankerotter Staaten aber auch gewisse Mittel der Selbsthilfe zu Gebote. Auch das zurzeit geltende Völkerrecht bietet unter Umständen, nämlich im Falle ungerechter Behandlung auswärtiger Staatsgläubiger, dem Staate, dem die Gläubiger angehören, die Möglichkeit, in weitgehender Weise für sie gegen den schuldnerischen Staat Partei zu ergreifen und ihn zur Erfüllung seiner Verpflichtungen zu zwingen.

Bevor auf diese Behelfe weiter eingegangen wird, ist noch eine Erörterung über die verschiedenen Arten der völligen oder teilweisen Nichterfüllung vertragsmäßig übernommener Verpflichtungen seitens des schuldnerischen Staates vorauszuschicken. Hierbei muß daran erinnert werden, daß über einige der wichtigsten Arten, wie über die vorzeitige Rückzahlung und die einseitige Konversion, insbesondere die Zinsreduktion, die Auferlegung einer Kuponsteuer, schon früher ausführlich gehandelt worden ist.

Eine Verletzung der übernommenen Verpflichtungen seitens der schuldnerischen Staaten wird allgemein in der finanzwissenschaftlichen und nationalökonomischen Literatur als Staatsbankerott bezeichnet, trotzdem von einem Bankerott im privatrechtlichen Sinne bei Staaten nicht die Rede ist, wie gleichfalls bereits früher dargelegt ist.[1]) Dabei wird kein Unterschied dazwischen gemacht, ob die Vertragsverletzung auf ein „Nichtzahlenkönnen" oder auf ein „Nichtzahlenwollen" des

[1]) Oben Kap. XXII S. 251. Zu dem Folgenden vgl. Handwörterbuch der Staatswissenschaften (2. Aufl.) Bd. VI v. „Staatsschulden" unter Nr. 7; Körner, Staatsschuldentilgung und Staatsbankerott 1893; Meili, Staatsbankerott 1895; Pflug, Staatsbankerott und internationales Recht 1898; Collas, Der Staatsbankerott und seine Abwicklung 1904; Plutus, Rußlands Bankerott 1906.

Schuldners zurückzuführen ist. Bezüglich des Staatsbankerotts wird unterschieden, ob sich die Nichterfüllung auf die Kapitalverbindlichkeit, die Zinsenpflicht oder beide Schuldverbindlichkeiten erstreckt. In ersterer Beziehung kann eine vollständige Verweigerung der Anerkennung der Kapitalschuld, sog. Repudiation, stattfinden; diese findet sich in neuester Zeit allerdings seltener, während sie in früherer Zeit, als der Gedanke der Dauerhaftigkeit des Staatswesens noch nicht festen Fuß gefaßt hatte, beim Regierungswechsel oder bei Verfassungsänderungen häufiger vorkam.[1]) Auch eine teilweise Nichterfüllung der Kapitalrückzahlungspflicht ist möglich und beispielsweise mehrfach seitens der amerikanischen Bundesstaaten vorgekommen. Endlich sind wiederholt rückzahlbare Schulden zwangsweise in Rentenschulden konvertiert worden. Die Verletzung der Zinszahlungspflicht kann ebenfalls durch gänzliche Einstellung oder durch Verkürzung der Zinszahlung geschehen; für die letzere bietet sich der Weg der Zwangskonversion, der Verschlechterung der Valuta oder der Auferlegung einer Kuponsteuer. Beispiele für derartige Benachteiligungen der Gläubiger sind bereits früher aufgeführt worden.

Eine fernere Unterscheidung der Staatsbankerotte ist die in definitive und temporäre. Bei den letzteren erfolgt die gänzliche oder teilweise Einstellung der Verzinsung von vornherein nur für eine bestimmte Zeit, so daß mit dem Wegfall des Grundes, der sie herbeiführte, die Verzinsung in der früheren Höhe wieder auflebt. Man spricht alsdann von „aufgeschobenen" oder „toten" Schulden (dettes différées oder mortes). Beispiele für solche temporären Bankerotte bietet die Finanzgeschichte Hollands und Spaniens im neunzehnten Jahrhundert.[2])

Endlich wird noch zwischen offenem und heimlichem, maskiertem Staatsbankerotte unterschieden. Unter ersterem wird ein solcher verstanden, bei welchem den Staatsgläubigern ihre Forderung ganz oder teilweise nicht erfüllt wird, unter

[1]) Zahlreiche Beispiele bei Roscher, Volkswirtschaft 4[2] § 133 Note 1, insbesondere aus der spanischen (Philipp II) und französischen Finanzgeschichte. So reduzierte Sully Ende des 16. Jahrhunderts, als er die Ordnung der französischen Finanzen übernahm, einen Teil der Staatsschulden.

[2]) Roscher a. a. O. § 133 Note 12.

letzterem ein solcher, bei dem zwar volle Zahlung geleistet wird, tatsächlich aber die Schuldverbindlichkeit verkürzt wird, z. B. durch minderwertige Zahlungsmittel oder Emission von Papiergeld mit Zwangskurs.[1])

Wird eine Anleihe, wie der technische Ausdruck lautet, „notleidend“, so liegt es im Interesse der ausländischen Gläubiger, daß sie sich zwecks gemeinsamer Wahrung ihrer gefährdeten Rechte vereinigen, um diese durch einen gemeinsamen Vertreter dem Schuldner gegenüber in der erforderlichen Weise zur Geltung zu bringen.

Wie bereits früher dargelegt,[2]) fehlt es an einer gesetzlichen Organisation der Gläubiger von Auslandsanleihen in den modernen Kulturstaaten. Eine internationale Gesetzgebung zugunsten der Besitzer fremder Staatspapiere, die unter Umständen auch diese Frage zu erledigen haben würde, ist leider ebenfalls noch in weiter Ferne, worauf unten noch weiter einzugehen ist. Dafür sind in den letzten Jahren in denjenigen Staaten, deren Untertanen hauptsächlich als Gläubiger fremder Staaten in Betracht kommen, aus privater Initiative zum Zwecke des Zusammenschlusses der Beteiligten Einrichtungen geschaffen worden.

So sind in Deutschland in neuerer Zeit in einer Reihe von Fällen aus der Initiative der Gläubiger ausländischer Anleihen bzw. der emittierenden Bankhäuser Schutzvereinigungen entstanden, die die gefährdeten Interessen der Besitzer der Schuldverschreibungen wahren sollten.[3]) Die Vertretung der Gläubigerinteressen liegt in diesen Fällen regelmäßig in den Händen der emittierenden Bankhäuser. Ohne einzelne Beitrittserklärungen einholen zu müssen, bilden sie eine Art Konsortium, um die heimischen Gläubigerrechte gegenüber dem Schuldner zu vertreten und ev. eine Förderung ihrer Interessen auf dem Wege der Unterstützung durch die eigene Regierung herbeizuführen. Als Ge-

---

[1]) Körner a. a. O. S. 78; Collas a. a. O. S. 12.

[2]) Oben S. 51 ff.

[3]) Solche Schutzvereinigungen sind für brasilianische, türkische, argentinische, griechische, portugiesische Anleihen gebildet worden. Auch für die Obligationen ausländischer Erwerbsgesellschaften wurden Schutzvereinigungen gebildet z. B. zugunsten der Obligationen der brasilianischen Oeste de Minas-Bahn, an deren Spitze die Diskontogesellschaft stand.

schäftsstelle bzw. Treuhänder für diese zum Schutze der notleidenden oder gefährdeten Interessen der deutschen Gläubiger gebildeten Vereinigungen wird in den letzten Jahren regelmäßig eine der bestehenden „Treuhandgesellschaften" bestellt. Diese, bisher in der Zahl von fünf von den Effektenbanken und großen Firmen errichtet, haben die statutenmäßige Aufgabe, Treuhandfunktionen, insbesondere auch die Vertretung der Besitzer in- und ausländischer Wertpapiere, zu übernehmen. Die älteste von ihnen, die von der deutschen Bank im Jahre 1892 gegründete Deutsche Treuhandgesellschaft Aktiengesellschaft, ist bereits in einer Reihe von Fällen, so namentlich bei der Vereinigung der deutschen Besitzer türkischer Staatspapiere im Jahre 1902, als führendes Organ der Schutzvereinigung mit Erfolg tätig gewesen.[1])

In England ist „dank dem dort so verbreiteten Geist persönlicher und gemeinschaftlicher Initiative"[2]) die Lösung auf einem anderen Wege gefunden worden. Daselbst besteht bereits seit 1873 eine gemeinnützige freie Vereinigung, deren Verfassung auf den Bestimmungen einer besonderen Parlamentsakte (zuletzt v. 25. Juli 1898) beruht, die Corporation of foreign bondholders, welcher die ständige Überwachung und Beschützung der Rechte und Interessen von Inhabern öffentlicher, sowohl von ausländischen Staaten wie auch von sonstigen öffentlichrechtlichen und privatrechtlichen Körperschaften ausgegebener, Schuldverschreibungen (u. Aktien) obliegt. Unter der Leitung der Corporation werden erforderlichenfalls Schutzkomitees von Besitzern der betreffenden Auslandswerte gebildet. Sie überwacht die Schritte der letzteren, vermittelt Arrangements mit den notleidenden Schuldnern und fördert alle den Gläubigern nützlichen Maßregeln (auch solche der heimischen Gesetzgebung), wozu auch die Beteiligung an verwandten Vereinigungen im Ausland gehört.[3]) Gleiche Zwecke

---

[1]) Näheres bei Rosendorff, Treuhandgesellschaften und ihre Funktionen, in Conrads Jahrb. für Nationalökonomie und Statistik 31. Bd. 1906 S. 604 ff. insbes. S. 610.

[2]) Vgl. Eug. Lacombe, a. a. O. S. 781 ff., besonders S. 803 ff.

[3]) Vgl. die Jahresberichte des Council of the Corporation of foreign bondholders (bisher 32 Bände), die stets eine Fülle von Material zur Erkenntnis der Staatsfinanzen notleidender Staaten enthalten. Die Korporation hat seit

verfolgen die im Anschluß an das englische Vorbild geschaffenen Schutzkörperschaften in Belgien und Frankreich, wenngleich sie in ihrer Organisation und Ausgestaltung von dem englischen Council nicht unerheblich abweichen.

In Deutschland sind bereits seit langem lebhafte Bestrebungen im Gange, welche auf die Errichtung einer ständigen Schutzvereinigung nach dem Muster der englischen Corporation of foreign bondholders hinauszielen. Freilich ist es verfehlt, zu ihrer Rechtfertigung auf diejenigen Stimmen zu verweisen, welche den bisherigen unter dem Patronat der Emissionsbanken gebildeten Schutzkomitees vorwerfen, daß sie um der materiellen Interessen ihrer Häuser halber, die nicht selten im Widerstreit mit denen der Obligationsinhaber ständen, die Interessen der letzteren nicht genügend und nicht unparteilich genug wahrnähmen.[1] Solche Vorwürfe sind völlig grundlos und gänzlich unbewiesen, sie scheitern auch an der selbst im Ausland stets bereitwillig anerkannten Tatsache, daß die deutschen Emissionshäuser, im Gegensatz zu den ausländischen, es als ihre moralische Pflicht ansehen, den von ihnen emittierten Werten auch unter materiellen eigenen Opfern dauernd ihre Fürsorge und Unterstützung zuteil werden zu lassen.[2] Was aber für die Errichtung einer ständigen Schutzvereinigung spricht, ist folgendes. Eine ad hoc begründete einzelne Schutzvereinigung verfügt, selbst bei Anlehnung an bedeutende Bankhäuser, nicht über die erforderliche Autorität im Inlande, noch weniger aber über diejenige im Auslande, die einer auf breiter Grundlage ruhenden d a u e r n d e n Interessenvereinigung nach der Art der Corporation of foreign bondholders von selbst zur Seite steht. Das ist auch der Grund, weshalb bereits bei verschiedenen Anlässen die englische Organisation sich der deutschen überlegen gezeigt hat.[3] Deshalb sind die Bestrebungen zur Errichtung

ihrem Bestehen Vereinbarungen und Regelungen über ein etwa 20 Milliarden Mk. repräsentierendes Vermögen abgeschlossen.

[1]) So z. B. Artikel „Schutzvereinigungen" in der „Zukunft" XI. Jahrg. Nr. 52 v. 26. Septbr. 1903 S. 531 ff.

[2]) L a c o m b e a. a. O. S. 804.

[3]) Vgl. M o r g e n s t e r n, Eine deutsche Schutzvereinigung von Besitzern fremder Wertpapiere, Berlin, Leipzig 1899 S. 12. Daselbst auch Vorschläge für die Ausgestaltung einer ständigen deutschen Schutzvereinigung, die manches Annehmbare enthalten.

einer ständigen deutschen Schutzvereinigung mit Freuden zu begrüßen und werden, trotz mancher entgegenstehenden Schwierigkeiten, vielleicht zum Ziele führen, wenn nicht vorher eine internationale gesetzliche Regelung dieser Fragen die Notwendigkeit einer auf Selbsthilfe der Gläubiger beruhenden Interessenvertretung beseitigt.

Sind mehrere Länder an der notleidenden Anleihe eines fremden Staates beteiligt, so werden durch eine gemeinsame Aktion der in den einzelnen Ländern bestehenden Schutzvereinigungen die wirksamsten Schritte gegenüber dem zur Zeit zahlungsunfähigen oder zahlungsunwilligen Schuldner zu erzielen sein. Sieht dieser sich einem geschlossenen internationalen Verbande seiner sämtlichen bisherigen Gläubiger gegenüber, so wird er im Interesse seines ferneren Kredits am ehesten zur Erfüllung seiner Verbindlichkeiten, ev., falls er hierzu außerstande, zu einem für die Gläubiger nicht allzu nachteiligen Arrangement zu zwingen sein.

Auf diese Weise sind im Laufe der Jahre Arrangements der Gläubiger mit einer Reihe von Mächten zweiten und dritten Ranges, so mit Portugal, Mexiko, Argentinien zustande gekommen. Freilich sind die Schritte der Gläubiger-Schutzkomitees nicht immer von Erfolg begleitet gewesen. Öfters sind solche Arrangements von dem Schuldner „mit dem Revolver in der Hand" abgeschlossen worden, d. h. unter der Drohung, daß, wenn die Gläubiger sich auf die vom Schuldner gestellten Bedingungen nicht einigten, sie völlig leer ausgingen. Ein Beispiel eines derartig ungünstigen Arrangements bietet das Abkommen mit Portugal. Im Jahre 1892 setzte Portugal durch Gesetz v. 26. Febr. die Zinszahlungen seiner auswärtigen Schuld auf 50 % herab und traf ein Arrangement mit seinen Gläubigern, durch das es sich zur allmählichen Wiederaufnahme seiner Zinszahlungen verpflichtete. Diesem Arrangement versagte indessen die portugiesische Regierung die Genehmigung und setzte durch ein ohne die Cortes erlassenes Dekret v. 17. Juni 1892 die Verzinsung trotz energischen Protestes der Gläubiger einseitig und willkürlich auf $^1/_3$ herab. Dieses Dekret wurde mit einer geringen Aufbesserung der künftigen Situation der Gläubiger durch Gesetz v. 22. Mai 1893 bestätigt. Endlich im Jahre 1902 nach langen und mühevollen Verhandlungen wurde ein Abkommen erzielt, das etwas mehr an Zinsen und Sicherungen gewährte, indessen nicht entfernt den berechtigten Ansprüchen der Gläubiger entsprach.[1])

Eine gewichtige Unterstützung ihrer Ansprüche gegenüber dem schuldnerischen auswärtigen Staat bietet sich den Gläubigern bzw. den Emissionshäusern in ihrem Einfluß auf die Börsen dar; sie können darauf hinwirken, daß durch die Börsenbehörden weitere Emissionen von Anleihen vertragsbrüchiger Staaten nicht zum Börsenhandel zugelassen und die zum Börsenhandel zugelassenen von demselben wieder ausgeschlossen werden. Hierdurch wird der Inlandsmarkt für die Emissionen des betreffenden Staates so gut wie gesperrt. Eine positive für den Fall des Bankerotts eines fremden Staats berechnete Bestimmung über den Ausschluß fremder Anleihen vom Börsenhandel findet sich allerdings nicht in Deutschland. Doch bietet der § 36 des deutschen Börsengesetzes den Zulassungsbehörden die hinreichende Handhabe zur Sperrung der Emissionen vertragsbrüchiger Staaten, indem ihnen daselbst (Abs. 2c) die Aufgabe und die Pflicht gestellt ist, „Emissionen nicht zuzulassen, durch welche erhebliche allgemeine Interessen geschädigt werden oder welche offenbar zu einer Übervorteilung des Publikums führen".

Auch in Frankreich und Belgien mangelt es an ausdrücklichen dahingehenden Bestimmungen, in dem ersteren Lande hat es die Maklerkammer, welche — vorbehaltlich der Genehmigung der Regierung — über die Zulassung von Wertpapieren zum Börsenhandel befindet, in Belgien der von der Regierung völlig unabhängige Börsenausschuß in der Hand, den Anleihen bankerotter Staaten die Zulassung zum Börsenhandel zu verweigern.[2])

Dagegen gewährt die in England in Geltung befindliche Bestimmung der Rules and Regulations of the Stock-Exchange in London n° 61 hinreichende Garantie gegen die weitere Zulassung von Anleihen vertragsbrüchiger Staaten zum Börsenhandel und damit bis zu einem gewissen Grade eine tatsächliche Garantie für die Innehaltung der aus dem Anleihevertrage hervorgehenden Verpflichtungen. Die Bestimmung lautet:

---

[1]) Geschichte der Frankf. Zeitung S. 621—624.

[2]) Lacombe a. a. O. S. 800, 801.

„The Committee will not recognise new bonds, stock or other securities, issued by any foreign government that has violated the conditions of any previous public loan raised in this country, unless it shall appear to the committee that a settlement of existing claims has been assented to by the general body of bondholders pp.“

Es kann keinem Zweifel unterliegen, daß die erwähnten Maßregeln sich, ihrer materiellen Wirkung nach, dem fremden Staate gegenüber als Retorsion oder Repressalie darstellen, da durch sie der Staat in seinem ferneren Kredit eine Beeinträchtigung erfährt und dadurch die Respektierung der fremden Gläubigerinteressen angestrebt wird. Dennoch bilden sie völkerrechtlich in formeller Beziehung nicht eine Repressalie, da sie nicht von dem Staat oder dem Souverän, die nach Völkerrecht allein zur Anordnung und Durchführung von Repressalien befugt sind, sondern von den einzelnen Emissionsbehörden ausgeübt werden.[1]) Zu einem Zwangsmittel auch im völkerrechtlichen Sinne wird die Ausschließung fremder Anleihen vom Börsenhandel und die Nichtzulassung zu demselben dann, wenn sie von seiten des Staates selbst geschieht, wie dies z. B. in Deutschland auf Grund des Börsengesetzes möglich ist. Dann wird die Maßregel zu einem politischen Akt, den der Staat nur dann vornehmen wird, wenn ein derartiges Eingreifen auch vom politischen Standpunkt opportun erscheint.

Dies leitet zu der Frage hinüber, ob und inwieweit für die Regierungen der geschädigten Gläubiger die Möglichkeit besteht, kraft ihres Schutzrechts zugunsten ihrer Untertanen gegen den vertragsbrüchigen Staat völkerrechtlich vorzugehen. Die Frage ist in der Theorie lebhaft bestritten. Mit Recht wird in Abrede gestellt, daß für denjenigen Staat, dessen Untertanen durch einen fremden Staatsbankerott geschädigt worden sind, die Verpflichtung zu einer Intervention zugunsten der letzteren bestehe; denn die Sonderinteressen der Gläubiger haben nur soweit Anspruch auf Berücksichtigung, als dies mit den Interessen der Allgemeinheit vereinbar ist. Dagegen ist die Zu-

[1]) Vgl. Pflug a. a. O. S. 37 ff.; v. Liszt, Völkerrecht (3. Aufl. 1904) § 38 III 2ª.

lässigkeit einer Intervention vom völkerrechtlichen Standpunkte bisher überwiegend anerkannt worden, wenn auch über die Voraussetzungen für sie die Meinungen auseinandergingen.[1]) Bereits in einer bekannten Depesche Lord Palmerstons im Januar 1848 hat der fakultative Charakter der Intervention scharfen Ausdruck gefunden. Nach allgemeinen Grundsätzen des Völkerrechts wird man sie unter den Voraussetzungen für berechtigt ansehen dürfen, unter denen eine eigenmächtige Selbsthilfe des Staates gegen einen anderen Staat, die Anwendung von Repressalien und Retorsionen, als berechtigt erscheint.[2]) Also nicht schon die Tatsache, daß der fremde Staat nicht zahlungsfähig ist, dürfte eine Rechtfertigung für eine Intervention bilden, wohl aber, daß trotz vorhandener Mittel die Zahlung seitens des schuldnerischen Staates in böswilliger Weise verweigert wird, daß die ausländischen Gläubiger widerrechtlich behandelt, insbesondere gegenüber den inländischen Gläubigern zurückgesetzt werden, daß einzelne Kategorien von Gläubigern gegenüber anderen bevorzugt werden, daß die zugunsten einzelner Anlehen bestellten besonderen Sicherheiten ihnen entzogen werden, überhaupt daß die Nichtbezahlung der öffentlichen Schulden von Betrug und Unrecht begleitet ist.

Ein besonderer Rechtsanspruch gegen ihren eigenen Staat auf Schutz gegenüber dem Auslande steht den Gläubigern indessen keinesfalls zur Seite. Das Gegenteil wird für Deutschland von einzelnen Schriftstellern, z. B. von Zorn,[3]) aus Art. 3 Abs. 6 der Reichsverfassung hergeleitet, wo es heißt „dem Auslande gegenüber haben alle Deutschen gleichmäßig Anspruch auf den Schutz des Reiches“. Diese Ansicht verkennt indessen die Bedeutung der angeführten Bestimmung. Sie begründet nicht einen staatsrechtlichen Anspruch auf Schutz der Untertanen gegenüber dem Auslande, der über das allgemein im Völkerrecht anerkannte Schutzrecht, jus protectionis, hinaus-

---

[1]) Vgl. Lacombe a. a. O. S. 791ff.; Collas a. a. O. S. 51; Pflug a. a. O. S. 48ff. Gegen die Zulässigkeit der Intervention im allgemeinen: Politis a. a. O. S. 217ff. M. Milanowitsch, Les traités de garantie au XIXe siècle S. 394; Georges Guillaumont, L'Egypte moderne en droit international II (Paris 1891) S. 283, 241—245.

[2]) Vgl. v. Liszt a. a. O. § 7 II 2, § 11 III; Lacombe a. a. O. S. 792, 793.

[3]) Vgl. Zorn, Der Rechtsschutz der Staatsgläubiger im Bankarchiv VI Nr. 9.

geht. Vielmehr liegt der Ton der Bestimmung auf dem Worte „gleichmäßig", d. h. das Reich ist verpflichtet, seine Schutzgewalt im Interesse aller seiner Untertanen gleichmäßig auszuüben, es darf nicht einzelne Untertanen dabei vor anderen bevorzugen. In jedem Fall ist die Bestimmung mehr eine Drohung nach außen, als geeignet, ein subjektives Recht gegen die Staatsgewalt zu begründen.

Die Praxis bietet, namentlich im Laufe des neunzehnten Jahrhunderts, zahlreiche Beispiele von Interventionen zugunsten der Staatsgläubiger, doch handelte es sich dabei regelmäßig um kleinere und schwächere Staaten, insbesondere auch solche von geringerer Kultur, während mächtige Staaten von Interventionen stets verschont blieben.[1]) Die Mittel, die seitens der intervenierenden Staaten Anwendung finden, können sich von der Absendung diplomatischer Noten, Durchführung von Retorsionen und Repressalien, wie Eröffnung eines Zolltarifkrieges, Nichterfüllung von Handels- und Begünstigungsverträgen, Beschlagnahme von Geld, das der ausländische Staat im Inlande z. B. bei Banken im Depot liegen hat, bis zur Anwendung von Gewalt, insbesondere Vornahme von Blockaden, Wegnahme fremden Staatseigentums, sogar bis zur Einmischung in die inneren Angelegenheiten des Staates, insbesondere zur Erzwingung einer Finanzkontrolle steigern. Maßgebend hierfür ist der Grad des geübten Unrechts, noch mehr maßgebend allerdings, wie bereits erwähnt, in der Praxis die Qualität des Schuldners. Das Beispiel einer Anwendung von Gewalt bietet die gemeinsame Intervention Deutschlands und Englands gegen Venezuela im Jahre 1902, das nicht nur die Verletzungen fremder Untertanen in ihrem Eigentum geduldet, sondern auch der Erfüllung der Verpflichtungen aus seinen zum größten Teil in den Händen von Deutschen und Engländern befindlichen Staatsschulden sich widerrechtlich entzogen hatte. Nachdem seitens der beiden Mächte, unter späterer Beteiligung von Italien, eine Blockade über venezolanische Häfen stattgefunden hatte, verpflichtete sich

[1]) Z. B. Intervention Frankreichs 1869 gegenüber dem Bey von Tunis, um ihn zur Bezahlung seiner französischen Gläubiger, der Inhaber eines tunesischen Anlehns, zu zwingen; Intervention Englands 1850 gegenüber der griechischen Regierung usw.

Venezuela im Jahre 1904 nach längeren Verhandlungen dazu, u. a. den Forderungen der Staatsgläubiger gerecht zu werden.[1]) Eine Intervention seitens eines dritten Staates erscheint bei Zahlungsunfähigkeit des Schuldners völkerrechtlich jedenfalls auch dann angängig, wenn der erstere die Garantie für die Anleihe vertragsmäßig übernommen hat. Denn in der Übernahme einer Garantie liegt die Verpflichtung des Garanten, für die ordnungsmäßige Erfüllung der Verbindlichkeiten des Schuldners alle Bemühungen aufzuwenden. Der Schuldner, der sich die Garantieübernahme hat gefallen lassen und auf diese hin die Kreditgewährung erlangt hat, hat sich von vornherein allen denjenigen Maßregeln vertragsmäßig unterworfen, die der garantierende Staat zur Durchführung seiner Zwecke für erforderlich ansehen wird.[2])

Als ein Akt der Intervention stellt sich auch die Erzwingung einer Finanzkontrolle über die Finanzen des bankerotten Staates dar d. h. die international organisierte Liquidation von Schuldverbindlichkeiten des zahlungsunfähig gewordenen Staates.[3])

Der Zweck dieser Einrichtung ist der, den ausländischen Gläubigern eine international verbürgte Garantie für die Erfüllung ihrer Rechtsansprüche zu verschaffen. Zweifellos ist, daß diese Art der Sicherung der Gläubiger eine besonders wirksame ist. Ebenso zweifellos ist aber auch, daß jeder Staat nur höchst ungern und unter starkem Druck sich einer solchen Maßregel unterwerfen wird. Denn sie bedeutet, daß für den ganzen Umfang oder für einen erheblichen Teil seiner Finanzverwaltung ihm die souveräne Gewalt genommen und einer internationalen Kontrollbehörde übertragen wird. Die Durchsetzung der Finanzkontrolle ist daher regelmäßig nur gegenüber schwächeren und kleineren Staaten und nur dann

---

[1]) Collas a. a. O. S. 53.

[2]) Im Jahre 1855 hatten Frankreich und England die Garantie für eine türkische Anleihe übernommen. Als 1859 die Anleihe notleidend wurde, intervenierten beide Mächte bei dem Sultan und stellten das Verlangen der Errichtung einer Finanzkontrolle. Die zu diesem Zwecke ernannte Kommission hatte damals keinen Erfolg; Politis a. a. O. S. 227.

[3]) Vgl. Handwörterbuch der Staatswissenschaften Bd. VI v. „Staatsschulden" unter 7.

möglich, wenn der Schuldnerstaat durch einen vorhergegangenen Krieg, politische Katastrophen, sonstige Mißwirtschaft in Zahlungsstockungen geraten, die Finanzlage in hohem Maße erschüttert und der Kredit so geschwächt ist, daß die Finanzverwaltung ohne fremde Hilfe nicht weiter zu führen ist.

Die Finanzkontrolle kann eine totale oder partielle sein, je nachdem sie die ganzen Staatsschulden oder nur einen Teil davon betrifft. Die Einrichtung einer solchen geschieht derart, daß eine Anzahl von Staatseinnahmen, Steuern, Domänen, Monopole aus dem allgemeinen Budget ausgeschieden und einer besonderen Verwaltung unterstellt werden, die für die regelmäßige Verzinsung und Erfüllung der betreffenden Schulden zu sorgen hat. Die Verwaltung wird einer ausländischen Kontrollkommission übertragen, die sich aus den von den intervenierenden Staaten ernannten Mitgliedern oder auch aus Vertretern der Gläubiger zusammensetzt und die Geschäfte mit oder ohne Aufsicht des schuldnerischen Staates führt.

Eine derartige Finanzkontrolle ist, mit erheblichen Abweichungen in den Einzelheiten der Verwaltung, bisher in Ägypten, in der Türkei, in Griechenland und in Serbien eingeführt worden. Während aber in der Türkei und in Serbien Privaten die Verwaltung staatlicher Einkünfte überlassen wurde, ist in Ägypten und in Griechenland ein Finanzkomitee aus Vertretern der Großmächte eingesetzt worden.

In Ägypten wurde 1880 auf Grund des Liquidationsgesetzes dem aus Delegierten der fünf europäischen Großmächte bestehenden Komitee die Verwaltung einer Reihe von Staatseinnahmen (Bahnen, Telegraph, Hafen von Alexandria, Tabakeinfuhrzölle, Einkünfte gewisser Provinzen) überlassen. Die Delegierten dieser internationalen Schuldenkasse werden direkt von den Großmächten ernannt, sie können selbst gegenüber der Staatsverwaltung vor den internationalen Gerichtshöfen Recht suchen.[1]) Im Jahre 1905 ist allerdings im Interesse der Erleichterung der ägyptischen Finanzverwaltung auf Grund eines Dekrets des Khediven v. 28. Novbr. mit Zustimmung der englischen Regierung und der übrigen beteiligten Großmächte insofern eine Änderung in den bisherigen Verhält-

[1]) Vgl. Roscher, Volkswirtschaft 4[a] § 136 Note 3a.

nissen eingetreten, als die wichtigsten Staatseinnahmen, die bis dahin der internationalen Gläubigerwelt verpfändet waren, im großen und ganzen davon entlastet wurden, und statt dessen die Grundsteuer des ganzen Landes, mit Ausnahme der Provinz Keneh, diesen Zwecken gewidmet wurde.[1])

In Griechenland, wo bereits seit 1893 die Kupons nur mit 30 % eingelöst wurden, wurde nach dem unglücklichen Kriege mit der Türkei die Finanzkontrolle von den sechs friedenvermittelnden Großmächten anläßlich des Friedensschlusses erzwungen. Durch Gesetz v. 10. März 1898 wurde eine internationale Kontrollkommission, bestehend aus je einem Mitgliede für jede der sechs Großmächte, eingesetzt. Die Einziehung der überwiesenen Einkünfte — Monopole und Piräuszölle — erfolgt für Rechnung der Kommission durch die griechische Regiegesellschaft, in die die bisherige Monopolgesellschaft umgewandelt worden ist. Die Überweisung der Gelder erfolgt wöchentlich.

Die Türkei, deren Finanzen hauptsächlich infolge des russischen Krieges ruiniert waren, überließ 1881 dem Komitee der Delegierten der Gläubiger die Verwaltung der Staatseinnahmen und behielt lediglich die Oberaufsicht.

Ähnlich wie in der Türkei erfolgte die Regelung in Serbien; hier wurde anläßlich der Konversion der 5 % Rente in eine 4 % den Gläubigern als Entschädigung und Sicherung die Verwaltung und Einziehung der Monopoleinnahmen überlassen.

Freilich fehlt es seit langem nicht an Stimmen, welche das Recht der Intervention wegen Verletzung der Gläubigerrechte, insbesondere die Erzwingung einer Finanzkontrolle — ingérence financielle —, für völkerrechtlich unzulässig erklären.[2]) Diese Bewegung wird vornehmlich von den Sachwaltern kleinerer Schuldnerstaaten getragen; sie hat aber sogar, und zwar zugunsten der südamerikanischen und zentralamerikanischen Schuldnerstaaten, ihren Vorkämpfer in den Vereinigten Staaten von Nordamerika und ihrem Präsidenten Roosevelt gefunden, wobei freilich für das Eintreten der Vereinigten Staaten eigene

[1]) Vgl. Hatschek, Englands Stellung in Ägypten, im „Tag" Nr. 248 vom 17. Mai 1906.

[2]) Vgl. insbesondere Politis a. a. O.

politische Motive maßgebend sind. Den Anstoß gab das gemeinsame Vorgehen Deutschlands und Englands 1902 gegen Venezuela und die im Anschluß hieran in Amerika erwachsene Drago-Theorie, eine eigenartige Erweiterung der Monroe-Lehre, benannt nach ihrem Urheber, dem argentinischen Minister Drago. Dieser hatte im Jahre 1902 noch während der Blockade der venezolanischen Häfen durch deutsche, englische und italienische Schiffe in einer Note darauf hingewiesen, daß das gewaltsame Vorgehen europäischer Staaten gegen südamerikanische Staaten wegen „angeblicher" Nichtbezahlung ihrer Schulden leicht zu Besetzungen fremder Gebietsteile und bleibenden Eroberungen und damit zu flagranten Verletzungen der Monroe-Doktrin führen könne. Diese Auffassung machte sich Präsident Roosevelt zu eigen. Er hatte bereits im Jahre 1903 in seiner Botschaft an den Kongreß in Hinblick auf Venezuela in scharfer Form erklärt, es sei eine Pflicht der Union darüber zu wachen, daß keine der großen militärischen Mächte jenseits der Meere in die Rechte der Schwesternrepubliken eingreife oder eine Finanzkontrolle über diese Republiken erlange. Auch die Anwendung von Gewalt gegen amerikanische Staaten zur Erlangung von Geldforderungen müsse als ein Akt der Feindschaft gegen den Geist der Monroe-Doktrin betrachtet werden.

Auf dem im Jahre 1906 in Rio de Janeiro abgehaltenen panamerikanischen Kongreß verdichtete sich diese Anschauung zu der dort aufgestellten These Drago, wonach es in Zukunft keinem europäischen Staat gestattet sein solle, finanzielle Forderungen seiner Staatsangehörigen gegen amerikanische Staaten mit Gewalt beizutreiben. Allerdings ist die These Drago auf dem panamerikanischen Kongreß nicht zur Annahme gelangt, hauptsächlich unter dem Einfluß der Vereinigten Staaten, die es nicht für opportun erachteten, daß eine Frage, die wesentlich die europäischen Staatsgläubiger angehe, durch eine Konferenz, auf der hauptsächlich Schuldnerstaaten vertreten waren, erledigt würde. Vielmehr wurde mit Zustimmung der Vereinigten Staaten beschlossen, diese Frage sowie überhaupt die Frage der zwangsweisen Eintreibung nicht gezahlter öffentlicher Schulden und die Frage der Verminderung von Konflikten rein pekuniären Ursprungs zwischen den Nationen der internationalen Prüfung durch die im Jahre 1907 stattfindende Haager

Friedenskonferenz zu unterbeiten.[1]) Näheres über die auf der zweiten Haager Konferenz von ihrem Urheber, Herrn Louis Drago, vertretene Drago-Theorie wird alsbald bei Besprechung der auf dieser Konferenz eingebrachten Vorschläge über die Eintreibung von Staatsschulden gesagt werden.

Den Gegnern der Anwendung völkerrechtlicher, insbesondere kriegerischer Zwangsmittel zur Eintreibung von Geldforderungen kann ohne weiteres zugegeben werden, daß ihre Anwendung zum Schutze verletzter Gläubigerinteressen schwere Bedenken hat; denn die furchtbaren Begleiterscheinungen des Krieges stehen meist nicht im Verhältnis zu den zu schützenden Gütern.[2]) Überdies bietet die Intervention in allen ihren Formen einen nur unvollkommenen Ersatz des gewöhnlichen Rechts- und Exekutionswegs, da sie in ihrem Erfolg häufig unsicher ist und, wie erwähnt, gegenüber größeren Staaten überhaupt so gut wie ausgeschlossen ist. Die erfolgreiche Durchführung einer Intervention, insbesondere die Erlangung einer Finanzkontrolle, wird zudem nur dann gelingen, wenn besondere Umstände bezüglich des Schuldners und der intervenierenden Staaten vorliegen, z. B. wenn der Schuldner durch einen vorausgegangenen unglücklichen Krieg wirtschaftlich, politisch und finanziell geschwächt ist und daher dem Druck, der anläßlich des Friedensschlusses seitens des Siegers und der Friedensmächte auf ihn geübt wird, nicht widerstehen kann. Erinnert sei an die Einführung der Finanzkontrolle in Griechenland im Jahre 1898 nach dem Abschluß des griechisch-türkischen Krieges.

Der einzige Weg, der den Gläubigern ausländischer Staatsanleihen eine hinreichende Sicherheit als Ersatz des zivilrechtlichen Rechtsschutzes zu verschaffen imstande ist und eine Beseitigung der staatlichen Selbsthilfe ermöglicht, ist in der Schaffung internationaler Vereinbarungen zum Schutz der Staatsgläubiger und im Gefolge davon in der Schlichtung der aus Anleiheverhältnissen ent-

---

[1]) Mexiko hat sich übrigens ebenfalls gegen die These Drago erklärt, aus der richtigen Erwägung heraus, daß sie nur Staaten mit schlechten Finanzen von Vorteil sein würde, während die kräftigen und in günstiger Entwicklung begriffenen Staaten alles daran setzen müßten, das Vertrauen Europas zu stärken.

[2]) Zorn im Bankarchiv VI Nr. 9 S. 106.

stehenden Streitigkeiten im Wege schiedsgerichtlichen Ausgleichs zu erblicken. Sicher ist das Gebiet der Staatsanleihen, welches den internationalen Rechtsverkehr zahlreicher Völker berührt, von hinreichend umfassender und einschneidender Bedeutung, um die Schaffung einer internationalen Gesetzgebung zu rechtfertigen, wie sie bereits auf verschiedenen Spezialgebieten (Weltpostverein, Berner Urheberrechtskonvention, Union zum Schutze des gewerblichen Eigentums) besteht. Zwar sind die Kontrahenten bei ausländischen Anleihen nicht zwei Staaten, sondern es stehen Angehörige des einen Staates als Vertragsschließende dem die Anleihe aufnehmenden Staate gegenüber. Indessen werden die Interessen des Staates, dem die Gläubiger angehören, in finanzieller und wirtschaftlicher, ja auch in politischer Beziehung durch die Beteiligung seiner Untertanen an ausländischen Anleihen in gleicher Weise berührt, wie wenn der Staat selbst als vertragschließende Partei auftreten würde. Das Rechtsverhältnis zwischen den Gläubigern und dem auswärtigen Staat ähnelt, wie früher dargelegt[1]), einem völkerrechtlichen Vertrag, wie denn auch nach bisherigen völkerrechtlichen Grundsätzen anerkannt wurde, daß eine Verletzung der Gläubigerrechte durch den ausländischen Staat ein Einschreiten des Staates, dem die Gläubiger angehören, gleich wie bei völkerrechtlichen Delikten, rechtfertigen könne. Sonach ist es lediglich als eine Konsequenz der besonderen Natur des Rechtsverhältnisses und der bereits anerkannten Rechtsauffassung anzusehen, wenn die ausländischen Anleihen und die rechtlichen Beziehungen zwischen Gläubigern und Schuldnerstaat allgemein dem Völkerrecht unterstellt werden.

Die internationalen Vereinbarungen hätten sich sowohl nach der prophylaktischen wie nach der repressiven Seite hin zu betätigen, d. h. sie hätten sowohl die Voraussetzungen für die Zulassung der Anleihen fremder Staaten zur Emission und zum Börsenhandel in anderen Ländern wie auch die im Falle der Verletzung der schuldnerischen Verpflichtungen zur Anwendung kommenden Grundsätze und die Maßregeln zur Beseitigung der Rechtsverletzungen zu betreffen.

Wie weit der einzelne Staat bei Ausübung der prophy-

---

[1]) Vgl. oben Kap. V S. 60, 61.

laktischen Tätigkeit zugunsten seiner Untertanen aktiv wirken soll, kann zweifelhaft sein. Die internationale Vereinbarung über die Errichtung staatlicher Behörden in den einzelnen Ländern, welche vor der Zulassung der Anleihe mit dem die Anleihe aufnehmenden schuldnerischen Staat die Bedingungen der Anleihe zu vereinbaren [1]), die Güte der Emission zu prüfen und die Zulassung oder die Verweigerung der Zulassung auszusprechen hätten, kann allerdings nicht gutgeheißen werden. Denn der Staat würde hierdurch mit einer zu großen Verantwortung belastet werden und außerdem bei dem die Anlehnstitel kaufenden Publikum zu Unrecht den Glauben hervorrufen, daß er für die Güte der Emission eintrete. [2]) Dagegen würde die Ausübung einer kontrollierenden Tätigkeit seitens des Staates durchaus in den Rahmen der den Gläubigerstaaten im Interesse ihrer Untertanen und im eigenen wohlverstandenen Staatsinteresse obliegenden Aufgaben fallen. [3]) Die Staaten müßten sich also gegenseitig verpflichten, ihre Zustimmung zu der Zulassung fremder Anleihen innerhalb ihres Gebietes davon abhängig zu machen, daß der die Anleihe aufnehmende Staat sich in den Anlehnsbedingungen gewissen im Interesse der auswärtigen Gläubiger gelegenen und zu ihrer Sicherung dienenden Bestimmungen unterwirft. Hierher gehören erstens Bestimmungen über den notwendigen Inhalt des Prospektes und die zur Aufklärung der Gläubiger erforderlichen Angaben, Nachweise und Belege, über notwendige Sicherungen der Gläubiger, über die Grundlagen für eine Organisation der Gläubiger und die Voraussetzungen für eine Zustimmung der letzteren zu Änderungen der Anlehnsbedingungen in außerordentlichen Fällen. Sodann müßte aber auch Vorbedingung

---

[1]) Vgl. A. van Daehne van Varrick a. a. O. S. 13ff.

[2]) Vgl. oben Kap. X S. 108.

[3]) Vgl. Lewandowski, De la protection des capitaux empruntés en France par les Étrangers ou les sociétés S. 41: „Le fait pour un État de controler les emprunts émis sur son territoire par un État étranger ne paraît pas plus anormal que le fait d'élaborer un régime douanier, frappant d'un droit prohibitif les marchandises venant de cet Étage étranger. Dans le premier cas nous sommes en présence d'une mesure de sauvegarde pour l'épargne nationale et dans le second d'une mesure de sauvegarde pour la production nationale. Épargne et production, ce sont là deux formes différentes de la richesse d'un pays, qu'il convient de protéger au même titre."

für die Zulassung der Anleihe bilden, daß der Anlehnsschuldner sich in Streitigkeiten der Entscheidung eines internationalen Schiedsgerichts unterwirft und sich gleichzeitig verpflichtet, nicht nur den einstweiligen Anordnungen, sondern auch den endgültigen Entscheidungen des Schiedsgerichts ohne weiteres nachzukommen. Der Schuldner müßte sich auch ferner damit einverstanden erklären, daß der Minister der Auswärtigen Angelegenheiten (das Auswärtige Amt) desjenigen Landes, dem die Gläubiger angehören, in Streitigkeiten, die aus dem Anlehnsverhältnis entstehen, die Gläubiger allgemein, insbesondere auch vor dem Schiedsgericht, vertritt. Übrigens ließe sich die internationale Vereinbarung über die vorstehenden Punkte auch in dem Sinne treffen, daß sich jeder Staat hinsichtlich der demnächst von ihm im Ausland aufzunehmende Anleihen diesen Bedingungen stillschweigend unterwirft, wenn er sich nicht ausdrücklich das Gegenteil davon vorbehält.

Zu den wirksamsten Mitteln zur Verhütung leichtfertiger Zahlungseinstellungen würde ferner das Zustandekommen einer internationalen Vereinbarung gehören, welche auf dem Grundgedanken der angeführten No. 61 der Rules and Regulations der Londoner Stock-Exchange, natürlich unter entsprechender Ausdehnung auf die sämtlichen an der Konvention beteiligten Staaten, fußen würde. Sämtliche Staaten müßten sich gegenseitig verpflichten, keine Anleihen eines Staates zur Emission oder zum Börsenhandel innerhalb ihres Gebiets ferner zuzulassen, der den Verpflichtungen aus einer früheren in einem der betreffenden Länder veranstalteten Emission nicht nachgekommen ist, auch ein Arrangement über die notleidende Anleihe mit seinen Gläubigern bisher nicht zuwege gebracht hat.

Nach der repressiven Seite hin hätten sich die internationalen Vereinbarungen auf die Errichtung und Zusammensetzung der Schiedsgerichte, auf ihre Tätigkeit und das von ihnen zu beobachtende prozessuale Verfahren, auf die Exekutionsmittel und die Art ihrer Durchführung zwecks Vollstreckung der von dem Schiedsgerichte erlassenen Urteile zu erstrecken. Das Schiedsgericht, welches am besten permanenten Charakter haben sollte, müßte bei dem Schiedshof im Haag, cour permanente d'arbitrage, gebildet werden und aus Mitgliedern des genannten Schiedshofes bestehen.

In Frage könnte kommen, ob die Gerichte des Landes, in dem die Emission stattgefunden hat, zur Entscheidung der Streitigkeiten in erster Instanz berufen sein sollen[1]) und der Schiedshof lediglich als Appellinstanz fungieren soll, oder ob der Schiedshof als erste und letzte Instanz zu fungieren hat. Das letztere wäre dringend zu empfehlen, da es eine Abkürzung des Verfahrens bedeuten und der Schiedshof kraft seiner Besetzung mit hervorragenden Kennern des Rechtes eine hinreichende Gewähr für eine erschöpfende Behandlung der Streitfrage bieten würde.

Eine Schattenseite der obligatorischen Anrufung des Schiedsgerichts bildet für die Gläubiger die Tatsache, daß der damit notwendig verbundene Zeitverlust unter Umständen ihre Interessen schwer schädigen kann, da dem Schuldner in der Zwischenzeit bis zum Erlasse des Schiedsspruchs Gelegenheit gegeben ist, Maßnahmen zu ergreifen, um den Gläubigern vorhandene Sicherheiten zu entziehen oder ihre Lage sonstwie zu verschlechtern. Zur Beseitigung dieses Übelstandes wäre die Einführung einstweiliger Anordnungen in dem schiedsgerichtlichen Verfahren von besonderer Wichtigkeit. Insbesondere müßte der klagende Teil berechtigt sein, zu verlangen, daß das Schiedsgericht alsbald nach seiner Anrufung Sicherheit in Höhe der streitigen Summe von dem beklagten Staate fordere. Würde diesem Verlangen seitens des Schuldners nicht alsbald Folge geleistet, so müßte der andere Teil das Recht haben, von der übernommenen Verpflichtung zu einer Unterwerfung unter das Schiedsgericht für den vorliegenden Streitfall zurückzutreten und seine Rechte so zu verfolgen, wie wenn eine Schiedsgerichtskonvention überhaupt nicht stattgefunden hätte.

Der Schiedshof müßte nicht nur die Befugnis zur Entscheidung der Streitigkeiten, sondern in außerordentlichen Fällen auch zur Abänderung der Anlehnsbedingungen hinsichtlich der Verpflichtungen des Schuldners haben, falls es nach den Um-

---

[1]) Eine Bestimmung, daß die Gerichte des schuldnerischen Staates als erstinstanzliche Gerichte zu fungieren hätten, würde in vielen Fällen — man denke nur an manche südamerikanische Staaten — einen Schlag ins Wasser für die Gläubiger bedeuten und lediglich zur Verschleppung der guten Sache der letzteren führen; vgl. unten S. 285.

ständen des Falls, insbesondere der pekuniären Lage des Schuldners, unumgänglich ist. Zu diesem Zwecke müßte ihm das Recht zur Untersuchung der wirtschaftlichen und finanziellen Lage des Schuldnerstaates und zur Herbeiführung eines Moratoriums ev. auch eines Arrangements mit dem Schuldner, dessen Finanzen notleidend geworden sind, zustehen.

Als Exekutionsmittel gegen den Staat, der sich weigert, dem durch das Schiedsgericht ausgesprochenen Urteil nachzukommen, kämen Retorsionen und Repressalien (wie die Ausschließung sämtlicher Anleihen des Schuldners vom Börsenhandel in allen der Konvention angehörigen Ländern) in schwereren Fällen die Anwendung politischer Machtmittel, wie Flottendemonstrationen, Blockaden der Häfen des vertragsbrüchigen Staates, Abbruch der Handelsbeziehungen, Suspension der Handelsverträge, Beschlagnahme von staatlichen Wertobjekten wie Kunstschätzen, sowie Wegnahme einzelner Kolonien, Einführung einer Oberaufsicht über die Staatsfinanzen in Betracht. Natürlich müßten diese Repressiv- und Exekutionsmaßregeln für alle an der völkerrechtlichen Konvention beteiligten Staaten Geltung haben. Denn sie sind nur dann wirksam, wenn sie zu einem allgemeinen Boykott des vertragsbrüchigen Staates werden. Überdies würde es kein Staat, auch wenn seine Untertanen durch die Vertragsbrüchigkeit des Schuldners noch so sehr geschädigt worden sind, wagen, seine Handelsbeziehungen zu ihm abzubrechen, wenn er befürchten müßte, daß seine Konkurrenten alsbald an seine Stelle treten und die Früchte seiner vielleicht jahrelangen Handelsbeziehungen mühelos an sich reißen.[1]) Die notwendige Vollstreckung des schiedsgerichtlichen Urteils müßte entweder von allen der völkerrechtlichen Union angehörenden Staaten gemeinsam,[2]) oder von den durch die Gesamtheit mit der Vollstreckung betrauten Mächten oder von denjenigen Staaten, denen geschädigte Gläubiger angehören,[3]) vorgenommen werden.

[1]) Sartorius Freiherr v. Waltershausen, Das volkswirtschaftliche System der Kapitalanlage im Auslande 1907 S. 284, 285.

[2]) So wurde auf dem spanisch-portugiesischen Kongresse von 1889 beantragt, zu sagen: „Toutes les nations concourront à l'exécution des sentences arbitrales."

[3]) So Pflug a. a. O. S. 81.

Doch bis zur Schaffung einer internationalen Gesetzgebung, wie sie im vorstehenden skizziert worden ist, hat es wohl noch weite Wege. Nicht wenige Staaten, welche regelmäßig gezwungen sind, Anleihen im Auslande aufzunehmen, werden sich, insbesondere unter Berufung auf ihre Souveränität, dagegen sträuben, sich der Entscheidung des Schiedsgerichts und den in seine Hände gelegten Zwangsmaßregeln zur Durchführung seiner Entscheidungen sans phrase zu unterwerfen. Auch unter den Gläubigerstaaten wird es zweifellos manche geben, die aus politischen Gründen und durch Rücksichten auf ihre besonderen Handels- und Exportinteressen dazu bestimmt werden, die Entscheidung, ob und unter welchen Voraussetzungen ausländische Anleihen innerhalb ihres Staates zugelassen werden sollen, sich für den einzelnen Fall vorzubehalten. Wird doch die Gewährung einer Anleihe an einen auswärtigen Staat zurzeit nicht selten als Entgelt für die Einräumung von politischem und wirtschaftlichem Einfluß an den Gläubigerstaat und für Bestellungen an seine Industrie behandelt, wie früher (S. 23) bereits erwähnt wurde. —

Daher beziehen sich auch die der zweiten Haager Friedenskonferenz unterbreiteten Vorschläge keineswegs auf eine allgemeine internationale Regelung der Materie der auswärtigen Anleihen und der zum Schutze und zur Sicherung der Gläubiger fremder Staatsanleihen erforderlichen Maßregeln, vielmehr betreffen sie lediglich einen Punkt, nämlich das absolute Verbot bzw. die Einschränkung des Eintreibens von Staatsschulden durch gewaltsame Mittel.

Die in dieser Beziehung gemachten Vorschläge müssen indessen für die Staaten außerhalb Amerikas, speziell für Deutschland, als völlig unannehmbar bezeichnet werden, da sie keineswegs eine verstärkte Sicherung der Anlehnsgläubiger fremder Staaten gegenüber dem bestehenden Rechtszustand versprechen, vielmehr im Gegenteil auf eine weitere Einschränkung der bestehenden an sich schon problematischen Befugnisse der Gläubiger nach gewissen Richtungen hinauslaufen.

Das absolute Verbot des Eintreibens von Staatsschulden unter Anwendung von Gewalt gegenüber den amerikanischen Staaten befürwortet der Vorschlag des früheren argentinischen

Ministers Drago, der schon oben Erwähnung gefunden hat.[1]) Er bildet eine Erweiterung der von James Monroe im Jahre 1823 aufgestellten bekannten Doktrin und will verhüten, daß europäische Mächte irgend einen amerikanischen Staat wegen nicht bezahlter Schulden mit den Waffen bedrohen oder gar amerikanische Gebiete okkupieren. Also nicht das Ausleihen von Geldern an amerikanische Staaten soll als Eingriff in die Lehre Monroes behandelt werden, wohl aber die Schritte der Gläubiger bzw. ihrer Staaten, durch die sie einen Zwang auf treulose Schuldner zur Bezahlung ihrer Schulden auszuüben versuchen. Man wird hierbei an einen Ausspruch erinnert, den Gustav Freytag in „Soll und Haben" mit Bezug auf den Plan des Barons v. Rothsattel der Errichtung eines Familienfideikommisses tut, nämlich, daß er seine Nachkommen zwar nicht verhindern wollte, Schulden zu machen, wohl aber, sie zu bezahlen. Sogar die Vereinigten Staaten von Amerika sind von ihrer ursprünglichen Absicht, die Drago-These zu unterstützen, zurückgekommen, da sie sich jedenfalls von der Aussichtslosigkeit dieses Antrags überzeugt haben. Sicherlich hätte er nur dann Aussicht auf Annahme gehabt, wenn die Vereinigten Staaten die Garantie für die Anleihen der sämtlichen amerikanischen Staaten freiwillig übernommen hätten.

Aber auch der Vorschlag der Vereinigten Staaten, der sich als eine Abänderung der Drago-Doktrin darstellt, verträgt sich nicht mit den Interessen der europäischen Gläubigerstaaten. Soviel von diesem Vorschlag verlautet, haben die Gläubiger, wenn ein südamerikanischer Staat seine Schulden nicht zahlt, den Schuldner zunächst bei den Gerichten seines eigenen Landes zu verklagen; wenn dies nicht zu ihrer Befriedigung führt, so haben sie sich an das Schiedsgericht im Haag zu wenden. Sofern dieses zu ihren Gunsten entscheidet, der Schuldner aber trotzdem seinen Verpflichtungen nicht nachkommt, so dürfen sie erst dann versuchen, mit Waffengewalt das einzutreiben, was sie in Güte nicht erreichen können. So große Bedenken auch, wie oben bereits hervorgehoben, die Anwendung kriegerischer Zwangsmittel zur Beitreibung von Geldforderungen hat,

---

[1]) Vgl. auch Drago (L. M.), Les emprunts d'État et leurs rapports avec la politique internationale (Pedone).

so kann doch von der Einführung eines obligatorischen Schiedsgerichts in dem vorliegenden Falle wie in sonstigen Fällen der Streitigkeiten zwischen den Staatsgläubigern und dem Schuldnerstaate so lange nicht die Rede sein, als es an einer wirksamen Exekutivgewalt zur Vollstreckung der Urteile des Schiedsgerichts fehlt.[1]) Obligatorisches Schiedsgericht und völkerrechtliche Garantie für eine wirksame Vollstreckung seiner Urteile sind völlig untrennbar. Ohne die letztere wird sich keine Großmacht dazu verstehen, auf das Recht und die Befugnis zur Selbsthilfe zum Schutze ihrer betrogenen Untertanen auch nur bedingt zu verzichten.[2])

Die Notwendigkeit der vorherigen Anrufung der Gerichte der südamerikanischen Schuldnerstaaten und des Haager Schiedsgerichts, wie sie nach dem Vorschlage der Vereinigten Staaten gedacht ist, würde lediglich zu einer Verschleppung der Sache führen und unter Umständen den vertragsbrüchigen Staaten die willkommene Gelegenheit geben, durch betrügerische Maßnahmen Vermögensobjekte dem Zugriff der Gläubiger zu entziehen oder Abkommen mit anderen Staaten oder Gläubigern zum Nachteile ihrer bisherigen Gläubiger zu treffen.

Höchstens an die Einführung eines fakultativen Schiedsgerichtes ist zunächst zu denken, dessen Anrufung dem Ermessen der Gläubiger bzw. des Staates, dem diese angehören, überlassen bleiben muß. Man wende nicht ein, daß ein fakultatives Schiedsgericht nutzlos sei, da es das einseitige Vorgehen eines Gläubigerstaates und die Anwendung von Gewalt nicht verhindern könne. Wie das Beispiel des durch die Schlußakte der Haager Konferenz v. 29. Juli 1899 eingesetzten ständigen Schiedshofs gezeigt hat, ist schon die Errichtung eines fakultativen Schiedsgerichts mit Freuden zu begrüßen. Denn sie be-

[1]) Dies ist auch gegen Zorn: „Der Rechtsschutz der Staatsgläubiger gegenüber fremder Staaten" im Bankarchiv VI Nr. 9 vom 1. Febr. 1907 zu sagen, der die sofortige Einführung obligatorischer Schiedsgerichte empfiehlt.

[2]) Nach einer öffentlichen Erklärung des belgischen Ministers des Äußern im Juli 1907 hat sich Venezuela geweigert, sich dem Spruche des Haager Schiedsgerichts, durch den es zur Zahlung von 10 Mill. Frcs an die belgischen Gläubiger verurteilt ist, zu unterwerfen. Gewiß eine schlagende Rechtfertigung des obigen Satzes!

deutet einen wesentlichen Schritt vorwärts zur Versöhnung der Nationen, deren Interessen im Streite liegen, und legt den ersten Stein für den späteren Ausbau einer umfassenden völkerrechtlichen Gesetzgebung zur Sicherung der Anlehnsgläubiger fremder Staaten.

Nur in zwei Fällen würde der Annahme des Vorschlages der Vereinigten Staaten, wenigstens soweit er sich auf die obligatorische Anrufung des Schiedsgerichts bezieht, das Wort geredet werden können:

1. Wenn einer der an dem Streite unbeteiligten großen Kulturstaaten sich von vornherein erbietet, die Garantie für die dem schuldnerischen Staat nach dem Urteil des Schiedsgerichts obliegende Leistung zu übernehmen;

2. wenn der verklagte Staat einer von den Gläubigern zu beantragenden einstweiligen Anordnung des Schiedsgerichts auf Hinterlegung der Streitsumme sofort nach Anrufung des Schiedsgerichts nachkommt.

Unter diesen beiden Voraussetzungen ist eine Gefährdung der Interessen der Gläubiger nicht zu befürchten, auch wenn es an der Möglichkeit einer Vollstreckung des schiedsgerichtlichen Urteils fehlt. Denn es wird ihnen in den genannten beiden Fällen auf anderem Wege die Sicherheit gewährt, daß sie im Falle ihres Obsiegens vor dem Schiedsgericht zu ihrem Gelde kommen.

Wie der letzte Jahresbericht des Council of Foreign Bondholders für 1905/1906 ergibt, ist seit 1901 die Zahlungseinstellung eines Staates nicht mehr erfolgt. Nachdem im Jahre 1906 das Arrangement mit den argentinischen Munizipal- und Provinzgläubigern (Cedulas) erfolgt ist, verbleiben als notleidende Staaten nunmehr hauptsächlich nur noch die drei zentralamerikanischen Republiken Costa Rica, Guatemala, Honduras. Der Schuldbetrag der notleidenden Staaten ist von 300 Mill. £ im Jahre 1876, 54 Mill. £ im Jahre 1896 nunmehr im Jahre 1906 auf 16 Mill. £ zurückgegangen. Man darf wohl hieraus den Schluß ziehen, daß das Bewußtsein der moralischen Verpflichtung der Staaten zur Einhaltung ihrer Verbindlichkeiten in den letzten Jahren geschärft worden ist, und daß die gegen zahlungsunwillige Staaten schon bisher unternommenen Schritte ihr Gutes gewirkt haben. Freilich befinden wir uns gegenwärtig in einer Periode der weltwirtschaftlichen Hochkonjunktur, in der der Zusammenbruch von Staatswirtschaften nicht so leicht zu befürchten ist. Doch die gegenwärtige glanzvolle Wirtschaftsperiode wird nicht ewig währen und wird wieder einmal durch eine Periode des wirtschaftlichen Niedergangs, in der die Finanzen manches Staates ins Wanken geraten dürften, abgelöst werden. Kriege und Revolutionen können zudem den Eintritt von Staatsbankerotten jederzeit herbeiführen oder beschleunigen. Darum ist es die Aufgabe der Kulturnationen, die Lösung der den Staatsbankerott und den Schutz der Staatsgläubiger betreffenden Fragen im Wege der internationalen Regelung nach Kräften anzustreben, ungeachtet der Schwierigkeiten, die sich der Verwirklichung eines derartigen Abkommens bisher entgegengestellt haben und auch ferner entgegenstellen werden.

Alphabetisches Register.

(Die Zahlen verweisen auf die Seiten.)

Ö. A. = Öffentliche Anleihe.

Lippert & Co. (G. Pätz'sche Buchdr.), Naumburg a. S.

Kolibri 360 GmbH
Ferdinand-Jühlke-Straße 7
99095 Erfurt, Deutschland
produktsicherheit@kolibri360.de